D1730303

Das Geographische Seminar

Herausgegeben von:
Prof. Dr. Rainer Duttmann
Prof. Dr. Rainer Glawion
Prof. Dr. Herbert Popp
Prof. Dr. Rita Schneider-Sliwa
Prof. Dr. Alexander Siegmund

Albrecht Steinecke

Tourismus

westermann

Umschlagbild:
Satellitenaufnahme von Palm Jumeirah, Dubai, United Arab Emirates, 2010

© 2011 Bildungshaus Schulbuchverlage
Westermann Schroedel Diesterweg Schöningh Winklers GmbH, Braunschweig
www.westermann.de

Druck A¹/ Jahr 2011

Lektorat: Kristin Blechschmidt, Katrin Götz
Umschlaggestaltung: Thomas Schröder
Layout und Herstellung: Lektoratsbüro Eck, Yvonne Behnke
Druck und Bindung: westermann druck GmbH, Braunschweig

ISBN 978-3-14-160367-5

Foto: M. Heinemann (Paderborn)

Univ.-Prof. Dr. Albrecht Steinecke, M. A.

geb. 1948 in Bad Bramstedt; Studium der Geographie, Soziologie und Literaturwissenschaft an der Christian-Albrechts-Universität Kiel und am Trinity College Dublin; M. A. in Kiel 1974. Promotion: 1977 in Kiel, Dissertation zum Thema „Der Tourismus als Faktor wirtschaftlicher Entwicklung und sozialen Wandels von Regionen – untersucht am Beispiel der Republik Irland"; Habilitation: 1987 an der Technischen Universität Berlin über „Freizeit in räumlicher Isolation. Prognosen und Analysen zum Freizeit- und Fremdenverkehr der Bevölkerung von Berlin (West)"; berufliche Stationen: Wissenschaftlicher Assistent an der Technischen Universität Berlin; Wissenschaftlicher Mitarbeiter an der Universität Bielefeld; Arbeitsbereichsleiter am Institut für Entwicklungsplanung und Strukturforschung GmbH (IES) an der Universität Hannover; Geschäftsführer des Europäischen Tourismus Instituts GmbH (ETI) an der Universität Trier; seit 1997 Inhaber des Lehrstuhls für Wirtschafts- und Fremdenverkehrsgeographie an der Universität Paderborn sowie Gastprofessor an der Freien Universität Bozen (2006-2008, 2011); Arbeitsschwerpunkte: Tourismusforschung (Zielgruppenanalysen, Kulturtourismus, Destinationsmanagement, Erlebnis- und Konsumwelten), Umsetzungsmanagement (touristische Entwicklungs- und Handlungskonzepte) sowie Weiterbildung im Tourismus (Koordination von EU-TEMPUS-Projekten in Belarus, Georgien und der Ukraine); Ernennung zum Ehrenprofessor an der Yalta University of Management (2011).

Lehrstuhl für Wirtschafts- und Fremdenverkehrsgeographie
Fakultät für Kulturwissenschaften · Universität Paderborn · 33095 Paderborn
albrecht.steinecke@uni-paderborn.de

Vorwort

„Wir ertrinken in Informationen,
aber wir hungern nach Wissen."

Aaron Wildavsky

Glanz und Elend der Informationsge-
sellschaft – diese beiden Dimensionen
erfährt jeder Wissenschaftler hautnah,
der zu Beginn des 21. Jahrhunderts ein
Lehrbuch verfasst. Literaturhinweise,
statistische Daten und Angaben zu
Organisationen, Unternehmen etc.
stehen auf Knopfdruck zur Verfügung –
doch stets sind es viel zu viele.
So enthält z. B. die Literaturdokumenta-
tion „Freizeit und Tourismus" an der Universität Trier mehr als 10 000 Titel (allein
aus dem deutschsprachigen Raum) – und
täglich kommen neue Publikationen hin-
zu. Der Blick in die unendlichen Tiefen
des Internets löst einen Schwindel aus,
denn selbst zu touristischen Detailfragen
präsentieren die Suchmaschinen Hun-
derttausende von Einträgen.
In dieser Flut von Informationen wächst
das Bedürfnis nach klarer Orientierung
und grundlegendem Wissen. Studierende
wollen sich rasch einen Überblick über
das Thema verschaffen und fachfremde
Kollegen sind an einer Zusammenstellung der zentralen Forschungsergebnisse
interessiert.
Auswahl, Reduktion und exemplarische
Vorgehensweise waren deshalb meine
Leitideen, als ich diese Einführung in die
Geographie der Freizeit und des Tourismus verfasst habe; dabei standen fünf
Fragenkomplexe im Mittelpunkt meiner
Überlegungen:

- Bei dem Tourismus handelt es sich um
  ein Forschungsobjekt, mit dem sich
  zahlreiche Wissenschaftsdisziplinen
  beschäftigen. Was sind die spezifischen Forschungsfragen und -metho-
  den der Geographie bei der Analyse
  des Tourismus (vgl. Kap. 1)?
- Der Tourismus hat sich in den letzten Jahrzehnten von einem Luxus- zu
  einem Standardkonsumgut entwickelt.
  Welche Merkmale, Verhaltensweisen
  und Motive weisen die Touristen
  gegenwärtig auf und welche Methoden stehen zur Verfügung, um diesen
  Massenmarkt zu segmentieren (vgl.
  Kap. 2)?
- Die Tourismuswirtschaft stellt ein Kon-
  glomerat unterschiedlicher Leistungs-
  anbieter dar. Was sind Merkmale
  der einzelnen touristischen Branchen,
  welche Dynamik vollzieht sich innerhalb dieser Bereiche und welche Steuerfaktoren sind wirksam (vgl. Kap. 3)?
- Für den Tourismus sind seit mehr
  als zweihundert Jahren sukzessive
  unterschiedliche Natur- und Kulturräume inwertgesetzt worden (Städte,
  Küsten, Hochgebirge, ländliche Räume
  und Mittelgebirge, Industrieregionen);
  darüber hinaus wurden in jüngerer
  Zeit neue, künstliche Erlebnis- und
  Konsumwelten geschaffen. Welche
  Faktoren haben bei der Erschließung
  eine Rolle gespielt, welche typischen
  Strukturen und Wirkungen weist der
  Tourismus in den unterschiedlichen
  Räumen auf und welche Managementstrategien lassen sich gegenwärtig dort
  beobachten (vgl. Kap. 4).
- Die Welt ist inzwischen vollständig für
  den Tourismus erschlossen worden; es

gibt keine weißen Flecken mehr auf der touristischen Landkarte. Welche Zukunftstrends zeichnen sich angesichts dieser Situation auf dem internationalen Tourismusmarkt ab und wie sehen die generellen Perspektiven der künftigen Entwicklung aus (vgl. Kap. 5)?

Die Grundprinzipien der Auswahl, Reduktion und exemplarischen Vorgehensweise haben zur Folge, dass nicht alle Aspekte des Tourismus in der wünschenswerten Tiefe und Breite dargestellt werden. Die Verfasser/innen von Untersuchungen und Studien, auf die ich – trotz des umfangreichen Literaturverzeichnisses – nicht verwiesen habe, möchte ich um Verständnis und Nachsicht bitten. Außerdem musste ich mich weitgehend auf die deutschsprachige Fachliteratur beschränken.

Beim Schreiben des Studienbuches wurde ich von Partnern, Kollegen und Mitarbeitern kritisiert, ermuntert und unterstützt, denen ich deshalb zu großem Dank verpflichtet bin: Als verantwortlicher Herausgeber der Reihe „Das Geographische Seminar" hat Prof. Dr. Herbert Popp (Bayreuth) dieses Buchprojekt über mehrere Jahre hinweg begleitet; ich danke ihm für seine Geduld, seine Beharrlichkeit und sein Verständnis.

Wichtige inhaltliche Anregungen verdanke ich Dipl.-Geogr. Peter Herrmann (Trier) – meinem langjährigen Mitarbeiter am Europäischen Tourismus Institut GmbH (ETI) und erfahrenen Partner bei zahlreichen Beratungsaufträgen, der eine kritische Durchsicht des Textes vorgenommen hat. Für ihre gründlichen Korrekturarbeiten möchte ich mich bei Tanja Plöger (Paderborn) und Irmgard Saxowski (Paderborn) herzlich bedanken.

Mein besonderer Dank gilt aber meiner Frau: Sie verzichtete auf viele Stunden gemeinsamer Freizeit, war für mich eine kompetente Gesprächspartnerin, übernahm die undankbare Rolle als Testleserin und Kritikerin, motivierte mich in Krisenzeiten und ertrug die üblichen Stimmungsschwankungen eines Autors mit weiblicher Gelassenheit und schwäbischem Humor.

Paderborn, im Frühsommer 2005
Albrecht Steinecke

Vorwort (2. Auflage)

Erfreulicherweise ist die erste Auflage dieses Lehrbuchs bei Fachkollegen/-innen und Studierenden auf recht positive Resonanz gestoßen; aus diesem Grund konnte die Gliederung des Bandes beibehalten werden. Allerdings sind Text und Abbildungen für die Neuauflage vollständig überarbeitet worden:

- Alle Daten- und Literaturangaben befinden sich auf dem neuesten verfügbaren Stand.
- Außerdem werden die Ergebnisse von Studien referiert, die seit dem Erscheinen der ersten Auflage publiziert worden sind.
- Am Ende der größeren Kapitel werden die zentralen Aussagen jeweils in Form von Fazits zusammengefasst; ausgewählte Literaturtipps geben Hinweise für eine weiterführende Lektüre.

- Schließlich enthält der Band zahlreiche neue Graphiken und Tabellen sowie – dank des neuen Layouts der Reihe „Das Geographische Seminar" – auch Fotos.

Angesichts der weiter zunehmenden Informationsflut in Wissenschaft und Öffentlichkeit hat sich die Überarbeitung als sehr aufwendig erwiesen; deshalb war ich froh, dass ich bei der Aktualisierung von kompetenter Seite unterstützt wurde:

- Mein Dank gilt Frau Dr. Charlotte Freitag (Universität Paderborn), die mit großem Engagement Daten- und Literaturrecherchen durchgeführt sowie die Endkorrektur übernommen hat.
- Bei Frau Dipl.-Geographin Katrin Götz und Frau Dipl.-Geographin Kristin Blechschmidt (Lektoratsbüro Eck, Berlin) möchte ich mich für die effiziente Lektoratsarbeit bedanken.

Paderborn, im Frühsommer 2011
Albrecht Steinecke

Abb. 1/1 *Im 21. Jh. steht den Urlaubsreisenden die ganze Welt offen – es gibt keine weißen Flecken mehr auf der touristischen Landkarte.*

1 Das Phänomen Tourismus: Definition – Forschungsansätze – Methoden

Der Tourismus hat sich seit dem 19. Jh. zu einem wichtigen gesellschaftlichen und wirtschaftlichen Phänomen entwickelt, das gegenwärtig die ganze Welt umfasst: Im Jahr 2010 haben 935 Mio. Menschen andere Länder besucht und dabei 523 Mrd. US-Dollar ausgegeben (UNWTO 2011). Angesichts dieser Massenhaftigkeit und ökonomischen Bedeutung ist auch der Informationsbedarf über den Tourismus erheblich gestiegen, denn in vielen Zielgebieten löst die touristische Nachfrage nicht nur positive wirtschaftliche Effekte aus, sondern ist auch mit erheblichen Belastungen von Natur, Bevölkerung und Kultur verbunden.

Vor diesem Hintergrund findet einerseits eine zunehmende statistische Erfassung des Tourismus statt; andererseits beschäftigen sich mehrere Wissenschaftsdisziplinen mit Urlaubsreisen und ihren Wirkungen. In diesem Einleitungskapitel werden folgende Fragen beantwortet:

• Wie wird „Tourismus" definiert?
• Welche Möglichkeiten gibt es, den Tourismus statistisch zu erfassen?
• Welche Fachdisziplinen analysieren den Reiseverkehr und worin liegt ihr jeweiliges Erkenntnisinteresse?
• Was sind elementare Forschungsfragen und Untersuchungsmethoden des Tourimus und der Geographie der Freizeit?

1.1 Definition und Erfassung des Tourismus

1.1.1 Definition des Tourismus

„Was ist Tourismus"? Die Beantwortung dieser einfachen Frage erweist sich als schwierig, da das Phänomen „Reisen" sehr vielgestaltig ist: Es reicht von einem Tagesausflug in ein Freilichtmuseum in der näheren Umgebung über die Teilnahme an einem Kongress oder den Wochenendbesuch bei Freunden in der nächsten Großstadt bis hin zu einem Badeaufenthalt am Mittelmeer. Handelt es sich dabei jeweils um „Tourismus", obwohl sich die Reisearten doch deutlich voneinander unterscheiden – z. B. hinsichtlich:

- des Reisemotivs (Erholung, Beruf, Bildung),
- der Reisedauer (Tagesausflug, Kurzreise, mehrwöchige Reise),
- der Reiseentfernung (städtisches Umland, Inland, Ausland)?

Von der Tourismusforschung sind seit Anfang des 20. Jh. zahlreiche Abgrenzungen des Begriffs „Tourismus" erarbeitet worden. Die intensive Diskussion über die Terminologie hat die Schwierigkeiten deutlich gemacht, sämtliche Reise- und Urlaubsarten in einer Definition angemessen zu erfassen.[1] Trotz dieser definitorischen Probleme besteht ein Konsens über drei zentrale Merkmale der Touristen:

- Touristen sind Ortsfremde: Der Tourismus ist jeweils mit einem Wechsel vom Wohnort zum Zielort verbunden (und mit der Rückkehr zum Wohnort); dabei wird üblicherweise das Überschreiten der Gemeindegrenze als Ortswechsel verstanden.

- Touristen sind temporäre Bewohner: Der Aufenthalt am Zielort ist zeitlich begrenzt; nach einer vorübergehenden Anwesenheit im Zielort kehrt der Reisende in seinen Wohnort zurück. Als zeitliche Obergrenze des Aufenthaltes gelten üblicherweise zwölf Monate; die Mindestdauer ist hingegen umstritten (auch Ausflüge ohne Übernachtung werden häufig als Tagestourismus bezeichnet).

- Touristen sind Konsumenten: Mit dem Aufenthalt am Zielort ist keine dauerhafte berufliche Tätigkeit in einer Arbeitsstätte verbunden (auch Geschäftsreisende, die sich zu Verkaufs- oder Kontaktgesprächen am Zielort aufhalten, treten dort vorrangig als Konsumenten auf).

Diese zentralen Merkmale des Tourismus spiegeln sich auch in der Definition wider, die gegenwärtig von vielen Tourismusforschern akzeptiert wird. C. KASPAR (1996, 16) definiert die Begriffe „Tourismus" bzw. „Fremdenverkehr" als „Gesamtheit der Beziehungen und Erscheinungen, die sich aus der Ortsveränderung und dem Aufenthalt von Personen ergeben, für die der Aufenthaltsort weder hauptsächlicher und dauernder Wohn- noch Aufenthaltsort ist". Der Begriff „Touristik" hat hingegen eine engere Bedeutung: Er bezieht sich nur auf die kommerziellen Angebote von Reiseveranstaltern (Veranstalter- bzw. Pauschalreise) sowie auf die geschäftsmäßige Beschäftigung mit Reisen – also die Tourismusbranche (FREYER, W. 2011, 8).

Generell geht es bei der Frage der Definition nicht um akademische Spitzfindigkeiten; vielmehr hat die jeweilige Begriffsabgrenzung erheblichen Einfluss auf Aussagen zum Umfang der touristischen Nachfrage bzw. zur ökonomischen und gesellschaftlichen Bedeutung:

- Wenn z. B. der Tagesausflugsverkehr auch unter dem Begriff „Tourismus" subsumiert wird, ist das ermittelte Nachfragevolumen deutlich höher, als wenn nur Reisen berücksichtigt werden, die mit einer Übernachtung verbunden sind.
- Ähnlich verhält es sich hinsichtlich der Berücksichtigung bzw. des Ausschlusses von Geschäftsreisen, Kuraufenthalten sowie Verwandten- und Bekanntenbesuchen.

Da die Resultate tourismuswissenschaftlicher Untersuchungen häufig von Interessengruppen bei der Lobbyarbeit oder von politischen Entscheidungsträgern zur Begründung von Fördermaßnahmen eingesetzt werden, können definitorische Unterschiede rasch eine erhebliche politische bzw. ökonomische Bedeutung erlangen. Bei der Lektüre von Schlagzeilen über touristische Trends und bei der Verwendung der Ergebnisse von Tourismusstudien ist also eine entsprechende begriffs- und methodenkritische Wachsamkeit notwendig. Grundsätzlich ist die Frage zu stellen: Welche begriffliche Abgrenzung liegt den Aussagen zugrunde?

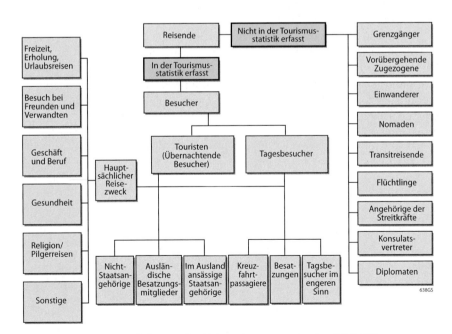

Abb. 1.1.1/1 *Tourismusdefinition der Welttourismusorganisation (UNWTO)*

Typen von Reiseverkehrsströmen und Grundformen des Tourismus

Hinsichtlich der Herkunfts- und Zielgebiete von Touristen und Tagesbesuchern lassen sich drei Arten von Reiseverkehrsströmen unterscheiden (SPÖREL, U. 1998, 129):

- Binnenreiseverkehr (domestic tourism) = Reisen von Inländern im Inland,
- Einreiseverkehr (inbound tourism) = Reisen von Ausländern in das Inland,
- Ausreiseverkehr (outbound tourism) = Reisen von Inländern in das Ausland.

Da sich diese Reiseverkehrsströme überlagern, kommt es zur Herausbildung von drei Grundformen des Tourismus:

- Inlandstourismus (internal tourism) = Binnenreiseverkehr und Einreiseverkehr,
- nationaler Tourismus (national tourism) = Binnenreiseverkehr und Ausreiseverkehr,
- internationaler Tourismus (international tourism) = Einreiseverkehr und Ausreiseverkehr.

Diese Unterscheidung von Reiseströmen und Grundformen des Tourismus spielt vor allem bei der statistischen Erfassung eine wichtige Rolle.

In der Vergangenheit sind nicht nur von der Tourismuswissenschaft, sondern auch von Institutionen und Statistischen Ämtern Definitionen erarbeitet worden. Sie zielen weniger darauf ab, den komplexen wirtschaftlichen und gesellschaftlichen Charakter des Tourismus definitorisch abzubilden; vielmehr steht bei ihnen die pragmatische Frage nach der Erfassung von Reiseströmen im Vordergrund. Seit Anfang der 1990er-Jahre hat die United Nations World Tourism Organization (UNWTO, Madrid) Empfehlungen zur Vereinheitlichung der nationalen Tourismusstatistiken erarbeitet, die inzwischen vom Statistischen Amt der Europäischen Gemeinschaften (Eurostat, Luxemburg), von der Organization for Economic Cooperation und Development (OECD, Paris) und vom Statistischen Bundesamt (Wiesbaden) verwendet werden.

Nach dieser Definition umfasst der Tourismus „alle Aktivitäten von Personen, die an Orte außerhalb ihrer gewohnten Umgebung reisen und sich dort zu Freizeit-, Geschäfts- oder bestimmten anderen Zwecken nicht länger als ein Jahr ohne Unterbrechung aufhalten" (SPÖREL, U. 1998, 128). Im Mittelpunkt der weit gefassten Definition steht der Visitor (Besucher); aufgrund der Aufenthaltsdauer wird dabei zwischen Touristen (übernachtenden Besuchern) und Tagesbesuchern (ohne Übernachtung) unterschieden. Die Definition der UNWTO trifft auch Aussagen zu den Personengruppen, die nicht als Besucher betrachtet werden; dazu zählen Pendler, Grenzgänger, Einwanderer, Nomaden, Transitreisende u. a. (vgl. Abb. 1.1.1/1).

1.1.2 Erfassung des Tourismus

Wirtschaft, Planung und Politik benötigen für ihre Entscheidungen aktuelle, umfassende und differenzierte Daten über das Volumen und die Struktur des Tourismus. Diese Informationen werden zum einen im Rahmen der amtlichen Statistik und zum anderen in Form von Repräsentativuntersuchungen erhoben, die von kommerziellen Marktforschungsunternehmen durchgeführt werden.

Die amtliche Erfassung des Tourismus erfolgt in Deutschland im Rahmen der Statistik der Beherbergung im Reiseverkehr; berichtspflichtig sind dabei Beherbergungsbetriebe mit neun und mehr Betten (SPÖREL, U. 1998, 129–141). Auf der Basis von Meldezetteln werden im Rahmen der laufenden monatlichen Erhebung folgende Daten erhoben: Zahl der Ankünfte und Übernachtungen (damit lässt sich auch die durchschnittliche Aufenthaltsdauer rechnerisch ermitteln) sowie das Herkunftsland der Gäste. Da außerdem Informationen über die Zahl der Gästebetten, Wohneinheiten bzw. Stellplätze auf Campingplätzen erfasst werden, kann die durchschnittliche Auslastung der Betten ermittelt werden. Darüber hinaus lassen sich die statistischen Daten hinsichtlich weiterer Merkmale differenzieren; dazu zählen u. a.:

- Reisegebiete: Dabei handelt es sich um eine nicht-administrative räumliche Gliederung, deren Abgrenzung sich auf die Zuständigkeitsbereiche der zahlreichen regionalen Tourismusverbände in Deutschland bezieht (Holsteinische Schweiz, Teutoburger Wald, Bodensee etc.).

- Betriebsarten: Die statistischen Daten lassen sich hinsichtlich mehrerer Beherbergungsarten unterteilen: Hotels, Gasthöfe, Pensionen, Hotels garni, Erholungs-, Ferien- und Schulungsheime u. a.

- Gemeindegruppen: Bei den Gemeinden wird zwischen staatlich anerkannten Heilbädern (Mineral- und Moorbäder, heilklimatische Kurorte, Kneippkurorte) sowie Seebädern, Luftkurorten, Erholungsorten und sonstigen Gemeinden unterschieden.

- Betriebsgrößenklassen: Die Gliederung der Beherbergungsbetriebe erfolgt auf der Grundlage der zur Verfügung stehenden Betten (9–19, 20–99 sowie 100 und mehr Betten).

Außerdem ermöglicht die amtliche Statistik Aussagen über die Herkunftsländer der ausländischen Gäste; in Deutschland sind Niederländer, US-Amerikaner und Briten die wichtigsten Zielgruppen. In Ergänzung der laufenden monatlichen Beherbergungsstatistik findet im Abstand von sechs Jahren eine Kapazitätserhebung im Beherbergungsgewerbe statt. Da es sich bei dem Tourismus um einen Querschnittsbereich handelt, der u. a. Wirkungen auf das Verkehrsaufkommen sowie die Nachfrage in Gaststätten und im Einzelhandel hat, enthalten auch andere amtliche Statistiken tourismusrelevante Informationen (Luftfahrt- und Eisenbahnstatistik, Handels- und Gaststättenzählung etc.). Allerdings wird dabei der Tourismus zumeist nicht gesondert erfasst, sodass keine präzisen Aussagen zum touristischen Anteil am jeweiligen Leistungsumfang möglich sind.

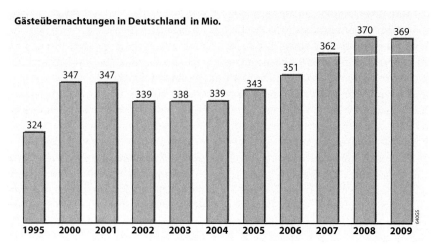

Abb. 1.1.2/1 *Die amtliche Erfassung des Tourismus erfolgt in der Bundesrepublik Deutschland im Rahmen der Statistik der Beherbergung. Auf der Grundlage von Meldezetteln wird u. a. die Zahl der Ankünfte und Übernachtungen in gewerblichen Betrieben mit neun und mehr Betten erhoben.*

Wo werden Touristen statistisch erfasst?

Bei der Grenzmethode werden die Touristen beim Grenzübertritt im Zielland erfasst – z. B. in Australien, den Vereinigten Staaten von Amerika oder der Türkei. Ungenauigkeiten ergeben sich aus der Tatsache, dass häufig keine Vollerhebungen, sondern nur Stichproben oder Schätzungen durchgeführt werden.

Bei der Standortmethode erfolgt die statistische Erhebung in der Unterkunft am jeweiligen Aufenthaltsort – z. B. in Deutschland, Belgien oder Spanien. In einigen Ländern sind alle Unterkunftsbetriebe auskunftspflichtig, in anderen Ländern nur die Hotelbetriebe.

Das Statistische Bundesamt (Wiesbaden) gibt seit 1988 jährlich die Querschnittsveröffentlichung „Tourismus in Zahlen" heraus, die zahlreiche nationale und auch internationale statistische Angaben zum Tourismus enthält (STATISTISCHES BUNDESAMT 2010, 2010a).

Auf internationaler Ebene stellt die United Nations World Tourism Organization (UNWTO, Madrid) jährlich die nationalen statistischen Daten überblicksartig in den Tourism Highlights sowie in dem umfangreichen Yearbook of Tourism Statistics zusammen (www.unwto.org). Eine direkte Vergleichbarkeit nationaler Tourismusstatistiken wird allerdings durch die Tatsache erschwert, dass in den einzelnen Ländern unterschiedliche Erhebungsmethoden zum Einsatz kommen – die Grenzmethode und die Standortmethode.

Als Grundprobleme der amtlichen Tourismusstatistik erweisen sich die weitgehende Beschränkung auf quantitative Angaben (Ankünfte, Übernachtungen etc.) sowie die retrospektive Sichtweise. Unternehmen und Tourismusdestinationen benötigen für ihre Marketingarbeit aber vor allem qualitative Daten zu Motiven, Einstellungen und Verhaltenweisen der Touristen sowie zukunftsorientierte Informationen zu Reiseabsichten und Gästepotenzialen. Diese Fragestellungen stehen im Mittelpunkt der tourismusbezogenen Repräsentativuntersuchungen, die in den Herkunftsländern der Touristen (also den Quellgebieten) regelmäßig von kommerziellen Marktforschungsunternehmen durchgeführt werden. Bei Erhebungen wie „Europäischer/Deutscher Reisemonitor", „GfK Travelscope" oder „TNS Travellers Panel" handelt es sich um aufwendige Bevölkerungsbefragungen, deren Kosten von den Beziehern der Untersuchung getragen werden. Die vollständigen Ergebnisse stehen deshalb nur den Kunden zur Verfügung; in kurzen Pressemitteilungen werden allenfalls ausgewählte Daten publiziert (BESEL, K. & B. HALLERBACH 2007, 163–167).

Eine Ausnahme stellt die „Reiseanalyse" (RA) dar, die seit 1970 jährlich mit einem gleichen methodischen Ansatz durchgeführt wird. Erste Ergebnisse dieser Untersuchung werden jeweils im Rahmen der Internationalen Tourismus-Börse (ITB) in Berlin präsentiert; eine Publikation der detaillierten Resultate erfolgt in Form einer Kurzfassung (LOHMANN, M. & U. SONNTAG 2006; F. U. R. 2010, 2011). Zu den inhaltlichen Schwerpunkten der „Reiseanalyse" zählen:

- Urlaubs- und Urlaubsreiseverhalten (Reiseziele, Zeitpunkt, Organisationsform, Verkehrsmittel, Unterkunft etc.),
- Urlaubsreisemotive und Aktivitäten während der Urlaubsreise,
- Einstellungen und Bewertungen,
- Urlaubsreiseabsichten und Interessen an Urlaubsformen,
- Urlaubsreiseausgaben.

Forschungsgegenstand der „Reiseanalyse" sind die Urlaubsreisen der bundesdeutschen Bevölkerung, die mit mindestens einer Übernachtung verbunden sind (Geschäftsreisen und Kuraufenthalte werden nicht erfasst); dabei wird zwischen Urlaubsreisen (mindestens fünf Tage Dauer) und Kurzurlaubsreisen (zwei bis vier Tage Dauer) unterschieden (vgl. Kap. 2).

Die Resultate der amtlichen Statistik und der tourismusbezogenen Repräsentativuntersuchungen stellen – als Sekundärquellen – eine wichtige Grundlage der Tourismusforschung dar; darüber hinaus werden an den Universitäten und Hochschulen von unterschiedlichen Wissenschaftsdisziplinen zahlreiche Einzeluntersuchungen durchgeführt (in Form von Primärerhebungen), um den Tourismus quantitativ und qualitativ zu erfassen.

1.1.3 Tourismus als multidisziplinäres Forschungsobjekt

Ortsveränderung, temporärer Aufenthalt und Konsumfunktion – diese zentralen Merkmale der Touristen geben bereits Hinweise auf die vielfältigen und umfassenden Ursachen, Erscheinungsformen und Wirkungen, die mit dem Tourismus verbunden sind. Er stellt einen Querschnittsbereich dar, der u. a. Bezüge zu

Gesellschaft und Wirtschaft, Politik und Ökologie, Kultur und Städtebau aufweist. Aus wissenschaftlicher Sicht stellen sich mehrere grundsätzliche Forschungsfragen:

- Warum unternehmen Menschen Urlaubsreisen (Motive)?
- Wie und mit wem verreisen sie (Reiseverhalten und Organisation)?
- Wohin und womit machen sie ihre Reisen (Raumstrukturen und Verkehrsmittel)?

- Seit wann werden Urlaubsreisen unternommen (Geschichte)?
- Welche Wirkungen löst der Tourismus aus (Wirtschaft, Bevölkerung, Umwelt, Kultur)?
- Welche Steuerungsinstrumente stehen zur Verfügung, um die Entwicklung des Tourismus zu beeinflussen (Gesetzgebung, Planung, Management)?

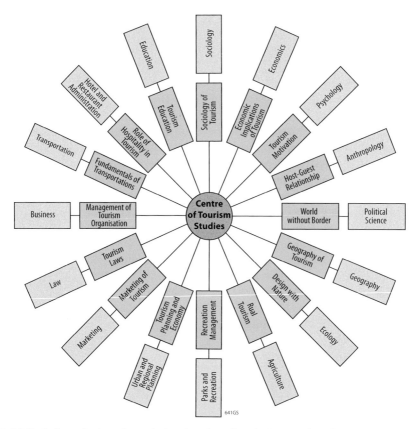

1.1.3/1 *Aufgrund seines Querschnittscharakters beschäftigen sich mehrere Wissenschaftsdisziplinen mit dem Tourismus. Trotz zahlreicher inhaltlicher Schnittstellen ist es in Deutschland bisher noch nicht zu einer fachübergreifenden institutionellen Verankerung gekommen (z. B. in Form eines „Centre of Tourism Studies").*

Die Auflistung macht zugleich deutlich, dass diese Forschungsfragen nicht allein von einer Wissenschaftsdisziplin beantwortet werden können; der Tourismus erweist sich vielmehr als ein multidisziplinäres Forschungsobjekt. Neben der Geographie haben sich vor allem folgende Fachdisziplinen – in unterschiedlicher Intensität – mit Aspekten des Tourismus beschäftigt (vgl. Abb. 1.1.3/1):

- Wirtschaftswissenschaften: Zu Beginn des 20. Jh. war zunächst die Volkswirtschaftslehre der Leading Sector bei der wissenschaftlichen Beschäftigung mit dem Tourismus. Seit dem Zweiten Weltkrieg hat hingegen die Betriebswirtschaftslehre erheblich an Bedeutung gewonnen. Zu den Forschungsschwerpunkten zählen Strukturanalysen der Tourismusbranche, Methoden des Marketing und Management, Kosten-Nutzen-Analysen, Berechnungen ökonomischer Effekte etc. (HAEDRICH, G. u. a. 1998; HÄNSSLER, K. H. 1999; KREILKAMP, E., H. PECHLANER & A. STEINECKE 2001; MÜLLER, H. 2002; POMPL, W. 1997, 2002; POMPL, W. & M. G. LIEB 2002; ROTH, P. & A. SCHRAND 2003; BIEGER, T. 2008, 2010; FREYER, W. 2009, 2011).

- Soziologie: Während die angewandte sozialwissenschaftliche Forschung (in Form von Repräsentativbefragungen) innerhalb der Tourismusforschung eine große Rolle spielt, nimmt die soziologische Grundlagenforschung nur eine marginale Position ein. Typische Fragestellungen sind die Analyse der gesellschaftlichen Steuerfaktoren (Bildung, Wertewandel etc.), der Trends in Freizeit und Tourismus sowie des Reiseverhaltens soziodemographischer Gruppen (ROMEISS-STRACKE, F. 1998, 2003; BACHLEITNER, R., H.-J. KAGELMANN & A. KEUL 1998; VESTER, H.-G. 1999; PRAHL, H.-W. 2002; MUNDT, J. W. 2011b).

- Psychologie: Die Analyse der Urlaubsreisemotive steht im Mittelpunkt der psychologischen Tourismusforschung. Weitere Forschungsfragen beziehen sich z. B. auf die Steuerfaktoren und den Ablauf der Reiseentscheidung sowie auf die Messung der Reisezufriedenheit (BRAUN, O. L. & M. LOHMANN 1989; KLINGENBERG, K.-H., M. TRENSKY & G. WINTER 1991; HAHN, H. & H.-J. KAGELMANN 1993).

- Pädagogik: Aus pädagogischer Sicht stellt der Urlaub vor allem eine Lern- und Bildungszeit dar; deshalb zählen das Reiseverhalten von Jugendlichen, die Urlaubsgestaltung für unterschiedliche soziale Gruppen sowie die Studienreiseleitung und Animation zu den freizeitpädagogischen Forschungsschwerpunkten (OPASCHOWSKI, H. W. 1996, 2002; GÜNTER, W. 2003; FREERICKS, R., R. HARTMANN & B. STECKER, 2010).

- Geschichte: Seit seinen Anfängen im 17. und 18. Jh. wurde der Tourismus durch technische, wirtschaftliche und politische Faktoren beeinflusst; gleichzeitig war er mit sozialräumlichen Segregationsprozessen verbunden (so hatten lange Zeit der königliche Hof und der Adel die Rolle von Trendsettern). Sowohl die Analyse dieser Zusammenhänge als auch die Frage nach der gegenwärtigen Rolle der Geschichte im Tourismus stehen im

Zentrum der historischen Tourismusforschung (SPODE, H. 1991, 1996, 2003; HEY, B. 1993, 1998; KNOLL, G. 2006; HACHTMANN, R. 2007).

- Kulturanthropologie/ Europäische Volkskunde: Diese Fachdisziplinen haben sich vor allem mit dem kulturell geprägten Verhalten von Menschen auf Reisen beschäftigt – z. B. mit der Frage, welche Wirkungen der Aufenthalt in der Fremde auf bestehende Vorurteile hat. Außerdem sind die Akkulturationseffekte untersucht worden, die der Tourismus in traditionell geprägten Gesellschaften auslöst – z. B.

im ländlichen Raum oder im Hochgebirge (BAUSINGER, H., K. BEYRER, K. & G. KORFF 1991; MÜLLENMEISTER, H. M. 1998; LENZ, R. & K. SALEIN 2009; LAUTERBACH, B. 2010).

Neben diesen Disziplinen gibt es weitere Wissenschaftszweige, die sich u. a. auch mit Fragen der Freizeit und des Tourismus beschäftigen (Rechtswissenschaften, Architektur und Städtebau, Landschaftsökologie). Obwohl jedes Fach spezifische Fragestellungen aufweist, ergeben sich vor allem hinsichtlich der methodologischen Ansätze und der Forschungsmethoden zahlreiche

---

Touristen sind immer die Anderen.

Im Urlaub wollen wir alle zwar Entdecker, Abenteurer oder Flaneure sein, aber auf keinen Fall Touristen – denn die gelten als unsensibel und aufdringlich. Diese Haltung ist untrennbar mit der Geschichte des modernen Tourismus verbunden. So mokierten sich englische Adelige bereits im Jahr 1806 darüber, dass das schicke Seebad Scarborough nun auch von Textilfabrikanten und Tuchhändlern besucht wurde. Man wollte einfach gerne unter sich sein – auf den Strandpromenaden und Piers, in den Lesesälen und Konversationshäusern. Touristen wurden also schon von den Mitreisenden kritisiert, als es den Begriff noch gar nicht gab – denn der tauchte erst im Jahr 1811 in englischen Wörterbüchern auf.

Seitdem sind Touristen nicht nur ein beliebtes Objekt von Karikaturisten, sondern werden auch von Intellektuellen und Politikern beschimpft. So bezeichnete z. B. Stefano Stefani, der italienische Staatssekretär für Tourismus (!), im Jahr 2003 die deutschen Urlauber als „einförmige, supernationalistische Blonde", die „lärmend über unsere Strände herfallen". Mit diesem Klischee des hässlichen Touristen, der anscheinend nur in Horden auftritt und sich verschwitzt in Bus- und Flugzeugsessel zwängt, will wirklich niemand etwas zu tun haben.

Touristen sind immer die Anderen – diese Denkweise schimmert in vielen persönlichen Urlaubsberichten, Reisebeiträgen in den Medien und neuerdings auch in unzähligen Internet-Blogs durch. Doch egal, ob man pauschal oder individuell verreist, ob man mit Koffer oder Rucksack unterwegs ist, ob man auf einem Bauernhof in der Eifel oder in einem Luxushotel in Dubai übernachtet, für die amtliche Statistik ist man einfach nur ein Tourist (STEINECKE, A. 2010, 1–11).

Schnittstellen. Gegenwärtig kann noch nicht von einer einheitlichen Tourismuswissenschaft gesprochen werden; dennoch verschmelzen die einzelnen Disziplinen zunehmend zu einer tourismusbezogenen Forschung.

Allerdings ist es im deutschsprachigen Raum bislang noch nicht zu einer fachübergreifenden institutionellen Verankerung gekommen. Als erster Schritt in diese Richtung kann die „Deutsche Gesellschaft für Tourismuswissenschaft e. V." verstanden werden, in der mehr als 100 deutschsprachige Tourismusexperten aus Hochschulen, Beratungsunternehmen etc. zusammenarbeiten (www.dgt.de).

Zusammenfassung

Fazit

- Generell gibt es viele Formen der räumlichen Mobilität – z. B. die tägliche Fahrt zum Arbeitsplatz, die saisonalen Wanderungen von Nomaden oder die großen Flüchtlingsströme aufgrund von Naturkatastrophen oder Hungersnöten.
- Im Vergleich zu diesen Mobilitätsarten weist der Tourismus drei typische Merkmale auf: Touristen sind Ortsfremde, sie halten sich immer nur kurzfristig an ihrem Zielort auf und sie üben dort keine berufliche Tätigkeit aus (es handelt sich bei ihnen also um Konsumenten).
- Im engeren Sinne werden nur Freizeit-, Erholungs- und Urlaubsreisende als Touristen bezeichnet; in manchen Definitionen werden aber auch Geschäftsreisende, Pilger etc. berücksichtigt.

- Der Begriff „Touristik" bezieht sich hingegen ausschließlich auf die Angebote der Tourismusbranche (Veranstalter- bzw. Pauschalreisen).
- Statistische Daten zum Umfang und zur Struktur des Tourismus werden jeweils auf nationaler, europäischer und internationaler Ebene erhoben – z. B. vom Statistischen Bundesamt (Wiesbaden), vom Statistischen Bundesamt der Europäischen Gemeinschaft (Eurostat, Luxemburg) sowie von der Welttourismusorganisation (UNWTO, Madrid).
- Freizeit und Tourismus sind Querschnittsbereiche, die Bezüge zu Wirtschaft, Gesellschaft, Kultur und Umwelt aufweisen. Folglich beschäftigen sich zahlreiche Wissenschaftsdisziplinen mit diesen Phänomenen.
- Hinsichtlich der empirischen Forschungsmethoden gibt es zahlreiche Schnittstellen zwischen diesen Fächern. Da jede Disziplin aber eigene Forschungstraditionen aufweist und spezifische Fragestellungen formuliert, hat sich noch keine einheitliche, institutionell verankerte Freizeit- und Tourismusforschung herausbilden können.

Zum Einlesen

FUCHS, W., J. W. MUNDT & H.-D. ZOLLONDZ (Hrsg.; 2008): Lexikon Tourismus. Destinationen, Gastronomie, Hotellerie, Reisemittler, Reiseveranstalter, Verkehrsträger, München.
Das Lexikon ist ein wichtiges Hilfsmittel für Studierende und Praktiker; neben kurzen Begriffserläuterungen finden sich umfangreiche Fachartikel mit weiterführenden Literaturhinweisen.

ZEITSCHRIFT FÜR TOURISMUSWISSENSCHAFT (TW), Stuttgart (seit 2009).
Die einzige deutschsprachige Fachzeitschrift zur Tourismusforschung enthält neben aktuellen wissenschaftlichen Beiträgen auch Berichte über Forschungsprojekte /Konferenzen und Buchbesprechungen.

1.2 Geographie der Freizeit und des Tourismus: Forschungsfragen –Disziplingeschichte – Methoden

1.2.1 Grundlegende Forschungsfragen der Geographie der Freizeit und des Tourismus

Als Raumwissenschaft analysiert die Geographie sowohl die Struktur und Dynamik von Naturräumen (Physische Geographie) als auch von Kulturräumen (Anthropogeographie). Innerhalb der Anthropogeographie hat sich die Geographie der Freizeit und des Tourismus in den letzten Jahrzehnten als selbstständige Teildisziplin etabliert. Diese Tatsache spiegelt sich nicht nur in der Vielzahl von Forschungsprojekten, Publikationen und Tagungen wider, sondern auch in der institutionellen Verankerung dieses Faches:

- Seit 1977 bestehen an einigen bundesdeutschen Universitäten spezielle Studiengänge (B. A., M. A.) zur Geographie der Freizeit und des Tourismus – z. B. in Eichstätt und Trier (KLEMM, K. 2000).
- Seit 1985 gibt es innerhalb der „Deutschen Gesellschaft für Geographie" den „Arbeitskreis Freizeit- und Tourismusgeographie", dem zahlreiche Experten aus Forschung und Praxis angehören. Die Ergebnisse der jährlich stattfindenden Sitzungen zu unterschiedlichen Themen werden in der Schriftenreihe „Studien zur Freizeit- und Tourismusforschung" dokumentiert.

Generell gilt das Erkenntnisinteresse der Geographie der Freizeit und des Tourismus mehreren Dimensionen dieses Themas:

- Verhaltensdimension des Tourismus: Mit dem Tourismus ist immer eine Distanzüberwindung zwischen Wohn- und Zielort verbunden; damit stellt er eine Form der räumlichen Mobilität dar. Das Reiseverhalten erfährt eine Differenzierung durch die Beteiligung unterschiedlicher Alters-, Bildungs- und Sozialgruppen (Senioren, Jugendliche, Singles, Familien, Personen mit niedrigem bzw. hohem Einkommen oder Bildungsgrad etc.). Aufgrund ihrer Lebenssituation weisen diese Gruppen jeweils spezifische Motive und raumbezogene Verhaltensweisen auf.
- Standortdimension des Tourismus: Die natur- bzw. kulturräumliche Ausstattung einer Region (Geofaktoren) stellt vor allem in der Anfangsphase eine wichtige Grundlage der touristischen Erschließung dar. Im weiteren Verlauf führt die räumliche und zeitliche Konzentration von Touristen zur Ansiedlung von Unternehmen, die sich mit ihrer Angebotsgestaltung am spezifischen Nachfrageverhalten der Urlauber orientieren (Übernachtung, Verpflegung, Unterhaltung etc.). Dadurch kommt es zur Herausbildung von speziellen Standorten (Tourismusdestinationen).
- Wirkungsdimension des Tourismus: Durch die Entstehung touristischer Standorte, aber auch durch die aktive Nutzung der natürlichen Ressourcen löst der Tourismus in den Zielgebieten dauerhafte Wirkungen auf Umwelt und Landschaft, Wirtschaft und Bevölkerung sowie Siedlungen und Verkehr aus.

Das Erkenntnisinteresse der Geographie der Freizeit und des Tourismus

Die Geographie der Freizeit und des Tourismus analysiert Raumstrukturen, die auf verschiedene Weise entstanden sind:

- durch den Einfluss natürlicher und kultureller Standortfaktoren,
- durch Verhaltensweisen und Bewertungen unterschiedlicher sozialer Gruppen,
- durch raumbezogene Freizeit- und Tourismusaktivitäten,
- durch Infrastrukturmaßnahmen und Standortbildung touristischer Betriebe,
- durch Planungsmaßnahmen von Behörden und Unternehmen.

Darüber hinaus werden Prognosen zur künftigen Entwicklung von Freizeit und Tourismus erarbeitet.

- Planungsdimension des Tourismus: Aufgrund seiner vielfältigen Effekte ist der Tourismus zunehmend zum Gegenstand von Planungsmaßnahmen geworden, mit deren Hilfe die positiven wirtschaftlichen Effekte optimiert und die ökologischen Belastungen minimiert werden sollen.

Die Beiträge der Geographie zur Lösung der gesellschaftlichen Probleme, die in Freizeit und Tourismus entstanden sind, lassen sich auf drei Ebenen finden:

- Die Ergebnisse der Grundlagenforschung fungieren als wissenschaftliche Basis für planerische, administrative und privatwirtschaftliche Maßnahmen – z. B. in Form von Studien zu den Folgen des demographischen Wandels auf das künftige Reiseverhalten oder zu den regionalwirtschaftlichen Effekten des Tourismus. Die Erarbeitung von Grundlagenwissen geschieht mit dem Ziel, Einsicht in komplexe Wirkungszusammenhänge im Bereich von Freizeit und Tourismus zu erhalten.
- Für konkrete Planungs-, Verwaltungs- und Wirtschaftszwecke wird anwendungsbezogenes Wissen erarbeitet – z. B. durch Analysen unterschiedlicher touristischer Zielgruppen oder Studien zum Einzugsbereich von Freizeiteinrichtungen. Ziel dieser Untersuchungen ist es, durch sachgerechte Planung eine Erhaltung der natürlichen Grundlagen und eine sinnvolle Nutzung der Ressourcen sicherzustellen.
- Die gesellschaftstheoretische Forschung beschäftigt sich mit der sozialen und kulturellen Problematik, die sich im Tourismus widerspiegelt – z. B. mit Untersuchungen zu den Interessengegensätzen in einer Destination oder zu den ökologischen Effekten, die mit einer touristischer Erschließung einhergehen. Ziel dieser Forschungsrichtung ist es, Einstellungen und Handlungsweisen in Freizeit und Tourismus durch Information und Aufklärung zu verändern – sowohl bei den touristischen Nutzergruppen als auch bei den politischen Entscheidungsträgern.
- Darüber hinaus spielt das Thema „Reisen und Tourismus" auch innerhalb des Geographieunterrichts eine

besondere Rolle. Dabei standen zunächst Reisebeschreibungen und Berichte von Entdeckern im Mittelpunkt. Inzwischen rückten die Analyse von Tourismusregionen und die Vermittlung von Urlaubsplanungskompetenzen in das Zentrum des Interesses. Dabei wird das Konzept der Reiseerziehung verfolgt, das die Schüler zum Nachdenken über Motive und Folgen des Reisens sowie zu einem sozial- und umweltverträglichen Reiseverhalten anregen soll (HEMMER, M. 1996; HAVERSATH, J.-B, & M. HEMMER 2007). In mehreren geographiedidaktischen Fachzeitschriften werden regelmäßig grundlegende Beiträge sowie exemplarische Unterrichtseinheiten zu diesen Themen vorgestellt („Praxis Geographie", „Geographie und Schule").

1.2.2 Disziplingeschichtliche Entwicklung der Geographie der Freizeit und des Tourismus

Der Tourismus ist bereits seit Anfang des 20. Jh. ein Forschungsgegenstand der Geographie; dabei standen die frühen Arbeiten und Forschungsmethoden noch unter dem Einfluss der damals dominierenden Volkswirtschaftslehre. Der Begriff „Fremdenverkehrsgeographie" wurde erstmals von J. STRADNER (1905) verwendet. Auf der Basis eines deterministischen Ansatzes sah er die Aufgaben dieser Disziplin vor allem darin, den Einfluss von natur- und kulturräumlichen Faktoren auf den Fremdenverkehr zu untersuchen und Fremdenverkehrsgebiete kartographisch darzustellen; weitere frühe Fachvertreter waren K. SPUTZ (1919) und G. WEGENER (1929).[2]

Einen wesentlichen Impuls empfing die deutsche Fremdenverkehrsgeographie durch H. POSER (1939), der in seiner Studie über den Fremdenverkehr im Riesengebirge drei spezifisch-geographische Fragestellungen formulierte[3]:

- Wie gestaltet und verändert der Fremdenverkehr die Natur- und Kulturlandschaft (kulturlandschaftsgenetischer Ansatz)?
- Welche räumlichen und zeitlichen Strukturen weisen die unterschiedlichen Fremdenverkehrsarten auf (strukturräumlicher Ansatz)?
- Welche räumlich-funktionalen Beziehungen bestehen zwischen dem Zielgebiet des Fremdenverkehrs und den Quellgebieten der Gäste (funktionaler Ansatz)?

Eine methodologische Weiterentwicklung erfuhr die geographische Tourismusforschung durch W. CHRISTALLER (1955). Parallel zu seiner Theorie der zentralen Orte versuchte er, die Regelhaftigkeiten in der räumlichen Verteilung touristischer Standorte zu ermitteln. Als wesentliches Merkmal des Reiseverhaltens und der Standortstruktur ermittelte er die Bevorzugung peripherer und siedlungsarmer Regionen, die für keine andere wirtschaftliche Nutzung geeignet waren – z. B. Küsten und Hochgebirge (vgl. Abb. 1.2.2/1). Spätere Untersuchungen konnten allerdings zeigen, dass die (anfänglich) peripheren Orte innerhalb der touristischen Entwicklung eine neue Freizeitzentralität erlangen; dadurch kommt es zu einer grundlegenden Veränderung des traditionellen zentralörtlichen Systems (NEWIG, J. 2007).[4]

Eine entscheidende Weiterentwicklung vollzog sich zu Beginn der 1970er-Jahre durch die Erweiterung der bisherigen „Fremdenverkehrsgeographie" zur „Geographie des Freizeitverhaltens", die von K. RUPPERT und J. MAIER (1970) als Teilbereich der Sozialgeographie verstanden wurde. Dieser Forschungsansatz basiert auf dem Axiom einer Funktionsgesellschaft, deren Mitglieder in mehreren Grunddaseinsfunktionen raumabhängig sind und raumwirksam werden (z. B. „Wohnen", „Arbeiten", „Sich Versorgen", „Sich Erholen" etc.). Jede Grunddaseinsfunktion weist spezifische Flächenansprüche auf, die mit der Herausbildung von spezialisierten Standorten verbunden sind (an denen sich z. B. Versorgungs-, Dienstleistungs- bzw. Infrastruktureinrichtungen konzentrieren). Die Kulturlandschaft fungiert dabei als Prozessfeld, das durch die Raumansprüche und Aktivitäten unterschiedlicher sozialer Gruppen geprägt wird.

Nach diesem Grundverständnis umfasst die Grunddaseinsfunktion „Sich Erholen" nicht nur den Tourismus (als längerfristigen Reiseverkehr), sondern auch außerhäusliche Erholungsformen wie das Freizeitverhalten im Wohnumfeld und im Naherholungsraum sowie das Phänomen der Zweitwohnsitze (KERSTIENS-KOEBERLE, E. 1979; KUHN, W. 1979; SCHNELL, P. 2007; vgl. Abb. 1.2.2/2). Mit dieser methodologischen Erweiterung reagierte das Fach auf die Entstehung neuer Freizeitaktivitäten und die Bedeutungszunahme kurzfristiger Erholungsformen; darüber hinaus wurde die verhaltenswissenschaftliche Orientierung gegenüber dem bisherigen standorttheoretischen Ansatz betont.

Abb. 1.2.2/1 *Eine zunehmende Urbanisierung und ein erhöhtes Verkehrsaufkommen gehören zu den typischen Folgen der touristischen Erschließung attraktiver peripherer Regionen (z. B. Mallorca).*

Entsprechend konzentrierte sich die „Geographie des Freizeitverhaltens" vor allem auf Raumstrukturen und -prozesse, die sich aus der Grunddaseinsfunktion „Sich Erholen" ergeben:

- das touristische Angebot (natur- und kulturräumliche Grundlagen),
- die touristische Nachfrage (Tourismusarten, Herkunft und Sozialstruktur der Touristen),
- die historische Entwicklung des Tourismus,
- die Tourismusorte und -regionen (qualitativ-deskriptive Analyse und Typisierung),

- den künftigen Bedarf an Erholungsflächen und Freizeitinfrastruktur (Prognose),
- die wirtschaftliche Bedeutung des Tourismus,
- die freizeit- und tourismusbezogene Raumordnung und -planung.

Damit wurden grundsätzliche Analysekategorien entwickelt, die bis heute zum Standardrepertoire tourismusgeographischer Untersuchungen zählen. Gleichzeitig wurde die „Münchner Schule" aber auch kritisiert – zum einen wegen ihres simplen Gesellschaftsmodells, zum anderen wegen der Dominanz verhaltenswissenschaftlicher Fragestellungen.[5]

Vor diesem Hintergrund setzte sich in den 1980er-Jahren die Bezeichnung „Geographie des Freizeit- und Fremdenverkehrs" für diese Teildisziplin durch. Angesichts der rasanten Entwicklung des Freizeit- und Tourismussektors wurde auch das Spektrum der Forschungsthemen seit den 1980er-Jahren immer breiter. In den Mittelpunkt rückten nun:

- die Analyse der gesellschaftlichen und demographischen Steuerfaktoren des Tourismus (Steinecke, A. 2000a; Schröder, A., T. Widmann & A. Brittner-Widmann 2005; Reuber, P. & P. Schnell 2006; Kreisel, W. 2007; Haehling von Lanzenauer C. & K. Klemm 2007),

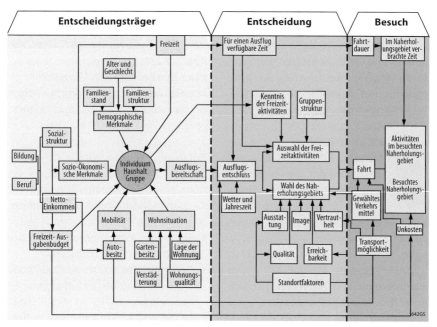

Abb. 1.2.2/2 *Im Rahmen der „Geographie des Freizeitverhaltens" wurde seit den 1970er-Jahren zunehmend auch der Tagesausflugsverkehr analysiert. Dabei rückte die Frage nach den Steuerfaktoren dieser Erholungsform und nach den Entscheidungsabläufen stärker in den Vordergrund.*

Die Rekreationsgeographie in der
Deutschen Demokratischen Republik

In der ehemaligen DDR wurde die geographische Freizeit- und Tourismusforschung als „Rekreationsgeographie" bezeichnet. In ihrer inhaltlichen Ausrichtung orientierte sie sich vor allem an systemtheoretischen Überlegungen, die von Geographen in der Union der Sozialistischen Sowjetrepubliken (UdSSR) entwickelt worden waren. Die sozialistischen Staaten betrachteten den Tourismus generell nicht unter marktwirtschaftlichen Aspekten, sondern als Bestandteil der Sozialpolitik. Ferienaufenthalte und Urlaubsreisen stellten deshalb staatliche Versorgungsleistungen dar, die dazu dienten, die physische und psychische Erholung der werktätigen Bevölkerung sicherzustellen (PAESLER, R. 2007a; NIKITSIN, V. 2009). Vor diesem Hintergrund standen theoretisch-konzeptionelle Überlegungen zur Planung von Rekreationsräumen im Mittelpunkt der Forschung. Eine empirische Erfassung von Reisemotiven und Urlaubsaktivitäten fand hingegen kaum statt (BENTHIEN, B. 1997, 28–40).[6]

- die Bewertung der touristischen Attraktivität und Eignung von Räumen (CHEN, Y.-L. u. a. 2000; FUCHS, H.-J. & H.-D. MAY 2000; FEIGE, M. 2007),
- die Analyse der wirtschaftlichen Effekte des Tourismus auf kommunaler, regionaler, nationaler und internationaler Ebene (MASCHKE, J. 2005, 2006, 2007; EISENSTEIN, B. & A. ROSINSKI 2007; HARRER, B. & S. SCHERR 2010),
- die Untersuchung der Wirkungen des Tourismus in Entwicklungsländern (VORLAUFER, K. 1996a; BAUMHACKL, H. u. a. 2006; JOB, H. & S. WEIZENEGGER 2007; STANDL, H. 2007),
- die Analyse der ökologischen und sozialen Belastungen durch den Tourismus (JOB, H. 1996; BECKER, C. & H. Job & A. WITZEL 1996; MOSE, I. 1998; JOB, H. & L. VOIGT 2007),
- die Analyse von Images und touristischen Raumwahrnehmungen (MANDEL, B. 1996; PAGENSTECHER, C. 2003; KORFF, C. 2007),

- die Analyse von Reiseführern (STEINECKE, A. 1988; POPP, H. 1994, 1997; SCHERLE, N. 2000; STRAUCH, A. P. 2003; RODRIAN, P. 2011),
- die Erarbeitung von Grundlagenuntersuchungen für die Freizeit- und Tourismusplanung auf lokaler bzw. regionaler Ebene (KRÜGER, R. 1995; JURCZEK, P. 2007; STEINGRUBE, W. 2007a).

Aufgrund der rasch wachsenden Zahl von Studien und der zunehmenden Bedeutung dieser Disziplin in der universitären Lehre entstanden in der Bundesrepublik Deutschland seit den 1970er-Jahren erste Bestandsaufnahmen in Form von

- Bibliographien (KEMPER, F.-J. 1978; STEINECKE, A. 1981, 1981a, 1984),
- Lehrbüchern (KULINAT, K. & A. STEINECKE 1984; WOLF, K. & P. JURCZEK 1986; STEINECKE, A. 2006; SCHMUDE, J. & P. NAMBERGER 2010),
- Sammelbänden zur Disziplingeschichte (HOFMEISTER, B. & A. STEINECKE 1984).

Auch in anderen Ländern kann die geographische Freizeit- und Tourismusforschung teilweise auf eine lange Disziplingeschichte zurückblicken – z. B. in:
- Österreich (HAIMAYER, P. 1987; ZIMMERMANN, F., K. KLEMM & G. MIELITZ 1989),
- Frankreich (CAZES, G. 2000; BERRIANE, M. 2007),
- angloamerikanischen Ländern (HARTMANN, R. 1984; WACHOWIAK, H. 2007).

1.2.3 Forschungsstand und Forschungsmethoden

Seit Ende der 1980er-Jahre haben sich innerhalb dieser Disziplin ähnliche Entwicklungen vollzogen, wie sie auch in anderen Fächern zu beobachten sind – nämlich eine Diversifizierung der Untersuchungsansätze und eine Spezialisierung der Fragestellungen (UTHOFF, D. 1988, 6). Darüber hinaus sind folgende Entwicklungen zu beobachten:
- globale Ausdehnung der Forschung,
- zunehmende regionale Spezialisierung,
- Verlagerung der Forschung in Grenzbereiche zu den Nachbarwissenschaften,
- zunehmender Anwendungsbezug,
- Modell- und Theoriebildung auf der Standort- und Verhaltensebene,
- stärkere Berücksichtigung ökologischer Fragestellungen (nachhaltige Regionalentwicklung).

Die Forschungsergebnisse der Geographie der Freizeit und des Tourismus basieren überwiegend auf empirischen Erhebungen; zu den Standardmethoden gehören dabei (SEITZ, E. & W. MEYER, 2006; STEINGRUBE, W. 2007, 138–145):

- Primärerhebungen:
  - Beobachtungen (physiognomische Wahrnehmung freizeit- und tourismusrelevanter Erscheinungen),
  - Primärkartierungen (kartographische Aufnahme und Darstellung von freizeit- und tourismusbezogenen Raumnutzungen),
  - Zählungen (quantitative Erfassung freizeit- und tourismusbezogener Abläufe),
  - Befragungen in touristischen Quell- und Zielgebieten (FREYER, W. & S. GROSS 2006; vgl. Abb. 1.2.3/1),
- Sekundärerhebungen:
  - Sekundärkartierungen (kartographische Darstellung von Freizeit- und Tourismuskapazitäten und -entwicklungen),
  - Auswertungen von Daten der amtlichen und nichtamtlichen Statistik (Sichtung und Interpretation bereits erhobener Freizeit- und Tourismusdaten),
  - Quellenstudien (Zusammenstellung und Interpretation sonstiger Freizeit- und Tourismusunterlagen – z.B. Geschäftsberichte, Prospekte, Homepages).

Neben den klassischen quantitativen Erhebungsmethoden kommen in der Geographie der Freizeit und des Tourismus zunehmend auch qualitative Forschungsmethoden (Tiefeninterviews, Tagebuchaufzeichnungen etc.) sowie weitere empirische Methoden zum Einsatz (BECKER, C. 1992); sie dienen dazu:
- den touristischen Markt zu segmentieren und unterschiedliche Zielgruppen abzugrenzen (vgl. Kap. 2.4),

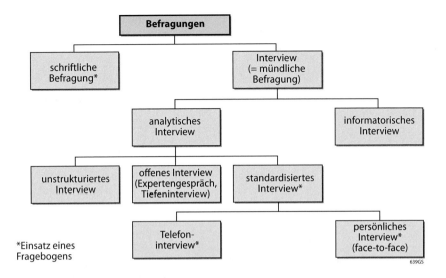

Abb. 1.2.3/1 *Neben Kartierungen, Beobachtungen und Zählungen gehören unterschiedliche Befragungstechniken gegenwärtig zu den Standardmethoden der geographischen Freizeit- und Tourismusforschung.*

- die künftige Entwicklung des Tourismus zu prognostizieren – z. B. in Form von Trendanalysen, Szenarien und Delphi-Umfragen (vgl. Kap. 5.1),
- die langfristige Veränderung von Tourismusdestinationen zu beobachten – z. B. mithilfe komplexer Monitoring-Systeme (vgl. Kap. 5 1.3).

Innerhalb ihrer mehr als 100-jährigen Forschungsgeschichte hat sich die wissenschaftliche Auseinandersetzung der Geographie mit dem Phänomen „Tourismus" gewandelt – von einer deskriptiv arbeitenden „Fremdenverkehrsgeographie" zur „Geographie der Freizeit und des Tourismus" als einer analytischen und anwendungsorientierten Regional- und Gesellschaftsforschung.[7]

Zusammenfassung

Fazit

- Als Raumwissenschaft konzentriert sich die Geographie auf die räumlichen Aspekte von Freizeit und Tourismus – z. B. auf nationale und internationale Reiseströme, auf Ausflugs- und Reiseziele unterschiedlicher Zielgruppen sowie auf Tourismusdestinationen (als Standorte von Hotels, Restaurants und Freizeiteinrichtungen).
- Darüber hinaus untersucht diese Teildisziplin auch die lokalen bzw. regionalen Wirkungen von Freizeit und Tourismus auf Wirtschaft, Umwelt, Kultur und Gesellschaft.
- Schließlich erarbeitet die Geographie der Freizeit und des Tourismus anwendungs- und zukunftsorientiertes

Wissen (in Form von Prognosen), um touristische Fehlentwicklungen zu vermeiden und mögliche wirtschaftliche Effekte zu optimieren.

- Die Anfänge der wissenschaftlichen Beschäftigung der Geographie mit dem Tourismus reichen bis in das frühe 20. Jh. zurück. Angesichts fehlender amtlicher Daten ging es bei der damaligen „Fremdenverkehrsgeographie" vor allem um eine gründliche Beschreibung, umfassende Bestandsaufnahme und kartographische Darstellung unterschiedlicher raumbezogener Erholungsarten.

- Vor dem Hintergrund einer rasanten Zunahme der Freizeit und einer wachsenden Beliebtheit von Urlaubsreisen konnte sich die „Geographie des Freizeitverhaltens" seit den 1970er-Jahren zunehmend als eigenständige Teildisziplin der Anthropo- bzw. Sozialgeographie etablieren; dabei wurden neue Themenfelder erschlossen – z. B. das Freizeitverhalten im Wohnumfeld sowie das Phänomen der Zweitwohnsitze.

- Zu den Standardmethoden dieser geographischen Teildisziplin gehören – neben Kartierungen, Beobachtungen und Zählungen – vor allem unterschiedliche Formen von Befragungen (Tiefen- und Experteninterviews, standardisierte Face-to-Face- oder Telefoninterviews).

- Gegenwärtig weist die „Geographie der Freizeit und des Tourismus" ein ständig größer werdendes Spektrum an Forschungsthemen auf – von der Analyse gesellschaftlicher und demographischer Steuerfaktoren über die Untersuchung der Wirkungen des Tourismus in Entwicklungsländern und die Dokumentation ökologischer Belastungen durch die Tourismusbranche bis hin zu Studien über die Wirkung von Reiseführern auf die Raumwahrnehmung der Touristen.

- Inzwischen ist das Fach auch institutionell in der bundesdeutschen Hochschullandschaft verankert – durch Studienangebote an den Universitäten Eichstätt und Trier sowie einen eigenen Arbeitskreis innerhalb der „Deutschen Gesellschaft für Geographie".

Zum Einlesen

INSTITUT FÜR LÄNDERKUNDE (Hrsg.; 2000): Nationalatlas Bundesrepublik Deutschland. Mit zahlreichen thematischen Karten, Fotos, Graphiken und erläuternden Texten vermittelt der Atlas einen umfassenden Überblick über Freizeit und Tourismus in Deutschland.

STEINECKE, A. (2010): Populäre Irrtümer über Reisen und Tourismus, München. Der Autor setzt sich auf unterhaltsame, aber zugleich wissenschaftlich fundierte Weise mit verbreiteten Vorurteilen über Tourismus und Touristen auseinander – eine gute Einstiegslektüre für Studienanfänger.

Abb. 2/1 *Der Strandurlaub gehört – neben dem Ausruhurlaub und dem Natururlaub – zu den beliebtesten Urlaubsreisearten der Bundesbürger.*

2 Die Touristen: Verhalten – Motive – Zielgruppen

Seit dem Ende des Zweiten Weltkrieges hat der deutsche Urlaubsreisemarkt ein gewaltiges quantitatives Wachstum erlebt: So stieg die Zahl der Bundesbürger, die eine Urlaubsreise unternommen haben, von 9,3 Mio. im Jahr 1954 auf 48,7 Mio. im Jahr 2010. Mit diesem Nachfrageboom waren zugleich qualitative Veränderungen im Reiseverhalten verbunden.

In diesem Kapitel werden folgende Fragen zum bundesdeutschen Tourismus beantwortet:

- Wie hat sich der Reisemarkt in den letzten Jahrzehnten entwickelt und verändert?
- Was sind typische Merkmale und Verhaltensweisen der deutschen Touristen?
- Warum werden Urlaubsreisen überhaupt unternommen und welche Ansprüche stellen die Touristen?
- Wie lässt sich der gesamte Urlaubsreisemarkt segmentieren und welche Informationen liegen zu einzelnen touristischen Zielgruppen vor?

2.1 Umfang und Entwicklung der touristischen Nachfrage

Als zentraler Indikator für den gesellschaftlichen Stellenwert des Tourismus und die Teilhabe der Bevölkerung am Reiseverhalten wird die Reiseintensität verwendet; dabei handelt es sich um den Anteil der erwachsenen einheimischen Bevölkerung (ab 14 Jahre), der jährlich mindestens eine Urlaubsreise von fünf Tagen Dauer unternommen hat:

- Im Jahr 1954 belief sich die Reiseintensität auf 24 % (d. h. nur jeder vierte erwachsene Deutsche machte damals eine mehrtägige Urlaubsreise).
- Seitdem ist sie auf 75,7 % im Jahr 2010 gestiegen (F. U. R. 2011).

Damit hat sich die Urlaubsreise von einem Luxus- zu einem Standardkonsumgut entwickelt, das breiten Schichten der Bevölkerung zugänglich ist; dieser Prozess wird auch als Demokratisierung des Reisens bezeichnet. Als Folge wirtschaftlicher Rezessionen (1966/67, 1974/75, 1980/81, 1996) bzw. der Finanz- und Bankenkrise (2008/09) war jeweils eine Stagnation bzw. ein Rückgang der Reiseintensität festzustellen. Zumeist erfolgte diese Entwicklung aber mit einem Zeitverzug von ein oder zwei Jahren, d. h. in wirtschaftlich unsicheren Zeiten wurde zunächst wie gewohnt gereist, erst kurz danach verzichtete man auf die Urlaubsreise (vgl. Abb. 2.1/1).

Innerhalb Europas lag Deutschland hinsichtlich der Reiseintensität in den 1990er-Jahren an der Spitze aller Nationen. Ähnlich hohe Werte finden sich nur noch in wohlhabenden und urbanisierten Ländern wie den Niederlanden, Schweden und Luxemburg. Die Schlusslichter im Ranking der Reiseintensität bilden Spanien und Portugal mit Werten von 37 % bis 31 % (SCHMIDT, H.-W. 2002, 2).

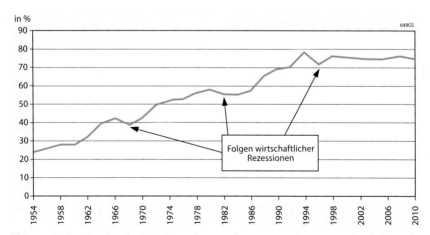

Abb. 2.1/1 *Der Anstieg der Reiseintensität seit den 1950er-Jahren ist ein deutlicher Beleg dafür, dass sich die Urlaubsreise in der Bundesrepublik Deutschland von einem Luxusgut zu einem Standardprodukt entwickelt hat.*

Wie setzt sich der bundesdeutsche Urlaubsreisemarkt zusammen?

Zur Differenzierung des gesamten bundesdeutschen Urlaubsreisemarktes unterscheidet die „Reiseanalyse" der „Forschungsgemeinschaft Urlaub und Reisen" (Kiel) mehrere Typen von Reisen:

- Haupturlaubsreisen (mindestens fünftägige Reisen von Personen, die nur eine Reise unternommen haben, oder Reisen, die von den Mehrfachreisenden als wichtigste Reise genannt wurden),
- zusätzliche Urlaubsreisen (Zweit- und Drittreisen – ebenfalls von mindestens fünf Tagen Dauer),
- Kurzurlaubsreisen (mit einer Dauer von zwei bis vier Tagen). Speziell die Zahl der Kurzurlaubsreisen weist im letzten Jahrzehnt eine schwankende Entwicklung auf, die auf mehrere Faktoren zurückzuführen ist. Zum einen finden Kurzurlaubsreisen verstärkt an verlängerten Wochenenden statt: In Kombination mit Feiertagen werden dabei einzelne Urlaubstage als Brückentage genutzt. In Abhängigkeit von diesen Konstellationen schwankt die Zahl der unternommenen Kurzurlaubsreisen. Zum anderen erweist sich dieses Marktsegment als extrem konjunkturanfällig; in wirtschaftlich unsicheren Zeiten wird also eher auf eine Kurzurlaubsreise als auf die Haupturlaubsreise verzichtet. Schließlich können hier Erhebungsprobleme durchschlagen: Für die Befragten ist es nach Ablauf eines Jahres schwieriger, sich an Kurzurlaubsreisen zu erinnern als an die Haupturlaubsreisen.

Obwohl in Deutschland die Mehrzahl der Bevölkerung am Tourismus teilhaben kann, bestehen weiterhin sozioökonomische und demographische Ungleichheiten (F. U. R. 2010, 20–26):

- So lag die Reiseintensität in der unteren Einkommensgruppe im Jahr 2009 nur bei 57 %, während sie sich in der höchsten Einkommensgruppe auf 88 % belief.
- Ein ähnlicher Zusammenhang besteht zwischen der Schulbildung und dem Reiseverhalten: denn nur 65 % der Bundesbürger mit Hauptschulabschluss, aber 88 % der Gymnasialbzw. Hochschulabsolventen zählen zu den Touristen.
- Das Alter hingegen hat nur noch einen relativ geringen Einfluss auf das Reiseverhalten: Immerhin 69 % der über 60-Jährigen haben im Jahr 2009 eine Urlaubsreise unternommen, bei den 14–29-Jährigen betrug dieser Wert 78 %. Speziell bei den Senioren ist in den letzten 25 Jahren eine zunehmende Reisetätigkeit zu beobachten (vgl. Kap. 2.4.1).
- Darüber hinaus ist die Reiseintensität auch von der Lebensphase abhängig, in der sich die Bundesbürger befinden: So reisen Familien mit kleinen Kindern (unter 6 Jahren) und Seniorenpaare deutlich weniger als Paare oder Familien mit größeren Kindern (6 bis 13 Jahre).

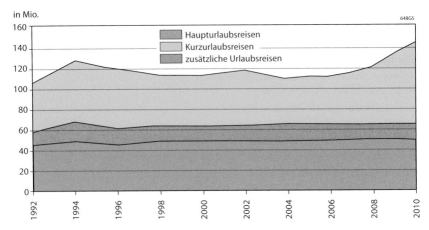

in Mio.
648G5

Haupturlaubsreisen
Kurzurlaubsreisen
zusätzliche Urlaubsreisen

Abb. 2.1/2 *Der Urlaubsreisemarkt setzt sich aus mehreren Teilmärkten zusammen. Neben den Urlaubsreisen (von fünf und mehr Tagen Dauer) spielen auch die Kurzurlaubsreisen (von zwei bis vier Tagen Dauer) eine wichtige Rolle; deren Zahl ist in starkem Maße von der wirtschaftlichen Lage und von Feiertagsregelungen abhängig.*[1]

Da Deutschland bereits eine sehr hohe Reiseintensität aufweist, wird für die kommenden Jahre kein wesentlicher Anstieg dieses Wertes prognostiziert. Generell scheint die Obergrenze der Reiseintensität bei 80–85 % zu liegen, denn in jeder Gesellschaft gibt es Gruppen, die aufgrund von Krankheit, Gebrechlichkeit, Zeitmangel oder Abneigung gegen Ortsveränderungen nicht am Tourismus teilhaben können oder wollen.

Ein weiteres Wachstum der touristischen Nachfrage wird künftig also nur möglich sein, wenn die Reisehäufigkeit bei Urlaubsreisen oder die Zahl der Kurzreisen steigen. Unter Reisehäufigkeit wird die Zahl der Urlaubsreisen (von fünf und mehr Tagen Dauer) verstanden, die der einzelne Reisende jährlich unternimmt. Seit mehreren Jahren weist sie konstant einen Wert von 1,3 Reisen auf (F. U. R. 2010, 14).

Ungeachtet kurzfristiger Schwankungen handelt es sich bei dem deutschen Urlaubsreisemarkt in der langfristigen Perspektive um einen Wachstumsmarkt, der allerdings seit den 1990er-Jahren deutliche Sättigungstendenzen aufweist (vgl. Abb. 2.1/2).

Zusammenfassung

Fazit

• In den letzten Jahrzehnten hat der Tourismus in Deutschland generell eine boomartige Entwicklung erlebt; als Folge wirtschaftlicher Krisen ist es jeweils nur kurzfristig zu einem leichten Rückgang der Nachfrage gekommen.

• Gegenwärtig können sich breite Kreise der Bevölkerung eine Urlaubsreise leisten; trotz dieser Demokratisierung des Reisens bestehen weiterhin einige Ungleichheiten.

- Als soziodemographische Steuerfaktoren fungieren dabei vor allem Einkommen und Bildung, aber auch Alter und familiäre Situation.
- In jüngerer Zeit weist der deutsche Tourismusmarkt allerdings deutliche Sättigungstendenzen auf: Die Reiseintensität und die Zahl der Urlaubsreisen stagnieren auf einem hohen Niveau.
- Die Nachfrage nach Kurzurlaubsreisen (mit ein bis drei Übernachtungen) ist besonders konjunkturanfällig; außerdem hängt sie von den jeweiligen Feiertagsregelungen ab (Nutzung einzelner Urlaubstage als „Brückentage").

Zum Einlesen

F. U. R. (Forschungsgemeinschaft Urlaub und Reisen) (Hrsg.; 2010): Die Urlaubsreisen der Deutschen. Kurzfassung der Reiseanalyse 2010, Kiel.

Die jährlich erscheinende Publikation ist eine wichtige Informationsquelle für Studierende und Praktiker; sie enthält aktuelle Daten zum Urlaubsreisemarkt und zum Reiseverhalten der Bundesbürger.

DSFT (Deutsches Seminar für Tourismus) (Hrsg.; 2011): Wissensportal Tourismus, Berlin (www.wissen.dsft-berlin.de).

Auf dieser Homepage finden sich zahlreiche Publikationen sowie aktuelle Literaturhinweise zu vielen touristischen Themen (teilweise als PDF-Dateien zum kostenlosen Download).

2.2 Merkmale und Steuerfaktoren des Urlaubsreiseverhaltens der Deutschen

Wohin jemand in seinem Urlaub fährt, wann er seine Urlaubsreise unternimmt, wie er sie organisiert und wo er übernachtet – diese Entscheidungen sind einerseits eine Konsequenz persönlicher Bedürfnisse; andererseits unterliegen sie aber auch sozialen, ökonomischen und demographischen Steuerfaktoren. Aus diesem Grund wird das Urlaubsreiseverhalten nicht durch individuelle Beliebigkeit geprägt, sondern weist eine Reihe von Grundmustern auf.

2.2.1 Reiseziele

Die Raumstruktur des bundesdeutschen Tourismus wird zum einen durch die Dominanz Deutschlands als Reiseziel geprägt, zum anderen aber auch durch eine zunehmende Auslandsorientierung: So war Deutschland mit 33 % der Urlaubsreisen im Jahr 2010 das beliebteste

Reiseziel der Deutschen, gleichzeitig führten zwei Drittel der Reisen in ausländische Zielgebiete (F. U. R. 2011, 3). Seit den 1950er-Jahren ist der Anteil der Auslandsreisen nahezu kontinuierlich gestiegen: Im Jahr 1954 wurden noch 85 % der Reisen innerhalb Deutschlands unternommen; seit 1968 sind ausländische Ziele beliebter als deutsche Ferienregionen. Als Folge der Wiedervereinigung gingen die Auslandsreisen Anfang der 1990er-Jahre kurzfristig zurück, da die Bewohner der ehemaligen Deutschen Demokratischen Republik (DDR) verstärkt Zielgebiete in den alten Bundesländern besuchten – z. B. Mosel, Schwarzwald, Bodensee. Die ostdeutsche Bevölkerung hat jedoch ihr Reiseverhalten rasch dem der Westdeutschen angepasst; deshalb setzte sich der Anstieg des Auslandsreiseanteils bereits 1992 weiter fort.

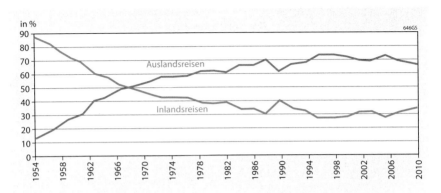

Abb. 2.2.1/1 *Deutschland ist zwar weiterhin das beliebteste Reiseziel der Bundes-bürger, doch seit 1968 führt die Mehrzahl der Urlaubsreisen in ausländische Tourismusdestinationen.*

In den letzten Jahren war ein leichter Rückgang des Marktanteils von Auslands-reisen zu beobachten (vgl. Abb. 2.2.1/1). Bei der Auslandsorientierung der bun-desdeutschen Touristen sind innerhalb der letzten drei Jahrzehnte zwei Ent-wicklungen zu beobachten – ein Wandel in der Bedeutung einzelner Zielländer und eine erhebliche Ausweitung des Aktionsraumes (Reiseperipherie)[2]:

• So hat sich die Rangfolge der drei beliebtesten Auslandsreiseziele der Deutschen verändert: Bis 1980 stand Österreich auf Rang 1 (mit einem Marktanteil von 13–15 %) vor Italien und Spanien. Seit 1986 rangiert Spa-nien ganz oben, auf dem zweiten Platz folgt Italien, während Österreich in-zwischen nur noch einen Marktanteil von 5,9 % aufweist.

• In den 1990er-Jahren gewannen außereuropäische Länder zunehmend an Bedeutung. Ihr Marktanteil stieg bis zum Jahr 1999 auf 15 %. Nach den Terroranschlägen vom 11. September

2001 in New York war zunächst ein Rückgang der Fernreisen festzustellen; im Jahr 2009 erreichte der Marktanteil wieder einen ähnlich hohen Wert. Ne-ben der Türkei spielen gegenwärtig die USA, Ägypten, Thailand, China und Tunesien eine wichtige Rolle (Statis-tisches Bundesamt 2010a, 23–26; F.U.R. 2010, 48).

Seit 2001 haben ausländische Reiseziele einen leichten Bedeutungsverlust zu ver-zeichnen: Ihr Marktanteil an allen Reisen der Deutschen sank von 71 % auf 67 %. Neben der Angst vor möglichen Terror-anschlägen gelten auch die angespannte wirtschaftliche Lage in Deutschland und Preissteigerungen in ausländischen Tou-rismusdestinationen als Ursachen für diese Entwicklung. Darüber hinaus ha-ben die touristischen Leistungsträger in Deutschland in den letzten Jahren erheb-liche Anstrengungen unternommen, die Attraktivität ihres Angebots durch eine höhere Qualität und einen besseren Ser-vice zu steigern (vgl. F. U. R. 2010, 41).

Abb. 2.2.1/2 *Die Welt steht den Bundesbürgern offen, doch aufgrund der hohen Kosten bleiben außereuropäische Länder (wie Südafrika) für die Mehrheit der Bevölkerung weiterhin nur Traumreiseziele.*

2.2.2 Reisezeitpunkt

Im jahreszeitlichen Verlauf weist das Reiseverhalten der Bundesbürger eine ausgeprägte Saisonalität auf. So werden 39 % der Urlaubsreisen in den Monaten Juni, Juli und August unternommen. Für diese zeitliche Konzentration gibt es mehrere Ursachen:

- Zum einen sind die klimatischen Bedingungen in Deutschland und in Europa zu nennen, die in den Sommermonaten für Urlaubsreisen generell und speziell für landschaftsbezogene Urlaubsaktivitäten (z. B. Baden, Radfahren, Wandern) erheblich günstiger sind als in der übrigen Zeit des Jahres.
- Zum anderen leben langjährige Traditionen in dieser Zeitstruktur fort – z. B. die Sommerfrische in den deutschen Mittelgebirgsregionen.
- Schließlich spielt die Regelung der Schulferien und der Betriebsferien großer Unternehmen eine wichtige Rolle. Die zeitliche Gebundenheit von Familien mit schulpflichtigen Kindern

14 Jahren) führte z. B. im Jahr 2009 dazu, dass 65 % dieser Gruppe, aber nur 43 % der Reisenden ohne Kinder ihre Reise in der Hauptsaison unternommen haben (F. U. R. 2010, 59).

Für die touristischen Leistungsträger, aber auch für die Tourismusdestinationen ist die ausgeprägte Saisonalität der touristischen Nachfrage mit zahlreichen negativen Implikationen verbunden. Da das Personal nur zeitlich begrenzt beschäftigt werden kann, fallen jeweils hohe Rekrutierungs- und Qualifizierungskosten an. Private und öffentliche Freizeit- und Tourismuseinrichtungen werden nur kurzfristig genutzt; für die Nachfragespitzen in den Sommermonaten müssen aber große Kapazitäten vorgehalten werden (ähnliche Probleme bestehen auch im Bereich der Versorgungs- und Entsorgungsinfrastruktur). Langfristig wird ein leichter Rückgang der Saisonalität prognostiziert. Als Auslöser dieser Entwicklung gilt einerseits die wachsende Zahl von Senioren, die bei ihrer Reiseplanung nicht an Ferien-regelungen gebunden sind. Andererseits gewinnen außereuropäische Zielgebiete an Bedeutung, die aufgrund anderer klimatischer Bedingungen auch außerhalb der sommerlichen Hauptsaison bereist werden können (z. B. Dubai, Ägypten, Sri Lanka). Darüber hinaus wird künftig eine Zunahme von zusätzlichen Urlaubsreisen erwartet, die ebenfalls vorrangig in der Vor- und Nachsaison unternommen werden.

2.2.3 Reiseverkehrsmittel

In den Sommermonaten sind kilometer-lange Verkehrsstaus auf den Autobahnen und an den Grenzübergängen deutliche Belege für die Dominanz des Pkw als Reiseverkehrsmittel. Im Jahr 2010 haben 47,7 % der Bundesbürger den Pkw für ihre Urlaubsreise benutzt. An zweiter Stelle folgte bereits das Flugzeug, während Bus und Bahn von nachrangiger Bedeutung sind (F.U.R. 2011, 4; vgl. Abb. 2.2.3/1). Hinsichtlich des Modal-Splits bei Urlaubsreisen (also der Wahl unter-

schiedlicher Reiseverkehrsmittel) haben sich in den letzten 50 Jahren erhebliche Veränderungen vollzogen:

- In den 1950er- und 1960er-Jahren wurde der überwiegende Teil der Urlaubsreisen mit der Bahn unternommen (1954: 56 %). Während zunächst die üblichen Zug- und Waggontypen zum Einsatz kamen, entwickelten die Reiseveranstalter bald auch Sonderzüge (mit bequemen Liegen, einem Speisewagen und einem Friseurabteil), um die Urlauber nach Bayern, Österreich oder Italien zu transportieren (GÖCKERITZ, H. 1996, 45–46). Seitdem verzeichnet die Bahn einen nahezu kontinuierlichen Rückgang.
- Zu den Verlierern unter den Reiseverkehrsmitteln zählt auch der Bus, der in den 1950er-Jahren von 17 % der Urlaubsreisenden genutzt wurde.
- Im Rahmen der zunehmenden Motorisierung gewann der Pkw seit Mitte der 1960er-Jahre an Bedeutung. Er wurde vor allem für Urlaubsreisen innerhalb Deutschlands, aber auch nach Österreich sowie an die italienische Adria und die spanische Costa Brava genutzt. Seinen höchsten Anteil erreichte er im Jahr 1976 mit 65 %.
- Das Flugzeug erlangte seit den 1970er-Jahren als Reiseverkehrsmittel für breite Bevölkerungsschichten eine zunehmende Popularität – häufig im Rahmen von preisgünstigen Veranstalterreisen (Pauschalangebote). Sein Einsatz führte zu einer erheblichen Ausweitung der Aktionsreichweite der Urlauber und damit zur Erschließung neuer Ziele für den bundesdeutschen Tourismus. Neben den Balearen sind vor allem die Kanarischen Inseln

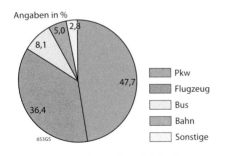

Angaben in %

- 2,8
- 5,0
- 8,1
- 47,7
- 36,4
- 653GS

Pkw
Flugzeug
Bus
Bahn
Sonstige

Abb. 2.2.3/1 *Die große Beliebtheit ausländischer Reiseziele hat dazu geführt, dass inzwischen mehr als ein Drittel aller Urlaubsreisen mit dem Flugzeug unternommen wird.*

zu nennen, aber auch frühe Fernreiseziele wie Kenia, Sri Lanka und Thailand, deren touristische Entwicklung wesentlich von der Einführung des Flugzeugs abhängig war.[3]

Diese Veränderung des Modal Splits und der touristischen Aktionsreichweite war mit einer erheblichen Steigerung der ökologischen Belastungen verbunden:

- Allein durch einen Flug von Deutschland nach Mallorca werden pro Passagier ähnliche Umweltbelastungen ausgelöst wie durch die jährliche Nutzung eines privaten Pkw (BÜNDNIS 90/DIE GRÜNEN 2008).
- Obwohl nur jede siebte Urlaubsreise in außereuropäische Zielgebiete führt, beanspruchen Fernreisen ca. die Hälfte der für Urlaubsreisen aufgewandten Energie. Für Reisen innerhalb Deutschlands, die ein Drittel aller Reisen ausmachen, werden hingegen weniger als zehn Prozent der Energie verbraucht (KAGERMEIER, A. 2007, 262).

Künftig ist mit einem weiteren Bedeutungsgewinn des Flugzeugs als Reiseverkehrsmittel zu rechnen. Trotz eines Rückgangs während des weltweiten Wirtschaftsabschwungs (2008/09) gehen die vorliegenden Prognosen von einem jährlichen Wachstum der Passagierzahlen um vier Prozent aus (ADV 2008, 9). Mehrere Akteure sind für diese Entwicklung verantwortlich – die Linien-, Charter- und Low Cost Carrier mit ihrer aggressiven Preispolitik, die Reiseveranstalter mit ihrer auslandsorientierten Produktpolitik und viele Zielländer, die im Rahmen ihrer Tourismuspolitik den Ausbau von Flughäfen bzw. Flugzeugflotten fördern (z. B. Ägypten, Türkei, Dubai).

2.2.4 Organisationsform der Urlaubsreise

Hinsichtlich der Organisationsform der Urlaubsreisen hat sich während der letzten drei Jahrzehnte ein grundlegender Wandel vollzogen: Während im Jahr 1970 87 % der Haupturlaubsreisen individuell organisiert und gebucht wurden, belief sich der Anteil dieser Organisationsform im Jahr 2010 nur noch auf 56 % (F. U. R. 2011). Inzwischen werden also bei knapp jeder zweiten Reise Leistungen eines Reiseveranstalters bzw. -büros in Anspruch genommen (vgl. Abb. 2.2.4/1).[4]

Für die zunehmende Bedeutung der Veranstalterreisen sind mehrere Faktoren verantwortlich:

- Seit den 1970er-Jahren haben Reiseveranstalter wie „TUI", „Neckermann/Thomas Cook" preiswerte Pauschalangebote entwickelt, indem sie Kostenvorteile nutzen und an die Konsumenten weitergeben – z. B. durch den Großeinkauf von Transport- und Unterkunftskapazitäten, aber auch durch Erschließung von Reisezielen mit niedrigem Lohnniveau.
- Speziell bei Fernreisen in Schwellen- und Entwicklungsländer haben die Reiseveranstalter den Urlaubern eine sichere und berechenbare Abwicklung der Reise garantieren können. Damit sind diese Länder speziell auch für touristische Zielgruppen erschlossen worden, die aufgrund mangelnder Sprach- und Landeskenntnisse sowie Reiseerfahrung von Urlaubsreisen in diese Zielgebiete bis dahin ausgeschlossen waren.

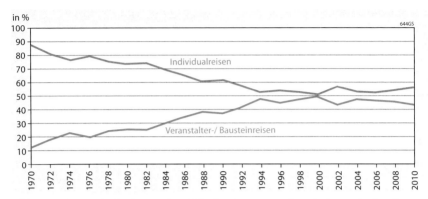

Abb. 2.2.4/1 *Bei der Buchung seiner Urlaubsreise nutzt nahezu jeder zweite Bundes-bürger die Angebote von Reiseveranstaltern bzw. -büros.*

- Schließlich ist es den Reiseveranstaltern durch zielgruppenorientiertes Marketing und eine ständige Differen-

Organisationsformen von Urlaubsreisen

Generell lassen sich zwei unterschiedliche Formen der Organisation einer Urlaubsreise unterscheiden:
- Bei den Individualreisen organisieren die Urlauber ihre Reise selbst (indem sie z. B. ihre Unterkunft direkt beim Beherbergungsbetrieb buchen).
- Bei den Veranstalterreisen handelt es sich entweder um Pauschalreisen, die zumeist aus einer Kombination von Transport, Unterkunft, Verpflegung und Betreuung durch einen Reiseleiter bestehen, oder um Reisen, bei denen Angebote mehrerer Leistungsträger mithilfe eines Reisebüros gebucht werden (Bausteinreise).

zierung der Produkte gelungen, sich seit den 1990er-Jahren auf die neuen Ansprüche der Urlauber einzustellen. Statt starrer Pauschalangebote mit wenigen Abflughäfen und geringen Variationsmöglichkeiten (Buchung von Unterkunft, Verpflegung etc.) finden sich in den Katalogen zunehmend Baukasten-Angebote, bei denen sich die Urlauber eine Reise nach ihren persönlichen Wünschen – wie bei einem Büfett – selbst zusammenstellen können.

Trotz gewisser Schwankungen in den letzten Jahren wird den Veranstalterreisen weiterhin eine große Bedeutung zukommen. Breite Teile der bundesdeutschen Bevölkerung haben eine positive Einstellung gegenüber dieser Organisationsform. Außerdem weisen die Reiseveranstalter eine hohe Professionalität auf, die u. a. in einer klaren Markenpolitik, in einer Flexibilisierung und Individualisierung der Angebote sowie im Direktvertrieb von Reisen durch das Internet zum Ausdruck kommt.

2.2.5 Urlaubsunterkunft

Während ihrer Urlaubsreise nutzen die Deutschen vor allem Hotels und Gasthöfe als Unterkünfte. An zweiter Stelle folgen die Ferienwohnungen/-häuser und an dritter Stelle die Übernachtung bei Freunden und Bekannten. Die übrigen Unterkunftsformen (Pension, Privatzimmer, Camping/Caravaning) spielen jeweils nur eine geringe Rolle. Innerhalb der letzten 30 Jahre haben sich die Marktanteile der unterschiedlichen Unterkunftsformen erheblich verändert (vgl. Abb. 2.2.5/1):

• Zu den Gewinnern zählen vor allem die Hotels, die ihren Anteil bei den Haupturlaubsreisen von 21 % im Jahr 1970 auf 48 % im Jahr 2009 steigern konnten (F. U. R. 2010, 74).

• Zu den Gewinnern gehören aber auch die Ferienwohnungen/-häuser: Während im Jahr 1970 nur sieben Prozent der Deutschen diese Unterkunftsform nutzten, waren es im Jahr 2010 25 %. Angesichts der hohen Auslandsorientierung und der großen Bedeutung von Veranstalterreisen, aber auch des Wunsches nach Bequemlichkeit, Komfort und Individualität werden Hotels und Ferienwohnungen auch künftig zu den bevorzugten Urlaubsunterkünften der Deutschen zählen.

Bei der Darstellung der Merkmale des Reiseverhaltens wurde deutlich, dass es einige Grundmuster gibt, die wesentlich durch das Alter, die familiäre Situation, die persönliche finanzielle Lage und das Bildungsniveau beeinflusst werden. Diese Einflussgrößen unterliegen aber einem ständigen Wandel, der durch unterschiedliche Faktoren gesteuert wird.

Abb. 2.2.5/1 *Hotels werden als Unterkunftsart immer beliebter: Seit 1970 hat sich ihr Marktanteil mehr als verdoppelt.*

2.2.6 Steuerfaktoren der touristischen Entwicklung

Seit dem Ende des Zweiten Weltkrieges verzeichnete der bundesdeutsche, aber auch der internationale Tourismus eine boomartige Entwicklung:

• Die Zahl der Bundesbürger, die jährlich mindestens eine Urlaubsreise von fünf Tagen Dauer unternommen haben, stieg von 9,3 Mio. im Jahr 1954 auf 48,7 Mio. im Jahr 2010 (F. U. R. 2011).

• Im internationalen Tourismus wurden im Jahr 1950 25,3 Mio. Ankünfte verzeichnet; im Jahr 2010 waren es 935 Mio. (WTO 1999, 2; UNWTO 2011).

Dieses rasante Wachstum der touristischen Nachfrage basierte auf einer günstigen Konstellation von wirtschaftlicher Dynamik, politischer Liberalisierung, innovativen Transporttechnologien und neuen Werthaltungen (vgl. Abb. 2.2.6/1). Als wichtige Motoren des Tourismus haben sich in den vergangenen Jahrzehnten u. a. die positiven wirtschaftlichen und finanziellen Entwicklungen erwiesen:

• Seit 1945 waren in der Bundesrepublik Deutschland (zumindest langfristig) deutliche Einkommenssteigerungen zu verzeichnen. Dabei ist das frei verfügbare Einkommen stärker gestiegen als die allgemeinen Lebenshaltungskosten. Der wachsende Wohlstand hatte zur Folge, dass die Grundbedürfnisse (Ernährung, Wohnung, Bekleidung etc.) bei dem überwiegenden Teil der Bevölkerung gedeckt sind. Sogar bei vielen langfristigen Konsumgütern ist inzwischen ein hoher Versorgungsgrad zu beobachten (HENNINGS, G. 2000, 57).

• Darüber hinaus gab es im Tourismus nur relativ geringe Preissteigerungen, die seit 1950 unter der Inflationsrate lagen. Sie waren vor allem eine Folge des freien Wettbewerbs im Flugverkehr und der wachsenden Konkurrenz der Anbieter.

• Durch preisgünstige Urlaubsreisen und durch eine bequeme Organisation haben speziell die Reiseveranstalter dazu beigetragen, dass auch untere Einkommens- und Bildungsgruppen eine Urlaubsreise unternehmen konnten; dadurch wurde bereits in den 1960er-Jahren ein anhaltender Nachfrageschub ausgelöst.

Als weitere Gunstfaktoren der touristischen Entwicklung haben sich zahlreiche politische und juristische Veränderungen erwiesen:

• Von besonderer Bedeutung waren die Abschaffung nationaler Reisebeschränkungen (z. B. Visumpflicht), die Aufhebung von Grenzkontrollen im innereuropäischen Reiseverkehr („Schengener Abkommen" 1995) und die damit verbundene Erleichterung von Auslandsreisen.

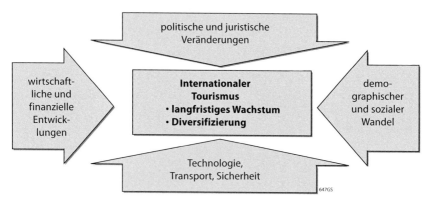

Abb. 2.2.6/1 *Das rasante Wachstum des Tourismus seit dem Ende des Zweiten Weltkrieges wurde durch das Zusammenspiel mehrere Einflussfaktoren ausgelöst.*

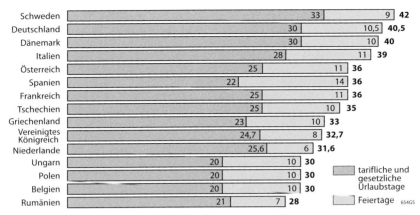

Abb. 2.2.6/2 *Im europäischen Vergleich gibt es in Deutschland – nach Schweden – die meisten Urlaubs- und Feiertage pro Jahr.*

- Außerdem hat sich der rechtliche Status von Reisenden durch gesetzgeberische Maßnahmen auf nationaler und europäischer Ebene verbessert (z. B. durch das bundesdeutsche Reisevertragsgesetz und die Harmonisierung der Gesetzgebung für Flugpassagiere innerhalb der EU).
- Die Wiedervereinigung Deutschlands und der politische Wandel in Mittel- bzw. Osteuropa haben dazu geführt, dass neue Quellmärkte entstanden sind und weitere Zielgebiete für den Tourismus erschlossen wurden.
- Immer mehr Länder und Regionen nutzen den Tourismus als Instrument der Wirtschaftsförderung; durch die Schaffung von Infrastruktur (Radwege, Thermen o. ä.) findet eine ständige Ausweitung und Verbesserung des Angebots statt.
- Obwohl die Einführung des Euro in der Wahrnehmung der Konsumenten mit Preissteigerungen einherging, hat er als einheitliches Zahlungsmittel in vielen Ländern Europas die Preistransparenz deutlich erhöht.

Darüber hinaus hat sich in Deutschland, aber auch in anderen Industriestaaten, ein demographischer und sozialer Wandel vollzogen, der sich positiv auf die touristische Nachfrage ausgewirkt hat (HENNINGS, G. 2000, 56–58):

- Seit dem Zweiten Weltkrieg hat in der Bundesrepublik Deutschland eine erhebliche Zunahme der Jahres- und Wochenfreizeit stattgefunden. Mit 30 Urlaubstagen und 10,5 Feiertagen rangiert Deutschland in der Spitzengruppe der europäischen Länder (IW 2009; vgl. Abb. 2.2.6/2). Darüber hinaus hatte auch die Einführung flexibler Arbeitszeiten Einfluss auf den Tourismus (speziell auf die Nachfrage nach Kurzurlaubsreisen).
- Als Gunstfaktoren haben ebenfalls die Zunahme der Frauenerwerbstätigkeit sowie das gestiegene Heiratsalter und die relativ späte Familiengründung gewirkt.

- Das Bildungsniveau der Bevölkerung ist seit den 1960er-Jahren deutlich gestiegen; damit haben sich aber auch die Sprachkenntnisse und das Bewusstsein der Reisemöglichkeiten verbessert.
- In den letzten 20 Jahren führte der Wertewandel (hin zu Hedonismus, Erlebnisorientierung, Individualismus) dazu, dass besonders reisefreudige Gruppen entstanden; dazu zählen berufstätige Paare ohne Kinder (DINKS – Double income, no kids), aber zunehmend auch die „Neuen Alten".

Schließlich haben technologische Innovationen einen günstigen Einfluss auf den Tourismus gehabt:

- Mit der massenhaften Motorisierung in der Nachkriegszeit nahm die individuelle Mobilität erheblich zu. So stieg die Zahl der Personenkraftwagen in der Bundesrepublik Deutschland von 0,5 Mio. im Jahr 1950 auf 41,7

Abb. 2.2.6/3 *Der internationale Tourismus erhielt wesentliche Impulse durch die Einführung von Großraumflugzeugen – z. B. des Airbus A 380.*

Mio. im Jahr 2010 (FREYER, W. 2011, 29; STATISTISCHES BUNDESAMT 2010b, 427).

- Speziell der internationale Tourismus erhielt wesentliche Impulse durch die Einführung von Jets (Boeing B 707 und Douglas DC 8 in den 1950er-Jahren) und Großraumflugzeugen (Boeing B 747 im Jahr 1970 und Airbus A 380 im Jahr 2007). Die Steigerung der Reisegeschwindigkeit und die Senkung der Reisekosten trugen dazu bei, dass ausländische Ziele und v. a. Fernreiseziele für ein breites Reisepublikum erschlossen wurden (STEINECKE, A. 2010, 61–64).
- Ein verbessertes Kommunikationswesen (Telefon, Fax, Internet) und der zunehmende Einsatz von neuen Informations- und Reservierungssystemen erleichterten und beschleunigten die Buchungsvorgänge.

Auch die künftige Entwicklung des Tourismus wird auf nationaler wie internationaler Ebene von der weiteren Dynamik und Konstellation dieser Steuerfaktoren abhängen. Seit den Anschlägen auf das World Trade Center in New York am 11. September 2001, dem Irak-Krieg und weiteren gewalttätigen Ereignissen ist darüber hinaus auch die große Bedeutung der Sicherheit im Tourismus deutlich geworden; sie stellt die wesentliche Voraussetzung für Urlaubsreisen dar. So gab es in den vergangenen Jahrzehnten eine Reihe von Ereignissen, die einen Einfluss auf die Nachfrage hatten (KUSCHEL, R. & A. SCHRÖDER 2002; HAMMER, S. 2007; ASCHAUER, W. 2008; BRADIĆ, I. 2010):

- Verkehrsunfälle mit einer großen Zahl von Opfern: z. B. Untergang der „Estonia" in der Ostsee (1994), ICE-Unglück bei Eschede (1998), Absturz einer Concorde der „Air France" in Paris (2000),

- Krankheiten: z. B. Maul- und Klauenseuche in Großbritannien (2001), Geflügelpest in Asien (2004),
- Kriminalität: z. B. Morde an Touristen in Miami (1993), Raubüberfälle in Südafrika (2004),
- innenpolitische Auseinandersetzungen: z. B. Tamilen-Konflikt in Sri Lanka (1996), Bombendrohungen der kurdischen PKK in der Türkei (1994, 1999), Volksaufstände in Nordafrika (2011),
- internationaler Terrorismus: z. B. Terroranschläge in Ägypten (1993–1997), Anschlag auf Djerba (2002), Anschlag auf Bali (2002), Bombenexplosionen in Madrid (2004), London (2005) sowie auf Mallorca (2009),
- Kriege: z. B. Kosovo-Krieg (1999), Golfkrieg (1991), Irak-Krieg (2003),
- Naturkatastrophen: z. B. Smog-Katastrophe in Indonesien (1998), Vulkanausbruch auf Island (2010), Seebeben in Südasien (2004) und Japan (2011).

In der Vergangenheit haben derartige Ereignisse die touristische Nachfrage jeweils nur für einen kurzen Zeitraum und auf regionaler bzw. nationaler Ebene beeinflusst (z. B. bei der Wahl des Verkehrsmittels oder des Reiseziels). Nach den zahlreichen Terroranschlägen in den letzten Jahren sind die Deutschen zwar erheblich sensibler hinsichtlich der Sicherheitsproblematik geworden – ihre generelle Reiselust ist weiterhin ungebrochen (Steinecke, A. 2010, 91–92). Durch die technologischen Innovationen, die neuen Werthaltungen, den politi-

schen Wandel und das wirtschaftliche Wachstum wurden in den vergangenen Jahrzehnten günstige Voraussetzungen und Rahmenbedingungen für den touristischen Boom auf nationaler und internationaler Ebene geschaffen. Die endgültige Entscheidung, eine Urlaubsreise zu unternehmen, liegt jedoch immer bei jedem Einzelnen. Welche Erwartungen die Reisenden mit einer Urlaubsreise verbinden, ist im Rahmen der touristischen Motivforschung untersucht worden.

Zusammenfassung

Fazit

- Jede Urlaubsreise basiert zunächst einmal auf der individuellen Entscheidung jedes Einzelnen – dennoch weist der bundesdeutsche Tourismus hinsichtlich der Reiseziele, des Reisezeitpunkts, der Verkehrsmittel und Unterkünfte eine Reihe von Grundmustern auf.
- So wird die Raumstruktur der touristischen Nachfrage durch eine zunehmende Auslandsorientierung geprägt. Deutschland ist zwar weiterhin das beliebteste Reiseziel der Deutschen, doch zwei von drei Urlaubsreisen führen in ausländische Destinationen (dabei hat sich Spanien inzwischen zum Spitzenreiter entwickelt).
- Aus klimatischen Gründen, aber auch aufgrund von Schul- und Werksferien wird ein großer Teil der Urlaubsreisen in den Sommermonaten unternommen.
- Die hohe Auslandsorientierung, aber auch die zunehmende Bedeutung von Veranstalterreisen haben dazu geführt, dass Flugreisen und Übernachtungen

in Hotels immer beliebter werden (während Bus und Bahn bzw. Pensionen an Bedeutung verloren haben).

• Die boomartige Entwicklung des Tourismus nach dem Ende des Zweiten Weltkriegs wurde durch eine günstige Kombination mehrerer Einflussfaktoren ausgelöst – dazu zählen der lange anhaltende wirtschaftliche Aufschwung und die Zunahme der Freizeit, aber auch die Abschaffung von Reisebeschränkungen (Visumpflicht) sowie technologische Verbesserungen (Großraumflugzeuge, CRS, Internet).

• Auf internationaler Ebene erweist sich der Tourismus durchaus als krisenanfällig – z. B. aufgrund von Epidemien, innenpolitischen Krisen, Terroranschlägen oder Naturkatastrophen. Es kommt aber immer nur für kurze Zeit und auf regionaler Ebene zu

einem Rückgang der Nachfrage. Die Reiselust der Bundesbürger ist weiterhin ungebrochen und auch für den internationalen Tourismus wird ein weiteres Wachstum prognostiziert.

Zum Einlesen

ENZENSBERGER, H. M. (1958/1976): Eine Theorie des Tourismus. – In: ENZENSBERGER, H. M.: Einzelheiten I. Bewusstseins-Industrie, 9. Aufl. Frankfurt a. M., 179-205 (edition suhrkamp; 63) (Nachdruck aus Merkur, 1958, 126).
Der Literat ENZENSBERGER hat bereits im Jahr 1958 einen weitsichtigen Essay zu den gesellschaftlichen und ökonomischen Mechanismen des Tourismus geschrieben (eine Pflichtlektüre für jeden Tourismusinteressierten).

CONRADY, R. & M. BUCK (Hrsg.; 2010): Trends and Issues in Global Tourism 2010, Berlin/Heidelberg.
Die jährlich erscheinenden Sammelbände enthalten die Texte von Vorträgen, die im Rahmen der Internationalen Tourismus-Börse (Berlin) gehalten werden; damit geben sie einen guten Einblick in aktuelle Themen der Tourismusforschung/-praxis.

2.3 Motivstruktur, Reiseentscheidung und Ansprüche an das Angebot

Auf die einfache Frage, warum Menschen im Urlaub eine Reise unternehmen, gibt es keine eindeutige Antwort:

• Zur Erklärung sind von der Tourismusforschung sowohl theoriegeleitete als auch empirische Erklärungsansätze entwickelt worden.

• Die Motivstruktur bildet eine Grundlage für die Reiseentscheidung, die allerdings auch von anderen Faktoren beeinflusst wird.

• Dabei stellt das Reisen einen Lernprozess dar: Aufgrund der Reiseerfahrungen, die jeder Einzelne im Laufe der Zeit macht, steigen die Ansprüche an das Angebot.

2.3.1 Theoretische Ansätze der touristischen Motivforschung

Ein stark vereinfachendes Modell der touristischen Motivstruktur unterscheidet zwischen einer Konträr- und einer Komplementärhaltung:

• Die Konträrhaltung wird durch eine „Weg-von"-Motivation gekennzeichnet, die vor allem den Wunsch nach Abwechslung beinhaltet und sich in Reisemotiven wie Entspannung, Ablenkung, Freiheit und Kontrast zum Alltag widerspiegelt. Freizeit und Urlaub werden – dieser Fluchttheorie zufolge – als Gegenwelten zum Berufsalltag verstanden, der durch physische und psychische Beanspruchung, Frustrationen sowie eine entfremdete Arbeitssituation geprägt ist (ENZENSBERGER, H. M. 1958/1976; PRAHL, H.-W. & A. STEINECKE, 1979, 239–241).

- Die Komplementärhaltung wird hingegen durch eine „Hin-zu"-Motivation charakterisiert; dabei fungiert die Urlaubsreise als Möglichkeit der Selbstverwirklichung. Sie kommt in Urlaubsinteressen wie dem Wunsch nach neuen Eindrücken, nach Sozialkontakten sowie nach Aktivität und Kreativität zum Ausdruck. Diese Motivstruktur findet sich vor allem bei Urlaubern, die mit ihrem beruflichen Alltag zufrieden sind und deren Urlaubsverhalten deshalb nicht einen Fluchtcharakter annehmen muss (PETERMANN, T. 1998, 124–126).

Sozialpsychologen haben bereits frühzeitig darauf hingewiesen, dass dieser grobe dichotomische Ansatz dem komplexen und mehrdimensionalen Charakter der Urlaubsreisemotivation nicht gerecht wird (RUDINGER, G. & R. SCHMITZ-SCHERZER 1975). Neuere empirische Untersuchungen konnten belegen, dass nur jeder dritte Bundesbürger bei seiner Reise ausschließlich Spaß und Vergnügen sucht und kein Interesse an dem Urlaubsland hat, während 63,6 % den Urlaub nutzen, um den Horizont zu erweitern und um Land und Leute kennenzulernen (STEINECKE, A. 2010a, 187).

Auch andere theoretische Ansätze, bei denen die Motivstruktur der Touristen eindimensional interpretiert wird, sind ähnlich kritisch zu sehen (HENNIG, C. 1997, 72–101; KULINAT, K. 2007, 99–101):

- Reisen als anthropologische Konstante: Diese Theorie basiert auf der Annahme, dass Entdeckungsdrang und Wanderlust zu den Urtrieben des Menschen zählen, die auch im neuzeitlichen Tourismus zum Ausdruck kommen. Soziale und psychologische Dimensionen des Reisens bleiben bei diesem Ansatz unberücksichtigt.

- Reisen als demonstrativer Konsum: In dieser soziologischen Theorie wird das Reisen nicht als Ausdruck individueller Bedürfnisse (Innenleitung), sondern als institutionalisiertes soziales Rollenverhalten verstanden (Außenleitung). Die Touristen orientieren sich in ihrem Reiseverhalten vor allem an den herrschenden gesellschaftlichen Normen; dabei fungieren obere soziale Schichten als Vorbilder und Trendsetter.

- Reisen als Fest: Im Mittelalter wurde das Jahr durch zahlreiche religiöse

Abb. 2.3.1/1 *Für die berühmt-berüchtigten „Ballermann"-Touristen auf Mallorca ist das Reisen offensichtlich ein Fest – eine Zeit totaler Freiheit mit exzessiven Verstößen gegen gesellschaftliche Normen.*

Feiern, Messen und Märkte strukturiert, die auch eine gesellschaftliche Ventilfunktion hatten. Es kam zu exzessiven Verstößen gegen die herrschenden Normen. In abgeschwächter Form steht der Tourismus in dieser Tradition: Er stellt eine außergewöhnliche und emotionalisierte Erfahrungswelt dar, die nur einer geringen sozialen Kontrolle unterliegt (vgl. Abb. 2.3.1/1).

- Reisen als Pilgerfahrt: Speziell bei der Besichtigung von Kulturdenkmälern und beim Besuch von Mega-Ausstellungen weist der Tourismus Elemente religiöser Pilgerfahrten auf – die Trennung von der gewohnten Umgebung, die ritualisierte Annäherung, die Erfahrung einer neuen Gemeinschaft von Gleichgesinnten, den Wunsch nach physischer Nähe zum Kunstwerk und den ehrfürchtigen Moment der Begegnung mit dem Objekt.

- Reisen als Spiel: Wie das Spiel stellt auch das Reisen eine freie, räumlich und zeitlich abgegrenzte Aktivität dar, die nicht auf einen materiellen Nutzen zielt. In einer fremden Umgebung entfallen die gesellschaftlichen Zwänge und Persönlichkeitszuweisungen des (beruflichen) Alltags; deshalb besteht die Möglichkeit, spielerisch neue soziale Rollen zu erproben. Dabei ähneln sich Tourismus und Spiel in ihrer speziellen Mischung aus Engagement und Unverbindlichkeit, Sicherheit und Freiheit.

- Reisen als Flow-Erlebnis: Bei einem Flow-Erlebnis handelt es sich um eine intrinsische (also dem Menschen innewohnende) Form der Erfahrung. Sie entsteht immer dann, wenn die Ausübung einer Aktivität mit Genuss verbunden ist. Der Handelnde befindet sich dabei in einem Zustand starker Konzentration; das Gefühl für Zeit geht verloren und das Denken und Handeln verschmelzen zu einer Einheit. Diese Erfahrung machen z. B. auch Schachspieler, Sportler, Chirurgen und Autoren (KREISEL, W. 2007, 83).

Neben derartigen theoretischen Überlegungen finden sich in der touristischen Motivforschung auch empirische Erhebungen zu den Urlaubsreisemotiven. Allerdings stößt der Forschungsansatz, die Urlauber nach ihren Erwartungen zu befragen (in Form von Selbstauskünften), auf erhebliche methodische Probleme. Generell ist nämlich davon auszugehen, dass Motive aus einem Bündel von Erwartungen bestehen (LOHMANN, M. & J. DANIELSSON 2003, 5); dazu zählen:

- allgemeine Bedürfnisse (z. B. nach sozialer Anerkennung),
- spezielle Urlaubswünsche (z. B. in die Sonne kommen),
- konkrete Erwartungen an das Urlaubsangebot (z. B. Qualität der Freizeiteinrichtungen).

Bei Befragungen müssen die Probanden deshalb über eine hohe Reflexions- und Artikulationsfähigkeit verfügen, um sich ihre Motive bewusst zu machen und sie klar formulieren zu können. Darüber hinaus besteht die Gefahr, dass die Befragten im Rahmen von Interviews nur sozial erwünschte Antworten geben, während ambivalent zu beurteilende Motive häufig verschwiegen werden – z. B. das Streben nach Prestige oder der Wunsch nach sexuellen Kontakten im Urlaub.

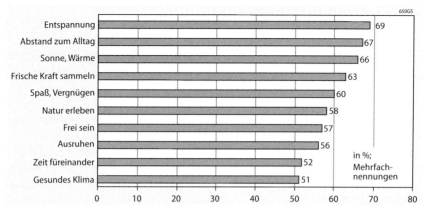

650G5

Entspannung 69
Abstand zum Alltag 67
Sonne, Wärme 66
Frische Kraft sammeln 63
Spaß, Vergnügen 60
Natur erleben 58
Frei sein 57
Ausruhen 56
Zeit füreinander 52
Gesundes Klima 51

in %;
Mehrfach-
nennungen

0 10 20 30 40 50 60 70 80

Abb. 2.3.2/1 *In ihrem Urlaub wollen sich die Deutschen vor allem psychisch und physisch erholen. Das Bedürfnis nach Entspannung und der Wunsch, Abstand zum Alltag zu gewinnen, stehen ganz oben in der Rangliste der Reisemotive.*

2.3.2 Empirische Ansätze der touristischen Motivforschung

Diese grundsätzlichen methodischen Probleme sind bei der Nutzung von empirischen Forschungsergebnissen zu den Reisemotiven bundesdeutscher Urlauber zu berücksichtigen. Allerdings ist von der touristischen Motivforschung ein aufwendiges Instrumentarium entwickelt worden, um realitätsnahe Resultate zu generieren. Auf der Grundlage umfangreicher psychologischer Vorstudien arbeitet z. B. die „Reiseanalyse" der „Forschungsgemeinschaft Urlaub und Reisen" (Kiel/Hamburg) mit 29 skalierten Statements, die den Befragten zur Entscheidung vorgelegt werden (mit der Möglichkeit der Mehrfachnennung).

An der Spitze der Urlaubserwartungen rangieren dabei allgemeine physische und psychische Erholungsmotive wie Entspannung, Abstand zum Alltag, Sonne und Wärme sowie frische Kraft sammeln (F. U. R. 2010, 88). In dieser Motivstruktur spiegeln sich offenbar die hohen Beanspruchungen und Einschränkungen wider, denen die Bundesbürger im Arbeitsalltag ausgesetzt sind. Insgesamt handelt es sich um recht unspektakuläre Motive. Urlaubserwartungen wie Abenteuer, Thrill und Action, die häufig im Mittelpunkt der Medienberichterstattung über Urlaubsreisen stehen, spielen im Motivspektrum hingegen nur eine untergeordnete Rolle (vgl. Abb. 2.3.2/1). Mithilfe von multivariaten Analysen (Faktoren- und Clusteranalyse) lassen sich die zahlreichen Urlaubserwartungen, die jährlich in der „Reiseanalyse" erfasst werden, mehreren großen Motivgruppen zuordnen:

- regenerative Motive: Entspannung, keinen Stress haben, Distanz zum Alltag, frei sein, Zeit haben, frische Kraft sammeln,
- familienbezogene Motive: Zeit füreinander haben (Partner, Bekannte, Familie),

- gesellige Motive: z. B. gemeinsam etwas erleben, neue Leute kennen lernen, Kontakte zu Einheimischen,
- körperbezogene Motive: z. B. die Sonne genießen, ausruhen, braun werden,
- natur-, umwelt- und gesundheitsbezogene Motive: z. B. gesundes Klima, Natur erleben, etwas für die Gesundheit tun,
- sportliche Motive: z. B. leichte sportliche Aktivitäten ausüben,
- erlebnisorientierte Motive: z. B. Spaß haben, neue Eindrücke gewinnen.

Es ist offensichtlich, dass diese Motivgruppen nicht trennscharf sind; sie können sich überschneiden und auch kombiniert miteinander auftreten. Darüber hinaus kommt ihnen eine unterschiedliche Bedeutung zu. So haben psychologische Grundlagenuntersuchungen folgende „Architektur" der Urlaubsreisemotive (F. U. R. 2010, 91) ermittelt:

- Als Fundament der Urlaubsreisemotivation fungiert das Grundbedürfnis nach Erholung und Entspannung.
- Auf dieser Basis bauen drei Hauptbedürfnisse auf, die in unterschiedlichen Kombinationen und Prioritäten auftreten (gemeinsam und gleichzeitig mit dem Grundbedürfnis) – das Bedürfnis nach Steigerung des physischen und psychischen Wohlbefindens, das Bedürfnis nach emotionaler Bereicherung und Erlebnissen sowie das Bedürfnis nach geistiger Bereicherung (Hirtenlehner, H., I. Mörth & G. C. Steckenbauer 2002).

In den vielfältigen Reisemotiven kommen die unterschiedlichen Bedürfnisse und Erwartungen der Bundesbürger zum Ausdruck, die sie generell mit einer Urlaubsreise verbinden. Ob tatsächlich eine Reise unternommen wird, hängt von der individuellen Reiseentscheidung ab, die von zahlreichen Faktoren beeinflusst wird – u. a. vom Informationsverhalten, aber auch von den Rahmenbedingungen im Quell- und Zielgebiet.

2.3.3 Informationsverhalten und Reiseentscheidung

Vor Beginn einer Urlaubsreise besteht bei den Konsumenten generell ein hoher Informationsbedarf, da sich Reisen aus einem Bündel von einzelnen Dienstleistungen zusammensetzen, deren Qualität erst mit der persönlichen Inanspruchnahme und unter eigener Beteiligung überprüft werden kann (im Gegensatz zu Sachgütern, deren Eigenschaften sich bereits vor dem Kauf beurteilen lassen). Entsprechend umfassend ist auch das Informationsverhalten der Bundesbürger: Nur acht Prozent holen vor Antritt der Reise keine Informationen ein (Sierck, A. & K. Winkler 2006, 5).

Den Reiseinteressierten steht dabei eine Fülle unterschiedlicher Informationsquellen zur Verfügung – von persönlichen Gesprächen im Bekanntenkreis über Prospekte von Reiseveranstaltern und Destinationen bis hin zu Artikeln in den Printmedien. In den letzten Jahren wurde dieses Spektrum noch durch neue Medien erweitert (Internet, Videotext, CD-Rom etc.). Trotz dieser zunehmenden Vielfalt der Informationsmöglichkeiten steht die persönliche Kommunikation bei der Suche nach entscheidungs- bzw. buchungsrelevanten Informationen im Vordergrund, da sie als besonders glaubwürdig und verlässlich angesehen wird. Zumeist lassen sich drei Verhaltensmechanismen beobachten: Die Konsumenten greifen zunächst auf eigene (erlernte) Erfahrungen zurück; in einem weiteren Schritt suchen sie Informationen bei neutralen Dritten und schließlich nutzen sie Schlüsselinformationen über die bevorzugten Leistungseigenschaften – z. B. über Ausstattungsmerkmale.

Als wichtigste Informationsquelle erweist sich die Mund-zu-Mund-Propaganda: Im Jahr 2008 nutzten 70 % der Bundesbürger Gespräche mit Verwandten, Freunden bzw. Arbeitskollegen, um sich vor der Reise zu informieren. Aus Sicht der Tourismusbranche erweisen sich also zufriedene Gäste als die wichtigsten Werbeträger zur Akquisition von Neukunden. An zweiter Stelle rangiert das Internet, das sich nach Einschätzung von Experten in diesem Jahrzehnt zur wichtigsten Informationsquelle für Urlaubsreisen entwickeln wird – mit einem Anteil von 60–75 % (angesichts dieser rasanten Entwicklung haben alle Datenangaben immer nur einen vorläufigen Charakter).

Auf den folgenden Rängen finden sich die Auskünfte in Reisebüros, die Kataloge von Reiseveranstaltern sowie Reiseführer/-publikationen (vgl. Tab. 2.3.3/1). In diesem Informations-Mix wird künftig auch der direkte Informationsaustausch zwischen den Konsumenten durch Social Media erheblich an Bedeutung gewinnen (AMERSDORFFER, D. u. a. 2010).

Bei der Reiseentscheidung handelt es sich um einen komplexen, mehrstufigen Prozess, der aus mehreren Teilentscheidungen besteht, die sich z. B. auf das Reiseziel, den Zeitpunkt, die Organisationsform beziehen. Der Entscheidungsprozess lässt sich in einem

	2005	2008
Gespräche mit Freunden/Bekannten	56 %	70 %
Internet	22 %	39 %
Auskunft im Reisebüro	46 %	59 %
Kataloge von Reiseveranstaltern	31 %	41 %
Reiseführer (Bücher)	16 %	24 %

Tab. 2.3.3/1 Bei Informationsquellen für Urlaubsreisen rangiert die Mund-zu-Mund-Propaganda an erster Stelle.

hypothetischen Modell in mehrere Phasen gliedern (BRAUN, O. L. & M. LOHMANN 1989, 15–23):

- Zunächst entscheiden sich die Reiseinteressierten für den Reisezeitpunkt sowie für das Zielgebiet; eine attraktive Landschaft und das bessere Wetter sind dabei die Hauptgründe für die Zielgebietswahl. Zu den bevorzugten Landschaftstypen der Deutschen zählen das Meer und Inseln im Süden sowie Seen, während die Mittelgebirge, die Nord- und Ostsee sowie die Flusslandschaften nur eine mittelmäßige Beliebtheit aufweisen.
- Die nächste Teilentscheidung bezieht sich auf die Dauer der Reise.
- Anschließend folgen die Teilentscheidungen über den Preis, die Unterkunftsart, das Verkehrsmittel und die Organisationsform. Bei der Wahl der Unterkunft legen die Bundesbürger besonders großen Wert auf Sauberkeit, annehmbare Preise und eine schöne Umgebung.

Erkenntnisse über den Prozess der Reiseentscheidung basieren (wie die Aussagen zu den Reisemotiven) überwiegend auf

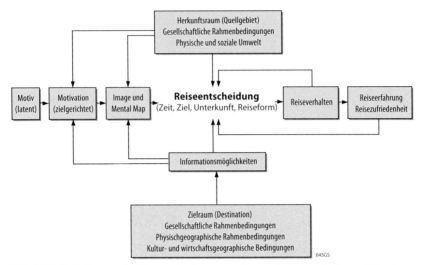

Abb. 2.3.3/1 *Reiseentscheidungen basieren vor allem auf den persönlichen Urlaubs-*
motiven jedes Einzelnen; darüber hinaus werden sie aber auch von den Informations-
möglichkeiten sowie den Rahmenbedingungen im Quell- und Zielgebiet beeinflusst.

Selbstauskünften von Probanden; hingegen sind bislang kaum experimentelle psychologische Verfahren zum Einsatz gekommen, mit deren Hilfe unbewusst ablaufende Prozesse erfasst werden können. Darüber hinaus ist bei künftigen Untersuchungen die Tatsache stärker zu berücksichtigen, dass Urlaubsreisen zumeist mit einem Partner, mit der Familie oder in einer Gruppe unternommen werden und deshalb auch auf einem gemeinsamen Entscheidungsprozess basieren. Ein Forschungsbedarf besteht schließlich hinsichtlich der zahlreichen gesellschaftlichen und geographischen Rahmenbedingungen im Herkunfts- und im Zielgebiet, die – neben der Reisemotivation und den Informationsmöglichkeiten – von Einfluss auf die Reiseentscheidung sind (vgl. Abb. 2.3.3/1).

Obwohl sich der Prozess der Reiseentscheidung und die Motivstruktur der bundesdeutschen Touristen insgesamt als stabil erweisen, haben sich die Ansprüche an das Angebot in den letzten Jahren erheblich geändert. Neben den vielfältigen Informationsmöglichkeiten spielen dabei vor allem die Reiseerfahrungen eine wichtige Rolle, die jeder Einzelne im Laufe der Zeit macht.

2.3.4 Ansprüche der Urlauber an das Angebot

Seit den 1990er-Jahren unterliegt das Urlaubsreiseverhalten der Deutschen einer erheblichen Dynamik, die vor allem durch die Sättigung des Tourismusmarktes sowie durch neue Werthaltungen der Nachfrager gesteuert wird. Die Urlauber weisen inzwischen widersprüchliche Erwartungen und Verhaltensweisen auf; deshalb werden sie auch als hybride Konsumenten bezeichnet: Sie sind zugleich anspruchsvoll und preissensibel, individualistisch und markenorientiert, erlebnisorientiert und bequem (STEINECKE, A. 2000a, 11–19):

- Anspruchsdenken: Aufgrund der großen internationalen Reiseerfahrung verfügen die Bundesbürger inzwischen über gute Vergleichsmöglichkeiten – zum einen hinsichtlich der Ausstattung von Hotels und Freizeiteinrichtungen, zum anderen hinsichtlich der Servicequalität und der Gastfreundlichkeit. Ihre Erwartung an die Angebotsqualität steigt deshalb ständig. Ein immer größerer Teil der Urlauber legt besonderen Wert auf ein komplettes Angebot „aus einer Hand" – also eine umfassende Information, eine rasche Buchbarkeit, eine gepflegte Unterkunft sowie attraktive Freizeit- und Animationsangebote.
- Preissensibilität: Angesichts der Angebotsfülle auf dem Tourismusmarkt werden die Kunden zudem immer preissensibler und kritischer („Geiz-ist-geil"-Mentalität). Ein Beleg hierfür ist der Trend zum Spätbuchen. Last-Minute-Reisen machen gegenwärtig ca. 10–15 % der Veranstalterreisen aus (um wieder frühzeitig disponieren zu können, hat die Tourismusbranche inzwischen Frühbucher-Rabatte eingeführt).
- Erlebnisorientierung: Der Erlebnishunger ist Ausdruck eines zunehmenden Hedonismus und Individualismus, die an die Stelle von Pflicht- und Akzeptanzwerten getreten sind. Von Produkten und Dienstleistungen wird

TOP OF THE WORLD

Abb. 2.3.4/1 *Die Markenbildung wird auch im Tourismus immer wichtiger. Der schweizerische Wintersportort St. Moritz hat sich sein Logo bereits im Jahr 1987 markenrechtlich schützen lassen.*

zunehmend ein Zusatznutzen in Form eines materiellen oder ideellen Mehrwerts erwartet, der über den Gebrauchswert hinausgeht (Gimmick, Status etc). Deutliche Hinweise auf diese neue „Mehr-Kultur" geben die entsprechenden Werbeslogans der Anbieter (Lufthansa-Vielfliegerprogramm „Miles & More", „Maritim – mehr als ein Hotel" etc.). Diese „Mehr-Kultur" und der Erlebnishunger haben in der Freizeit- und Tourismusbranche (wie auch im Einzelhandel) zu neuen komplexen Angebotsformen geführt, die einen regelrechten Boom verzeichnen: Urban Entertainment Center, Themenparks etc. (vgl. Kap. 4.6).

- Markenorientierung: Angesichts des Überangebots an touristischen Produkten entsteht bei den Konsumenten der Wunsch nach Markttransparenz und Produktsicherheit. Wie im Konsumgüterbereich orientieren sie sich deshalb zunehmend an Marken (obwohl sie nicht zwangsläufig markentreu sind). Aufgrund ihres „Traumcharakters" bieten speziell Urlaubsreisen auch Bezugspunkte für die emotionalen Dimensionen des Markenbewusstseins (Gruppenbildung, Identitätsbezug etc.). Touristische Großunternehmen wie die „TUI AG" verfolgen seit einiger Zeit die Strategie der Markenbildung, um die eigenen Angebote in dem gesättigten Reisemarkt klar zu profilieren: So werden z. B. die zum Konzern gehörenden Hotelmarken „Iberotel", „Dorfhotel", „Robinson" u. a. in Werbung und Vertrieb besonders herausgestellt. Inzwischen treten auch Tourismusdestinationen zunehmend unter rechtlich geschützten Markennamen auf (z. B. St. Moritz, Tirol, Südtirol, Rothaarsteig).

• Standardisierung des Konsums: In engem Zusammenhang mit dem Marken-bewusstsein der Konsumenten steht die zunehmende Standardisierung des Angebots. Im Einzelhandels-bereich hat sie zu einem Boom der Filialisten geführt, die zunehmend die Geschäftsstruktur der Innenstädte prägen (z. B. Parfümerie Douglas, Schlecker, Tchibo). In der Gastronomie gilt die Firma McDonald's als Synonym für diese Entwicklung; sie betreibt allein in Deutschland mehr als 1 300 Filialen (weltweit sind es über 31 000) Im Tourismus ist dieser Trend seit einigen Jahren im Reisemittlermarkt zu beobachten: 97 % aller Reisebüros sind inzwischen Mitglieder von Kooperationen, Ketten oder Franchise-Systemen (vgl. Kap. 3.5).

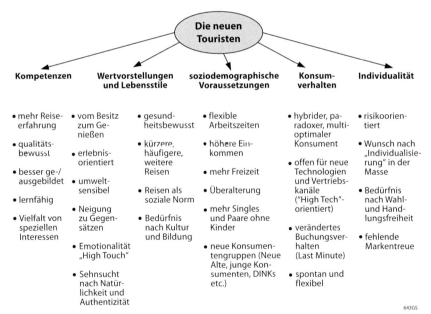

Abb. 2.3.4/2 *Aufgrund ihrer großen internationalen Reiseerfahrung erweisen sich die bundesdeutschen Urlauber als souveräne und unberechenbare Konsumenten; sie sind kompetent und flexibel, anspruchsvoll und preissensibel.*

Diese Ansprüche der Urlauber an das Angebot sind zum einen Indikatoren für die wachsende Souveränität der Konsumenten, mit der sie auf dem Tourismusmarkt agieren: Aus dem Verkäufermarkt der 1960er- und 1970er-Jahre mit knappem Angebot und großer Nachfrage ist längst ein Käufermarkt geworden, der durch ein Überangebot und damit durch einen erheblichen Wettbewerbsdruck für die Anbieter gekennzeichnet wird. Zum anderen spiegelt sich in diesen Erwartungen der Konsumenten aber auch die zunehmende Professionalisierung der Tourismusbranche wider: Sie reagiert nicht nur auf Veränderungen der Nachfrage, sondern nimmt durch den Einsatz zeitgemäßer Marketingmaßnahmen (Produktinnovationen, Direktmarketing, Inszenierungen etc.) selbst Einfluss auf das Buchungs- und Reiseverhalten. Dazu benötigt sie aktuelle Kenntnisse über das Verhalten der Konsumenten und vor allem über einzelne Zielgruppen.

Zusammenfassung

Fazit

- Die Urlaubsreisemotive sind relativ schwer zu ergründen, da es sich bei ihnen zumeist um ein Bündel unterschiedlicher Erwartungen handelt.
- Theoriegeleitete Ansätze arbeiten zum einen mit einem einfachen dichotomischen Modell (Weg-von- vs. Hin-zu-Motivation), zum anderen mit Analogschlüssen (Reisen als anthropologische Konstante, als Fest, als Pilgerfahrt, als Spiel, als Flow-Erlebnis oder als demonstrativer Konsum). Mit diesen Theoremen können aber jeweils nur einzelne Erscheinungsformen des Tourismus erklärt werden.

- Die empirische Motivforschung steht vor dem Problem, dass sie auf Selbstauskünften der Probanden basiert. Diese Methode setzt eine hohe Reflexions- und Artikulationsfähigkeit voraus; außerdem besteht das Risiko, dass die Befragten nur sozial erwünschte Antworten geben.
- Weg vom alltäglichen Stress – das ist das wichtigste Urlaubsreisemotiv der Bundesbürger. Zwei von drei Urlaubern suchen aber nicht nur Entspannung und Erholung, sondern interessieren sich auch für die Kultur ihrer Ferienregion.
- Unter den Informationsquellen, die vor einer Reise benutzt werden, rangiert die Mund-zu-Mund-Propaganda an erster Stelle. In den letzten Jahren hat das Internet einen wahren Boom erlebt; es wird sich künftig wohl zum wichtigsten Informationsmedium entwickeln. Auch die direkte Kommunikation durch Social Media wird immer wichtiger.
- Angesichts ihrer breiten internationalen Reiseerfahrung werden die Bundesbürger immer anspruchsvoller, aber zugleich auch preissensibler. Weitere Trends im Konsumverhalten sind eine wachsende Erlebnisorientierung und eine zunehmende Standardisierung des Angebots.

Zum Einlesen
Ritzer, G. (2006): Die McDonaldisierung der Gesellschaft., 4., völlig neue Aufl., Konstanz. Am Beispiel der Firma McDonald's untersucht der amerikanische Soziologe den Prozess der Rationalisierung und Standardisierung, der auch in Freizeit und Tourismus zu beobachten ist.

2.4 Touristische Zielgruppen und Teilmärkte

Um ein zeitgemäßes Marketing ohne große Streuverluste betreiben zu können, sind die Unternehmen der Tourismusbranche bei ihren Entscheidungen auf differenzierte Informationen über einzelne Zielgruppen und Teilmärkte angewiesen. Vor diesem Hintergrund hat die Tourismuswissenschaft unterschiedliche Verfahren der Marktsegmentierung und Zielgruppenanalyse entwickelt. Dabei lassen sich mehrere methodische Ansätze der Differenzierung unterscheiden:

- nach soziodemographischen Merkmalen,
- nach Verhaltensweisen,
- in Form von Lebensstilanalysen und Urlaubertypologien.

2.4.1 Soziodemographische Zielgruppen: Jugendliche und Senioren

Diese Methode der Marktsegmentierung basiert auf einem sozialstatistischen Forschungsansatz, bei dem sich die jeweilige Zielgruppe mithilfe eines soziodemographischen Merkmals relativ exakt abgrenzen lässt (z. B. Alter, Familienstand, Bildung, Einkommen). In einem weiteren Arbeitsschritt können diese Zielgruppen differenziert beschrieben werden – z. B. hinsichtlich ihrer Motive, ihres Entscheidungs- und Buchungsverhaltens, ihrer Aktivitäten. Diese Informationen dienen dann als Grundlage zur Erarbeitung von spezifischen Marketingmaßnahmen.

Am Beispiel von Jugendlichen und Senioren sollen Methodik und Inhalte verdeutlicht werden.[5] Vor dem Hintergrund des demographischen Wandels in der Bundesrepublik Deutschland handelt es sich bei der Zielgruppe der Jugendlichen um ein schrumpfendes Marktsegment. Bereits im Zeitraum 1988–1999 ist der Marktanteil der 14–19-Jährigen von zwölf auf acht Prozent gesunken; seitdem hat sich dieser Trend fortgesetzt. Typische Merkmale des Reiseverhaltens von Jugendlichen sind (F. U. R. 2000b, 43–53; Danielsson, J., M. Lohmann & U. Sonntag 2003, 7–17):

- eine höhere Reiseintensität generell und speziell eine höhere Auslandsreiseintensität,
- eine große Reiseerfahrung (da die Jugendlichen bereits mit ihren Eltern Reisen unternommen haben),
- die häufigere Nutzung von Bus und Bahn als Reiseverkehrsmittel,
- die relativ kurze Dauer der Urlaubsreisen,
- die unterdurchschnittlich niedrigen Pro-Kopf-Ausgaben bei der Urlaubsreise.

Generell befinden sich Jugendliche in einer Übergangsphase zwischen Kindheit und Erwachsensein. Während sie rechtlich und ökonomisch noch vom Elternhaus abhängig sind, streben sie danach, eine eigene Identität zu bilden und ihre neue gesellschaftliche Rolle zu definieren. Diese widersprüchliche Situation prägt auch ihr Reiseverhalten. Einerseits suchen sie nach Selbstständigkeit und nach Kontakt mit Gleichaltrigen (Peer Group), um gemeinsam neue Erfahrungen zu machen; andererseits unterliegen sie aber bei der Finanzierung und Organisation der Reise dem

Einfluss der Eltern. Charakteristische Reisemotive sind Spaß und Vergnügen, frei sein und Zeit haben, Sonne und Wärme, viel Abwechslung, Flirt und Liebe sowie Kommunikation und Gruppenerlebnis; beliebte Urlaubsformen sind der Bade-, der Aktiv- und der Spaßurlaub (vgl. Abb. 2.4.1/1).

Da der Urlaub als Experimentierfeld für eigene Erfahrungen und als Bereich persönlicher Freiheit verstanden wird, organisieren Jugendliche ihre Reise gern selbst. Die Angebote von Jugendreiseveranstaltern werden nur in unterdurchschnittlich niedrigem Maß genutzt (nicht zuletzt aufgrund negativer Erfahrungen auf Klassenreisen). Der Einfluss der Eltern auf das Reiseverhalten führt dazu, dass Jugendliche im Urlaubsreisemarkt keine Trendsetter sind (im Gegensatz zur Bekleidungs- oder Medienbranche). Generelle Entwicklungen im Reiseverhalten der bundesdeutschen Bevölkerung haben diese Zielgruppe erst mit einer Zeitverzögerung erreicht – z. B. der Trend zu höherer Qualität oder zum Erlebnis- bzw. Cluburlaub (Korbus, T. u. a. 1997; Porwol, B. 2001).

Während die Bedeutung von Jugendlichen im bundesdeutschen Reisemarkt aufgrund des anhaltend niedrigen Geburtenniveaus abnimmt, handelt es sich bei der Zielgruppe der Senioren um einen Wachstumsmarkt. Die Zahl älterer Menschen (über 60 Jahre), die eine Urlaubsreise unternommen haben, stieg von 6,0 Mio. im Jahr 1988 auf 12,3 Mio. im Jahr 2007; bis zum Jahr 2020 wird ein Anstieg auf 15,3 Mio. prognostiziert (vgl. BMWI 2009, 8) Dabei findet eine zunehmende Annäherung des Reisever-

Abb. 2.4.1/1 *Spaß und Abwechslung, gemeinsame Erlebnisse mit Gleichaltrigen sowie Flirt und Liebe sind typische Reisemotive von Jugendlichen.*

haltens der Senioren an den bundesdeutschen Durchschnitt statt. Dennoch weisen sie einige typische Verhaltensmerkmale auf (F. U. R. 2000b, 38–39; Danielsson, J. & M. Lohmann 2003, 23–24):

- eine relativ niedrige Reiseintensität und auch eine niedrige Auslandsreiseintensität (seit Ende der 1980er-Jahre haben sich die Präferenzen allerdings deutlich zugunsten ausländischer Ziele verschoben),
- überdurchschnittlich viele Alleinreisende (aufgrund der Lebenssituation),
- eine relativ häufige Nutzung von Bus und Bahn als Reiseverkehrsmittel,
- eine geringe Saisonalität (da sie nicht an Werks- bzw. Schulferien gebunden sind),

- eine überdurchschnittlich häufige Nutzung der Angebote von Reiseveranstaltern und -büros,
- Natur- und Wanderurlaube, Gesundheitsurlaube, Besuchsreisen, Rund-, Kultur- und Studienreisen, Hobbyurlaube, religiös motivierte Reisen und Kreuzfahrten als besonders beliebte Reisearten.

Bei der Entwicklung von touristischen Angeboten ist zu berücksichtigen, dass Senioren keine einheitliche Zielgruppe darstellen. Ihre jeweiligen Urlaubs- und Konsumbedürfnisse werden u. a. durch das Alter und die körperliche Verfassung, die Einkommens- und Familiensituation sowie die Freizeitinteressen und Reiseerfahrungen bestimmt (ARTHO, D. 1996, 298; MUNDT, J. W. 2004, 10–14). Darüber hinaus ist die Tatsache von Bedeutung, dass eine erhebliche Kluft zwischen dem tatsächlichen Alter und dem subjektiv

Abb. 2.4.1/2 *Aufgrund ihrer Konsumkraft und Reiselust sind die „neuen Senioren" eine attraktive Zielgruppe für die Freizeit- und Tourismusbranche.*

wahrgenommenen Alter besteht. Innerhalb unserer Gesellschaft lassen sich seit längerem „Tendenzen zur Verjüngung" (PRAHL, H. W. & K. R. SCHROETER 1996, 104) beobachten: So fühlen sich Senioren generell ca. 15 Jahre jünger, als sie tatsächlich sind; ihr Aussehen schätzen sie ca. acht Jahre jünger ein als ihr tatsächliches Alter.

Aus diesem Grund besteht bei ihnen auch nur ein geringes Interesse an speziellen touristischen Angeboten (Seniorenteller, Seniorentreff etc.). Im Konsumgüter- und Tourismusmarketing wird der Begriff „Senior" inzwischen weitgehend vermieden. Stattdessen wurden zahlreiche neue Bezeichnungen für dieses Marktsegment entwickelt – z. B. „Woopies" (Well Off Older People), „Selpies" (Second Life People), „Best Ager" oder „Silver Market" (vgl. Abb. 2.4.1/2).

In einem seniorenspezifischen Tourismusmarketing spielen Bequemlichkeit, Geselligkeit sowie geistige und körperliche Anregungen eine große Rolle (erst mit zunehmendem Alter auch eine ärztliche Betreuung). Darüber hinaus haben Senioren ein ausgeprägtes Interesse an generationsübergreifenden Aktivitäten; sie wollen integriert werden und ihren Urlaub nicht isoliert in „Seniorenghettos" verbringen (LOHMANN, M. 1988, 244). Bei der touristischen Kommunikationspolitik muss deshalb nicht das Alter, sondern das Anspruchsniveau von Senioren im Mittelpunkt stehen. Als Schlüsselbegriffe haben sich Komfort, Tradition, Vitalität, Flair, Service und Sicherheit. erwiesen (SCHRÖDER, A., T. WIDMANN & A. BRITTNER-WIDMANN 2005, 118–124).

Die exemplarische Beschreibung ausgewählter soziodemographischer Zielgruppen macht die Möglichkeiten, aber auch die Grenzen dieses methodischen Ansatzes deutlich: Eine exakte quantitative Abgrenzung erweist sich jeweils als schwierig. Außerdem zeigen die Zielgruppen eine ausgeprägte innere Differenzierung und eine große Dynamik. Obwohl es sich um eine recht grobe Methode handelt, findet sie aufgrund ihrer Einfachheit und Verständlichkeit häufig Anwendung im Tourismusmarketing. Darüber hinaus sind von der angewandten Tourismusforschung auch Zielgruppenanalysen auf der Grundlage von Urlaubsinteressen und Verhaltensweisen erarbeitet worden.

2.4.2 Verhaltens- und neigungstouristische Zielgruppen: Fernreisende und Kulturtouristen

Bei dieser Methode der Marktsegmentierung werden nachfragerelevante Verhaltensweisen der Touristen als Kriterium der Abgrenzung genutzt; dazu zählen u. a.:

- Organisationsform der Reise: z. B. Individualtouristen, Veranstalterreisende,
- Verkehrsmittel: z. B. Autotouristen, Flugtouristen,
- Unterkunftsart: z. B. Camping-Urlauber, Urlauber auf dem Bauernhof,
- Urlaubsaktivität: z. B. Radtouristen, Städtetouristen, Kulturtouristen,
- Reiseziel: z. B. Mittelmeer-Urlauber, Fernreisende.

Die derart abgegrenzten Zielgruppen lassen sich wiederum hinsichtlich weiterer Merkmale differenziert beschreiben (soziodemographisches Profil, Entscheidungs- und Buchungsverhalten etc.).

Am Beispiel der Fernreisenden und der Kulturtouristen soll dieser Ansatz der Marktsegmentierung erläutert werden. Die Zielgruppe der Fernreisenden umfasst alle Touristen, die ihren Urlaub in einer außereuropäischen Tourismusdestination verbracht haben (dazu zählen auch die nordafrikanischen Länder sowie die Türkei). Ihre Zahl belief sich im Jahr 2009 auf 10,2 Mio. (15,7 % aller Reisen; F. U. R. 2010, 48). Besonders in den 1990er-Jahren verzeichnete dieses Marktsegment ein erhebliches Wachstum, das mit einer Teilhabe breiter Schichten der Bevölkerung einherging; dadurch haben Fernreisen ihren ursprünglich elitären Charakter weitgehend verloren. Dennoch weist die Zielgruppe ein typisches Profil und charakteristische Verhaltensmerkmale auf (Danielsson, J. & U. Sonntag 2003, 13–21):

- Da Fernreisen meist eine gewisse Reiseerfahrung voraussetzen und teurer sind als andere Auslandsreisen, verfügen die Urlauber über eine relativ hohe Schulbildung und auch über ein überdurchschnittlich hohes Einkommen.
- Unter den Fernreisenden finden sich viele Paare, Alleinreisende und kleinere Gruppen, während Familien mit Kindern unterrepräsentiert sind.
- Fernreisende gibt es generell in allen Altersgruppen; allerdings sind ältere Senioren (über 70 Jahre) unterrepräsentiert.
- Aufgrund des großen Planungsaufwandes nutzen die Urlauber häufig Reisebüros bei der Organisation der Reise; außerdem findet sich ein relativ hoher Anteil von Veranstalterreisenden.

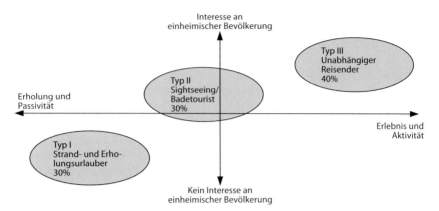

Abb. 2.4.2/1 *Die Zielgruppe der sogenannten Dritte-Welt-Reisenden setzt sich aus drei Urlaubertypen zusammen, die sich hinsichtlich ihres Interesses an der einheimischen Bevölkerung und ihrer Aktivitäten voneinander unterscheiden.*

- Überdurchschnittlich oft werden Fernreisen in Form von Rundreisen, Aktivurlauben, Besuchsreisen sowie Kultur- und Studienreisen unternommen.

Der Markt der Fernreisen lässt sich noch weiter in Urlaubsreisen nach Nordamerika (ca. 40 %) sowie in Reisen in Entwicklungsländer (60 %) unterteilen. Während der Lebensstandard, die Normen und die Kultur in Nordamerika den Bedingungen in Deutschland ähneln, besteht zu den Schwellen- und Entwicklungsländern eine deutliche ökonomische, soziale und kulturelle Distanz. Durch den Ferntourismus werden deshalb erhebliche Effekte in Wirtschaft, Gesellschaft, Kultur und Umwelt ausgelöst, die seit langem Gegenstand einer intensiven Diskussion in der Tourismuswissenschaft, aber auch in der Öffentlichkeit sind (Baumhackl, H. u. a. 2006; Job, H. & S. Weizenegger 2007).

Vor allem die Akkulturationseffekte – also die Wirkungen auf die einheimische Kultur der Zielgebiete – sind dabei von den Verhaltensweisen der Touristen abhängig. Mithilfe einer Clusteranalyse konnten drei Typen von Entwicklungsland-Reisenden abgegrenzt werden (Aderhold, P. 2000; vgl. Abb. 2.4.2/1):

- Bei 30 % handelt es sich um Strand- und Erholungsurlauber, die sich kaum für das Land interessieren (abgesehen von den Stränden und dem Wetter).
- 40 % der Entwicklungsland-Reisenden sind an Land und Leuten sehr interessiert; sie wollen möglichst viel erleben (unabhängige Reisende).
- Weitere 30 % zeigen Interesse an Land und Leuten, wollen aber auch einen Erholungsurlaub am Strand machen (Sightseeing-/Badetouristen).

Aufgrund der zunehmenden Reiseerfahrung (vor allem im Mittelmeerraum) gelten sowohl die unabhängigen Reisenden als auch die Strand- und Erholungsurlauber als künftige Wachstumsmärkte im Ferntourismus.

Die Zielgruppe der Kulturtouristen umfasst alle Urlauber, die sich während ihrer Reise vorrangig für kulturhistorische Relikte, Gebäude und Einrichtungen, aber auch für Gebräuche der Einheimischen und kulturelle Veranstaltungen interessieren – also für materielle bzw. nicht-materielle Elemente der Hoch- oder Alltagskultur (STEINECKE, A. 2007). Im Jahr 2009 gaben 63,6 % der Deutschen an, dass sie sich im Urlaub für die Kultur ihrer Ferienregion interessieren. Diese Kulturtouristen weisen mehrere typische Merkmale auf:

- Besonders ausgeprägt ist das Interesse an Kultur im Urlaub bei den Jugendlichen und jungen Erwachsenen sowie bei den etablierten Erwachsenen (40 bis 60 Jahre), während es bei Familien mit Kindern und bei älteren Urlaubern von nachrangiger Bedeutung ist.
- Mit zunehmender Bildung und steigendem Einkommen spielt die Kultur im Motivspektrum der Urlauber eine immer größere Rolle (sicher auch als Teil sozialer Distinktionsmechanismen).
- Die Kulturtouristen verfügen über eine breite Reiseerfahrung (vor allem im Ausland); sie sind besonders anspruchsvoll und zeigen generell ein hohes Aktivitätsniveau. Das touristische Produkt muss sich deshalb aus Kultur-, Erlebnis-, Konsum- und Verwöhnelementen zusammensetzen.

Seit den 1980er-Jahren erlebte der Kulturtourismus in Europa und Deutschland eine rasche Expansion, die auch zu einer zunehmenden wissenschaftlichen Beschäftigung mit diesem Marktsegment führte.[6] In jüngerer Zeit zeichnen sich jedoch deutliche Sättigungstendenzen ab, die vor allem auf die überproportionale Steigerung des kulturellen Angebots zurückzuführen sind. Im Zeitraum 1991–2008 stieg z. B. die Zahl der Museen in Deutschland um 46 %, die Zahl der Museumsbesuche hingegen nur um 14 % (STEINECKE, A. 2011, 16).

Künftig wird sich die Wettbewerbssituation in diesem Marktsegment aufgrund qualitativer Veränderungen noch verschärfen; dazu zählen die steigenden Ansprüche der Kulturtouristen, das Auftreten weiterer Wettbewerber, die Reglementierung des Zugangs zu Kultureinrichtungen sowie die Schaffung von Substitutionsprodukten (z. B. Brand Lands, Science Center, Themenparks). Bei der Angebotsgestaltung sind die spezifischen Erwartungen der Urlauber zu berücksichtigen: Sie sind weniger an Daten und Fakten interessiert, sondern suchen vielmehr das „Gesamterlebnis Kultur". Sie möchten etwas Neues und Beeindruckendes sehen, einen schönen Tag mit dem Partner bzw. der Familie verbringen und den Freunden zu Hause etwas erzählen können (vgl. Abb. 2.4.2/2).[7] Zu den Erfolgsfaktoren einer zukunftsorientierten Angebotsgestaltung im Kulturtourismus gehören (STEINECKE, A. 2002b, 11–14):

- die Bewahrung der authentischen Kulturobjekte,
- die Emotionalisierung der Informationsvermittlung,
- die Entwicklung multifunktionaler Produkte,
- die Vernetzung der kulturellen und touristischen Angebote.

Kulturtouristen und Fernreisende, Jugendliche und Senioren – diese Zielgruppenanalysen sind Beispiele für

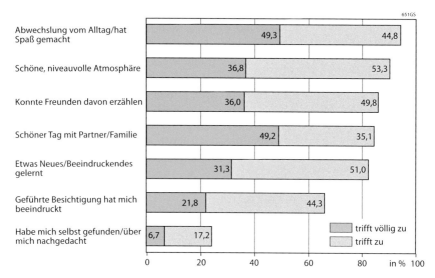

651GS

Abwechslung vom Alltag/hat Spaß gemacht	49,3	44,8
Schöne, niveauvolle Atmosphäre	36,8	53,3
Konnte Freunden davon erzählen	36,0	49,8
Schöner Tag mit Partner/Familie	49,2	35,1
Etwas Neues/Beeindruckendes gelernt	31,3	51,0
Geführte Besichtigung hat mich beeindruckt	21,8	44,3
Habe mich selbst gefunden/über mich nachgedacht	6,7	17,2

trifft völlig zu
trifft zu

0 20 40 60 80 in % 100

Abb. 2.4.2/2 *Touristen suchen das „Gesamterlebnis Kultur": Neben neuen Lernerfahrungen spielen vor allem die Abwechslung vom Alltag und die niveauvolle Atmosphäre eine zentrale Rolle. Touristen möchten einfach einen schönen Tag mit dem Partner bzw. der Familie verbringen und den Freunden zu Hause etwas erzählen können.*

eindimensionale und damit methodisch relativ einfache Marktsegmentierungen. Darüber hinaus liegen auch komplexere Forschungsansätze vor, bei denen alltagsweltliche Einstellungen der Probanden berücksichtigt werden.

2.4.3 Lebensstilgruppen und Urlaubertypologien

In Lebensstilstudien werden neben soziodemographischen Daten und Verhaltensweisen vor allem auch Einstellungen zu allgemeinen Freizeit- und Reiseinteressen sowie zu alltäglichen Lebensbereichen erfasst (Lebensziele, Partnerschaft, Umwelt etc.). In den empirischen Erhebungen kommen Statement-Batterien zum Einsatz – also umfangreiche Sets an Aussagen, die von Probanden zu beurteilen sind (die Messung des Zustimmungs- oder Ablehnungsgrades erfolgt dabei Mithilfe von Skalen). Ein frühes Beispiel ist die „Reiseanalyse" des Jahres 1989, in der 25 unterschiedliche Statements zur Erfassung der Lebensstile und 16 Aussagen zur individuellen Reisephilosophie eingesetzt wurden (Studienkreis für Tourismus 1990, 89–99). Mithilfe einer Faktoren- sowie einer Clusteranalyse konnten sieben Lebensstiltypen abgegrenzt werden:

- anspruchsvolle, mobile Genießer,
- passive, häusliche Unauffällige,
- sozial, kulturell und beruflich Engagierte,
- egozentrische Freizeitorientierte,
- gesundheits- und umweltbewusste Arbeitsorientierte,
- biedere, fleißige Genügsame.

Neue Herausforderungen bei der Segmentierung von Märkten

Seit den 1980er-Jahren haben sich in Deutschland weitreichende gesellschaftliche Veränderungen sowie ein gravierender Wertewandel vollzogen. In diesem Kontext wurden traditionelle Rollen und Verhaltensweisen aufgebrochen – wie das Beispiel der „Neuen Alten" zeigt. Lange Zeit war das Alter durch eine zunehmende Passivität alter Menschen und einen Rückzug aus der Gesellschaft gekennzeichnet. Gesetzliche und tarifliche Veränderungen (z. B. Vorruhestandsregelungen) sowie die wirtschaftliche Dynamik haben dazu beigetragen, dass vor allem in den Großstädten eine wohlhabende und gebildete Generation von „Neuen Alten" entstanden ist. Inzwischen kann jeder Vierte zu dieser Gruppe von selbstbewussten Senioren gezählt werden, die nicht mehr den Altersklischees von Einsamkeit, Großelternrolle und Konsumverzicht entsprechen wollen. Stattdessen üben sie Aktivitäten aus, die eher mit Jugend oder aktivem Erwachsenenalter gleichgesetzt werden. Damit lassen sich aber aus dem soziodemographischen Merkmal „Alter" keine präzisen Schlüsse mehr auf das Reise- und Konsumverhalten ziehen. Ein ähnlicher Sachverhalt gilt auch für andere soziodemographische Gruppen: Da z. B. ein wachsender Teil der Bundesbürger über eine höhere Schulbildung verfügt, kann dieses Merkmal nicht mehr zur eindeutigen Marktsegmentierung genutzt werden.

Abb. 2.4.3/1 Designhotels sind typische Lifestyle-Produkte; sie bieten ihren Gästen – neben einem zeitgemäßen Komfort und Service – vor allem ein besonderes ästhetisches Ambiente.

Abb. 2.4.3/2 Die „Naturliebhaber" lassen sich aufgrund ihres dominierenden Reisemotivs und ihrer Outdoor-Aktivitäten methodisch relativ leicht als Urlaubertyp bzw. als eigenständige Zielgruppe abgrenzen.

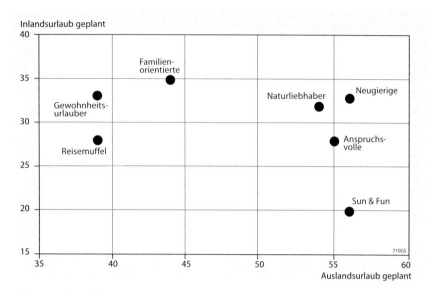

Abb. 2.4.3/3 *Auf der Basis von Reisemotiven lassen sich sieben Urlaubertypen abgrenzen, die sich auch hinsichtlich ihres soziodemographischen Profils und ihres aktuellen sowie zukünftigen Reiseverhalten unterscheiden – z. B. ihrer Zielpräferenzen in den kommenden drei Jahren.*

Die Vorteile der Lebensstilstudien liegen zum einen in der differenzierten Analyse der touristischen Zielgruppen, zum anderen in der Verknüpfung von alltagsweltlichen Einstellungen mit dem Reiseverhalten. Als Nachteil ist vor allem die aufwendige Methodik, aber auch der komplizierte Umgang mit den Ergebnissen zu nennen, der viele Tourismuspraktiker überfordert (GEORG, W. 2002).

Einen ähnlich komplexen Ansatz wie die Lebensstilstudien verfolgen die zahlreichen Urlaubertypologien, die in den letzten Jahrzehnten entwickelt worden sind – teilweise mithilfe von teilnehmenden Beobachtungen, teilweise durch Einsatz empirischer Erhebungen und statistischer Verfahren:

- Bereits im Jahr 1974 nutzte H. HAHN Persönlichkeitsmerkmale, Einstellungen und Aktivitäten, um sechs Typen von Urlaubern zu beschreiben: Erholungsurlauber (Sonne, Sand und See), Erlebnisurlauber (Ferne und Flirt), Bewegungsurlauber (Wald und Wandern), Sporturlauber (Wald und Wettkampf), Abenteuerurlauber (Aufregung und Neues) sowie Bildungs- und Besichtigungsurlauber (Sehenswürdigkeiten und Emotionen).
- Im Mittelpunkt des phänomenologischen Forschungsansatzes von E. COHEN (1979) stand die Rolle, die Urlaubserfahrungen für das alltägliche Leben von Menschen haben; dabei unterschied er den Erholungs-, den

Ablenkungs-, den Erfahrungs-, den Experimentier- und den Existenztyp.

- Ein aktuelles Beispiel stellt die Urlaubertypologie der „Forschungsgemeinschaft Urlaub und Reisen" (Kiel) dar, bei der die Reisemotive als zentrale Größe fungieren. Auf der Basis der 29 Reisemotive in der „Reiseanalyse" lassen sich mithilfe einer Clusteranalyse sieben touristische Typen ermitteln (LOHMANN, M. & J. DANIELSSON 2003, 21–27; vgl. Abb. 2.4.3/2): Anspruchsvolle, Sun & Fun, Naturliebhaber, Reisemuffel, Neugierige, Gewohnheitsurlauber und Familienorientierte. Diese Urlaubertypen weisen nicht nur hinsichtlich ihrer Reisemotive deutliche Unterschiede auf, sondern auch hinsichtlich ihrer soziodemographischen Merkmale (z. B. Alter, Einkommen) und ihres aktuellen sowie zukünftigen Reiseverhaltens. So haben die Gewohnheitsurlauber und die Familienorientierten ein ausgeprägtes Interesse an einem Urlaub in Deutschland, während die Anspruchsvollen und die Sun & Fun-Urlauber eher eine Auslandsreise planen (vgl. Abb. 2.4.3/3).

In der Vielzahl unterschiedlicher Methoden, den touristischen Gesamtmarkt empirisch zu erfassen und zu segmentieren, spiegelt sich der große Informationsbedarf der Tourismusbranche wider. Sie benötigt differenzierte und exakte Zielgruppenanalysen, um zukunftsorientierte Marketing-Maßnahmen durchführen zu können.

Zusammenfassung

Fazit

- Im 21. Jh. weist der Tourismusmarkt einerseits ein enormes Nachfragevolumen auf, andererseits werden die Erwartungen der Konsumenten immer spezieller und individueller.
- In dieser Situation eines massenhaften Käufermarktes müssen sich die Tourismusunternehmen und -destinationen auf bestimmte Zielgruppen konzentrieren, deren Bedürfnisse sie besonders gut befriedigen können (aufgrund ihrer Kompetenz, Erfahrung, natur- bzw. kulturräumlichen Ausstattung etc.).
- Die Abgrenzung solcher touristischen Zielgruppen kann auf unterschiedliche Weise erfolgen – anhand soziodemographischer Merkmale (Alter, Einkommen etc.), anhand von Verhaltensmerkmalen (Reiseziel, Urlaubsaktivitäten, Verkehrsmittel etc.) oder anhand von Lebensstilen (Einstellungen zu unterschiedlichen Aspekten von Alltag und Urlaub).
- Anhaltende gesellschaftliche Veränderungen und ein ständiger Wertewandel haben dazu geführt, dass sich traditionelle Zielgruppen (Senioren, Wanderer, Fernreisende etc.) immer stärker in neue Teilgruppen mit andersartigen Einstellungen differenzieren.
- Die Tourismusforschung steht deshalb vor der Herausforderung, angemessene Instrumente der Marktsegmentierung zu entwickeln – denn die Tourismusbranche benötigt für ihre Marketing-Arbeit differenzierte Daten über einzelne Zielgruppen.

Zum Einlesen

BACHLEITNER, R., R. EGGER & T. HERDIN (2006): Innovationen in der Tourismusforschung. Methoden und Anwendungen, Berlin/Wien (Wiss. Schriftenr. d. Zentrums f. Zukunftsstudien – Salzburg; 8).

Die Beiträge in diesem Reader beschäftigen sich mit neuen Methoden der empirischen Tourismusforschung, deren Ergebnisse als Grundlage von Marketing-Maßnahmen genutzt werden können.

HAEHLING VON LANZENAUER, C. & K. KLEMM (Hrsg.; 2007): Demographischer Wandel und Tourismus. Zukünftige Grundlagen und Chancen für touristische Märkte, Berlin (Schriften zu Tourismus und Freizeit; 7).

Der Sammelband dokumentiert die Vorträge, die im Rahmen einer Tagung der „Deutschen Gesellschaft für Tourismuswissenschaft" (DGT) zu diesem wichtigen Zukunftsthema gehalten worden sind.

Abb. 3/1 *Innerhalb der Tourismuswirtschaft fungieren die Beherbergungsbetriebe (wie das Hotel „Adlon Kempinski" in Berlin) als Produzenten touristischer Angebote. Der Vertrieb erfolgt traditionell über die Reiseveranstalter (als Großhändler) und die Reisebüros (als Einzelhändler); in den letzten Jahren hat der Direktvertrieb über Internetplattformen erheblich an Bedeutung gewonnen.*

3 Die Tourismuswirtschaft: Struktur – Akteure – Wirkungen

Bei der Vorbereitung und Durchführung einer Urlaubsreise nehmen Touristen diverse Dienstleistungen und Produkte in Anspruch: Vor der Reise informieren sie sich in ihrem Heimatort z. B. in einem Reisebüro, buchen die Leistungen eines Reiseveranstalters und kaufen einen Koffer, Reisekleidung etc., während der Reise nutzen sie ein Flugzeug, übernachten in einem Hotel im Urlaubsort, erwerben Souvenirs, besuchen Museen und einen Friseur. Zahlreiche Betriebe im Quell- und im Zielgebiet sind also daran beteiligt, das Produkt „Reise" zu erstellen – entsprechend problematisch ist es, den Begriff „Tourismuswirtschaft" genau zu definieren.

In diesem Kapitel sollen folgende Fragen beantwortet werden:
- Wer sind wichtige Akteure innerhalb der gesamten Tourismuswirtschaft?
- Was sind typische Merkmale des Produkts „Reise"?
- Welche Struktur weist das Beherbergungsgewerbe auf und was sind wichtige Trends?
- Durch welche Steuerfaktoren wird die Luftverkehrsbranche beeinflusst und welche künftigen Entwicklungen zeichnen sich ab?
- Was sind die wichtigsten Wettbewerbsstrategien der Reiseveranstalter?

- Wie sehen die Perspektiven für Reisebüros aus – angesichts einer zunehmenden Konkurrenz durch das Internet?

- Welche Wirkungen löst der Tourismus auf Umwelt, Landschaft, Kultur und Bevölkerung aus?

3.1 Struktur und Akteure der Tourismuswirtschaft

Eine exakte Abgrenzung der Tourismuswirtschaft – und damit auch eine Einschätzung ihrer gesamtwirtschaftlichen Bedeutung – erweist sich aus mehreren Gründen als schwierig (Freyer, W. 2011, 134–135):

- Zum einen unterscheiden sich die Betriebe hinsichtlich der bereitgestellten Leistungen; dabei reicht die Bandbreite von typischen touristischen Leistungen (Transport, Unterkunft etc.) bis hin zu untypischen Leistungen (Versicherung, Bäckerei etc.). Der unterschiedliche Spezialisierungsgrad der Anbieter hat zur Folge, dass die Betriebe häufig nicht eindeutig der Tourismuswirtschaft zuzuordnen sind.

- Zum anderen findet der touristische Konsum nicht ausschließlich in typischen touristischen Unternehmen statt, sondern auch in Dienstleistungsbetrieben und Einzelhandelsgeschäften, die sich vorrangig an die einheimische Bevölkerung wenden. Eine ausschließliche Abgrenzung der Tourismuswirtschaft aufgrund des Nachfrageverhaltens erweist sich deshalb als problematisch.

- Schließlich nimmt die touristische Nachfrage innerhalb der einzelnen Betriebe einen unterschiedlichen Stellenwert ein: Er reicht von ca. fünf Prozent bei Versicherungen und Verlagen über 20 % im Straßenfahrzeugbau und bei

Sportgeräteherstellern bis zu 100 % in Reisebüros und bei Reiseveranstaltern (üblicherweise werden erst Betriebe, die mehr als 50 % ihres Umsatzes durch Touristen erzielen, zur Tourismuswirtschaft gezählt).

Vor diesem Hintergrund erweist sich eine Differenzierung der Tourismuswirtschaft in drei Bereiche als sinnvoll (Freyer, W. 2011, 130–133):

- Zur typischen Tourismuswirtschaft zählen alle Unternehmen, die sich auf Leistungen spezialisiert haben, die in direktem Zusammenhang mit der Reise und dem Aufenthalt stehen und nahezu ausschließlich von Touristen nachgefragt werden – z. B. Hotels, Reisemittler- und Reiseveranstalter, Kongress- und Tagungseinrichtungen.

- Die ergänzende Tourismuswirtschaft umfasst Betriebe aus anderen Produktions- und Dienstleistungsbereichen, die typische Tourismusleistungen erbringen und sich auf die Zielgruppe der Touristen spezialisiert haben – z. B. Souvenirindustrie, Reiseausrüster, Reiseführerverlage, Verleihfirmen, Marktforschungsunternehmen.

- Als touristische Randwirtschaft werden alle Wirtschaftsbereiche bezeichnet, die aufgrund örtlicher oder zeitlicher Gegebenheiten wesentlich von der touristischen Nachfrage abhängig sind, obwohl sie keine typischen Tourismusprodukte bereitstellen – z. B. Kosmetikhersteller, Tankstellen, Kultureinrichtungen (vgl. Abb. 3.1/1).

Anhand dieser Typologie wird die große Heterogenität der Tourismuswirtschaft deutlich (da es sich bei den Unternehmen häufig um mittelständische Betriebe handelt, ist der Begriff „Tourismusindustrie" nicht sachgerecht). Obwohl jeder einzelne Betrieb und Sektor ein spezifisches Produkt bereitstellt, ergibt sich erst aus der Summe der Einzelleistungen – durch die individuelle Auswahl der Touristen – das Gesamtprodukt einer Reise, das mehrere typische Merkmale aufweist (Freyer, W. 2002, 50–51; Roth, P. 2003, 40–41):

Abb. 3.1/1 *Tankstellen sind keine typischen Tourismusunternehmen. Da sie aber in Ferienregionen einen Teil ihres Umsatzes durch die Nachfrage der Urlauber erzielen, gelten sie als Teil der touristischen Randwirtschaft. An der Route 66 gleichen die Tankstellen und die dazugehörigen General Stores (wie hier in Hackberry) mitunter eher einem Museum als einem bloßen Ort zum Auftanken.*

- Immaterialität: Bei touristischen Angeboten handelt es sich überwiegend um Dienstleistungen, die nicht lagerfähig und nicht transportfähig sind. Der Kunde erwirbt bei der Buchung ein Dienstleistungsversprechen, das für ihn mit einem hohen Risiko behaftet ist, da er die Qualität zunächst nur auf der Grundlage des Images und Leistungspotenzials des Anbieters beurteilen kann. Die Tourismuswirtschaft hat kommunikations- und produktpolitische Maßnahmen entwickelt, um eine höhere Transparenz und eine bessere Überprüfbarkeit herzustellen (z. B. Markenbildung, Kataloginformation, Hotelklassifikation, Gütesiegel).

- Potenzialorientierung: Aufgrund der fehlenden Lager- und Transportfähigkeit touristischer Dienstleistungen entstehen für die Anbieter hohe Bereitstellungs- und Sicherungskosten – unabhängig von der tatsächlichen Nachfrage (z. B. bei Fluggesellschaften, in Hotels und Restaurants). Durch neue Vertriebswege und durch ein umsatzorientiertes Management, das direkt auf Schwankungen der Nachfrage reagiert (Yield Management), versucht die Tourismuswirtschaft, bessere Auslastungsquoten zu erzielen (z. B. Frühbucherrabatte bei Reiseveranstaltern, Preisnachlässe in Geschäftshotels an den Wochenenden).

- Uno-Actu-Prinzip: Der Konsument ist direkt in den touristischen Leistungsprozess integriert; die Bereitstellung und die Nutzung der Dienstleistung finden also zur gleichen Zeit und am gleichen Ort statt (z. B. bei einem Flug in das Zielgebiet). Dabei kommt es zu zahlreichen Interaktionen zwischen den Touristen und den Beschäftigten der Unternehmen. Ein Qualitätsmanagement in der Tourismuswirtschaft erweist sich als besonders schwierig, denn zum einen lassen sich diese heterogenen Point-of-Service-Situationen (im Gegensatz zu Sachgütern) nicht vollständig standardisieren, zum anderen wünschen viele Kunden einen persönlichen Service.

• Leistungsketten/-bündel: Eine Reise besteht aus einer Abfolge von zahlreichen Informations- und Konsumhandlungen; auf der Angebotsseite sind entsprechend viele Unternehmen an der Leistungsbereitstellung beteiligt. Die Unzufriedenheit der Touristen mit einem Element der Leistungskette kann aber die Gesamtzufriedenheit entscheidend beeinflussen. Eine Möglichkeit zur Qualitätssicherung stellt die vertikale Integration aller Leistungsstufen in einem Unternehmen dar (vom Reisebüro über das Flugzeug bis hin zum Hotel und zur Empfangsagentur vor Ort). Diese Strategie haben mehrere bundesdeutsche Reiseveranstalter seit den 1990er-Jahren verfolgt.

Bei der Leistungserstellung im Rahmen einer Reise haben die einzelnen Branchen der Tourismuswirtschaft jeweils eine spezifische Funktion als Produzent bzw. als Handelsbetrieb (vgl. Abb. 3.1/2):

• Das Beherbergungsgewerbe und das Transportgewerbe, aber auch die ergänzende Tourismusindustrie und die touristische Randindustrie fungieren als Produzenten touristischer Angebote – z. B. Übernachtung, Flug, Reiseführer (vgl. Kap. 3.2 und 3.3).

• Die Reiseveranstalter bündeln die Leistungen mehrerer Produzenten zu einer Veranstalter-/ Pauschalreise und vertreiben dieses neue Produkt – als Großhändler – an die Reisemittler (vgl. Kap. 3.4).

• Die Reisemittler übernehmen innerhalb der Tourismusbranche die Rolle der Einzelhändler: Sie verfügen über ein breites Sortiment an Reiseangeboten, das von Flug- und Bahntickets über Hotel- und Mietwagenbuchungen bis hin zu Veranstalterreisen reicht (vgl. Kap. 3.5).

• Als weitere Akteure sind schließlich Tourismusorte und -regionen zu nennen: Mit ihren öffentlichen Verkehrsämtern haben sie bislang die örtlichen Leistungsträger vor allem bei der Angebotsbündelung und bei der gemeinsamen Werbung unterstützt. In Form von Tourismusdestinationen agieren sie aber zunehmend als privatwirtschaftliche organisierte Unternehmen, die gegen Zahlung von Provisionen sowohl als Reiseveranstalter als auch als Reisemittler auftreten (vgl. Kap. 4).

Die Einführung neuer Informations- und Kommunikationsmedien (speziell des Internets) hat in den letzten Jahren die Beziehungen zwischen den einzelnen Akteuren der Tourismuswirtschaft (Produzenten, Großhändler, Einzelhändler) grundlegend verändert. Nun besteht für alle Anbieter die Möglichkeit, ihre Produkte direkt und kostengünstig (ohne Provisionszahlungen) an die Endkunden zu vertreiben.

Generell wird das Handlungsfeld der Tourismuswirtschaft seit mehreren Jahren durch eine Liberalisierung der Märkte, eine zunehmende Marktsättigung und

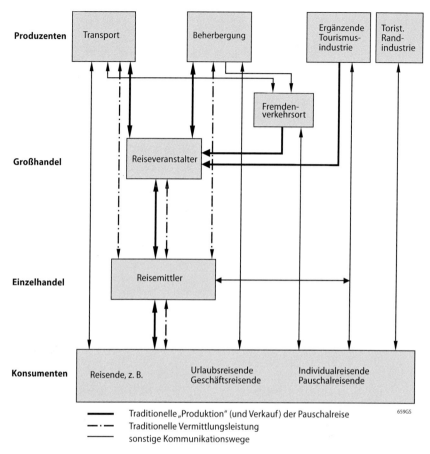

Abb. 3.1/2 *Um den verschiedenen Leistungsansprüche der Reisenden entsprechen zu können, übernehmen die einzelnen Branchen der Tourismuswirtschaft jeweils eine spezifische Funktion als Produzent, Groß- oder Einzelhändler; dabei nutzen sie unterschiedliche Kommunikations- und Absatzwege.*

einen wachsenden globalen Wettbewerb gekennzeichnet. Transportbetriebe, Hotels, Reiseveranstalter und Reisemittler haben auf diese neue Konkurrenzsituation ähnlich reagiert wie Unternehmen in anderen Wirtschaftsbereichen – durch neue Organisationsformen (Bildung von Allianzen, horizontale und vertikale Integration), durch neue Qualitätsstrategien (Total Quality Management, Kundenbindungsmaßnahmen), durch neue Angebote (All-inclusive-Urlaub, Budget-Angebote) und durch neue Vertriebsformen (Direktmarketing).

3.2 Beherbergungsgewerbe

Touristen sind Ortsfremde, deshalb benötigen sie Unterkunfts- und Verpflegungsmöglichkeiten. Alle Angebotsformen einer entgeltlichen Bewirtung und Beherbergung von Gästen werden unter dem Begriff „Gastgewerbe" zusammengefasst – dazu zählen das Gaststättengewerbe und das Beherbergungsgewerbe. Gaststätten sind alle Betriebsarten, in denen ein Gast Getränke und Speisen zu sich nehmen kann; sei der Besuch nun primär mit dem Verzehr begründet (z. B. in Restaurants, Cafes) oder eine Begleiterscheinung des Besuchs (z. B. in Discotheken). Das Beherbergungsgewerbe wird üblicherweise weiter untergliedert: Hotels verfügen über mindestens 20 Zimmer (hiervon ist ein erheblicher Teil mit Dusche und WC ausgestattet), eine Rezeption, ein Restaurant und weitere Einrichtungen.

Gasthöfe sind einfache Beherbergungsbetriebe mit angeschlossenem Schank- oder Speisebetrieb.

Pensionen unterscheiden sich von Hotels durch ein eingeschränktes Dienstleistungsangebot (z. B. werden Mahlzeiten nur für Hausgäste zubereitet).

Hotels garni sind Hotels, die neben der Beherbergung nur Frühstück, Getränke und allenfalls kleine Speisen anbieten.

Neben diesen klassischen Betriebsarten der Hotellerie gehört auch die Parahotellerie zum Beherbergungsgewerbe – dazu zählen Apartments, Ferienwohnungen, Erholungs- und Ferienheime, Jugendherbergen, Hütten, Camping- und Caravaningplätze, Bauernhöfe und Privatzimmer. In den Betrieben der Parahotellerie ist das Angebot an hotelüblichen Leistungen (z. B. Speisen und Getränken, Reinigung der Zimmer) zumeist stark eingeschränkt bzw. nicht vorhanden; darüber hinaus werden viele Betriebe der Parahotellerie als Saison- bzw. Nebenerwerbsbetriebe geführt. Generell ist die Parahotellerie in den letzten Jahren zu einem wichtigen Konkurrenten der traditionellen Unterkunftsbetriebe geworden. In Schleswig-Holstein ging z. B. die Zahl der Pensionen im Zeitraum 1990–2008 um 49 % zurück, während die Zahl der Ferienwohnungen einen Anstieg um 43 % verzeichnete (STATISTISCHES AMT FÜR HAMBURG UND SCHLESWIG-HOLSTEIN 2010, 48–49).

Abb. 3.2/1 *Ferienhäuser und -wohnungen werden bei den deutschen Urlaubern als Unterkunftsart immer beliebter. Seit 1994 gibt es auch für diese Unterkunftsart eine einheitliche Klassifizierung durch den Deutschen Tourismusverband (DTV).*

Amtliche Daten über das Beherbergungsgewerbe werden in Deutschland im Rahmen der „Statistik der Beherbergung im Reiseverkehr" erhoben (dabei findet allerdings nur eine Erfassung von Betrieben mit mehr als neun Betten statt): Im Jahr 2009 gab es insgesamt 56 115 Beherbergungsbetriebe – darunter 13 710 Hotels, 9 243 Gasthöfe, 5 539 Pensionen und 8 198 Hotels garni (STATISTISCHES BUNDESAMT 2010, 91–92).

3.2.1 Wettbewerbssituation im Beherbergungsgewerbe

Die generelle Wettbewerbssituation des Beherbergungsgewerbes wird durch die Tatsache bestimmt, dass das Produkt (die Übernachtung) räumlich fixiert und damit nicht lagerfähig bzw. transportierbar ist. Da Unterkunftsbetriebe ihr Angebot ständig bereithalten müssen, sind sie relativ unflexibel und arbeiten mit einem hohen Festkostenanteil (Anlagevermögen und Personalkosten); gleichzeitig sehen sie sich einer zeitlich stark schwankenden Nachfrage gegenüber (EISENSTEIN, B. & A. GRUNER 2007, 374).

In den letzten Jahrzehnten hat sich im Beherbergungsgewerbe ein gravierender Strukturwandel und Verdrängungswettbewerb vollzogen, der durch mehrere (teilweise miteinander verknüpfte) Entwicklungen geprägt wurde – eine steigende Professionalisierung, eine wachsende Standardisierung und Internationalisierung sowie eine zunehmende Spezialisierung und Thematisierung:

- Professionalisierung: Generell ist ein Trend zu größeren Betrieben mit einer höheren Betten- und Zimmerkapazität zu beobachten. Die Preissensibilität der Urlaubsreisenden generell und speziell auch der Geschäftsreisenden hat zu einer wachsenden Zweiteilung des Marktes geführt (vor allem in der Stadthotellerie): Neben dem Bau von Luxushotels hat eine rasche Expansion von Economy-/Low-Budget-Hotels stattgefunden, die zwar gewisse Mindeststandards bieten (Dusche, WC, TV etc.), aber auf zusätzliche Serviceleistungen und Infrastruktureinrichtungen verzichten; speziell in diese mittleren und unteren Marktsegmente dringen zunehmend die Hotelketten ein. Zu den Instrumenten einer professionellen Marktbearbeitung von Hotels zählen u. a. auch Computerreservierungssysteme (CRS), eigene Pauschalangebote, Kundenbindungsprogramme sowie eine flexible Preispolitik (AMANN, S., P. Illing & M. SINNING 1995, 21; PETERMANN, T. 1999, 121).

- Konzentrationsprozess: Traditionell wird der deutsche und europäische Hotelmarkt durch eine mittelständische Privathotellerie geprägt. Die Betriebe befinden sich im Familienbesitz und werden von den Inhabern betrieben (vor allem in Kleinstädten und im ländlichen Raum). In jüngerer Zeit hat aber eine rasche Expansion (inter-)nationaler Hotelketten stattgefunden, die sich auch in Zukunft noch fortsetzen wird. Bei ihnen sind Kapital- und Managementfunktion häufig voneinander getrennt. Die Ketten arbeiten nur als Betreiber oder Franchisegeber, während die Kapitalbeschaffung für die hohen Investitionskosten der Hotelimmobilie durch Fonds oder andere Finanzierungsmodelle erfolgt.

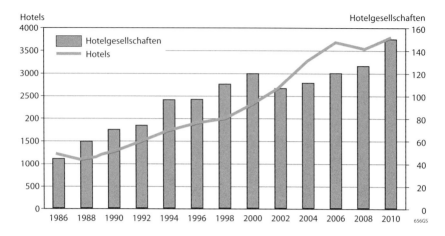

Abb. 3.2.1/1 *Traditionell wird der deutsche Hotelmarkt durch mittelständische Familienhotels geprägt. Seit den 1980er-Jahren hat aber eine anhaltende Expansion von Hotelketten stattgefunden.*

In Deutschland erreicht die Kapazität dieser Kettenhotels gegenwärtig erst einen Anteil von ca. 37 % an der Gesamtzimmerzahl, während er in den USA seit langem bei über 70 % liegt (SEITZ, G. 2002; DEHOGA 2011). Kettenhotels verfügen gegenüber unabhängigen Betrieben über zahlreiche Wettbewerbsvorteile – z. B. ein klares Markenimage und eine internationale Präsenz, günstigere Kredit- und Einkaufskonditionen, größere Risikostreuung sowie Synergieeffekte im Vertriebs-, Personal- und Verwaltungsbereich (EISENSTEIN, B. & A. GRUNER 2007).

• Markenbildung: Angesichts gesättigter touristischer Märkte lässt sich auch in der Hotellerie eine zunehmende Markenpolitik der Unternehmen beobachten. Dabei kommen unterschiedliche Markenstrategien zum Einsatz: Die Unternehmen „Dorint", „Hilton" oder „Maritim" agieren jeweils als Einzelmarke. „Accor" arbeitet mit einer Dachmarkenstrategie (mit Submarken unterschiedlicher Qualität: z. B. „Sofitel", „Mercure", „Novotel", „Ibis", „Formule 1"). Die Unternehmensgruppe „Holiday Inn" verfügt hingegen über eine Markenfamilie – vom „Crowne Plaza" (Fünf-Sterne-Hotel) über das „Holiday Inn" (Drei-Sterne-Hotel) bis zum „Express by Holiday Inn" (Zwei-Sterne-Hotel). Als Reaktion auf diese Entwicklung haben sich viele unabhängige Hotels auf regionaler, nationaler und internationaler Ebene zu Marketing- bzw. Vertriebskooperationen zusammengeschlossen, die jeweils auch unter einem Markennamen agieren – z. B. „Partnerhotels Friedrichshafen", „Best Western Hotels". Während sich die Kettenhotellerie zunächst nur auf städtische Standorte konzentrierte, hat sie in den letzten Jahren auch in den Tourismusdestinationen zunehmend an Bedeutung gewonnen – z. B. durch die Expansion der „LTI International Hotels", der „Robinson Clubs" und der „RIU Hotels & Resorts".

- Standardisierung: Um die Marktposition der Familienhotels zu stärken und die Markttransparenz zu fördern, hat der „Deutsche Hotel- und Gaststättenverband" (DEHOGA) im Jahr 1996 die „Deutsche Hotelklassifizierung" entwickelt. Auf der Grundlage von Zimmergröße und -qualität sowie allgemeiner Infrastrukturausstattung (Rezeption, Restaurant, Bar etc.) werden die Hotels in fünf Kategorien eingestuft, die durch Sterne symbolisiert werden. Bis zum Jahr 2011 haben sich 8 065 Betriebe in Deutschland klassifizieren lassen (ca. 59 % aller Hotels). Vergleichbare Klassifizierungen in Form von Sternen, Schlüsseln oder Punkten sind auch in anderen Ländern entwickelt worden. Erst in jüngerer Zeit ist ein harmonisiertes Bewertungsschema eingeführt worden, an dem sich zehn europäische Länder beteiligen (www.hotelstars.eu). Darüber hinaus haben die Reiseveranstalter in ihren Katalogen eigene Beurteilungen entwickelt, um ihre Kunden über den Standard der Hotels zu informieren.
- Spezialisierung: Auf den Selektions- und Konzentrationsprozess innerhalb der Hotellerie können mittelständische Familienbetriebe vor allem durch eine Spezialisierungsstrategie reagieren, denn das traditionelle Allzweckhotel gilt aufgrund seines fehlenden Profils als nicht zukunftsfähig. Trotz genereller Sättigungstendenzen weisen einzelne Marktsegmente durchaus hohe Wachstumspotenziale auf. Vor allem mithilfe einer Konzentration auf Nischenmärkte ist es möglich, sich von anderen Unternehmen zu unterscheiden und ein Alleinstellungsmerkmal (Unique Selling Proposition) aufzubauen – z. B. in Form von Baby-, Kinder- oder Clubhotels, barrierefreien Hotels, Design- oder Boutiquehotels, Ökohotels, Golf-, Tanzsport- bzw. Radhotels, Wellnesshotels oder Tagungs- und Kongresshotels (Seitz, G. 2002, 229).

- Thematisierung: Kristallisations- und Innovationspunkt dieses Trends ist seit mehreren Jahren Las Vegas (USA): Am Las Vegas Boulevard sind zahlreiche Mega-Themenhotels mit enormen Übernachtungskapazitäten entstanden (2 000–7 000 Zimmer): „Mandalay", „Luxor", „Excalibur", „New York, New York", „Bellagio", „Venetian" u. a. Ihr Angebot reicht von luxuriösen Zimmern und Suiten über Casinos und Arenen bis hin zu Aquarien und Shopping Malls. Dabei findet eine konsequente Inszenierung des jeweiligen Themas (z. B. Ägypten, Mittelalter, Venedig) in allen Bereichen des Angebots statt (von der architektonischen Gestaltung über die Kleidung der Mitarbeiter bis hin zur originellen Animation); gleichzeitig handelt es sich bei den Themenhotels um komplexe multifunktionale Einrichtungen, die den Konsumenten zahlreiche Konsum- und Unterhaltungsmöglichkeiten bieten (Knorr, S. 2000; Baird, G. 2004; Steinecke, A. 2009).

• Resortanlagen: Als Reaktion auf die vielfältigen Erholungs- und Erlebnisansprüche der Konsumenten lässt sich – zumindest auf internationaler Ebene – ein Trend zu großen Resortanlagen beobachten. Sie bestehen häufig aus einer Kombination von mehreren Hotels, die jeweils ein spezifisches Angebotsprofil aufweisen (z. B. für Familien mit Kindern, Golfspieler, Wellnessurlauber). Gleichzeitig verfügen sie über zahlreiche Restaurants sowie Freizeit- und Unterhaltungseinrichtungen, die von allen Gästen genutzt werden können. Mit ihrem umfassenden Angebot stellen sie austauschbare Anlagen dar, die Basisanforderungen an den jeweiligen Standort stellen (z. B. Verkehrserschließung, Strand), aber ansonsten autark sind. In politisch instabilen Ländern wie Ägypten, Libanon u. a. ist außerdem ein Trends zu bewachten Ferienwohnanlagen zu beobachten, die den Touristen und der einheimischen Oberschicht die Möglichkeit eines sicheren Urlaubs bieten (Glasze, G. & G. Meyer 2003).

3.2.2 Standortfaktoren des Beherbergungsgewerbes

Die Standortwahl von Hotels wird generell durch zahlreiche Steuerfaktoren beeinflusst. Für die Ferienhotellerie spielen die touristische Attraktivität des Zielgebiets (z. B. Strand, Berge, Kultur- und Shoppingangebot), die klimatischen Bedingungen und die Entfernung zu wichtigen Quellmärkten eine herausragende Rolle (z. B. Ereichbarkeit, Reisedauer). Darüber hinaus gibt es noch grundsätzliche Standortfaktoren, die sowohl für Geschäfts- als auch für Ferienhotels von Bedeutung sind (Seitz, G. 2002, 213):

• die wirtschaftliche Dynamik und die Wachstumsaussichten des Ziellandes,
• die ökonomische und politische Stabilität im Zielland,
• die Gesetzgebung (z. B. Umweltschutz- und Steuergesetze),
• das Qualitäts- und Lohnniveau sowie die arbeitsrechtlichen Rahmenbedingungen,
• die infrastrukturelle Ausstattung der Region.

Bei der Standortwahl internationaler Hotelketten lässt sich dabei eine hierarchische Abfolge und regionale Diffusion von Betriebsgründungen beobachten (vgl. Abb. 3.2.2/1). Zunächst werden hochklassige Geschäftsreisehotels (Fünf-Sterne-Kategorie) in den Hauptstädten und internationalen Wirtschaftszentren eröffnet. Mit steigender Nachfrage findet eine Erweiterung und Verdichtung des Hotelnetzes statt: Auch in Mittelzentren mit weniger als 100 000 Einwohnern kommt es zur Gründung konzerneigener Betriebe (meist Drei- bis Vier-Sterne-Hotels). Schließlich bauen die Ketten große Re-

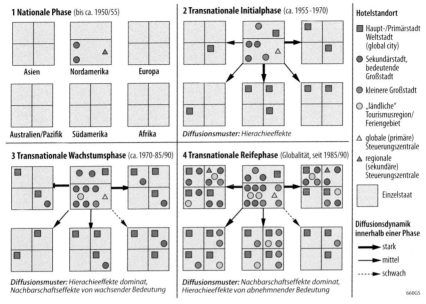

1 Nationale Phase (bis ca. 1950/55)

Asien Nordamerika Europa

Australien/Pazifik Südamerika Afrika

2 Transnationale Initialphase (ca. 1955-1970)

Diffusionsmuster: Hierachieeffekte

3 Transnationale Wachstumsphase (ca. 1970-85/90)

*Diffusionsmuster: Hierachieeffekte dominat,
Nachbarschaftseffekte von wachsender Bedeutung*

4 Transnationale Reifephase (Globalität, seit 1985/90)

*Diffusionsmuster: Nachbarschaftseffekte dominat,
Hierachieeffekte von abnehmnender Bedeutung*

Hotelstandort

■ Haupt-/Primärstadt
Weltstadt
(global city)

● Sekundärstadt,
bedeutende
Großstadt

◐ kleinere Großstadt

○ „ländliche"
Tourismusregion/
Feriengebiet

△ globale (primäre)
Steuerungszentrale

△ regionale
(sekundäre)
Steuerungszentrale

☐ Einzelstaat

**Diffusionsdynamik
innerhalb einer Phase**

➤ stark
→ mittel
----➤ schwach

660GS

Abb. 3.2.2/1 *Bei der Standortwahl internationaler Hotelketten ist eine hierarchische Abfolge von Betriebsgründungen zu beobachten: Zunächst werden hochklassige Geschäftsreisehotels in den Hauptstädten und internationalen Wirtschaftszentren eröffnet. Mit steigender Nachfrage wird das Hotelnetz erweitert und verdichtet sich.*

sortanlagen in den Urlaubsdestinationen – z. B. in Thailand (Bangkok und Phuket) bzw. in den Vereinigten Arabischen Emiraten (Dubai City und Jumeirah Beach).

Zusammenfassung

Fazit

• Das Beherbergungsgewerbe besteht aus den klassischen Betriebsarten (Hotels, Gasthöfe, Pensionen, Hotels garni) sowie aus der Parahotellerie (Apartments, Ferienhäuser, Erholungs-/Ferienheime, Bauernhöfe, Campingplätze, Privatzimmer).

• Speziell Ferienwohnungen/-häuser sind in einigen deutschen Zielgebieten

zu wichtigen Konkurrenten der klassischen Betriebsarten geworden.

• Traditionell wird die deutsche Hotellerie durch inhabergeführte Familienbetriebe geprägt. Seit einigen Jahren sind mehrere Trends zu beobachten: professionellere Marktbearbeitung, zunehmende Konzentrationsprozesse, wachsende Standardisierung, generelle Markenbildung, Spezialisierung auf einzelne Zielgruppen und thematische Ausrichtung der Betriebe.

• Die Standortwahl von Hotelbetrieben wird u. a. beeinflusst durch die wirtschaftliche Dynamik des Landes, die ökonomische und politische Stabilität, die Gesetzgebung, das Qualitäts- und

Lohnniveau sowie die infrastrukturelle Ausstattung.

• Bei internationalen Hotelketten findet eine hierarchische Abfolge und räumliche Diffusion von Betriebsgründungen statt; sie beginnt in den Hauptstädten und Wirtschaftszentren. Bei steigender Nachfrage wird das Netz der Hotels dann in kleinere Städte und in die Ferienregionen erweitert.

Zum Einlesen

HÄNSSLER, K. H. (2004): Management in der Hotellerie und Gastronomie. Betriebswirtschaftliche Grundlagen, 6., überarb. u. erw. Aufl. München/Wien.
In dem lehrbuchartigen Reader wird das Basiswissen zum Hotelmanagement vermittelt (u. a. Leistungserstellung, Personalwesen, Marketing, Rechnungswesen).

GARDINI, M. A. (2011): Mit der Marke zum Erfolg. Markenmanagement in Hotellerie und Gastronomie, Stuttgart.
Der Sammelband gibt einen fundierten Einblick in die Markenführung von Hotels und gastronomischen Betrieben (u. a. anhand mehrerer Fallbeispiele).

3.3 Transportgewerbe: Luftverkehrsgesellschaften und Flughäfen

Die Anfänge eines kommerziellen Flugverkehrs gehen in Deutschland auf das Jahr 1909 zurück, als in Frankfurt am Main die erste Fluggesellschaft der Welt ihren Betrieb aufnahm – die „Deutsche Luftschiffahrt-Aktiengesellschaft" (DELAG). Eine rasche Expansion erfuhr der zivile Luftverkehr in Deutschland allerdings erst mit der Gründung der staatlichen „Deutschen Luft Hansa AG" im Jahr 1926, denn von nun an wurden regelmäßige Passagierdienste innerhalb Europas sowie nach Fernost und Südamerika aufgenommen. Auch in anderen Ländern entstanden derartige Flag Carrier – also nationale Luftverkehrsgesellschaften, die das Land nach außen repräsentierten und deren Marktauftritt vor allem von nationalen Interessen und politischen Zielen bestimmt wurde (z. B. „British Airways", „Air France" oder „Alitalia"). Die Luftverkehrsindustrie agierte jahrzehntelang in einem engen ordnungspolitischen Rahmen, der durch Staatsbesitz, Subventionen und Regu-

larien gesteckt wurde; so wurden z. B. das Streckennetz und die Tarifgestaltung durch staatliche Genehmigungen festgelegt (STERZENBACH, R., R. CONRADY & F. FICHERT 2009).

Erst in den 1970er-Jahren veränderte sich diese Situation, als zunächst in den USA die wettbewerbshemmenden Bestimmungen durch den „Airline Deregulation Act" (1978) abgeschafft wurden. Seit 1988 fand auch in Europa eine stufenweise Liberalisierung des gemeinsamen Verkehrsmarktes statt (Open-Skies-Politik). Damit haben sich aber die Wettbewerbsbedingungen für die Luftverkehrsgesellschaften erheblich verschärft: Einerseits können sie ihre Angebotskapazitäten – in Abhängigkeit von der Nachfrage – erhöhen und ihre Preise individuell sowie flexibel gestalten; andererseits stehen sie unter einem größeren finanziellen Druck, weil sie keine staatlichen Zuschüsse mehr erhalten und nicht mehr durch protektionistische Maßnahmen geschützt werden.

3.3.1 Steuerfaktoren der Luftverkehrsbranche

Die Wettbewerbssituation auf dem Lufverkehrsmarkt wird generell durch mehrere Steuerfaktoren beeinflusst (vgl. Abb. 3.3.1/1):

- eine hohe Abhängigkeit von der Weltwirtschaftslage und eine große Krisenanfälligkeit – z. B. Ölkrise (1974), Golfkrieg (1991), Asienkrise (1998), Anschläge in New York (2001), Finanz- und Bankenkrise (2008/09),
- eine wachsende Konkurrenz unter den Wettbewerbern – z. B. Preis-, Qualitäts- und Servicewettbewerb, Angleichung von Linien- und Bedarfsflugverkehr,
- die Dominanz weniger Zulieferer – z. B. oligopolistischer Herstellermarkt, Abhängigkeit der Fluggesellschaften von der Flughafeninfrastruktur,
- die steigende Preissensibilität der Kunden – z. B. sinkende Markenloyalität, Wunsch nach einfachen und direkten Buchungsmöglichkeiten,
- die Entwicklung von Substitutionsprodukten – z. B. Hochgeschwindigkeitszüge, neue Kommunikationstechniken.

Als wichtigste Veränderung des Luftverkehrsmarktes hat sich aber in den letzten Jahren das Auftreten neuer Wettbewerber in Form der Low Cost Carrier (No Frills Carrier, Billigfluggesellschaften) erwiesen. Vorreiter dieser Entwicklung war die US-amerikanische Fluggesellschaft „Southwest Airlines", die bereits in den 1970er-Jahren ein neues Geschäftsmodell entwickelte, bei dem sie diverse Einsparungsmöglichkeiten nutzte und dadurch Kostenvorteile von maximal 55 % erzielte. In den letzten Jahren hat

---

Erfolgsfaktoren von Low-Cost-Airlines

Im Vergleich zu Linienfluggesellschaften erzielen Low-Cost-Airlines diverse Kostenvorteile durch Einsparungen:

- beim Produkt: engere Bestuhlung mit mehr Sitzen in den Flugzeugen, Verzicht auf kostenloses Catering während der Flüge, keine Vielfliegerprogramme,
- bei der Streckenwahl: Nutzung von kostengünstigen Sekundärflughäfen, Point-to-Point-Verkehr zwischen europäischen Wirtschaftszentren (keine Netzwerkverbindungen),
- bei der Produktion: höhere Produktivität durch mehr Flugstunden am Tag, geringere Personalkosten durch ein niedriges Gehaltsniveau und eine jüngere Belegschaft, vereinfachte Passagierabfertigung an den Flughäfen, Reduzierung der Ausbildungs- und Wartungskosten durch eine einheitliche Flugzeugflotte,
- bei der Distribution: vorwiegend kostengünstiger Direktvertrieb über das Internet und über Call Center – ohne Provisionszahlungen an Reisemittler (GREIFENSTEIN, F. & M. WEISS 2004; GROSS, S. & A. SCHRÖDER 2007; SCHRÖDER, A. 2010).

sich dieses Geschäftsmodell zunächst in Europa verbreitet (z. B. „Ryanair", „Easyjet", „Germanwings") und zunehmend auch in Asien (z. B. „Tiger Airways", „Valuair", „Jetstar Asia"). Nach einem anfänglichen Boom kam es inzwischen zu einer Marktbereinigung.

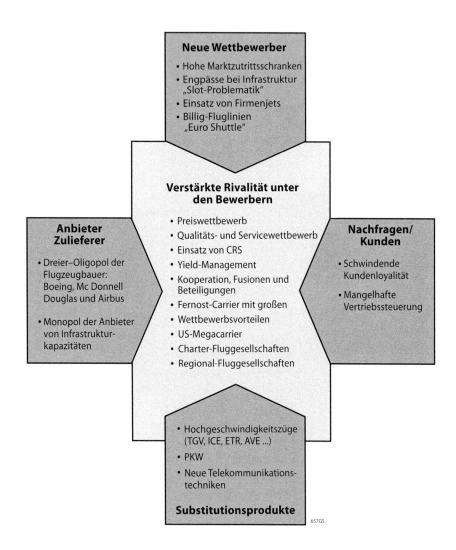

Neue Wettbewerber

- Hohe Marktzutrittsschranken
- Engpässe bei Infrastruktur „Slot-Problematik"
- Einsatz von Firmenjets
- Billig-Fluglinien „Euro Shuttle"

Verstärkte Rivalität unter den Bewerbern

- Preiswettbewerb
- Qualitäts- und Servicewettbewerb
- Einsatz von CRS
- Yield-Management
- Kooperation, Fusionen und Beteiligungen
- Fernost-Carrier mit großen
- Wettbewerbsvorteilen
- US-Megacarrier
- Charter-Fluggesellschaften
- Regional-Fluggesellschaften

Anbieter Zulieferer

- Dreier–Oligopol der Flugzeugbauer: Boeing, Mc Donnell Douglas und Airbus
- Monopol der Anbieter von Infrastrukturkapazitäten

Nachfragen/ Kunden

- Schwindende Kundenloyalität
- Mangelhafte Vertriebssteuerung

- Hochgeschwindigkeitszüge (TGV, ICE, ETR, AVE ...)
- PKW
- Neue Telekommunikationstechniken

Substitutionsprodukte

657GS

Abb. 3.3.1/1 *Seit der Liberalisierung des zivilen Luftverkehrs (Open-Skies-Politik) herrscht auf dem europäischen Luftverkehrsmarkt ein harter Wettbewerb.*

3.3.2 Wettbewerbsstrategien der Luftverkehrsgesellschaften

Angesichts der angespannten Konkurrenzsituation haben speziell die Linienfluggesellschaften (Network Carrier) mehrere Wettbewerbsstrategien entwickelt, um sich Marktanteile zu sichern bzw. ein Wachstum zu erzielen (Pompl, W. 2007, 123–159):

• Bildung von Allianzen: Seit Ende der 1990er-Jahre haben die Luftverkehrsgesellschaften begonnen, sich auf internationaler Ebene zu strategischen Allianzen zusammenzuschließen (vgl. Tab. 3.3.2/1). Bei dieser Art der Kooperation bleibt die rechtliche und wirtschaftliche Selbstständigkeit der Partnerunternehmen erhalten; gleichzeitig werden aber bestimmte Entscheidungsbefugnisse an das Allianzmanagement abgetreten. Die Vorteile liegen vor allem in einem leichteren Marktzugang (durch Nutzung von Verkehrsrechten der Partnergesellschaften), einer besseren Marktdurchdringung (durch Code Sharing – also die gemeinsame Durchführung eines Fluges unter zwei Flugnummern) und der intensiveren Marktbearbeitung (durch Präsenz auf fremden Märkten). Darüber hinaus ergeben sich Größenvorteile – z. B. bei der Beschaffung von Produktionsmitteln, bei der effizienten Nutzung von Abfertigungsschaltern und Lounges sowie bei der Wartung von Flugzeugen. Die Kundenvorteile bestehen vor allem in dem weltweiten Streckennetz, den koordinierten Umsteigeverbindungen, den gemeinsamen Vielfliegerprogrammen und den einheitlichen Standards der Fluggesellschaften. Gegenwärtig wird der internationale Luftverkehrsmarkt durch drei Allianzen dominiert (Star Alliance, Skyteam, Oneworld), die über einen Anteil von ca. 65 % am gesamten Passagieraufkommen verfügen (Graue, O. 2011, 48).

	Star Alliance	Skyteam	Oneworld
Gründungsjahr	1997	2000	1999
Mitglieder	27 (Lufthansa, United, ANA, Singapore Airlines u. a.)	12 (Air France, KLM, Delta Airlines, AeroMexiko u. a.)	14 (British Airways, American Airlines, Cathay Pacific u.a.)
Passagiere	603,8 Mio.	384,0 Mio.	335,7 Mio.
tägliche Flüge	21 000	13 000	9 381
Ziele	1 160	898	901
Länder	181	169	145
Flugzeuge	4 023	1 941	2 473
Beschäftigte	402 208	316 445	311 830

Tab. 3.3.2/1 *Zahlreiche Luftverkehrsgesellschaften haben sich zu strategischen Allianzen zusammengeschlossen. Bei dieser Art der Kooperation findet ein koordinierter Marktauftritt statt, während die rechtliche und wirtschaftliche Selbstständigkeit der Partner erhalten bleibt.*

- Computerreservierungssysteme und Direktvertrieb: Bereits in den 1960er-Jahren haben die Luftverkehrsgesellschaften Computerreservierungssysteme (CRS) entwickelt, aus denen inzwischen globale Distributionssysteme (GDS) geworden sind – z. B. „Sabre", „Galileo", „Amadeus", „Worldspan". Mit ihrer Hilfe konnten die Buchungsvorgänge zwischen den Fluggesellschaften und den Reisebüros sowie anderen touristischen Partnern

---

Das „Miles & More"-Programm der Lufthansa

Die zunehmende Preissensibilität der Konsumenten hat seit den 1990er-Jahren dazu geführt, dass die Marken- und Unternehmensloyalität gesunken ist. Um diesem Trend entgegenzuwirken, haben die Luftverkehrsgesellschaften differenzierte Kundenbindungsprogramme entwickelt. In Abhängigkeit von der Zahl der Flüge bzw. dem getätigten Umsatz erhalten die Teilnehmer einen Status, der mit persönlichen Privilegien versehen ist (z. B. Zugang zu Flughafen-Lounges, bevorzugter Platz auf Wartelisten). Außerdem wird den Kunden pro Flug eine bestimmte Punktezahl gutgeschrieben, die in Flüge, Sachgüter, Dienstleistungen etc. umgetauscht werden können. Diese Kundenbindungsprogramme erfreuen sich einer großen Beliebtheit: So stieg z. B. die Zahl der Teilnehmer am „Miles & More"-Programm der Lufthansa von 1,7 Mio. (1995) auf mehr als 20 Mio. im Jahr 2011. Die Kundendaten des Vielfliegerprogramms werden im Rahmen eines umfassenden Kundenbeziehungsmanagements (CRS = Customer Relationship Management) mit anderen personenbezogenen Informationen verknüpft, um die Kommunikation mit den Fluggästen zu verbessern.

Abb. 3.3.2/1 *Im Rahmen ihres „Miles & More"-Programms bietet die Lufthansa den Vielfliegern besondere Privilegien: Gäste, die in zwei aufeinander folgenden Kalenderjahren mindestens 600 000 Flugmeilen gesammelt haben, werden als Mitglieder des „HON Circle" vor dem Abflug persönlich von einem Mitarbeiter betreut und nach dem Aufenthalt in der First-Class-Lounge mit einer Luxuslimousine direkt zum Flugzeug gebracht.*

standardisiert und beschleunigt werden (ECHTERMEYER, M. 1998; GREISCHEL, P. 2003; EGGER, R. 2005). Darüber hinaus boten sie die Möglichkeit, die Auslastung der Flugzeuge durch ein Yield Management optimal zu steuern; darunter versteht man eine flexible Preispolitik, mit deren Hilfe die vorhandenen Kapazitäten nachfragegerecht und ertragsorientiert ausgelastet werden (POMPL, W. 2002; STERZENBACH, R., R. CONRADY & F. FICHERT 2009). Um die Provisonszahlungen an Zwischenhändler (Consolidators) und Einzelhändler (Reisemittler) zu minimieren, haben die Luftverkehrsgesellschaften in den letzten Jahren den Direktvertrieb über das Internet und über Call Center ausgebaut. So konnte z. B. die Lufthansa innerhalb weniger Jahre den Direktvertriebsanteil deutlich steigern. Diese Entwicklung wurde durch die Tatsache begünstigt, dass es sich bei Flugtickets um standardisierte Produkte handelt, bei denen kein großer Beratungsbedarf besteht. Als Rationalisierungsmaßnahme wurden außerdem papierlose elektronische Tickets eingeführt (Etix), durch die der Buchungs- und Check-In-Vorgang vereinfacht werden konnte.

• Qualitätsoffensive: In der Economy Class, die überwiegend von Privatreisenden genutzt wird, weisen die Luftverkehrsgesellschaften nur geringe Ausstattungs- und Serviceunterschiede auf. Beim Wettbewerb um die Geschäftsreisenden, die vor allem die Business Class bzw. First Class buchen, findet hingegen seit Jahrzehnten ein intensiver Qualitätswettbewerb

statt. Im Mittelpunkt stehen dabei die Bequemlichkeit (z. B. spezielles Check-In am Flughafen sowie größere Sitzabstände und Liegesitze in den Flugzeugen), die Unterhaltung und Information (z. B. individuelle Inflight-Entertainment-Systeme und Telefon-/Internetzugang) sowie der persönliche Service (z. B. Essen auf Bestellung). Wachstum und Wettbewerb der Luftverkehrsgesellschaften werden jedoch nicht nur durch die unternehmensinternen Strategien bestimmt, sondern auch durch die knappen Infrastrukturkapazitäten der Flughäfen – z. B. Runways (Start- und Landebahnen), Slots (Start- und Landezeiten) sowie Gates (Flugsteige).

3.3.3 Entwicklung der Flughäfen

Der generelle Anstieg des nationalen und internationalen Flugverkehrs in den letzten Jahrzehnten hatte ein erhebliches Wachstum der Passagierzahlen auf den großen internationalen Flughäfen zur Folge: Seit 1970 stiegen sie z. B. in Frankfurt am Main von 9,4 Mio. auf 53,0 Mio. Inzwischen hat der Flughafen mit 82 Flugbewegungen pro Stunde seine Kapazitätsgrenze erreicht. Um sich im Wettbewerb der großen Umsteigeflughäfen (Hubs) in Europa behaupten zu können, wird seit 2009 die zusätzliche „Landebahn Nordwest" gebaut (vgl. Abb. 3.3.3/1). Durch die Kapazitätserweiterung kann die Zahl der Flugbewegungen auf 126 pro Stunde erhöht werden. Diese Ausbaumaßnahme ist aber mit einem weiteren Flächenverbrauch und mit zusätzlichen Lärmbelastungen für die Bewohner der Flughafenanrainergemeinden verbunden. Zur Lösung der Konfliktsituation wurde

Abb. 3.3.3/1 *Aufgrund der Expansion des internationalen Flugverkehrs müssen die großen „Hub"-Flughäfen ständig ausgebaut werden. Nach langwierigen Verhandlungen mit Anwohnern und Bürgerinitiativen wird der Flughafen Frankfurt/Main gegenwärtig um die „Landebahn Nordwest" erweitert.*

in den letzten zehn Jahren ein aufwendiges Mediationsverfahren durchgeführt: Flughafenbetreiber, Anwohner und Umweltschutzverbände einigten sich auf ein Zehn-Punkte-Programm, das neben dem Ausbau auch eine Einschränkung von Nachtflügen, lärmarme An- und Abflugverfahren sowie ein Schallschutzprogramm vorsieht (Fraport AG 2003, 25). Das Wachstum des Flugverkehrs hatte aber nicht nur einen Anstieg der Passagierzahlen auf den internationalen Flughäfen, sondern auch auf Regionalflughäfen wie Paderborn, Dortmund,

Friedrichshafen zur Folge. Von dort aus werden die Passagiere im Rahmen des Hub-and Spoke-Systems (Nabe und Speichen) mit kleinerem Fluggerät zu den zentralen Drehkreuzen transportiert (z. B. Frankfurt am Main, London, Paris, Amsterdam), die als Ausgangspunkte für Interkontinentalflüge mit Großraumflugzeugen dienen. Aufgrund der Bündelung der Nachfrage und eines höheren Sitzladefaktors ergeben sich für die Linienfluggesellschaften Größenvorteile (Economies of Scale) und damit auch Kostenvorteile. Darüber hinaus fungieren die Regionalflughäfen zunehmend auch als Abflughäfen im Point-to-Point-Verkehr der Low Cost Carrier: Der ehemalige Militärflughafen Hahn im Hunsrück verzeichnete seit 2001 einen Anstieg der Passagierzahlen von 450 000 auf 3,5 Mio. (vor allem durch den Flugbetrieb der irischen „Ryanair").

Durch den Bau und den Betrieb von Flughäfen werden große regionalwirtschaftliche Wirkungen ausgelöst. So sind z. B. am Flughafen Frankfurt am Main mehr als 71 000 Personen beschäftigt; damit ist er – vor Volkswagen (Wolfsburg) – die größte lokale Arbeitsstätte in der Bundesrepublik Deutschland. Zu den wichtigsten Arbeitgebern gehören die „Deutsche Lufthansa AG", die „Fraport AG" (Besitzer und Betreiber des Flughafens), die „LSG Lufthansa Service GmbH", das „Internationale Postzentrum" und das Grenzschutzamt. Der Einzugsbereich der Beschäftigten umfasst nicht nur den Rhein-Main-Raum, sondern erstreckt sich bis in das Hinterland von Mainz, in den Lahn-Dill-Kreis, in den Raum Fulda und in den Rhein-Neckar-Kreis. Gleich-

zeitig löst der Passagier- und Frachtverkehr erhebliche Multiplikatoreffekte auf dem Arbeitsmarkt aus: Von einem Arbeitsplatz auf dem Flughafen hängen ca. drei weitere Arbeitsplätze in der Region und in Deutschland ab (Wolf, K. 1995, 464; Fraport AG 2003).

Als Folge der Deregulierung des Luftverkehrs findet zunehmend eine (Teil-)Privatisierung der Flughäfen statt: Die Flughafenbetreiber nehmen nun in stärkerem Umfang auch Aufgaben des Airport Management an anderen Standorten wahr. Vorreiter dieser Entwicklung war die „British Airport Authority" (BAA), die seit 1987 eine expansive Flughafenpolitik verfolgt hat. Sie besitzt und betreibt mehrere britische Flughäfen und ist in den USA und Italien für das Management von Flughäfen sowie für das Marketing von Ladenflächen verantwortlich. In Deutschland fungiert die „Fraport AG" nicht nur als Besitzer und Betreiber des Flughafens Frankfurt am Main. Sie ist auch Anteilseigner bzw. Dienstleister an den Flughäfen Hannover, St. Petersburg, Kairo, Riad, Lima, Delhi u. a. Es wird erwartet, dass langfristig fünf bis zehn derartige Global Airport Player den internationalen Markt der Flughafenbesitzer bzw. -betreiber beherrschen werden. Dabei entwickeln sich die Flughäfen immer mehr von monofunktionalen Verkehrsstätten zu multifunktionalen Verkehrs-, Tagungs- und Shoppingeinrichtungen. So sind z. B. die Einnahmen aus dem Duty-Free- und Einzelhandelsumsatz der „British Airport Authority" (BAA) bereits seit mehreren Jahren höher als die Einnahmen aus Flughafen- und sonstigen Verkehrsgebühren.

Abb. 3.3.3/2 *Mit einer Fläche von 15 000 m² und einem Jahresumsatz von 1,3 Mrd. US-Dollar ist „Dubai Duty Free" das größte Einzelhandelsunternehmen in einem internationalen Flughafen.*

Am Flughafen Frankfurt am Main beläuft sich der Retailerlös (der nicht-flugabhängige Umsatz) hingegen erst auf 26,5 % (Oechsle, M. 2005, 322) Durch den Bau von Hotels und Tagungs- bzw. Kongresseinrichtungen sowie die Ausweisung zusätzlicher Ladenflächen wird eine Erhöhung der Umsatzanteile dieses „Non-Avation"-Geschäfts angestrebt (vgl. Abb. 3.3.3/2).

Zusammenfassung

Fazit

- Seit 1988 wurde der europäische Luftverkehrsmarkt stufenweise liberalisiert („Open-Skies"-Politik); in der Folge kam es zu einer deutlichen Verschärfung des Wettbewerbs zwischen den Luftverkehrsgesellschaften.
- Gegenwärtig wird die Wettbewerbssituation durch mehrere Faktoren bestimmt: eine hohe Abängigkeit von der Weltwirtschaft, eine wachsende Konkurrenz (u. a. auch durch die Low Cost Carrier), ein Dominanz weniger Zulieferer, eine zunehmende Preissensibilität der Konsumenten sowie die Entwicklung von Substitutionsprodukten (z. B. Hochgeschwindigkeitszüge).
- Auf diese Situation haben die Luftverkehrsgesellschaften mit mehreren Wettbewerbsstrategien reagiert: die Bildung internationaler Allianzen, den Einsatz von Computerreservierungssystemen und Maßnahmen des Direktvertriebs, die Entwicklung von Kundenbindungsprogrammen sowie ein Qualitätsmanagement (speziell in der Business Class und First Class).
- Angesichts des dominierenden Hub-and-Spoke-Systems stehen auch die Betreiber der großen internationalen Flughäfen in einem intensiven Wettbewerb miteinander. Da sich Kapazitätserweiterungen zumeist als schwierig erweisen, engagieren sie sich bei kleineren Flughäfen als Gesellschafter bzw. Dienstleistungsunternehmen.
- Darüber hinaus erweitern sie das Non-Aviation-Geschäft (z. B. Vermietung von Flächen an Gastronomie und Einzelhandel); dadurch entwickeln sich Flughäfen immer mehr von monofunktionalen Verkehrsanlagen zu multifunktionalen Verkehrs-, Tagungs- und Shoppingeinrichtungen.

Zum Einlesen

STERZENBACH, R., R. CONRADY & F. FICHERT (2009):
Luftverkehr. Betriebswirtschaftliches Lehr-
und Handbuch, 4., grundl. überarb. u. erw.
Aufl. München.

Das Grundlagenwerk zum Luftverkehr liefert
einen guten Überblick über die Struktur und
Dynamik dieser Branche; außerdem werden spezielle Fragen des Airline-Managements behandelt.

SCHULZ, A. (2009): Verkehrsträger im Tourismus. Luftverkehr – Bahnverkehr – Straßenverkehr – Schiffsverkehr, München.

In dem Studienbuch werden die touristischen
Verkehrsträger hinsichtlich mehrerer Aspekte
vergleichend dargestellt: Markt und Strategie,
Produktionsfaktoren, Marketing und Vertrieb
sowie Dienstleistungsprozess.

3.4 Reiseveranstalter

Die Reiseveranstalter fungieren innerhalb
der Tourismuswirtschaft als Großhändler: Sie stellen Leistungen anderer touristischer Anbieter (z. B. Hotels, Luftverkehrsgesellschaften, Busunternehmen)
zu einem neuen Produkt zusammen. Die
Veranstalterreise (z. B. Pauschalreise, Pa-
ckage Tour, Gruppenreise) wird über die
Reisemittler (als Einzelhändler) an den
Endkunden vertrieben; sie besteht normalerweise aus mindestens zwei Teilleistungen (z. B. Transport, Übernachtung,
Verpflegung, Reiseleitung/-betreuung).
Vor dem Hintergrund des generellen touristischen Booms verzeichnete auch die
Reiseveranstalterbranche in Deutschland
seit den 1960er-Jahren ein erhebliches
Wachstum. Gegenwärtig wird der Markt
durch eine teiloligopolistische und fragmentierte Konkurrenzsituation, eine
große Heterogenität der Unternehmen
sowie eine Homogenität des Produktes
„Pauschalreise" gekennzeichnet. Im Rahmen der amtlichen Statistik erfolgt keine
gesonderte Erfassung der Reiseveranstalter; brancheninterne Erhebungen gehen
aber davon aus, dass es gegenwärtig
ca. 1 500 Unternehmen gibt (FREYER 2011,
220–221). In der Mehrzahl handelt es
sich dabei um mittelständische Betriebe;
sie unterscheiden sich:

- hinsichtlich der Größe: wenige Großver-
anstalter (jeweils mehr als fünf Prozent
Marktanteil an der Gesamtteilnehmer-
zahl, am Umsatz und am Flugaufkommen), 50 mittlere Veranstalter (0,5–5 %
Anteil je Unternehmen) und eine große
Zahl von Kleinveranstaltern (jeweils
weniger als 0,5 % Marktanteil),
- hinsichtlich der Region: Betriebe mit
einem lokalen bw. regionalen Angebot,
bundesweit tätige Unternehmen sowie
multinationale Reiseveranstalter,

Typische Merkmale eines Reiseveranstalters

Ein Reiseveranstalter
- handelt als selbstständiges Unternehmen und tritt unter eigenem
Namen sowie in eigener Verant-
wortung auf,
- führt regelmäßig und hauptamt-
lich Pauschalreisen durch,
- bietet ein Sortiment von mehreren
Produkten an, das er in einem
Katalog darstellt,
- schließt im Voraus (also vor Ein-
gang der Buchungen) Reservie-
rungsverträge mit Beherbergungs-
und Transportbetrieben ab.

- hinsichtlich des Programmumfanges: Generalisten mit einem breiten Sortiment an Reisezielen und Urlaubsarten sowie Spezialisten, deren Angebot auf bestimmte Länder, Verkehrsmittel, Unterkunftsarten bzw. neigungstouristische Gruppen ausgerichtet ist,
- hinsichtlich der wirtschaftlichen Ziele: kommerzielle Veranstalter, gemeinnützige Veranstalter und „Schwarzveranstalter" (ohne gewerbliche bzw. steuerliche Anmeldung).

Die Anfänge der Reiseveranstalterbranche (wie auch der Reisebüros) reichen bis in das 19. Jh. zurück: Als Initiator gilt Thomas Cook, der bereits im Jahr 1841 die erste Veranstalterreise organisierte (vgl. Abb. 3.4/1). Er gründete 1865 zunächst in London ein Reisebüro und schuf später ein weltweites Netz von Reiseagenturen, in denen Bahn- und Schiffsreisen verkauft wurden.

In Deutschland gelten Johannes Rominger (Stuttgart), Carl Stangen (Berlin) und Friedrich Gustav Adolf Hessel (Dresden) als Pioniere dieser Branche; sie traten nicht nur als Reisemittler auf, sondern veranstalteten auch Sonderreisen und arbeiteten auf Bestellung individuelle Reiseprogramme aus (Schneider, O. 2001, 29). Auch heute arbeiten noch zahlreiche Reisebüros an der Schnittstelle dieser beiden Tätigkeitsbereiche (Reisevermittlung und Reiseveranstaltung); deshalb erweist sich eine präzise Abgrenzung als schwierig (in Deutschland werden Reiseveranstalter bzw. -büros nicht von der amtlichen Statistik erfasst).

Nach dem Ende des Zweiten Weltkrieges entstanden als erste Reiseveranstalter die Unternehmen „Touropa" (1951), „Scharnow" (1953) und „Hummel" (1953), die zunächst Bahnreisen und Pkw-Reisen innerhalb Deutschlands und später auch nach Österreich und Italien organisierten. Einen wesentlichen Impuls erfuhr die Reiseveranstalterbranche in den 1960er-Jahren, als branchenfremde Unternehmen wie z. B. der Versandgroßhandel und die Warenhauskonzerne das Marktpotenzial erkannten und preisgünstige Pauschalreisen anboten – z. B. „Quelle" (1962), „Neckermann" (1965) und „Kaufhof" (1970).

3.4.1 Horizontale und vertikale Konzentrationprozesse innerhalb der Reiseveranstalterbranche

Bereits in den 1960er-Jahren vollzogen sich innerhalb der Veranstalterbranche die ersten Fusionen auf nationaler Ebene: Die Unternehmen „Touropa", „Scharnow", „Hummel" und „Dr. Tigges Reisen" schlossen sich im Jahr 1968 zur „Touristik Union International" (TUI) zusammen. Seitdem hat sich dieser Konzentrationsprozess mit wachsender Dynamik fortgesetzt. Gegenwärtig dominieren drei große Reisekonzerne den bundesdeutschen Markt: Die Unternehmen „TUI Deutschland", „Thomas Cook" und „Rewe Touristik" erwirtschaften knapp die Hälfte des gesamten Reiseveranstalterumsatzes (vgl. Abb. 3.4.1/1). In anderen europäischen Ländern war der Konzentrationsgrad bereits in den 1990er-Jahren noch höher; er lag z. B. in Großbritannien und Skandinavien bei ca. 90 % (Schoppen, W. 2000).

In jüngerer Zeit fanden innerhalb der Reiseveranstalterbranche außerdem vertikale Integrationsprozesse statt: Die Unternehmen beschränkten sich nicht mehr auf ihre Kernkompetenz, Produkte anderer Anbieter zu einer Pauschalreise zusammenzustellen. Stattdessen diversifizierten sie ihr Angebot in vor- und nachgelagerte Geschäftsbereiche, indem sie Anteile an Luftverkehrsgesellschaften und Reisebüros in Deutschland sowie an Hotels und Incoming-Agenturen in den Zielgebieten erwarben. Trotz dieser Konzentrations- und Integrationstendenzen handelt es sich bei den großen Unternehmen jedoch nur um partiell integrierte Reisekonzerne: Bei Kapazitätsengpässen buchen sie zusätzliche Leistungen anderer Anbieter und bei geringerer Nachfrage öffnen sie ihre Angebote für nicht zum Konzern gehörende Veranstalter (MUNDT, J. W. 2002, 137–148).

Darüber hinaus diversifizierten die Reisekonzerne aber auch auf horizontaler Ebene: Sie erschlossen neue Marktsegmente, wurden auf neuen geographischen Märkten tätig und integrierten auch Leistungsträger in anderen Ländern in ihr Unternehmensportfolio (z. B. durch Gründung oder Übernahme von Reiseveranstaltern, Charterfluglinien, Reisebüroketten). Da diese Diversifikation bislang aussschließlich auf europäischer Ebene stattgefunden hat, handelt es sich eher um einen Internationalisierungs- als einen Globalisierungsprozess. Ausgangspunkte dieser Entwicklung waren bislang vor allem die wichtigen Quellgebiete des Pauschalreiseverkehrs (Deutschland, Großbritannien, Frankreich, Skandinavien); inzwischen treten aber auch Reiseveranstalter aus den Zielgebieten als Anbieter in den Nachfrageländern auf – z. B. die türkische „Öger Holding" oder das spanische Unternehmen „Tiempo Libre" (PETERMANN, T. 1999, 103).

Abb. 3.4./1 *Thomas Cook organisierte im Jahr 1841 in Großbritannien die erste Pauschalreise; neben dem Bahnticket erhielten die Teilnehmer auch eine Tasse Tee und ein Schinkenbrot.*

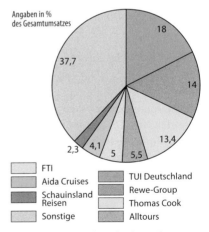

Abb. 3.4.1/1 *Der bundesdeutsche Markt für Pauschalreisen weist eine teiloligopolistische Struktur auf: Die sieben größten Reiseveranstalter erwirtschaften nahezu zwei Drittel des Gesamtumsatzes.*

Mit der vertikalen Integration verfolgten die großen Reiseveranstalter mehrere Ziele:

- Traditionell resultiert die Wertschöpfung des Reiseveranstalters aus der Zusammenstellung diverser touristischer Dienstleistungen; für diese Tätigkeit erhält er aber nur ca. elf Prozent des Verkaufspreises einer Pauschalreise. Die Fluggesellschaften und die Hotels erzielen hingegen jeweils Anteile von 35 % und 38 %, Reisebüros und Zielgebietsagenturen sind mit zwölf bzw. vier Prozent am Umsatz beteiligt. Durch den Erwerb mehrerer Teile der Wertschöpfungskette können die Reiseveranstalter ihren Anteil erhöhen und ihre Rendite anheben, die sich nur auf ca. ein Prozent des Umsatzes beläuft (MUNDT, J. W. 2011a, 21).
- Vor allem in der Hochsaison herrscht zwischen den europäischen Reiseveranstaltern ein intensiver Wettbewerb um die knappen Beherbergungskapazitäten in den attraktiven Tourismusdestinationen (z. B. im Mittelmeerraum). Durch den Besitz bzw. die Beteiligung an Hotels können sich die Reiseveranstalter ausreichende Kapazitäten sichern. Außerdem bietet sich ihnen die Möglichkeit, Alleinstellungsmerkmale gegenüber Konkurrenten aufzubauen – z. B. durch die Exklusivität des Angebots oder durch eine eigene Markenbildung (allerdings nur bei hinreichender Profilierung der Hotels und bei exklusiver Nutzung durch den Reiseveranstalter). Eine integrierte Planung führt gleichzeitig zu einer besseren Auslastung der konzerneigenen Fluggesellschaften (SCHOPPEN, W. 2000).
- Die Verfügungsgewalt über alle Stufen der touristischen Leistungskette stellt schließlich auch eine wichtige Voraussetzung für ein konsequentes Quali-

---

Vertikal integrierte Reisekonzerne: Beispiel „TUI AG"

Am Beispiel der „TUI AG" (Hannover) soll die vertikale und horizontale Integration eines Reiseveranstalters erläutert werden. Zu diesem Konzern gehören inzwischen Tochterunternehmen in zahlreichen europäischen Ländern. Mit mehr als 30 Mio. Kunden aus 27 Quellmärkten, 71 000 Mitarbeitern und einem Umsatz von 16,4 Mrd. Euro ist die „TUI AG" der Marktführer unter den europäischen Reiseveranstaltern; zum touristischen Geschäftsbereich gehören zahlreiche Betriebe auf allen Stufen der Leistungskette (www.tui-group.com):

- 3 500 Reisebüros in Europa,
- mehrere Reiseveranstalter (TUI Deutschland, 1-2-Fly, Dr. Tigges, Gebeco, airtours etc.),
- 143 Flugzeuge (TUIfly, Thomsonfly, Jetairfly etc.),
- 261 Hotels mit ca. 170 000 Betten (Dorfhotel, Grecotel, Grupotel, Magic Life, RIU Hotels & Resorts, Robinson Club etc.),
- 35 Incoming-Agenturen in touristischen Zielgebieten,
- 4 Kreuzfahrtschiffe.

tätsmanagement dar: Durch Trainingsmaßnahmen und Leistungskontrollen können die Reiseveranstalter eine einheitliche Produktqualität bei Buchung, Flug, Unterkunft und Betreuung, aber z. B. auch beim Umweltmanagement von Hotels sicherstellen; damit werden die Kundenzufriedenheit und -bindung erhöht (AMANN, S., P. ILLING & M. SINNING 1995, 57).

3.4.2 Raumwirksamkeit von Reiseveranstaltern

In der internationalen Unternehmensstruktur der „TUI AG" spiegelt sich gleichzeitig die Raumwirksamkeit der Reiseveranstalter wider: Durch ihre unternehmerischen, organisatorischen und logistischen Aktivitäten tragen sie wesentlich zur touristischen Erschließung von Regionen sowie zur funktionalen Verknüpfung von Quell- und Zielgebieten bei. Während dabei zunächst regelmäßige Bahnverbindungen (u. a. mit Sonderzügen) eine wichtige Rolle gespielt haben, erhielten seit den 1960er-Jahren Charterfluglinien eine zunehmende Bedeutung:

• Auf Mallorca stieg z. B. die Zahl der Touristen nach dem Bau des Flughafens Son Sant Joan sprungartig an – von 636 764 (1960) auf 21,2 Mio. (2010).

• Auch einige Entwicklungsänder verzeichneten rapide Besucherzuwächse, nachdem sie zu Pauschalreisezielen geworden sind (z. B. Kenia, Sri Lanka, Dominikanische Republik).

Die wichtigste ausländische Destination der deutschen Reiseveranstalter ist Spanien mit den Kanarischen Inseln; mit deutlichem Abstand folgen die Türkei, Griechenland, Italien, Tunesien, Frankreich und Portugal. Die Fernreiseziele haben hingegen für die Reiseveranstalterbranche eine nachgeordnete Bedeutung: Sie werden nur von halb so vielen Pauschalreisenden besucht wie z. B. die Insel Mallorca (KAISER, C. 2000, 125).

Die Unternehmenssitze der Reiseveranstalter innerhalb Deutschlands liegen vor allem in Westdeutschland – überwiegend in der Rhein-Main-Region sowie in Hannover, Düsseldorf und München. Aufgrund der staatlichen Organisation des Erholungswesens in der ehemaligen DDR und der daraus resultierenden Transformationsprobleme finden sich in den neuen Bundesländern keine größeren Reiseveranstalter, die bundesweit tätig sind.

In der Vergangenheit wurde die Bildung integrierter Reiseveranstalterkonzerne speziell durch die Nachfrage nach Auslandsreisen und nach Flugreisen begünstigt. Künftig wird sich die Konkurrenzsituation für die Reiseveranstalter erheblich verschärften:

• So haben die Luftverkehrsgesellschaften und auch das Hotelgewerbe den Direktvertrieb ihrer Produkte ausgebaut. Außerdem treten sie zunehmend selbst als Reiseveranstalter auf, indem sie Stop-Over-Programme oder Kurzurlaubsreisen anbieten.

• Darüber hinaus wurden virtuelle Reisebüros gegründet, die den Kunden im Internet eine individuelle Zusammenstellung einer Reise ermöglichen.

Vor diesem Hintergrund erweisen sich die integrierten Reisekonzerne als relativ starre Unternehmen, die Schwierigkeiten haben, ihre großen Buchungs-,

Transport- und Unterkunftskapazitäten optimal auszulasten. Sie gehen deshalb vermehrt dazu über, flexible Produkte zu entwickeln (Baukastensystem), neue Vertriebsformen auszubauen (Direktbuchung) und auch den Tochterunternehmen größere Selbstständigkeit zu gewähren.

In Zukunft wird sich der Prozess der Internationalisierung und der Polarisierung des europäischen Reiseveranstaltermarktes noch weiter fortsetzen. Drei bis vier große Reisekonzerne werden den Markt mit standardisierten Produkten dominieren. Für zahlreiche kleinere Unternehmen bestehen allerdings Chancen, sich auf spezialisierten Nischenmärkten zu behaupten – z. B. für Hochzeitsreisen auf die Seychellen, Fotosafaris in Namibia oder Trommelkurse auf Lanzarote. Die künftigen Entwicklungen innerhalb des Reiseveranstaltermarktes werden auch weitreichende Konsequenzen für die Reisemittlerbranche (Reisebüros, Agenturen) haben, in der sich bereits in den vergangenen Jahren ein gravierender Strukturwandel vollzogen hat.

Zusammenfassung

Fazit

- Innerhalb der Tourismusbranche fungieren die Reiseveranstalter als Großhändler – sie stellen die Leistungen anderer Anbieter (Hotels, Luftverkehrsgesellschaften etc.) zu einem neuen, eigenständigen Produkt zusammen.
- Eine Veranstalter- oder Pauschalreise besteht dabei aus mindestens zwei Teilleistungen (als Initiator gilt der Brite Thomas Cook, der im Jahr 1841 erstmals eine derartige Reise angeboten hat).
- Durch die Entwicklung preisgünstiger Flugpauschalreisen haben die Reiseveranstalter einerseits zur generellen Demokratisierung des Reisens beigetragen, andererseits aber auch die Entwicklung einzelner Zielgebiete wesentlich beeinflusst (z. B. Mallorca, Dominikanische Republik).
- Nach zahlreichen Fusionen und Übernahmen wird der deutsche Reiseveranstaltermarkt gegenwärtig durch drei Konzerne geprägt, die knapp die Hälfte des Gesamtumsatzes erwirtschaften (TUI Deutschland, Rewe-Group, Thomas Cook).
- In jüngerer Zeit waren innerhalb dieser Branche vor allem vertikale Integrationsprozesse zu beobachten, bei denen die Reiseveranstalter auch Fluggesellschaften, Hotels, Reisebüros und Incoming-Agenturen erworben haben; dadurch sind partiell integrierte Reisekonzerne entstanden.

Zum Einlesen

MUNDT, J. W. (Hrsg.; 2011): Reiseveranstaltung, 7. Aufl. München.
In diesem Standardwerk setzen sich Autoren aus Wissenschaft und Praxis mit zahlreichen Aspekten der Reiseveranstaltung auseinander (Management, Vertrieb, Steuern, Marketing etc.).

FVW (Fremdenverkehrswirtschaft International) (Hrsg.; 2010): Deutsche Veranstalter 2010, Hamburg (Beilage zur FVW International).
Die touristische Fachzeitschrift führt jährlich eine bundesweite Marktanalyse durch – mit differenzierten Daten zum Umsatz und zu den Teilnehmerzahlen der einzelnen Reiseveranstalter.

3.5 Reisemittler

Unter dem Begriff „Reisemittler" werden Handelsbetriebe zusammengefasst, die den Verkauf und die Buchung von Reiseangeboten übernehmen; dabei handelt es sich vor allem um Pauschalreisen der Veranstalter sowie um Bahn-, Flug- und Schifftickets. Darüber hinaus kann das Sortiment der Reisemittler auch Versicherungsleistungen, Eintrittskarten für Sport- und Kulturveranstaltungen sowie reisebezogene Dienstleistungen und Produkte umfassen (Geldwechsel, Visa- und Devisenbeschaffung sowie Verkauf von Reiseliteratur und Fotoartikeln). Die Umsätze der deutschen Reisebüros entfallen durchschnittlich zu 53 % auf Veranstalterreisen, zu 38 % auf Flüge, zu 4 % auf Bahnreisen und zu 5 % auf sonstige Produkte (Sülberg, W. 2008, 68).

Das Leistungsangebot der Reisemittler richtet sich grundsätzlich an Privatreisende, Geschäftsreisende und weitere Zielgruppen (z. B. Incomingtouristen).

Arten von Reisebüros

Aufgrund der dominierenden Ausrichtung und des Sortiments lassen sich mehrere Arten von Reisebüros unterscheiden, die entweder als Haupt- oder als Nebenerwerbsbüros betrieben werden können (Pompl, W., C. Möller & M. Schuckert 2008, 22-23):

- Voll-Reisebüros verfügen über mehrere Reiseveranstalterlizenzen sowie über Lizenzen für den Verkauf von DB-Tickets und von Linienflugscheinen der Mitgliedsgesellschaften der IATA (International Air Transport Asscociation).
- Klassische Reisebüros besitzen mehrere Reiseveranstalterlizenzen sowie eine Lizenz zum Verkauf von Beförderungsleistungen (also entweder DB- oder IATA-Lizenz).
- Touristik-Reisebüros vertreiben die Angebote mehrerer Reiseveranstalter, aber keine DB- und IATA-Tickets.
- Buchungsstellen haben nur die Lizenz eines Reiseveranstalters.
- Billigflug-Reisebüros sind auf den Verkauf von Flugtickets zu Sonderpreisen bzw. von Last-Minute-Reisen spezialisiert.
- Spezial-Reisebüros konzentrieren sich mit speziellen Produkten auf einzelne Marksegmente (Studentenreisen, Seereisen etc.).
- Incoming-Agenturen vermitteln Leistungen des Zielgebiets an ortsfremde Reiseveranstalter und betreuen dessen Gäste vor Ort.
- Firmenreisebüros spezialisieren sich auf den Geschäftsreisemarkt.
- Reisestellen sind in großen (nicht-touristischen) Unternehmen für die Organisation und Abrechnung der Dienstreisen von Mitarbeitern zuständig.

3.5.1 Entwicklung der Reisebürobranche

Die bundesdeutsche Reisebürobranche erlebte vor allem im Zeitraum 1970–1996 eine boomartige Entwicklung: Brancheninterne Untersuchungen belegen, dass sich ihre Zahl verfünffachte – parallel zum generellen Wachstum des touristischen Marktes und zur Bedeutungszunahme von Veranstalterreisen (KAISER, C. 2000, 125). Gegenwärtig nimmt nahezu jeder zweite bundesdeutsche Tourist bei der Organisation seiner Reise die Leistungen von Reisebüros bzw. Reiseveranstaltern in Anspruch. Allerdings hat sich in der Reisebürobranche in jüngerer Zeit ein erheblicher Strukturwandel vollzogen: So ging die Zahl der Haupterwerbsreisebüros im Zeitraum 2000–2010 von 15 700 auf 10 370 zurück (vgl. Abb. 3.5.1/1). Für diese Entwicklung war vor allem die Einführung neuer Vertriebsformen verantwortlich. Traditionell erhalten die Reisebüros – als Handelsbetriebe – für ihre Verkaufstätigkeit von den Transportunternehmen und Reiseveranstaltern umsatz- bzw. teilnehmerzahlabhängige Provisionszahlungen (Staffelprovisonen). Um diesen Kostenfaktor zu senken, haben die Produzenten in den letzten Jahren die Provisionen gesenkt (als Reaktion darauf führten die Reisebüros eine Servicegebühr ein, die vom Kunden zu tragen ist). Darüber hinaus wurden von den Produzenten neue Wege der Direktvermarktung aufgebaut, um die Reisemittler zu umgehen – vor allem die Call Center und das Internet. Zunächst wurde das Internet nahezu ausschließlich als Informationsmedium genutzt („look, not book"), doch im Zeitraum 2001–2009 ist die Zahl der Bundesbürger, die Reiseleistungen online gebucht haben, von vier auf 29 % gestiegen (F. U. R. 2010, 82; FEIL, T., B. OERTEL & S. L. THIO 2007, 431). Dieser Markt weist eine erhebliche Dynamik auf, da immer mehr Bundesbürger über einen Internetzugang verfügen; gleichzeitig findet ein Gewöhnungsprozess an den E-Commerce statt. Die elektronische Revolution hat den gesamten Reisemarkt grundsätzlich verändert und

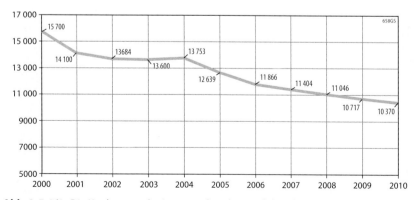

Abb. 3.5.1/1 *Die Konkurrenz des Internets hat dazu geführt, dass die Zahl der Reisebüros seit mehreren Jahren kontinuierlich zurückgegangen ist.*

speziell die Wettbewerbssituation für die stationären Reisebüros verschärft. Als neue Konkurrenten treten inzwischen virtuelle Reisebüros auf („Expedia.de", „Ebookers.de", „Lastminute.com", „Opodo.de" etc.). In diesen Online-Portalen können die Kunden die Urlaubsreisen nach ihren individuellen Vorstellungen zusammenstellen (Dynamic Packaging). Während das Internet einen Boom erlebt, spielen die TV-Reiseshoppingsender in Deutschland nur eine nachgeordnete Rolle. Gründe sind das generell schlechte Image dieser Vertriebsart, die mangelnde Qualität der Sendungen und vor allem die fehlende Interaktivität beim Buchungsvorgang (FREITAG, C. 2011).

3.5.2 Konzentrationsprozesse innerhalb der Reisebürobranche

Innerhalb des Strukturwandels kam es in den letzten Jahren bei den Haupterwerbsreisebüros zu einem erheblichen Konzentrationsprozess, der durch den Rückzug von unabhängigen Einzelbetrieben und den Bedeutungszuwachs von Ketten- bzw. Franchiseunternehmen sowie Kooperationen gekennzeichnet wird:

- Inzwischen handelt es sich bei 38,4 % der Reisebüros um Filialbetriebe von Reisebüroketten bzw. Reiseveranstaltern oder um Franchisebetriebe (d. h. selbstständige Unternehmen, die eigenes Kapital einbringen und vom Franchisegeber gegen Zahlung einer Gebühr bestimmte Rechte bzw. Güter zur Verfügung gestellt bekommen: Know-how, Markennamen, Inventar etc.). Im Jahr 2009 standen z. B. die „TUI ReiseCenter" / „First Reisebüros"

auf Rang 1 der größten Franchisesysteme in Deutschland (DFV 2010, 5).

- Als Reaktion auf diese Marktmacht der Veranstalter und Ketten haben sich viele unabhängige Betriebe in Kooperationen zusammengeschlossen, um ihre Verhandlungsposition bei Einkaufskonditionen und Provisionen zu verbessern (58,6 %).

- Weniger als fünf Prozent der Betriebe sind freie Reisebüros, die nicht einer Kette, einem Franchisesystem oder einer Kooperation angehören. Sie erzielen wesentlich niedrigere Umsätze pro Vertriebsstelle als die übrigen Büros.

Unter dem Druck von Kettenbildung, Provisionssenkungen, Verdrängungswettbewerb und Direktvertrieb haben die Reisebüros mehrere neue Wettbewerbsstrategien entwickelt:

- Sonderlagen: In Deutschland siedelt sich eine wachsende Zahl von Reisebüros an neuen Standorten mit einer hohen Besucherfrequenz an (z. B. in Warenhäusern, Einkaufszentren, Verbrauchermärkten und Flughäfen).

- Reisekaufhäuser: Auf internationaler Ebene zeichnet sich ein Trend zu thematisierten touristischen Fachmärkten ab. So sind in Großbritannien zahlreiche „Holiday Hypermarkets" entstanden, die sich meist in großen Shopping Malls oder Urban Entertainment Centers befinden. In Deutschland wurden ähnliche Konzepte für touristische Megastores in Stuttgart und Oberhausen entwickelt.

- Emotionalisierung: Im Rahmen seiner Markenpolitik nutzt das Unternehmen „TUI Leisure Travel" (TLT) neben einer speziellen Einrichtung auch Musik, um seine Agenturen klar zu positionieren. Dazu wurden spezielle Beschallungskonzepte für unterschiedliche touristische Zielgruppen entwickelt.[1]

3.5.3 Standortstruktur der Reisebürobranche

Eine Analyse der regionalen Verteilung der Reisebüros innerhalb des Bundesgebiets zeigt, dass generell alle Regionen gut mit Reisebüros ausgestattet sind. Das durchschnittliche Einwohnerpotenzial pro Reisebüro belief sich im Jahr 2007 auf 7 866 (das Kundenpotenzial ist erheblich geringer, da nur jeder zweite Bundesbürger für die Buchung seiner Urlaubsreise ein Reisebüro nutzt). Generell sind die Großstadtbewohner deutlich besser mit Reisebüros versorgt als die Bevölkerung im ländlichen Raum (SÜLBERG, W. 2008, 69).

Für diese räumliche Marktabdeckung sind vor allem sozioökonomische und demographische Faktoren verantwortlich. Aufgrund der großstädtischen Zentralität wird der urbane Arbeitsmarkt nämlich durch eine differenzierte und spezialisierte Berufsstruktur geprägt – entsprechend hoch ist das Bildungs- und Einkommensniveau in Agglomerationen. Darüber hinaus finden sich vor allem in den Kernstädten zahlreiche Ein- und Zwei-Personen-Haushalte (DINKS – Double Income, No Kids). Die Großstadtbewohner weisen deshalb eine überdurchschnittlich hohe Reiseintensität auf und tätigen auch höhere Reiseausgaben. Außerdem nutzen sie häufiger das Flugzeug als Reiseverkehrsmittel und zeigen eine positive Einstellung zu Veranstalterreisen; aus diesem Grund nehmen sie Reisebüros intensiv als Informations- und Buchungsstellen in Anspruch.

Zusammenfassung

Fazit

- Bei den Reisemittlern handelt es sich um Handelsbetriebe, die neben den Pauschalreisen der Veranstalter auch Bahn-, Flug- und Schifftickets sowie weitere reisebezogene Dienstleistungen und Produkte verkaufen.

- Nach einer längeren Boomphase ist die Zahl der Reisebüros in Deutschland seit Ende der 1990er-Jahre rückläufig – zum einen haben Fluggesellschaften und Hotels ihren Direktvertrieb ausgebaut (Call Center), zum anderen buchen immer mehr Urlauber ihre Reise im Internet.

- Gleichzeitig hat innerhalb der Reisebürobranche ein Konzentrationsprozess stattgefunden: Immer mehr Reisebüros werden als Filial- bzw. Franchisebetriebe und im Rahmen von Kooperationen betrieben; weniger als 5 % sind ungebundene Unternehmen.

- Deutschland weist generell eine flächendeckende Ausstattung mit Reisebüros auf; allerdings sind die Großstädte deutlich besser mit Reisebüros versorgt als die ländlichen Räume.

Zum Einlesen

FREYER, W. & Pompl, W. (Hrsg.; 2008): Reisebüro-Management. Gestaltung der Vertriebsstrukturen im Tourismus, 2., vollst. überarb. Aufl. München.
Das umfangreiche Handbuch liefert einen guten Überblick über unterschiedliche Aspekte der Reisebürobranche (Funktionen und Entwicklung, Management im Reisebüro sowie Rahmenbedingungen).

FVW (FREMDENVERKEHRSWIRTSCHAFT INTERNATIONAL) (Hrsg.; 2010): Ketten und Kooperationen 2010, Hamburg (Beilage zur FVW International).
Die Fachzeitschrift führt jährlich eine bundesweite Erhebung zur Umsatzentwicklung in unterschiedlichen Bereichen des Reisevertriebs durch (Ketten, Franchise-Systeme, Online etc.).

3.6 Wirkungen des Tourismus

Die Wirkungen des Tourismus stehen generell in engem Zusammenhang mit der Eigenschaft der Touristen, Ortsfremde zu sein. Sie stellen deshalb eine temporäre Zusatzbevölkerung dar, für die spezifische Infrastruktureinrichtungen und Dienstleistungen bereitgestellt werden müssen. Dabei sind die Effekte des Tourismus ambivalent zu bewerten: Den vielfältigen wirtschaftlichen Chancen (Umsatzsteigerungen, Arbeitsmarkteffekte etc.) stehen auch Risiken gegenüber (Gefahr der Monostruktur, Flächenverbrauch, Kommerzialisierung der Kultur etc.).[2]

Im Folgenden wird ein kurzer systematischer Überblick über die vielfältigen Wirkungen des Tourismus gegeben; eine ausführliche Darstellung erfolgt bei der Analyse einiger Tourismusräume – z. B. der Städte (vgl. Kap. 4.1.4), der Küsten (vgl. Kap. 4.2.3) und der Hochgebirge (vgl. Kap. 4.3.3).

3.6.1 Ökonomische Wirkungen des Tourismus

Der touristische Konsum löst in den Quell- und Zielgebieten zahlreiche wirtschaftliche Wirkungen aus: Deviseneffekte, Beschäftigungs- und Einkommenseffekte sowie regionale Ausgleichseffekte (EISENSTEIN, B. 1995):

- Die Einnahmen aus dem internationalen Tourismus stellen eine besondere Form des Exports dar, denn die ausländischen Touristen erwerben gegen Zahlung von Devisen bestimmte Güter und Dienstleistungen. Der Unterschied zum üblichen Export besteht darin, dass der Erwerb des Produktes im Herstellungsland (Zielland) stattfindet und nicht im Verbraucherland (Herkunftsland der Touristen). Den Einnahmen aus diesem „unsichtbaren" Export stehen die Ausgaben der einheimischen Bürger im Ausland gegenüber. Die daraus resultierenden Deviseneffekte werden auf nationaler Ebene im Rahmen der Reiseverkehrsbilanz erfasst (einem Teil der Zahlungs- und Dienstleistungsbilanz). Aufgrund der hohen Auslandsreiseintensität der Deutschen (und einer vergleichsweise geringeren Zahl ausländischer Gäste in Deutschland) weist die Reiseverkehrsbilanz der Bundesrepublik Deutschland traditionell einen negativen Saldo aus. In den südeuropäischen Zielgebieten und vor allem in den Entwicklungsländern hat der Tourismus hingegen einen positiven Effekt auf die Zahlungsbilanz (weil nur wenige Einwohner Auslandsreisen unternehmen und damit einen Devisenabfluss auslösen). Allerdings verbleiben nicht alle Deviseneinnahmen im Land, da ein Teil wieder für die Finanzierung von tourismusbezogenen Importen ausgegeben wird (Infrastruktur, Konsumgüter etc.). Die Höhe dieser Sickerrate hängt vom Entwicklungsstand und von der Diversität der Volkswirtschaft ab, aber auch von der dominierenden Tourismusart (Luxus- bzw. Budgettourismus) und vom Einfluss ausländischer Konzerne: Während sie in hochentwickelten Länder relativ gering ist (5–30 %), kann sie in kleinen und wenig industrialisierten Staaten bis zu 80 % erreichen (EISENSTEIN B. & A. ROSINSKI 2007, 808–809).

- Der Konsum der Touristen und die Inanspruchnahme von Dienstleistungen löst in den Zielgebieten zusätzliche Beschäftigungseffekte aus (Smeral, E. 1998). Allerdings erweist sich eine exakte Erfassung dieser Wirkungen als schwierig, da die Tourismuswirtschaft sich nicht über die Produktion bestimmter Güter, sondern nur über die spezifische touristische Nachfrage erfassen lässt. Auf internationaler Ebene wurde hierzu das Verfahren der Tourismussatellitenkonten (TSA) entwickelt, mit dessen Hilfe die direkten und indirekten touristischen Nachfrage- und Lieferströme ausgewiesen und in Relation zum Bruttoinlandsprodukt (BIP) gesetzt werden. Für die Bundesrepublik Deutschland kam eine derartige Satellitenberechnung zu dem Ergebnis, dass die Tourismuswirtschaft einen Anteil von acht Prozent am BIP erreicht und ca. 2,8 Mio. Menschen eine Beschäftigung sichert (BMWA 2003, 15). Auf lokaler und regionaler Ebene kann der Tourismus eine erheblich größere Bedeutung für den Arbeitsmarkt haben. Diese Monostruktur führt aber zu einer extremen Abhängigkeit, die vor allem bei Krisen wie Naturkatastrophen oder Terroranschlägen, aber auch bei einem Einstellungswandel der Konsumenten gravierende beschäftigungspolitische Auswirkungen haben kann. Als Probleme der Arbeitsplätze in der Tourismuswirtschaft erweisen sich die Saisonalität der Nachfrage und das u. a. daraus resultierende niedrige soziale Prestige der Tourismusberufe. In vielen Zielgebieten konzentriert sich das Gästeaufkommen auf wenige Wochen in den Monaten Juni bis September; die Beschäftigungsverhältnisse werden deshalb häufig auf die Dauer der Saison begrenzt. So haben z. B. in den Entwicklungsländern 30–76 % der Arbeitskräfte in Hotels und Restaurants nur saisonale Arbeitsverträge (Maurer, M. u. a. 1992, 59). Bei Kellnern, Zimmermädchen oder Küchenhilfskräften handelt es sich zumeist um ungelernte bzw. (kurz) angelernte Kräfte: So liegt z. B. das Bildungs- und Qualifikationsniveau der Arbeitnehmer in der österreichischen Tourismuswirtschaft deutlich unter dem Durchschnitt aller Beschäftigten (Eisenstein, B. 1995, 66–67). Für verantwortungsvolle Management-Positionen werden häufig auswärtige Beschäftigte eingestellt – im Falle der Entwicklungländer überwiegend Ausländer.

- Durch ihren Konsum lösen die Touristen – als externe und zusätzliche Konsumenten – auch Einkommenseffekte aus, deren exakte Berechnung nur auf der Basis empirischer Nachfrageuntersuchungen möglich ist. In der Bundesrepublik Deutschland sind entsprechende Analysen vom „Deutschen Wirtschaftswissenschaftlichen Institut für Fremdenverkehr an der Universität München" (DWIF) durchgeführt worden (Maschke, J. 2007, 112; Harrer, B. & S. Scherr 2010, 143); danach liegen die Ausgaben pro Kopf und Tag
  - von Tagesausflüglern (ohne Übernachtung) bei 28,80 Euro,
  - von Übernachtungsgästen in gewerblichen Betrieben bei 131,60 Euro,

	(Mögliche) positive Effekte +	(Mögliche) negative Effekte -
Ökonomisch	+ Devisen + Beschäftigungseffekte + Multiplikatoreffekte + Ausbau der Infrastruktur + Regionale Entwicklungsimpulse und damit Disparitätenabbau	- Sickerrate - Preissteigerung - Gefahr der Monostrukturierung und Abhängigkeit - Beschäftigung saisonal oder für Auswärtige - Ungleicher Zugang zu Infrastruktur, Infrastruktur ohne Nutzen für die Allgemeinheit - Vorwiegend einfache Beschäftigungsmöglichkeiten
Ökologisch	+ Reisemotiv Landschaftsästhetik als Anreiz zur Unterschutzstellung von Gebieten + Tourismus finanziert Naturschutz + Erhalt von Reservaten	- Infrastrukturbedingte Effekte: Beeinträchtigung des Landschaftsbildes, Eingriff in (empfindliche) Ökosysteme, Flächenzerschneidung und -versiegelung - Aktivitätsbezogene Effekte: z. B. Zerstörung von Korallen durch Ankern/ Transport, Verhaltensänderung von Wild in Schutzgebieten, Ressourcenverbrauch - Auswirkungen des Flugverkehrs (Raumüberwindung)
Sozi-kulturell	+ Interkulturelle Begegnung / Völkerverständigung + Erhalt von kulturellem Erbe, von Traditionen und Baudenkmälern	- Akkulturation - Airport-Art (nur scheinbar traditionelle Kunst- oder Gebrauchsgegenstände, die für den Tourismus hergestellt werden; „Souvenirkitsch") - (Kinder-)Prostitution - Anstieg von Kriminalität - Betteln - Kommerzialisierung der Gastfreundlichkeit und Traditionen - Segregation zwischen Gewinnern und Verlierern im Tourismus

Tab. 3.6/1 *Die Effekte des Tourismus sind ambivalent zu bewerten, denn den vielfältigen wirtschaftlichen, ökologischen und soziokulturellen Chancen stehen auch zahlreiche Risiken gegenüber.*

– von Übernachtungsgästen in Privatquartieren bei 72,40 Euro,
– von Übernachtungsgästen auf Campingplätzen bei 45,80 Euro.
Diese touristische Nachfrage verteilt sich auf unterschiedliche Unternehmen – von Unterkunfts- und Transportunternehmen über Cafés und Restaurants bis hin zu Einzelhandelsgeschäften. Neben den direkten Wirkungen auf die Betriebe der Tourismuswirtschaft werden auch indirekte Einkommenseffekte in anderen Wirtschaftszweigen ausgelöst – z. B. im Baugewerbe, in der Ernährungswirtschaft, in Banken und Sparkassen und in Versicherungen

Die tourismusbedingten Umsätze in diesen Branchen fließen wiederum in Form von Gehältern, Gewinnen, Zinsen etc. aus den Betrieben heraus und sorgen in nachgelagerten Unternehmen erneut für Umsätze. Dieser Sachverhalt wird als touristischer Einkommensmultiplikator bezeichnet. Seine Höhe ist u. a. vom Grad der wirtschaftlichen Autarkie sowie vom Entwicklungsstand und der Diversität der jeweiligen Volkswirtschaft abhängig – er kann Werte von 4,0 bis 5,0 erreichen (EISENSTEIN, B. 1995, 74–75). Bei der Bewertung der touristischen Einkommenseffekte ist allerdings die Tatsache zu berücksichtigen, dass es in den Zielgebieten nicht nur zu einer Steigerung der Einnahmen, sondern auch häufig zu einer Steigerung der Preise für Konsumgüter, Immobilien etc. kommt. Von dieser Entwicklung sind vor allem die Teile der einheimischen Bevölkerung negativ betroffen, die nicht an den Einnahmen aus dem Tourismus teilhaben.

- Innerhalb der Staaten konzentriert sich die touristische Nachfrage häufig auf landschaftlich reizvolle, aber peripher gelegene Regionen (Küsten, Hochgebirge etc.), die zumindest in der Anfangsphase der touristischen Entwicklung zahlreiche Strukturprobleme aufweisen – eine Dominanz des agraren Sektors, eine geringe Finanzkraft der Gemeinden, eine schlechte Infrastrukturausstattung, die Abwanderung wirtschaftlich aktiver Bevölkerungsgruppen etc. In Form regionaler Ausgleichseffekte kann der Tourismus dazu beitragen, Einkommensströme in diese Regionen zu leiten, neue Ar-

beitsplätze zu schaffen und Multiplikatorwirkungen in den vorhandenen Unternehmen auszulösen. Da die Standortvoraussetzungen für andere Wirtschaftszweige (Industrie, Gewerbe, Handel etc.) meist ungünstig sind, kommt ihm eine zentrale Rolle innerhalb der regionalen Wirtschaft zu. So galt z. B. der Tourismus auch nach der deutschen Wiedervereinigung als Hoffnungsträger für die ländlichen Räume in den neuen Bundesländern.

Während die ökonomischen Effekte des Tourismus – trotz einiger Detailkritik – weitgehend als positiv betrachtet werden können, sind die Wirkungen der Touristen und der Tourismuswirtschaft auf Landschaft und Umwelt erheblich problematischer.

3.6.2 Ökologische Wirkungen des Tourismus

Bei den ökologischen Wirkungen des Tourismus handelt es sich um Veränderungen und dabei zumeist um Belastungen der Landschaft und des Naturhaushaltes. In ihnen spiegelt sich die grundsätzliche Problematik der touristischen Entwicklung wider, denn im Extremfall weist der Tourismus Tendenzen auf, sich seiner ursprünglichen Grundlagen selbst zu berauben. Das Landschaftsbild sowie die Pflanzen- und Tierwelt stellen in der Initialphase einer touristischen Erschließung wichtige Attraktionsfaktoren dar. In der Folge führte die massenhafte Inwertsetzung für den Tourismus in diesen ehemaligen Naturräumen jedoch häufig zu erheblichen ökologischen Belastungen, die sowohl durch die Aktivitäten der Touristen als auch durch den Bau und Betrieb von Tourismusunternehmen, Infrastruktureinrichtungen etc. ausgelöst werden. Zu den touristischen Umweltsünden zählen vor allem Landschaftszersiedlung, -zerstörung und -verschmutzung, Wasser- und Luftverschmutzung sowie Tier- und Pflanzengefährdung:

• Bereits im Jahr 1975 machte J. KRIPPENDORF in seinem Buch „Die Landschaftsfresser" auf den extremen Flächenbedarf des Tourismus und die dadurch ausgelöste Landschaftszersiedlung aufmerksam. Die Tourismusorte an der italienischen Adria, an der spanischen Costa Brava, Costa del Sol und auf Mallorca, an der französischen Mittelmeerküste und an der portugiesischen Algarve sind Beispiele dafür, wie ländliche Räume und kleine Fischerdörfer innerhalb weniger Jahre zu pseudourbanen Ansammlungen von Hotels, Apartmenthäusern, Restaurants, Campingplätzen und Freizeiteinrichtungen wurden. Als besonders flächenintensiv erweist sich dabei die Parahotellerie: Während sich der Flächenbedarf pro Übernachtung in der Hotellerie auf 0,2 m² beläuft, beträgt er bei Ferien- und Zweitwohnungen 3 m² (vgl. Abb. 3.6.2/1). Durch den Bau von Infrastruktureinrichtungen (Liftanlagen, Marinas etc.), aber auch durch Erholungsaktivitäten wie Wandern, Mountainbiking sowie Geländefahrten mit Motorrädern und Allradfahrzeugen kommt es außerdem zur Landschaftszerstörung – z. B. durch die Verdichtung oder den Abtrag des Bodens. Darüber hinaus sind Outdoor-Aktivitäten häufig mit einer Landschaftsverschmutzung verbunden – z. B. in Form von Abfällen und Fäkalien, die eine Stickstoffanreicherung des Bodens zur Folge haben. Eutrophe Pflanzenbestände gelten als Indikator für intensiv genutzte Freizeiträume (BECKER, C., H. JOB & A. WITZEL 1996, 22–26).

• Die Eutrophierung zählt auch zu den Formen der Wasserverschmutzung, die vor allem in den Binnenseen durch die Erholungssuchenden ausgelöst wird (durch Ausscheidungen und Kosmetika). So ergaben z. B. Messungen am Ossiacher See (Kärnten), dass der

Abb. 3.6.2/1 *Zu den gravierendsten ökologischen Wirkungen des Tourismus gehört die Landschaftszersiedelung. Als besonders flächenintensiv erweist sich dabei die Parahotellerie.*

Phosphatgehalt des Wassers tagsüber von 2,1 mg/l auf 2,8 mg/l stieg, nachdem der See von ca. 8 000 Badegästen genutzt worden war. Die dadurch verursachte Eutrophierung führte zu vermehrtem Algenwachstum und einer schlechten Wasserqualität, die sich u. a. in einer sinkenden Sichttiefe widerspiegelte (SCHLIEPHAKE, K. 1978). Ähnliche Wirkungen werden auch verursacht, wenn Abwässer ungeklärt in das Meer eingeleitet werden, wie es

z. B. in vielen spanischen Zielgebieten bis in die 1990er-Jahre der Fall war (KULINAT, K. 1991, 435). Darüber hinaus ist der Betrieb von Motorsportbooten häufig mit einer Wasserverschmutzung verbunden (in Form von Ölverseuchung).

• Die Ortsveränderung stellt ein zentrales Merkmal des Tourismus dar. Seit den 1960er-Jahren hat zunächst der private Pkw als Reiseverkehrsmittel an Bedeutung gewonnen und seit den

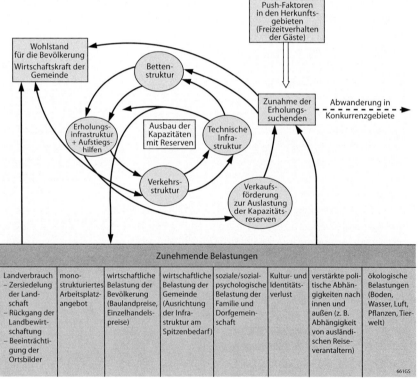

Abb. 3.6.2/2 *Die Wirkungen des Tourismus auf Umwelt, Wirtschaft, Bevölkerung und Kultur sind eng miteinander verknüpft. Nach einer Initialphase entwickelt der Tourismus dabei meist eine eigene Dynamik, bei der die Gefahr besteht, dass die natürlichen und kulturellen Ressourcen bedroht werden.*

1980er-Jahren das Flugzeug. Gegenüber der Bahn und dem Bus handelt es sich dabei um Verkehrsmittel mit einem besonders hohen Energiebedarf, die besonders große Umweltbelastungen auslösen. So wird z. B. im Flugverkehr tendenziell ca. dreimal so viel Energie verbraucht wie bei Bahnreisen (KAGERMEIER, A. 2007, 260). Ein wachsender Flächenbedarf für Infrastruktureinrichtungen, eine steigende Lärmbelästigung und vor allem eine zunehmende Luftverschmutzung sind die Folgen. Speziell die enormen Schadstoffemissionen der Flugzeuge (in Form von CO_2, H_2O, NOx, SO_2) tragen zu einer Verstärkung des Treibhauseffekts und zu einer Veränderung der Ozonschutzhülle bei (BACH, W. & S. GÖSSLING 1996, 6).

• Zu den negativen ökologischen Effekten des Tourismus zählt schließlich die Tier- und Pflanzengefährdung, die vor allem durch die Outdoor-Aktivitäten ausgelöst werden. Wanderer, Skiläufer, Bergsteiger, Wassersportler, Drachen- bzw. Gleitschirmflieger u. a. dringen häufig in Rückzugs- und Schutzräume von Tieren vor. Dabei können sie Tiere stören, die durch die häufige Flucht ihre Bruttätigkeit unterbrechen müssen und wichtige Energiereserven verlieren (speziell Wasservögel, Fledermäuse, Gamswild). Durch Trittschäden oder das Sammeln von Pflanzen beeinträchtigen die Erholungssuchenden auch häufig die Vegetation – vor allem in biologisch wertvollen Zonen (BECKER, C., H. JOB & A. WITZEL 1996, 22–31). Angesichts der zahlreichen negativen Wirkungen auf Landschaft und Umwelt

wird allerdings meist die Tatsache vernachlässigt, dass dem Tourismus in ökologischer Hinsicht durchaus auch eine Opfer-Rolle zukommt – er ist nicht nur Verursacher, sondern auch Leidtragender genereller Umweltbelastungen. Dieser Sachverhalt wurde z. B. im Jahr 1988 bei dem Robbensterben an der deutschen Nordseeküste oder im Sommer 2000 bei der Algenpest an der italienischen Adria deutlich. Für diese Umweltkatastrophen, die jeweils zu einem erheblichen Rückgang der touristischen Nachfrage führten, waren Giftstoffe aus Industrie und Haushalten verantwortlich (STEINECKE, A. 2010, 156–157).

Darüber hinaus können sich Freizeit und Tourismus auch positiv auf die Natur auswirken: So können die Einnahmen aus dem Tourismus dazu genutzt werden, die Einrichtung von Großschutzgebieten zu finanzieren und damit Beschäftigungsmöglichkeiten für die lokale Bevölkerung zu schaffen (REVERMANN, C. & T. PETERMANN 2003; JOB, H. 2008).[3] Diese Einbindung der Einheimischen in touristische Projekte stellt auch eine wichtige Strategie dar, die Akzeptanz von Naturschutzmaßnahmen zu erhöhen und die soziokulturellen Belastungen zu minimieren.[4] Zu den positiven Wirkungen zählt auch ein Einstellungs- und Verhaltenswandel der einheimischen Bevölkerung (speziell der Beschäftigten in der Tourismusbranche). Durch den Kontakt mit den Touristen entwickeln sie eine höhere Umweltsensibilität und ein kritisches Umweltverhalten; dadurch können sie als Multiplikatoren für ein wachsendes Umweltbewusstsein fungieren (VORLAUFER, K. & H. BECKER-BAUMANN 2007).

3.6.3 Soziokulturelle Wirkungen des Tourismus

Eine exakte Erfassung der soziokulturellen Wirkungen des Tourismus in den Zielgebieten erweist sich methodisch als schwierig, da neben dem Tourismus auch andere Modernisierungsfaktoren einen Einfluss auf die traditionelle Kultur und die Lebensweise der Bevölkerung haben (z. B. TV, Kino, Internet). Die Aussagen zu diesen Wirkungen basieren häufig auf (unsystematischen) Beobachtungen, die im Rahmen von Pilotstudien durchgeführt wurden. Zu den negativen soziokulturellen Effekten des Tourismus zählen vor allem die Fremdbestimmung und Abhängigkeit von außen, die Bedrohung der kulturellen Identität, die sozialen Disparitäten und Spannungen sowie Kriminalität, Prostitution:

- Die Tourismusregionen im Mittelmeerraum, in den Alpen und in zahlreichen Ländern der Dritten Welt erleben während der Saison einen massenhaften Zustrom von Touristen: In vielen Orten kann sich die Zahl der ortsfremden Besucher auf das 10- oder 20fache der einheimischen Bevölkerung belaufen. Außerdem kommt es häufig zu einem Zustrom von saisonalen Arbeitskräften aus anderen Teilen des Landes. Der dadurch entstehende Eindruck einer Fremdbestimmung und Abhängigkeit von außen wird noch durch die wirtschaftliche Tätigkeit regionsfremder Unternehmen (Hotelgruppen, Mietwagenfirmen etc.) und durch den Erwerb von Immobilien durch Auswärtige bzw. Ausländer verstärkt.
- Mit dieser Fremdbestimmung kann die Bedrohung der kulturellen Identität ein-

hergehen, denn die regionalen Eigenarten, Sitten und Bräuche werden häufig an die klischeehaften Erwartungen der Urlauber angepasst. Innerhalb dieses Akkulturationsprozesses kommt es zur Reduzierung des komplexen kulturellen Erbes auf wenige, scheinbar typische Elemente. Häufig findet auch eine Loslösung von Kulturereignissen aus ihrem ursprünglich religiösen Sinnzusammenhang statt. Auf der indonesischen Insel Bali werden z. B. die traditionellen Tänze, die früher ein Bestandteil gelegentlicher zeremonieller Tempelfeste waren, nun regelmäßig auf großen Schauspiel- und Tanzbühnen aufgeführt (Vorlaufer, K. 1999, 283).

- Darüber hinaus kann die unterschiedliche Teilhabe an den Einnahmen aus dem Tourismus zu sozialen Disparitäten und Spannungen führen. Aufgrund steigender Boden- und Immobilienpreise, aber auch eines hohen Preisniveaus für Konsumgüter verschlechtert sich die Wohn- und Lebenssituation in den Tourismusorten vor allem für untere und mittlere Einkommensgruppen. Außerdem hat die Ausrichtung der kommunalen Infrastruktur auf die Bedürfnisse der Touristen (z. B. Freizeiteinrichtungen, Thermen) zur Folge, dass finanzielle Mittel für notwendige soziale Einrichtungen fehlen (z. B. Kindergärten, Jugendtreffs). In vielen Orten führt die Diskussion über die künftige Entwicklung zu erheblichen Spannungen zwischen den Bevölkerungsgruppen, die vom Tourismus profitieren, und jenen, die kaum oder gar nicht daran partizipieren. In Einzelfällen ist es zu

Abb. 3.6.3/1 *Im Jahr 2007 protestierten 50 000 Mallorquiner gegen die „Beton-Politik"
der Inselregierung und den damit verbundenen Raubbau an der Natur.*

einem Aufstand der Bereisten in Form von Protestaktionen gekommen – z. B. bei der Aufnahme von Charterflugverbindungen in das indische Goa (1985) oder bei dem geplanten Bau des „CenterParcs Köselitz" in Sachsen-Anhalt (STEINECKE, A. 2010, 88–89; VOSSEBÜRGER, P. & A. WEBER 2000, 87–90).

- Vor dem Hintergrund von Armut und sozialer Ungleichheit ist – vor allem in Entwicklungsländern – mit der touristischen Erschließung häufig auch ein Anstieg der Kriminalität und der (Kinder-)Prostitution verbunden. Allerdings hängt das Ausmaß dieser Entwicklungen von der Gesetzgebung und inneren Ordnung, aber auch von den traditionellen Wertvorstellungen und Normen der jeweiligen Länder ab. Ein besonders negatives Beispiel stellt Thailand dar, das bereits in den 1970er-Jahren zu einem bevorzugten Ziel des Sextourismus wurde. Damit wurde eine problematische Entwicklung fortgesetzt, die durch die Rest and Recreation Centres der US-Armee während des Vietnamkrieges eingeleitet worden war (DAMMERMANN, C. 1996, 176). Um einem weiteren Anstieg der Kinderprostitution entgegenzuwirken, haben verschiedene entwicklungspolitische Organisationen im Jahr 1990 die internationale „Kampagne zur Beendigung der Kinderprostitution im asiatischen Tourismus" (ECPAT) ins Leben gerufen (O'GRADY, R. 1996; MINNINGER, S. 2004).

Den zahlreichen negativen Wirkungen, die der Tourismus im Bereich von Bevölkerung und Kultur auslösen kann, stehen durchaus auch einige positive Effekte gegenüber. Dazu zählen vor allem die interkulturelle Begegnung zwischen

Einheimischen und Gästen (die nicht in jedem Fall eine Belastung darstellen muss) sowie die Reflexion über das eigene kulturelle Erbe, die zum Erhalt von Traditionen und Kulturdenkmälern führt (JOB, H. & S. WEIZENEGGER 2007, 635). Seit den 1980er-Jahren sind die ökologischen und soziokulturellen Belastungen des Tourismus in zahlreichen Studien analysiert worden, deren Ergebnisse eine intensive fachliche und öffentliche Diskussion ausgelöst haben. Unter Begriffen wie „sanfter Tourismus", „intelligenter Tourismus", „umwelt- und sozialverträglicher Tourismus", „nachhaltiger Tourismus" wurden seitdem umfassende Konzepte erarbeitet, um die negativen touristischen Effekte auf Landschaft und Umwelt zu minimieren und die positiven wirtschaftlichen Wirkungen zu optimieren.

Zusammenfassung

Fazit

- Die Effekte des Tourismus lassen sich am besten mit dem asiatischen Sprichwort beschreiben: „Der Tourismus ist ein Feuer, mit dem man seine Suppe kochen, aber auch sein Haus abbrennen kann."
- Positive Wirkungen sind vor allem im wirtschaftlichen Bereich zu beobachten – z. B. Devisen-, Beschäftigungs- und Einkommenseffekte sowie regionale Ausgleichseffekte. Allerdings kann es in den Zielgebieten auch zu Preissteigerungen kommen, bei vielen Arbeitsplätzen handelt es sich nur um saisonale Beschäftigung und ein Teil der Einnahmen fließt zurück in die Quellgebiete (Sickerrate).

- Landschaftsverbrauch und Landschaftszersiedelung sind die gravierenden ökologischen Wirkungen des Tourismus; darüber hinaus sind Luft- und Wasserverschmutzung zu nennen sowie die Gefährdung der Tier- und Pflanzenwelt. In einigen Ländern werden die touristischen Einnahmen aber dazu genutzt, Maßnahmen des Naturschutzes zu finanzieren und damit bedrohte Lebensräume von Fauna und Flora zu erhalten.
- Die soziokulturellen Effekte des Tourismus sind relativ schwer zu erfassen, da es neben dem Tourismus auch andere Faktoren der Modernisierung und des sozialen Wandels gibt. Speziell in Schwellen- und Entwicklungsländern kommt es – aufgrund des großen kulturellen Gegensatzes und des wirtschaftlichen Gefälles – zu negativen Begleiterscheinungen (Verlust der kulturellen Identität, Bettelei und Kriminalität, Prostitution). Bei einem behutsamen Umgang mit dem Tourismus kann aber auch der Stolz auf die eigene Kultur gefördert werden (Erhalt von Traditionen, Belebung des Kunsthandwerks).

Zum Einlesen

EED (EVANGELISCHER ENTWICKLUNGSDIENST) (Hrsg.): Tourism Watch – Informationsdienst Dritte Welt-Tourismus, Bonn.
Der Newsletter informiert vierteljährlich über aktuelle Entwicklungen im Dritte-Welt-Tourismus – inkl. Tagungsankündigungen, Literaturtipps etc. (www.tourism-watch.de).

WEINHÄUPL, H. & M. WOLFSBERGER (Hrsg.; 2007): Trauminseln? Tourismus und Alltag in „Urlaubsparadiesen", Berlin/Wien.
Anhand zahlreicher Fallbeispiele beschäftigen sich die Beiträge mit dem Widerspruch zwischen der klischeeartigen touristischen Raumwahrnehmung und der Lebenswirklichkeit der Einheimischen.

Abb. 4/1 Bereits in den 1960er- und 1970er-Jahren hat der Boom des internationalen Tourismus dazu geführt, dass attraktive Küstenlandschaften radikal umgestaltet wurden. Ein extremes Beispiel ist Benidorm an der spanischen Costa Brava, das sich in kurzer Zeit von einem idyllischen Fischerdorf zur Stadt mit der größten Hochhausdichte der Welt entwickelt hat.

4 Die Tourismusräume: Strukturen – Wirkungen – Managementstrategien

Das Wechselspiel von touristischer Nachfrage und touristischem Angebot führt zur Entstehung von Tourismusstandorten und -räumen. Dazu zählen Orte und Regionen, die regelmäßig einen großen Zustrom von Ortsfremden verzeichnen, in deren Wirtschaft der Tourismus eine wichtige Rolle spielt und deren Erscheinungsbild wesentlich durch touristische Einrichtungen geprägt werden. Ihre Entwicklung basiert auf mehreren Standortvoraussetzungen (STEINGRUBE, W. 2007a, 444–445):

• Neben der räumlichen Lage stellt vor allem die naturräumliche Ausstattung das Basispotenzial jeder touristischen Erschließung dar (von den standortungebundenen Erlebnis- und Kon-sumwelten einmal abgesehen). Durch Faktoren wie Lage, Klima, Landschaft, Vegetation werden die grundsätzlichen Positionierungs- und Handlungsmöglichkeiten einer Region bestimmt – z. B. hinsichtlich der Erreichbarkeit (bei Inseln oder bei Binnenstandorten), der Tourismusformen (im Wintersport- bzw. Badetourismus) oder der Saisonalität.

• Zum ursprünglichen Angebot im Tourismus zählt auch die generelle Infrastruktur in Form von technischen und sozialen Einrichtungen, die generell für die Einwohner bereitgestellt wurden, aber nun auch von den auswärtigen Besuchern genutzt werden (z. B. Verkehrsinfrastruktur, Ver- und Entsorgung, Kultur- und Bildungseinrichtungen).

• Darüber hinaus ist das Humankapital eine wichtige Voraussetzung für die touristische Erschließung einer Stadt oder Region. Einerseits können Sprache, Kultur und Brauchtum der lokalen Bevölkerung als wichtige Attraktionen fungieren; andererseits sind die Einheimischen – als Unternehmer und Arbeitskräfte – zentrale Akteure innerhalb der touristischen Entwicklung.

• Über dieses ursprüngliche Angebot (Naturraum, Infrastruktur, Bevölkerung) hinaus benötigen Städte und Regionen aber auch spezifische Einrichtungen für Touristen. Dieses abgeleitetete Angebot umfasst Beherbergungs- und Verpflegungseinrichtungen, Transportangebote, Freizeiteinrichtungen sowie weitere touristische Angebote – z. B. Kurhäuser, Messen, Events. Die Tourismusorte und -regionen sind zum einen Konzentrationspunkte und Schauplätze der touristischen Nachfrage (mit den entsprechenden Wirkungen auf z. B. Wirtschaft, Bevölkerung, Umwelt); zum anderen treten sie aber auch als eigenständige Akteure auf dem Tourismusmarkt auf (FREYER, W. 2011, 259–260):

• Als Leistungsträger betreiben sie ein touristisches Marketing, in dem sie Reiseveranstaltern das lokale Angebot als Bestandteil von Pauschalreisen oder Reisemittlern zum Vertrieb anbieten.

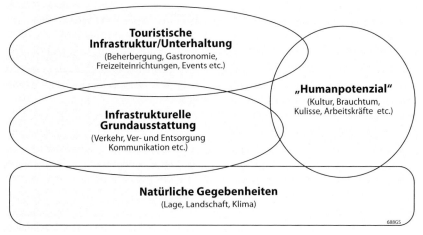

Abb. 4/2 *Orte und Regionen müssen zahlreiche Voraussetzungen aufweisen, um sich zu Tourismusstandorten entwickeln zu können – von einem attraktiven Naturraum über eine generelle Infrastrukturausstattung und Humankapital bis hin zu spezifischen Tourismuseinrichtungen.*

- Darüber hinaus stellen sie selbst die Dienstleistungen lokaler Anbieter zu Pauschalen zusammen und übernehmen damit die Rolle eines Reiseveranstalters.
- Schließlich kümmern sich Tourismusorte häufig auch um die Vermittlung von Zimmern, Tickets etc. und fungieren dabei als Reisemittler.

In der Vergangenheit handelte es sich bei diesen geschäftlichen Aktivitäten für die Tourismusorte und -regionen nur um nachgeordnete Tätigkeitsbereiche, während die Schwerpunkte ihrer Arbeit in der Gästeinformation und -betreuung, der Imagepflege und Öffentlichkeitsarbeit, der Koordination lokaler bzw. regionaler Aktionen sowie der politischen Interessenvertretung lagen. Für diese organisatorischen Aufgaben waren zumeist Fremdenverkehrsämter bzw. Fremdenverkehrsvereine zuständig, deren Arbeit durch öffentliche Zuschüsse finanziert wurde (vgl. Kap. 4.1.5.2).

In jüngerer Zeit ist eine Professionalisierung der lokalen und regionalen Tourismusarbeit zu beobachten: Eine wachsende Zahl von Tourismusorten und -regionen versteht sich nun als Destination – also als eine Wettbewerbseinheit im Incoming-Tourismus. Mit diesem neuen Grundverständnis als wirtschaftlicher Akteur im touristischen Markt ist häufig auch eine Veränderung der Organisationsstruktur und eine (Teil-)Privatisierung verbunden. Die Tourismusarbeit liegt dabei in Händen von neu gegründeten Managementorganisationen, die zumeist in Form einer Gesellschaft mit beschränkter Haftung (GmbH) organisiert sind, bei der neben den Kommunen auch Unternehmen der

Was ist eine Destination?

Eine „Destination" ist – nach der Definition des Schweizer Tourismusforschers T. Bieger (2008, 56) – ein „geografischer Raum (Ort, Region, Weiler), den der jeweilige Gast (oder ein Gästesegment) als Reiseziel auswählt. Sie enthält sämtliche für einen Aufenthalt notwendigen Einrichtungen für Beherbergung, Verpflegung, Unterhaltung, Beschäftigung. Sie ist damit die Wettbewerbseinheit im Incoming-Tourismus, die als strategische Geschäftseinheit geführt werden muss."

Tourismuswirtschaft als Gesellschafter auftreten. Innerhalb der Tourismusforschung und auch Tourismuspraxis haben die Begriffe „Destination" und „Destinationsmanagement" in den letzten Jahren eine erhebliche Konjunktur erlebt und große Diskussionen ausgelöst.[1]

Ein Konsens lässt sich dabei hinsichtlich folgender zentraler Merkmale einer Destination feststellen (Becker, C. 2007, 470):

- Die Abgrenzung einer Destination erfolgt aus Sicht der Besucher – unabhängig von administrativen oder politischen Grenzen.
- Eine Destination sollte über ein klares und eigenständiges Profil verfügen, um am Tourismusmarkt wahrgenommen zu werden und sich zu einer Marke entwickeln zu können.
- Eine Destination sollte ein breites Angebot an allen notwendigen touristischen Einrichtungen aufweisen.

- Der Marktauftritt einer Destination sollte in Händen einer professionellen Managementorganisation liegen, die für Kommunikation, Produktentwicklung und Vertrieb zuständig ist.
- Die einheimische Bevölkerung sollte sich mit der räumlichen Abgrenzung, der Tourismusentwicklung und dem Marktauftritt der Destination (speziell dem Markennamen) identifizieren können.

Ein deutlicher Dissens besteht hingegen hinsichtlich der Mindestgröße und Abgrenzungskriterien einer Destination:

- Auf der Grundlage von Aktionsraumuntersuchungen plädiert C. BECKER (2007, 470–473) für ein System von kleinen, mittleren und größeren Destinationen, die hinsichtlich der Anreisedistanz sowie des aktionsräumlichen Verhaltens der Gäste abgegrenzt werden.
- Für die Schweiz wurden folgende Schwellenwerte ermittelt: 300 000 Übernachtungen bei einer nationalen Destination (deren Gäste aus dem Inland kommen), 600 000 Übernachtungen bei einer internationalen Destination (mit einer nationalen Reichweite und einer Ansprache ausgewählter Zielmärkte im näheren Ausland) und eine Million Übernachtungen bei einer globalen Destination, die neben dem nationalen Markt auch einzelne Märkte auf anderen Kontinenten anspricht. Als weiteres Abgrenzungsmerkmal wird das zur Verfügung stehende Marketingbudget verwendet. Falls der Tagesausflugsverkehr eine große Rolle spielt, kann er durch Berechnung von Äquivalenzwerten berücksichtigt werden (BIEGER, T. 2010, 130).

- Für Deutschland hat G. BLEILE (2001, 6–8) vorgeschlagen, die ca. 150 regionalen Tourismusorganisationen bzw. Fremdenverkehrsverbände und die ca. 4 000 kommunalen Tourismusstellen zu 35 bis 40 wettbewerbsfähigen Destinationen zusammenzufassen (mit jeweils mindestens fünf Millionen Übernachtungen). Dabei handelt es sich um Regionen, die bereits gegenwärtig einen hohen Bekanntheitsgrad aufweisen (z. B. Oberbayern, Schwarzwald, Harz).
- Für die Neuen Bundesländer wurde vom „Deutschen Wirtschaftswissenschaftlichen Institut für Fremdenverkehr an der Universität München" (DWIF) ein differenziertes Modell zur Beurteilung der Wettbewerbsfähigkeit von Destinationen erarbeitet. Als Merkmale einer regionalen Destination gelten danach u. a. eine Millionen gewerbliche Übernachtungen bzw. zwei Millionen Gesamtübernachtungen, mehr als 10 000 Betten in gewerblichen Betrieben und ein Marketingetat in Höhe von 0,5 Mio. Euro (ZEINER, M. & M. FEIGE 2011).

Ungeachtet dieser fachinternen Diskussion über die Größe einer Destination und über die Art der Organisation stehen viele traditionelle Tourismusorte und -regionen generell vor der Herausforderung, ihre touristische Arbeit zu professionalisieren: Zum einen hat sich der (inter)nationale Wettbewerb seit den 1990er-Jahren erheblich verschärft; zum anderen vollzieht sich die Entwicklung touristischer Zielgebiete nach den gleichen Regelhaftigkeiten, die auch für Konsumgüter gelten – sie sind einem Produktlebenszyklus unterworfen.

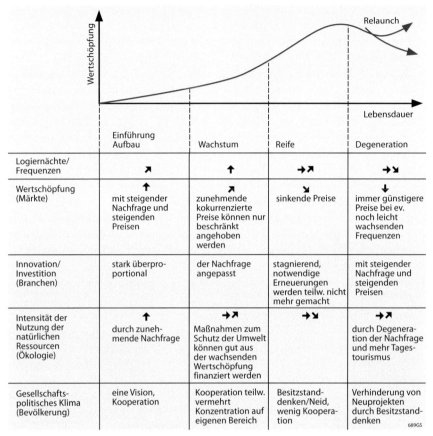

	Einführung Aufbau	Wachstum	Reife	Degeneration
Logiernächte/ Frequenzen	↗	↑	→↗	→↘
Wertschöpfung (Märkte)	↑ mit steigender Nachfrage und steigenden Preisen	↗ zunehmende kokurrenzierte Preise können nur beschränkt angehoben werden	↘ sinkende Preise	↓ immer günstigere Preise bei ev. noch leicht wachsenden Frequenzen
Innovation/ Investition (Branchen)	stark überproportional	der Nachfrage angepasst	stagnierend, notwendige Erneuerungen werden teilw. nicht mehr gemacht	mit steigender Nachfrage und steigenden Preisen
Intensität der Nutzung der natürlichen Ressourcen (Ökologie)	↑ durch zunehmende Nachfrage	→↗ Maßnahmen zum Schutz der Umwelt können gut aus der wachsenden Wertschöpfung finanziert werden	→↘	→↗ durch Degeneration der Nachfrage und mehr Tagestourismus
Gesellschaftspolitisches Klima (Bevölkerung)	eine Vision, Kooperation	Kooperation teilw. vermehrt Konzentration auf eigenen Bereich	Besitzstanddenken/Neid, wenig Kooperation	Verhinderung von Neuprojekten durch Besitzstanddenken

689GS

Abb. 4/3 *Die Entwicklung von Destinationen vollzieht sich nach den gleichen Regelhaftigkeiten, die auch für Konsumgüter gelten. Auf eine Markteinführungsphase folgen Wachstums- und Reifephase. Nach einem längeren Marktauftritt müssen Relaunch-Maßnahmen durchgeführt werden, um den veränderten Kundenbedürfnissen gerecht zu werden.*

Dabei lassen sich mehrere Phasen abgrenzen, die sich hinsichtlich der Nachfrageentwicklung, der Wertschöpfung, der Investitionen, der Nutzung natürlicher Ressourcen und des gesellschaftspolitischen Klimas voneinander unterscheiden (BIEGER, T. 2008, 105; vgl. Abb. 4/3):[2]

- In der Phase der Markteinführung steigt die Zahl der Besucher in einer Region stark an. Da die Unternehmen hohe Preise verlangen können, ist auch die Wertschöpfung entsprechend hoch. Aufgrund der Marktchancen werden große private und öffentliche Investitionen vorgenommen, die zu einer starken Inanspruchnahme der natürlichen Ressourcen führen. Das gesellschaftspolitische Klima wird generell durch eine Aufbruchstimmung und durch optimistische Zukunftsvisionen geprägt.

- In der folgenden Wachstums- und der anschließenden Reifephase verändern sich diese Parameter: Die Nachfrage verzeichnet zunächst hohe Zuwachsraten, geht aber dann langsam zurück. Aufgrund eines stagnierenden und später sinkenden Preisniveaus sinkt die Investitionsbereitschaft. Bei den touristischen Akteuren, aber auch innerhalb der lokalen Bevölkerung nehmen Besitzstanddenken und Neid zu.
- Die anschließende Degenerationsphase wird durch eine Zunahme von Kurzur-

laubern und Tagesausflüglern gekennzeichnet. Mit dem hohen Verkehrsaufkommen sind zahlreiche ökologische Belastungen verbunden. Da der Wettbewerb gegenüber anderen Regionen vor allem über den Preis stattfindet, verfügen die Unternehmen und die öffentliche Hand nicht über die notwendigen finanziellen Mittel für Investitionen. Neue touristische Projekte werden durch Besitzstanddenken verhindert. Nur wenn es gelingt, diesen Kreislauf zu durchbrechen, können sich die Regionen neu auf dem Markt positionieren (Relaunch) – z. B. durch die Entwicklung neuer Produkte oder durch die Ansprache neuer Zielgruppen.

Das Lebenszyklusmodell macht deutlich, dass die touristischen Zielgebiete

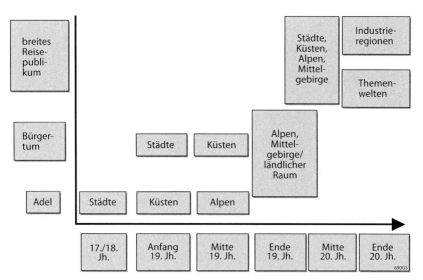

Abb. 4/4 *Seit dem 18. Jh. sind zunächst die Städte und später die Küsten, das Hochgebirge sowie das Mittelgebirge als touristische Destinationen inwertgesetzt worden. Lange Zeit fungierte dabei der Adel als Trendsetter, der sich vom nachrückenden Bürgertum distanzieren wollte.*

einer Dynamik unterliegen, die durch zahlreiche externe und interne Faktoren bestimmt wird. Diese Tatsache gilt nicht nur für kürzere bzw. mittlere Zeiträume (von einigen Jahren bzw. von mehreren Jahrzehnten), sondern sie lässt sich auch im langfristigen historischen Verlauf des Tourismus beobachten (vgl. Abb. 4/4). Seit seinen Anfängen im 17. und 18. Jh. hat sich der Tourismus räumlich entfaltet und zu einem globalen Phänomen entwickelt. Der Aktionsraum der Touristen ist dabei immer größer geworden: Die Welt wurde touristisch vollständig erschlossen und die Frontier der Freizeitperipherie dringt nun an die Grenzen des menschlichen Siedlungsraumes vor (RITTER, W. 2007; STEINECKE, A. 2010, 203–206). Innerhalb dieses Prozesses hat sukzessive eine touristische Inwertsetzung unterschiedlicher Kultur- und Naturräume stattgefunden:

- Auf die längste Tradition können dabei die Städte zurückblicken, die zunächst Ziele von Händlern und Handwerkern waren, bevor sie zu Attraktionen für Bildungs- und Kulturreisende wurden (vgl. Kap. 4.1).
- Seit dem 18. Jh. fand eine touristische Erschließung der Küsten statt – zunächst in Großbritannien und Deutschland, später auch im Mittelmeerraum und in tropischen Entwicklungsländern (vgl. Kap. 4.2).
- Eine veränderte Naturwahrnehmung sorgte dafür, dass im 19. Jh. eine touristische Nutzung der Hochgebirge einsetzte und die Schweiz zum „Playground of Europe" wurde (vgl. Kap. 4.3).
- Vor dem Hintergrund der Industrialisierung und Urbanisierung in Mittel- und Westeuropa entwickelten sich die ländlichen Räume und die Mittelgebirge seit Beginn des 20. Jh. zu beliebten Sommerfrischen (vgl. Kap. 4.4).
- Erst in der zweiten Hälfte des 20. Jh. entstand ein Bewusstsein für die touristische Attraktivität von Industrieregionen; neben dem Interesse an dem spezifischen kulturellen Erbe altindustrieller Räume spielt dabei auch der Besuch produzierender Betriebe eine Rolle (vgl. Kap. 4.5).
- Seit den 1990er-Jahren haben kommerzielle Erlebnis- und Konsumwelten weltweit einen Boom erlebt. Diese künstlich geschaffenen Einrichtungen sind weitgehend unabhängig von der natur- bzw. kulturräumlichen Ausstattung einer Region; ihre Standortwahl wird vielmehr durch die Erreichbarkeit und ein entsprechend großes Bevölkerungspotenzial im Umland bestimmt (vgl. Kap. 4.6).

Diese Raum- bzw. Destinationstypen sind Gegenstand der folgenden Kapitel des Studienbuches.

Zusammenfassung

Fazit

- Die erfolgreiche touristische Erschließung einer Region basiert zunächst auf naturräumlichen Standortfaktoren – u. a. auf einer günstigen Lage/Erreichbarkeit, einem angenehmen Klima und einer attraktiven Landschaft.
- Darüber hinaus müssen die generellen Infrastruktureinrichtungen in der Region (Straßen, Ver- und Entsor-

gung) eine ausreichende Kapazität aufweisen, da die Einwohnerzahl während der Saison durch die auswärtigen Besucher erheblich ansteigt.

- Schließlich muss die Region über ein zeitgemäßes Unterkunfts-, Verpflegungs- und Unterhaltungsangebot verfügen, das an den speziellen Bedürfnissen der Touristen ausgerichtet ist.

- Viele Landschaftstypen, die heute als attraktiv betrachtet werden, sind erst nach und nach für den Tourismus erschlossen worden – z. B. Küsten, Hochgebirge, Mittelgebirge und ländliche Räume sowie Industrieregionen. Dazu war jeweils eine neue Raumwahrnehmung notwendig (die durch Künstler, Mediziner bzw. Wissenschaftler ausgelöst wurde).

- Gegenwärtig sind Ferienregionen nicht nur Schauplätze touristischer Aktivitäten und Standorte der Tourismusbranche, sondern auch eigenständige Akteure auf dem Tourismusmarkt; zu ihren typischen Produkten gehört die Entwicklung und der Vertrieb von Pauschalreisen sowie die Zimmervermittlung.

- Immer mehr Ferienregionen verstehen sich inzwischen als Destinationen – also als professionell arbeitende, kommerzielle Wettbewerbseinheiten im Incoming-Tourismus. Mit diesem neuen Grundverständnis geht häufig ein Wandel der Organisationsform einher (vom Fremdenverkehrsamt zu einer Tourismus GmbH).

- Wie die Produkte der Konsumgüterindustrie unterliegen auch die Destinationen einem Lebenszyklus: Sie werden auf dem Tourismusmarkt eingeführt und erleben eine Phase des Wachstums und der Reife. Wenn nicht rechtzeitig ein Relaunch (also eine Neupositionierung) vorgenommen wird, geraten sie in die Degenerationsphase – mit rückläufigen Besucherzahlen und sinkenden Einnahmen.

Zum Einlesen

Bieger, T. (2008): Management von Destinationen, 7. Auflage München/Wien.
Im Mittelpunkt dieses betriebswirtschaftlichen Standardwerks zum Destinationsmanagement stehen fundierte theoretisch-konzeptionelle Überlegungen, die durch einige Fallstudien ergänzt werden.

Eisenstein, B. (2010): Grundlagen des Destinationsmanagements, München.
Aufgrund des verständlichen Stils und der anschaulichen Darstellung eignet sich das Buch gut als Einstiegslektüre in das Thema.

4.1 Tourismus in Städten

Als Zentren von Handel und Handwerk, Politik und Bildung haben Städte seit jeher eine besondere Anziehungskraft auf Reisende ausgeübt. Zu Recht wird der Städtetourismus deshalb als „Urform des Reisens" (LOHMANN, M. 1989, 3) bezeichnet. In diesem Kapitel werden folgende Fragen zum Tourismus in Städten beantwortet:

- Welche Rolle haben Städte in der historischen Entwicklung des Tourismus gespielt?
- Welche Bedeutung hat der Städtetourismus gegenwärtig und welche Arten von Nachfragern gibt es?
- Welche wirtschaftlichen Effekte, aber auch soziokulturellen Belastungen löst der Tourismus in Städten aus?
- Was sind typische Wettbewerbsstrategien und Marketingmaßnahmen von Städten?

4.1.1 Historische Entwicklung des Städtetourismus

4.1.1.1 Die Grand Tour als Wurzel des (Städte-)Tourismus

Städte waren bereits in allen frühen städtischen Kulturen die Zielorte von Reisenden wie Händlern, Herrschern, Pilgern und Scholaren. Allerdings handelte es sich bei diesen frühen Formen der Distanzüberwindung – also bei Handelsreisen, Wallfahrten, Kreuzzügen, Entdeckerreisen und Wanderungen von Handwerksgesellen – um zweckgebundene Reisen, denen wirtschaftliche, politische oder religiöse Motive zugrunde lagen. Die Wurzeln des neuzeitlichen Tourismus finden sich im 16. Jh., als von jungen Adeligen ausgedehnte Bildungsreisen durch Europa unternommen wurden, um wichtige Persönlichkeiten zu treffen und die

Abb. 4.1/1 *Europaweit konnten die Städte (z. B. Prag) in den letzten Jahren einen erheblichen Nachfrageboom verzeichnen. Mit ihrer lebendigen Mischung aus Sehenswürdigkeiten, Restaurants, Museen, Geschäften, Cafés und Bars treffen sie den Geschmack der Touristen, die auf der Suche nach einem urbanen Gesamterlebnis sind.*

Abb. 4.1.1.1/1 *Bis zur Einführung von Eisenbahn und Dampfschiff war das Reisen mit einem hohen Aufwand an Zeit, Kosten und Mühe verbunden. Obwohl Frankreich über gut ausgebaute Chausseen verfügte, dauerte die Fahrt mit der Postkutsche von Paris nach Marseille im Jahr 1780 acht Tage.*

politischen sowie kulturellen Zentren in Europa kennenzulernen (BRILLI, A. 1997).

Auf dem Programm dieser Grand Tour standen die Ausbildung in Tanz, Fechten und Reiten, das Erlernen fremder Sprachen, der Besuch von Kursen an ausländischen Universitäten, die Praxis im standesgemäßen Auftreten sowie das An-

knüpfen und die Vertiefung gesellschaftlicher und wirtschaftlicher Kontakte. Die übliche Reiseroute der Grand Tour, die meist mehrere Jahre dauerte, verlief von Großbritannien aus nach Frankreich (mit einem längeren Aufenthalt in Paris) und weiter nach Italien, wo in der Regel mehrere Städte besucht wurden. Italien war nicht nur aufgrund seiner kulturellen Leistungen sowie seiner kultivierten gesellschaftlichen Umgangsformen ein Standardreiseziel, sondern es galt auch als „ein Land der Sinnenlust und Ausschweifung" (MAURER, M. 1991, 222). Die Rückreise führte über die Schweiz und Deutschland (entlang des Rheins) in die Niederlande.

Der junge Adlige wurde von mehreren Dienern, Mentoren und einem Reisemarschall begleitet; diese waren nicht nur für den reibungslosen Ablauf der Reise verantwortlich, sondern hatten auch für die soziale Kontrolle zu sorgen. Die Grand Tour war lange vorbereitet worden, ihr Programm orientierte sich häufig an einer entsprechenden Reise des Vaters oder eines entfernten Verwandten. Außerdem konnten die Reisenden auf Apodemiken zurückgreifen – dabei handelte es sich um Anleitungen zur Reiseorganisation, aber vor allem zu einer systematischen Wahrnehmung der Natur und Kultur des bereisten Landes (ISENBERG, W. 1987, 52–60; GÜNTER, W. 1991; KORTE, B. 1996, 59–67).

Im 18. Jh. änderte sich die Grand Tour grundlegend: An die Stelle der höfischen Erziehung und der Einführung in die europäischen Fürstengesellschaften trat die Ausbildung eines künftigen Beamten oder Herrschers – sie wurde zur „Informationsreise politischer Funktionsträger" (NORTH, M. 2003, 35). Auf dem Programm standen nun – neben dem Besuch von Städten – auch Besichtigungen von Bergwerken, Manufakturen, politischen Institutionen sowie Treffen mit Unternehmern, Wissenschaftlern und Künstlern.

Mit dem gesellschaftlichen Wandel, der seit Mitte des 18. Jh. in Europa stattfand, verlor die Reise ihre bisherige Exklusivität. Durch nationale und internationale Handelstätigkeit, aber auch durch das Eigentum an Fabriken entwickelte sich das städtische Bürgertum zu einer neuen wirtschaftlichen Elite – und zu einem neuen Reisepublikum.

Der Adel reagierte auf die nachrückenden bürgerlichen Touristen, indem er sich in die binnenländischen Kurorte zurückzog (der belgische Kurort Spa wurde namensgebend für alle derartigen Heilbäder). Dabei orientierte sich die Aristokratie wiederum am Verhalten der königlichen Familie ihres Landes. Dieses Segregationsverhalten prägte bis in das 20. Jh. die Reisezielwahl der verschiedenen sozialen Schichten. Auf diese Weise wurden nach und nach unterschiedliche Natur- bzw. Kulturräume touristisch inwertgesetzt.

Mit der zunehmenden Teilhabe des Bürgertums kam es am Ende des 18. Jh. zu einer raschen Expansion der Touristenzahlen: Innerhalb weniger Jahre verdoppelte sich die Zahl der britischen Touristen, die auf ihrem Weg zum Kontinent die Straße von Dover überquerten. Da die bürgerlichen Reisenden über geringere finanzielle und zeitliche Ressourcen als der Adel verfügten, wurden die Reisen nun erheblich kürzer. Bei ihren Aufenthalten in den Städten nahmen die Reisenden nicht mehr gesellschaftliche Kontakte wahr, sondern besichtigten vor allem Kulturdenkmäler. Damit wurden die Wurzeln für den gegenwärtigen Städtetourismus gelegt (wie auch für Studienreisen, die sich in ihrem Programm häufig an diesen historischen Vorgaben orientieren).

4.1.1.1/2 Aufgrund des begrenzten Geldbudgets hatten die bürgerlichen Touristen auch nicht mehr so viel Zeit wie ihre adeligen Vorgänger; sie wurden deshalb schon bald zu einem beliebten Objekt von Karikaturisten.

4.1.1.2 Städtetourismus im 19. Jh.

Neben dem gesellschaftlichen Wandel führten auch wirtschaftliches Wachstum und technische Erfindungen im 19. Jh. zu einem raschen Wachstum des Tourismus generell, aber speziell auch des Städtetourismus.

Von besonderer Bedeutung war dabei die Entwicklung des Verkehrswesens, denn bis zur Erfindung der Dampfmaschine sowie der Einführung von Eisenbahn und Dampfschiff war das Reisen mit einem hohen Aufwand an Zeit-, Kosten und Mühe verbunden. Zahlreiche Berichte des 17. und 18. Jh. belegen die Beschwerlichkeit und Gefährlichkeit des Reisens (RICHTER, D. 1991; LÖSCHBURG, W. 1997, 131–137):

- Generell mussten die Reisenden zu Fuß gehen oder die Verkehrsmittel benutzen, die seit der Antike bekannt waren (Pferd, Kutsche, Segelschiff).
- Es gab nur ein wenig ausgebautes Netz von Straßen, deren Zustand zumeist sehr schlecht war, sodass es häufig zu Rad- und Achsbrüchen kam.
- Die Postkutschen verfügten nur über eine sehr geringe Transportkapazität (sechs bis zwölf Passagiere). Außerdem waren sie unzuverlässig, unpünktlich und langsam: Bei einer durchschnittlichen Geschwindigkeit von wenigen Kilometern pro Stunde benötigten die Reisenden z. B. für die Strecke Berlin-Rom im 18. Jh. zwei Monate.
- Aufgrund der zahlreichen Landesgrenzen mussten umfangreiche und zeitraubende Passformalitäten erledigt werden; außerdem machten Brücken-, Tor- und Zollgelder das Reisen zu einem kostspieligen Unternehmen.
- Darüber hinaus bestand für die Reisenden die ständige Gefahr, von Wegelagerern, Marodeuren und Räuberbanden überfallen zu werden.

Bereits im 18. Jh. wurden zahlreiche Maßnahmen gegen diese Missstände ergriffen: Die Territorialstaaten verbesserten die Sicherheitslage durch polizeiliche Maßnahmen, außerdem wurden neue Chausseen mit festem Unterbau gebaut und regelmäßige Liniendienste mit komfortablen Postkutschen eingerichtet. Doch erst mit der Einführung der Eisenbahn und des Dampfschiffes kam es zu einem grundsätzlichen Wandel. Nun standen schnelle und preisgünstige Verkehrsmittel zur Verfügung, mit denen ein massenhaftes Reisepublikum transportiert werden konnte. Mit dem Bau der ersten Eisenbahnlinien in England (in den 1820er-Jahren) sowie Deutschland und Frankreich (in den 1840er-Jahren) kam es zu einer „Industrialisierung des Reisens" (SCHIVELBUSCH, W. 1979, 20) und zu einer völlig neuen Raum- und Zeitwahrnehmung.

In Deutschland fand der Bau von Bahnlinien zwar mit einer Verzögerung gegenüber der Entwicklung in Großbritannien statt, doch in der zweiten Hälfte des 19. Jh. wurde das Streckennetz rasch erweitert. Im Jahr 1914 war es mit 63 700 km so umfangreich, dass nahezu alle Orte Deutschlands höchstens zwei Stunden Fußmarsch vom nächsten Bahnhof entfernt lagen.

Zu einem touristischen Massentransportmittel wurde die Eisenbahn vor allem durch die Entwicklung von preisgünstigen Pauschalangeboten für Gruppen- und Gesellschaftsreisende. Als Geburtsstunde des organisierten Massentourismus gilt die Eisenbahnreise zwischen Loughborough und Leicester, die der Baptistenprediger Thomas Cook am 5. Juli 1841 für eine Gruppe von 570 Temperenzlern durchführte (die Teilnehmer fuhren zu einer Großveranstaltung, um sich für den maßvollen Umgang mit dem Alkohol einzusetzen). Seitdem gilt Großbritannien als „Mutterland" der Pauschalreise (MUNDT, J. W. 2011a, 1–61). Cook entwickelte das Grundprinzip der Pauschalreise: die Verknüpfung unterschiedlicher Leistungen (z. B. Fahrt, Unterkunft, Verpflegung, Reiseleitung) zu einem Gesamtpreis, der aufgrund von Mengenrabatten unter dem Preis aller

Einzelleistungen lag. Aufgrund seines Erfolgs konzipierte er ständig neue Gruppenreisen – u. a. Excursion Trains für Arbeiter, die nachts in die Seaside Resorts transportiert wurden, um ihre Freizeit intensiv nutzen zu können (LÖSCHBURG, W. 1997, 154–156).

Für den Städtetourismus erlangte Thomas Cook vor allem im Jahr 1851 eine besondere Bedeutung, als er den Besuch von 165 000 Reisenden auf der ersten Weltausstellung „Great Exhibition of the Works of Industry of All Nations" in London organisierte. Generell trugen die Weltausstellungen, die im 19. Jh. in unregelmäßigen Abständen in Europa, den USA und Australien stattfanden, zu einem städtetouristischen Boom bei. Unter dem Leitbild eines weltweiten zivilisatorischen Fortschritts stand zunächst die Präsentation neuer technischer Produkte im Vordergrund – von der Nähmaschine über die Glühbirne bis hin zur Aspirintablette. Doch bald wurden im Rahmen der Weltausstellungen auch exotische Bauwerke und Lebenswelten rekonstruiert, z. B. der ägyptische Tempel von Edfu (Paris 1867) oder ein kongolesisches Dorf samt seinen Bewohnern (Antwerpen 1894). Damit entwickelten sich die Weltausstellungen zu hochrangigen städtetouristischen Attraktionen, die ein internationales Massenpublikum anzogen. Speziell die Ausstellungen in Paris verzeichneten Besucherrekorde: 15 Mio. Besucher im Jahr 1867 und mehr als 50 Mio. Besucher im Jahr 1900 (vgl. Tab. 4.1.1.2/1).

Jahr	Ort	Besucherzahl	Fläche (ha)	teilnehmende Länder
1851	London	6 039 195	10,4	25
1855	Paris	5 162 330	15,2	25
1862	London	6 096 617	11,0	39
1867	Paris	15 000 000	68,7	42
1873	Wien	7 255 000	233,0	35
1876	Philadelphia	10 000 000	115,0	35
1878	Paris	16 156 626	75,0	36
1880	Melbourne	1 330 000	25,0	33
1889	Paris	32 250 297	96,0	35
1893	Chicago	27 500 000	290,0	19
1897	Brüssel	6 000 000	36,0	27
1900	Paris	50 860 801	120,0	40

Tab. 4.1.1.2/1 *Wesentliche Impulse erfuhr der Städtetourismus im 19. Jh. durch die Weltausstellungen, die seit 1851 in unregelmäßigen Abständen in Europa, den USA und Australien stattfanden. Sie entwickelten sich rasch zu städtetouristischen Attraktionen, die ein internationales Massenpublikum anzogen.*

4.1.1.3 Städtetourismus im 20. Jh.

Zahlreiche deutsche Städte erkannten bereits im 19. Jh. das wirtschaftliche Potenzial des Tourismus: Zum einen schlossen sich Hoteliers, Gastwirte, Verkehrsunternehmer und Einzelhändler in Verkehrs- und Verschönerungsvereinen zusammen, zum anderen wurden städtische Verkehrsämter gegründet (als Teil der Kommunalverwaltung). Zentrale Aufgaben dieser Organisationen waren die bessere infrastrukturelle und kulturelle Ausstattung der Städte sowie die Öffentlichkeitsarbeit und Tourismuswerbung. In den 1920er-Jahren verfügten bereits 181 deutsche Städte über eigene Verkehrsämter; in 700 Städten wurden die Verkehrsvereine von den Kommunen finanziell unterstützt (KEITZ, C. 1997, 71).

Nach dem Ende des Ersten Weltkriegs führten die Wirtschaftskrise, aber auch die Nivellierung der bisherigen gesellschaftlichen Unterschiede zu einem zunehmenden Konkurrenzkampf zwischen Seebädern und Sommerfrischen, Städten und Kurorten. Die Städte begannen, eine aktive Tourismuspolitik zu betreiben. Dazu brachten sie immer mehr Mittel zur direkten Förderung des Tourismus auf. Darüber hinaus unterstützen die Kommunen den Tourismus indirekt durch hohe Investitionen in Theater, Kunstausstellungen sowie in das Ausstellungs-, Messe- und Kongresswesen. Damit wurden bereits in den 1920er-Jahren wesentliche Aufgabenfelder der kommunalen Tourismusarbeit definiert, die bis in die Gegenwart von Bedeutung sind (vgl. Kap. 4.1.5.2).

Im Zweiten Weltkrieg und auch in der Nachkriegszeit kam es im Städtetourismus zu erheblichen Einbrüchen: Große Teile der Verkehrsinfrastrukur, aber auch viele Innenstädte waren durch Bombenangriffe und Kämpfe zerstört worden: So gab es z. B. in Berlin im Jahr 1945 nur noch 1 500 Fremdenbetten – vor dem Krieg standen in der Stadt über 25 000 Betten zur Verfügung (WILDE, A. 1996, 87). Die Aufteilung Deutschlands in vier Besatzungszonen und die damit einhergehenden administrativen Probleme erschwerten jegliche Form des Reisens. Bis zur Währungsreform im Jahr 1948 litt der Tourismus außerdem unter einer fehlenden Geldwertstabilität und Problemen bei der Beschaffung von Devisen. Auch auf der Angebotsseite bestanden viele Hemmnisse: Die Besatzungsmächte nutzten in den ersten Nachkriegsjahren viele Hotels, um Verwundete, Flüchtlinge oder eigenes Personal unterzubringen – noch im Jahr 1950 wurden 22 % der Gästebetten auf diese Art zweckentfremdet. Darüber hinaus litt das Gastgewerbe unter der großen Energie- und Lebensmittelknappheit (PRAHL, H.-W. 1991).

In den 1950er-Jahren fungierten die Städte vorrangig als Quellgebiete des Tourismus (und weniger als Zielgebiete): Bereits 1946 waren die ersten Reisebüros wiedereröffnet worden; im Jahr 1948 wurde die „Arbeitsgemeinschaft der Gesellschaftsreisen" gegründet (die seit 1951 unter dem Namen „Touropa" agierte). Von diesem Unternehmen wurden Bahnpauschalreisen aus nord- und westdeutschen Städten in die bayerischen Alpen angeboten.

In den 1960er- und 1970er-Jahren hat der Städtetourismus in Deutschland erheblich an Bedeutung gewonnen; allerdings lagen die Wachstumsraten generell unter denen des Tourismus: So nahm die gesamte touristische Nachfrage im Zeitraum 1960–1975 um nahezu 100 % zu, während die städtetouristische Nachfrage nur um 50 % stieg (MEIER, I. 1994, 20).

Seit Mitte der 1970er-Jahre wies der Städtetourismus eine erhebliche Dynamik auf. Allerdings verlief das Wachstum nicht kontinuierlich, sondern wurde in einzelnen Phasen durch Stagnation bzw. sogar durch Rückgänge gekennzeichnet (z. B. 1970–1974, 1986, 1991, 2001). Derartige Nachfrageschwankungen können generell durch mehrere Faktoren ausgelöst werden:

• Da sich Wirtschaftsunternehmen zumeist prozyklisch verhalten, führen Konjunkturrückgänge und wirtschaftliche Rezessionen zu einem unmittelbaren Rückgang des Geschäftsreiseverkehrs (umgekehrt nimmt der beruflich bedingte Reiseverkehr parallel zum wirtschaftlichen Aufschwung auch wieder zu).

• Besondere ökonomische und politische Ereignisse beeinflussen vor allem den internationalen Städtetourismus – z. B. die Erdölkrise (1973), der Anschlag auf das World Trade Centre in New York (2001) oder der Tsunami und Reaktorunfall in Japan (2011).

• Ungünstige Währungsparitäten lösen einen Rückgang des ausländischen Incoming-Tourismus in den Städten aus (z. B. Ausbleiben US-amerikanischer Touristen bei einem schwachen Dollarkurs).

- Unangemessene Preissteigerungen in der städtischen Hotellerie und Gastronomie haben zur Folge, dass die Touristen mit einer Abwanderung in preisgünstigere Beherbergungsbetriebe im Umland der Großstädte reagieren.

In den 1980er- und 1990er-Jahren setzte sich der städtetouristische Boom in Deutschland fort, da die Städte zur Aufwertung ihrer Attraktivität erhebliche Mittel in die kulturelle Infrastruktur investierten. Im Rahmen der städtebaulichen Erneuerung nach dem Städtebauförderungsgesetz wurden außerdem Maßnahmen zur Sanierung historischer Stadtkerne, zur Verkehrsberuhigung und zur Durchgrünung durchgeführt (Jagnow, E. & H. Wachowiak 2000, 110). Darüber hinaus reagierten die Städte auf die wachsende Erlebnisorientierung der Besucher, indem sie als Schauplätze für Events und als Standorte für Musical-produktionen fungierten.

Auf der Nachfrageseite führten der allgemeine Wohlstand und vor allem das gestiegene Bildungsniveau der Bevölkerung zu einem wachsenden Interesse am Besuch von Kultureinrichtungen und -veranstaltungen (der mit einem hohen Prestigewert verbunden ist). Außerdem nahm die Zahl der Kurzreisen sowie der Zweit- und Drittreisen deutlich zu, die häufig in Städte unternommen werden.

Durch den Boom der Low Cost Carrier erhielt der Städtetourismus in den 1990er-Jahren zusätzliche Wachstumsimpulse; gleichzeitig hat sich der Wettbewerb zwischen den europäischen Großstädten dadurch weiter verschärft (Popp, M. & T. Freytag 2009; Freytag, T. 2009).

4.1.2 Umfang und Struktur des Städtetourismus in Deutschland

Gegenwärtig stellt der Städtetourismus ein wichtiges Marktsegment im deutschen Tourismusmarkt dar (DTV 2010; DRV 2011):

- Mehr als ein Drittel aller Gästeankünfte wird in Großstädten (mit mehr als 100 000 Einwohnern) gezählt.
- Jede vierte Übernachtung findet in einer Großstadt statt.
- 52 % der Ausländerübernachtungen werden in Großstädten registriert.

In den 1990er-Jahren hat sich die städtetouristische Nachfrage vor allem auf Großstädte konzentriert, die jeweils überdurchschnittlich hohe Zuwachsraten bei den Übernachtungen verzeichnen konnten. Auch zahlreiche kleinere Städte, die über eine gut erhaltene historische Bausubstanz und herausragende Kulturdenkmäler verfügen (z. B. Rothenburg o. d. T., Meersburg, Weimar, Trier), spielen im Deutschlandtourismus eine wichtige Rolle, allerdings dominiert dort zumeist der Tagesausflugsverkehr.

Als Folge dieses Nachfrageverhaltens hat sich innerhalb des deutschen Städtesystems eine deutliche Hierarchie städtetouristischer Destinationen herausgebildet, an deren Spitze die Bundeshauptstadt Berlin steht – mit deutlichem Abstand vor München, Hamburg, Frankfurt am Main und Köln (vgl. Tab. 4.1.2/1). Damit ziehen die fünf größten deutschen Städte auch – hinsichtlich Ankunfts- und Übernachtungszahlen – die meisten Besucher an.

Aufgrund des unterschiedlichen spezifischen Images und Angebotsprofils der deutschen Großstädte bestehen deutliche

	2000	2001	2002	2003	2004	2005	2006	2007	2008	2009	2010
Berlin	11,4	11,4	11,0	11,3	13,3	14,6	15,9	17,2	17,7	18,9	20,8
München	7,8	7,6	6,9	7,1	7,8	8,4	8,9	9,5	9,9	9,9	11,1
Hamburg	4,8	4,8	5,1	5,4	5,9	6,4	7,2	7,4	7,7	8,2	8,9
Frankfurt a. M.	4,3	4,3	3,9	3,9	4,3	4,6	5,1	5,4	5,4	5,4	6,1
Köln	3,1	3,4	3,3	3,4	3,9	4,2	4,4	4,5	4,3	4,1	4,6
Dresden	2,4	2,5	2,1	2,4	2,7	2,9	3,5	3,4	3,4	3,3	3,5
Düsseldorf	2,4	2,4	2,5	2,3	2,5	2,7	2,9	3,1	3,3	3,2	3,6
Stuttgart	2,1	2,2	2,1	2,2	2,3	2,3	2,6	2,6	2,7	2,5	2,7
Nürnberg	1,9	1,9	1,8	1,8	1,9	1,9	2,2	2,2	2,3	2,1	2,4

Tab. 4.1.2/1 *Im bundesdeutschen Städtetourismus besteht hinsichtlich der Bedeutung des Tourismus eine deutliche Hierarchie: An der Spitze steht Berlin, das im Jahr 2010 20,8 Mio. Übernachtungen verzeichnen konnte.*

Unterschiede hinsichtlich des Verhältnisses von inländischer und ausländischer Nachfrage: Während z. B. in Frankfurt am Main (aufgrund seiner Funktion als Umsteigeflughafen im internationalen Flugverkehr) 51 % der Gäste aus dem Ausland kommen, liegt dieser Wert in München bei 43 % und in Berlin sogar nur bei ca. 25 % (KRAJEWSKI, C. 2007, 768–769).

Auch in Zukunft ist von einem weiteren Wachstum des Städtetourismus auszugehen. Bundesweite Repräsentativuntersuchungen zeigen, dass es sich bei Städtereisen um ein stabiles Marktsegment mit einem hohen Wachstumspotenzial handelt: Im Jahr 2010 waren sich 18 % der Bundesbürger „ziemlich sicher", innerhalb der nächsten drei Jahre eine Städtereise zu unternehmen; für weitere 22 % kam diese Urlaubsform „generell in Frage" (F. U. R. 2010, 102).

4.1.3 Arten des Städtetourismus

Städte sind wirtschaftliche und politische, aber auch gesellschaftliche und kulturelle Zentren; entsprechend vielfältig sind die Motive und Verhaltensweisen der Besucher. Sie können aus diversen beruflichen Gründen kommen, um die Stadt zu besichtigen oder um Verwandte und Bekannte zu besuchen; diese Reisen können als Tagesausflug oder als Reise mit Übernachtungen durchgeführt werden. Angesichts dieser Komplexität ist es bisher nicht gelungen, eine exakte, generell anerkannte und gültige Definition zu erarbeiten (entsprechend problematisch sind deshalb auch generelle Aussagen zum Umfang und zur wirtschaftlichen Bedeutung des Städtetourismus). Als hilfreich zum Verständnis des Phänomens hat sich aber die Gliederung nach unterschiedlichen Arten des Städtetourismus erwiesen (vgl. Tab. 4.1.3/1).

4.1.3.1 Privat bedingter Städtetourismus in Deutschland

Städte verfügen über ein breites und vielfältiges Angebot für auswärtige Besucher – es reicht von Kultur- und Freizeiteinrichtungen über historische Gebäude und Boulevards bis hin zu Res-taurants und Shoppingmöglichkeiten. Diese „verdichtete Angebotspalette" (Fessmann, I. 1993, 16) der Städte bietet den Gästen eine große Wahlfreiheit: Sie können sich ihren Stadtaufenthalt nach ihren persönlichen Bedürfnissen spontan zusammenstellen. Städtereisen sind deshalb bei allen Alters-, Bildungs- und Einkommensgruppen recht beliebt; dennoch weist die Zielgruppe der Städtereisenden (Übernachtungsgäste) einige typische Struktur- und Verhaltensmerkmale auf (Liebsch, F. 2003, 23):

• Die Aufenthaltsdauer der Besucher liegt meist unter vier Übernachtungen, in Kleinstädten häufig unter zwei Übernachtungen; viele Stadtbesucher kommen aber auch nur für einen halben oder ganzen Tag.

• Bevorzugte Reisezeiten sind das späte Frühjahr sowie der Frühsommer und Frühherbst; entsprechend weist die Nachfrage meist ein typisches Sommerloch auf, da in der Ferien- und Urlaubszeit die längeren Urlaubsreisen durchgeführt werden.

• Das beliebteste Verkehrsmittel für eine Städtereise ist der private Pkw; allerdings spielen auch Bus und Bahn eine relativ wichtige Rolle (im Vergleich zum bundesdeutschen Reiseverhalten generell).

• Städtereisen werden überwiegend individuell organisiert. In Klein- und Mittelstädten liegt der Anteil von Pauschalurlaubern nur bei zehn Prozent, in Großstädten deutlich höher.

• Städtetouristen weisen eine recht ausgewogene Altersstruktur auf, jedoch sind Familien mit kleinen Kindern meist unterrepräsentiert. In Großstädten ist das Reisepublikum generell jünger als in Klein- und Mittelstädten, in denen mittlere und ältere Altersgruppen dominieren.

Übernachtungstourismus		Tagestourismus	
privat bedingt	**beruflich bedingt**	**privat bedingt**	**beruflich bedingt**
Städtebesuchs-/ Städtereiseverkehr/ Städtetourismus i. e. S.	Geschäfts- und Dienstreiseverkehr/ Geschäftstourismus i. e. S.	Tagesausflugsverkehr/ Sightseeingtourismus	Tagesgeschäfts-reiseverkehr
Verwandten- und Bekanntenbesuche	Tagungs- und Kongresstourismus	Tagesveranstaltungs-verkehr	Tagungs- und Kongressbesuche
	Ausstellungs- und Messetourismus	Einkaufsreiseverkehr/ Shoppingtourismus	Ausstellungs- und Messebesuche
	Incentive-Tourismus	Abendbesuchsverkehr	

Tab. 4.1.3/1 *Der Städtetourismus umfasst mehrere unterschiedliche Marktsegmente – beruflich bzw. privat bedingte Reisen sowie Tagesausflüge bzw. Reisen, die mit Übernachtungen verbunden sind.*

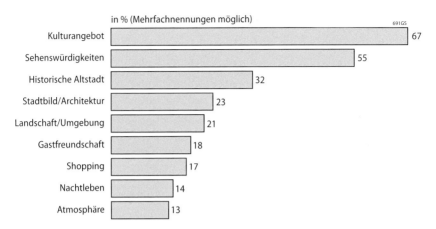

in % (Mehrfachnennungen möglich)   691GS

Kulturangebot	67
Sehenswürdigkeiten	55
Historische Altstadt	32
Stadtbild/Architektur	23
Landschaft/Umgebung	21
Gastfreundschaft	18
Shopping	17
Nachtleben	14
Atmosphäre	13

Abb. 4.1.3.1/1 *Das Kulturangebot, Sehenswürdigkeiten und historische Altstädte sind die wichtigsten urbanen Attraktionsfaktoren. Mit ihrem multifunktionalen Angebot bieten die Städte den Besuchern zugleich eine große Wahlmöglichkeit, ihren Aufenthalt nach eigenen Bedürfnissen zu gestalten.*

• Der Anteil ausländischer Besucher ist im Städtetourismus (im Vergleich zu anderen Marktsegmenten) relativ hoch. Neben den Großstädten sind vor allem auch historische Kleinstädte bei Ausländern sehr beliebt.

Der Wunsch nach dem multioptionalen „Gesamterlebnis Stadt" (ADAC 1991a, 10) kommt auch in den typischen Reisemotiven von Städtetouristen deutlich zum Ausdruck: Dazu zählen Spaß und Unterhaltung haben, abschalten und ausspannen, viel erleben, neue Eindrücke gewinnen, Kultur und Bildung, gut Essen gehen, Shopping sowie genießen und sich verwöhnen lassen. Die vielfältigen Motive der Städtetouristen spiegeln sich auch in den typischen Verhaltensmustern dieser Zielgruppe wider: Zumeist handelt es sich um eine Mischung aus Besichtigungen, Spaziergängen, Restaurantbesuchen, Mu-

seums- und Ausstellungsbesuchen sowie Einkäufen (FREYTAG, T. & M. HOYLER, 2002, 12).

Zur Erfassung der Aktivitäten sind von der Tourismusforschung vor allem Besucherbefragungen, aber auch andere empirische Untersuchungsmethoden eingesetzt worden: So hat R. HARTMANN bereits im Jahr 1984 die Verhaltensweisen junger nordamerikanischer Touristen in München mithilfe teilnehmender und nicht-teilnehmender Beobachtung analysiert. Dabei zeigte sich vor allem die Verknüpfung unterschiedlicher Aktivitäten: So wurde der Besuch des Glockenspiels mit weiteren Besichtigungen und Stadtrundfahrten, aber auch Restaurantbesuchen und Buchungstätigkeiten kombiniert. Das Verfahren des Tracking – also des unbeobachteten Verfolgens einzelner Besucher – kam auch in einer städtetouristischen Studie in Salzburg zum Einsatz. Die Aktivitäten und Aufenthaltsorte der Städtetouristen entsprachen dabei einem Standardmuster und wiesen nur geringe individuelle Unterschiede auf. Der Besucherstrom floss langsamer durch die Stadt als der Strom der Einwohner und konzentrierte sich auf einige Hauptrouten sowie auf wenige zentrale Punkte (KEUL, A. G. & A. KÜHBERGER 1996, 70).

Zum Aktivitätsspektrum der Städtereisenden zählt auch das Einkaufen. Als besonders konsumfreudig erweisen sich die Tagesausflügler in Großstädten: Sie geben 50 % ihres Budgets für Einkäufe aus, der entsprechende Wert für die Übernachtungsgäste liegt nur bei zehn Prozent (DFV 1995, 109–112). Zum Einkaufstourismus werden Reisen gezählt, bei denen die Einkaufsziele außerhalb des zentralörtlichen Verflechtungsbereichs der Konsumenten liegen und nur unregelmäßig bzw. in größeren zeitlichen Abständen aufgesucht werden. Vor allem die Citys von Weltstädten gehören zu den bevorzugten Shopping-Destinationen; in traditionellen Fremdenverkehrsorten sowie in Groß- und Mittelstädten stellt das Einkaufen meist nur eine touristische Nebenaktivität dar (STEINBACH, J. 2000; BÖDEKER, B. 2003; WIDMANN, T. 2006).

Beim Shopping steht für die Städtetouristen nicht der Versorgungs-, sondern vor allem der Erlebnisaspekt im Vordergrund. Speziell die Innenstadt fungiert dabei zunehmend als Ort, der den Besuchern „originale Begegnungen, aber zugleich eine Bühne für die eigene Selbstinszenierung bietet" (MONHEIM, R. 2001, 130). Durch Maßnahmen der Stadterneuerung und -bildpflege können die Städte dazu beitragen, eine erlebnisreiche (Konsum-)Atmosphäre zu schaffen. Gleichzeitig erwarten die Gäste aber auch ein umfangreiches und differenziertes Einzelhandelsangebot. Angesichts der Konzentration im deutschen Einzelhandel und der damit verbundenen Filialisierung besteht allerdings die Gefahr einer zunehmenden Standardisierung und Austauschbarkeit der Innenstädte: So erreicht der Filialisierungsgrad in deutschen Großstädten bereits Werte von 68 % (Berlin), 78 % (Leipzig), 89 % (Dresden) und 95 % in Köln (KREILKAMP, E. 2002).

Nicht alle Städtereisenden nutzen bei ihrem Aufenthalt das gewerbliche Unterkunftsangebot, denn ein wichtiges Motiv für Städtereisen ist auch der Besuch von Freunden und Verwandten: Mit acht Prozent aller touristischen Aufenthaltstage hat dieses Marktsegment eine nahezu doppelt so große Bedeutung wie der gewerbliche Übernachtungstourismus (DTV 2006, 10).

Der Umfang des privaten Tagesausflugsverkehrs in Deutschland wurde letztmalig im Jahr 2006 im Rahmen einer bundesweiten Erhebung erfasst: Danach hat die Bevölkerung (über 14 Jahre) insgesamt 2,97 Mrd. Ausflüge unternommen, von denen 47 % in großstädtische Ziele führten (MASCHKE, J. 2007, 39, 78). Für die einzelnen Städte erweist sich die Datenlage allerdings als unbefriedigend: Zumeist werden punktuelle Erhebungen (Verkehrszählungen, Befragungen etc.) durchgeführt, die nur eine grobe Momentaufnahme der Struktur- und Verhaltensmerkmale dieser Zielgruppe liefern:[1]

- So trifft die Mehrzahl der Tagesgäste im Laufe des Vormittags ein und reist am späten Nachmittag wieder ab.
- Im Wochenverlauf ist am Samstag und am Sonntag ein höheres Besucheraufkommen zu verzeichnen. Am Wochenende und an Feiertagen finden sich viele Gäste, die an organisierten Ausflugfahrten teilnehmen. Am Samstag stellt das Einkaufen einen wichtigen Besuchsanlass dar, am Sonntag die Verwandten und Bekanntenbesuche.
- Im Gegensatz zum Urlaubsreisekehr weist der Tagesausflugsverkehr in Städten nur geringe jahreszeitliche Schwankungen auf; saisonale Nachfragespitzen werden vor allem durch Events, Volksfeste, Weihnachtsmärkte ausgelöst.
- Der private Pkw ist das bevorzugte Verkehrsmittel der Tagesausflügler. Auch dem Bus kommt bei Tagesreisen in Städte eine relativ große Bedeutung dazu.
- Im organisierten Tagesausflugsverkehr werden generell längere Anfahrtszeiten und -strecken zurückgelegt als im Individualreiseverkehr; außerdem weisen besondere Ausflugsziele bzw. Veranstaltungen einen relativ großen Einzugsbereich auf.
- Unter den Tagesgästen finden sich viele jüngere Besucher und Personen mit einer relativ hohen Schulbildung.

4.1.3.2 Beruflich bedingter Tourismus in Städten

Neben dem privat motivierten Tourismus und Tagesausflugsverkehr sind die Städte auch Ziele eines beruflich bedingten Reiseverkehrs (mit und ohne Übernachtung). Dabei werden mehrere Arten des Geschäftsreiseverkehrs unterschieden:

- Geschäfts- und Dienstreisen,
- Kongress-, Tagungs- und Seminarreisen,
- Messe- und Ausstellungsreisen,
- Incentive-Reisen.

Der Umfang des Geschäftsreiseverkehrs (von Unternehmen) lag im Jahr 2009 bei 145,1 Mio. Reisen. Großstädte und Ballungsräume sind die bevorzugten Ziele dieses Reiseverkehrs, da sie über eine hohe Konzentration von Industrie- und Dienstleistungsunternehmen, aber auch von Hochschulen, Verwaltungen sowie Kongress- und Messeeinrichtungen verfügen. Im Jahresverlauf weist diese Reiseart nur geringe saisonale Schwankungen auf. Bei den Geschäftsreisenden handelt es sich überwiegend um Personen mittleren Alters mit hohem Bildungsniveau; ihre Tagesausgaben für Unterkunft, Verpflegung, Einkäufe etc. liegen mit 142 Euro deutlich über dem touristischen Durchschnittswert. Allerdings erweist sich dieses städtetouristische Marktsegment als sehr konjunkturanfällig: In Zeiten wirtschaftlicher Rezessionen werden weniger Geschäftsreisen unternommen (VDR 2010).

Für das städtische Unterkunftsgewerbe spielt der übernachtende Geschäftsreiseverkehr eine wichtige Rolle: Als Faustformel gilt, dass zwei Drittel des gesamten städtischen Übernachtungsvolumens geschäftlich bedingt sind (durch Geschäfts- und Dienstreisende, Tagungs-, Kongress- und Seminarteilnehmer sowie Messe- und Ausstellungsbesucher). In Städten mit einer großen historischen, kulturellen bzw. baulichen Attraktivität, die vor allem als Ziele des privaten Städtetourismus fungieren, ist dieser Wert allerdings erheblich niedriger (z. B. Salzburg, Heidelberg, Freiburg).

Darüber hinaus sind Städte auch Ziele von Kongress-, Tagungs- und Seminarreisen. Auf dem beruflichen Veranstaltungsmarkt gibt es vier Grundtypen, die sich hinsichtlich der Teilnehmerzahl, der Dauer, der Form sowie der Planung und Organisation unterscheiden: Seminare, Konferenzen, Tagungen und Kongresse (vgl. Tab. 4.1.3.2/1).

Gegenwärtig gibt es ca. 11 000 Tagungsstätten in Deutschland – in der Mehrzahl handelt es sich dabei um Hotels. Unter den ca. 1,85 Mio. Veranstaltungen im Jahr dominieren Seminare mit maximal 30 Teilnehmern; nur 4 % sind Großveranstaltungen mit mehr als 400 Teilnehmern (SCHREIBER, M.-T. 2007, 204).

Im Jahresverlauf weist der Tagungs- und Kongresstourismus ausgeprägte saisonale Spitzen im Frühjahr und Herbst auf; im Wochenverlauf zeigt sich eine Konzentration von internationalen Kongressen an den Wochentagen, während medizinische und wissenschaftliche Seminare und Tagungen häufig am Wochenende stattfinden (aufgrund der beruflichen Belastung der Teilnehmer). Seit mehreren Jahren zeichnet sich ein Trend zu kürzeren Tagungen und Kongressen ab (die durchschnittliche Dauer beträgt 1,4 Tage). Gründe dafür sind u. a. die zunehmende Spezialisierung der Veranstaltungen, der wachsende Kostendruck bei den Unternehmen sowie verbesserte Verkehrsverbindungen.

Für den Markterfolg der einzelnen Tagungs- und Kongressstädte sind mehrere Standortfaktoren verantwortlich (SCHREIBER, M.-T. 2007, 209–211):

- eine gute Verkehrsanbindung (z. B. ICE-Anschluss bzw. Nähe zu einem internationalen Flughafen, zu einem Autobahnkreuz),
- ein breit gefächertes Hotel- und Gastronomieangebot,
- eine kongresswirksame Infrastruktur (z. B. eine große Zahl von Unternehmen, Verbänden, Hochschulen, Behörden),
- eine gewisse Standortgröße und eine differenziertes Dienstleistungsangebot (z. B. Einzelhandel, Banken, private Dienstleistungen),
- ein attraktives Kultur- und Naturangebot.

Kongress- und Tagungstourismus: Definition

„Der Kongress- und Tagungstourismus umfasst die Gesamtheit der Beziehungen und Erscheinungen, die sich aus Reise und Aufenthalt von überwiegend beruflich motivierten Personen, die für weniger oder mehr als 24 Stunden in Destinationen reisen (...) und an externen Veranstaltungen mit internationalem oder nationalem Charakter teilnehmen" (SCHREIBER, M.-T. 1999a, 5).

	Kongress	Tagung	Konferenz	Seminar
Größe (Teilnehmer)	ab 250	bis 250	bis 50	bis 30
Dauer	> 1 Tag	ca. 1 Tag	max. 1 Tag	mehrtägig
Form (thematisch räumlich)	verschiedene Veranstaltungs- teile	wenige Ver- anstaltungsteile	einteilig meist 1 Thema, 1 Raum	1 Thema, mehrere Räume
Entscheidungs- zeitraum	1 – 8 Jahre	bis zu 1 Jahr (mittelfristig)	kurzfristig	bis zu 1 Jahr
Organisation (Planung, Vorbereitung)	langfristig, komplex	kürzere Planungszeit/ Vorbereitungs- zeit	kurze Vorberei- tung, geringer Organisations- aufwand	große inhaltliche Vorbereitung, kleiner tech- nischer Aufwand

Tab. 4.1.3.2/1 *Auf dem beruflichen Veranstaltungsmarkt gibt es vier Grundtypen, die sich hinsichtlich der Teilnehmerzahl, der Dauer, der Form sowie der Planung und Organisation unterscheiden: Kongresse, Tagungen, Konferenzen und Seminare.*

Angesichts einer breiten Konkurrenz von Tagungs- und Kongressstädten erlangen die weichen Standortfaktoren (Freizeit-, Kultur- und Erholungsangebote) eine zunehmende Bedeutung bei der Entwicklung von Alleinstellungsmerkmalen. Sie spielen vor allem bei der Zusammenstellung von Pre- und Post-Convention-Programmen sowie von Begleitprogrammen bei Tagungen, Kongressen und Messen eine wichtige Rolle (ANTON-QUACK, C. & H.-D. QUACK 2007, 199).

Zum beruflich bedingten Tourismus in Städten zählen auch Messe- und Ausstellungsreisen: Im Jahr 2010 verzeichneten die internationalen und überregionalen Messen in Deutschland ca. zehn Millionen Besucher. Diese Reiseart findet nahezu ausschließlich in Großstädten statt, da nur sie über die entsprechenden Standortfaktoren verfügen (Hallenkapazitäten, gute Erreichbarkeit, ausreichende Unterkunfts- und Verpflegungskapa-

zität). Die fünf wichtigsten Messeplätze in Deutschland (bezogen auf die Ausstellungsfläche in Hallen) sind Hannover, Frankfurt am Main, Köln, Düsseldorf und München. Mit einem jährlichen Angebot von mehr als 150 überregionalen sowie internationalen Messen und ca. 170 000 Ausstellern ist Deutschland weltweit der wichtigste Messeplatz (vgl. Abb. 4.1.3.2/1).

Schließlich stellen auch die Incentive-Reisen eine Form des beruflich bedingten Tourismus in Städten dar. Dabei handelt es sich um Reisen, die von Unternehmen durchgeführt werden, um Mitarbeiter bzw. Geschäftspartner zu einer generellen Leistungssteigerung oder einer intensiveren Zusammenarbeit zu motivieren. Incentive-Reisen weisen folgende typische Merkmale auf (RIECHERS, U. 2003, 94–95):

• Bei den Reisen handelt es sich um Unikate: Das jeweilige Programm wird nach den speziellen Wünschen der Firmen zusammengestellt (häufig unter einem Thema/Motto).

- Die Teilnehmer werden entsprechend den Unternehmenszielen ausgesucht, meistens handelt es sich um Gewinner eines firmeninternen Incentive-Wettbewerbs.
- Da das Unternehmen die Kosten der Incentive-Reise trägt und außerdem auf seine besten Arbeitskräfte verzichten muss, sind die Reisen kürzer als Urlaubsreisen: Innerhalb Europas dauern sie meist drei bis vier Tage und in Übersee-Destinationen drei bis sieben Tage.
- Generell sind Incentive-Reisen nicht an bestimmte Destinationen gebunden; allerdings sollten die Zielgebiete über ein bestimmtes Prestige verfügen. Ein Drittel aller Incentive-Reisen deutscher Firmen führt in deutsche Destinationen; unter den internationalen Zielen dominieren der Mittelmeerraum, Nordeuropa und die USA.
- Der besondere Erlebniswert wird durch landestypische Aktivitäten und eine perfekte Inszenierung des Mottos erreicht (z. B. spezielle Gastgeschenke, Treffen mit Prominenten).

Bei den Incentive-Reisen handelt es sich zwar nicht ausschließlich um Städtereisen, doch sie haben häufig Städte zum Ziel. Generell liegen zu dieser Reiseform, die in den USA entwickelt wurde, nur einige Fallstudien vor (MAHMOUD, H. 2005). Aus diesem Grund können keine generellen Aussagen zu deren Umfang bzw. wirtschaftlicher Bedeutung in Städten gemacht werden. In einer Delphi-Untersuchung zur künftigen Entwicklung dieses Marktsegments kam U. RIECHERS (2003, 120–121) zu dem Ergebnis, dass der Anteil von Incentive-Reisen am deutschen Geschäftsreisemarkt mittelfristig ansteigen wird; dabei werden vor allem Nahziele und erlebnisorientierte Programminhalte an Bedeutung gewinnen.

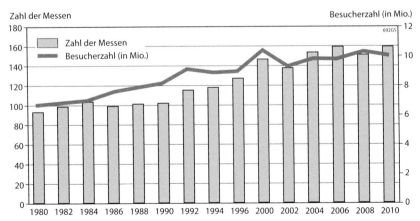

Abb. 4.1.3.2/1 Mit mehr als 150 überregionalen und internationalen Messen ist Deutschland weltweit der wichtigste Messeplatz. Dabei fungieren vor allem die Großstädte als Standorte für Messen und Ausstellungen.

4.1.4 Wirkungen des Tourismus auf die Städte

Die Tagesausflügler und Übernachtungsgäste treten in den Städten als zusätzliche Nachfrager speziell nach touristischen Dienstleistungen, aber auch nach generellen Dienstleistungen auf. Dadurch werden besonders im Bereich der lokalen Wirtschaft positive Effekte ausgelöst. Aufgrund der großen zeitlichen und räumlichen Konzentration können mit dem Städtetourismus aber auch diverse Belastungen verbunden sein.

4.1.4.1 Positive Wirkungen des Tourismus auf die Städte

Vom Tourismus werden in den Städten zahlreiche positive Effekte ausgelöst, die sich teilweise durch statistische Erfassungen und empirische Erhebungen monetär quantifizieren lassen (ADAC 1991a, 78):

- bessere Auslastung der Unterkunftskapazität,
- Umsatzsteigerung in Gastronomie und Einzelhandel,
- Mehrverkauf von Eintrittskarten in Kultur- und Freizeiteinrichtungen sowie bei Veranstaltungen,
- höhere Einnahmen durch Parkgebühren und im ÖPNV,
- Stärkung der örtlichen Wirtschaft durch Inanspruchnahme von Dienstleistungen,
- Belebung örtlicher Handwerks- und Industriebetriebe.

Die Bedeutung des Städtetourismus als Wirtschaftsfaktor steht seit langem im Mittelpunkt wissenschaftlicher Untersuchungen: Bereits vor dem Ersten Weltkrieg wurden erste Studien erarbeitet (zumeist in Form von Schätzungen). Gegenwärtig werden die wirtschaftlichen Wirkungen meist über die Nachfrageseite ermittelt – also über die Ausgaben der Besucher und die dadurch ausgelösten Umsätze. Die Rolle des Tourismus hängt dabei vor allem von der Bedeutung der anderen städtischen Wirtschaftszweige ab. Da speziell die Großstädte als wichtige Standorte von großen Industrie- und Dienstleistungsunternehmen fungieren, leistet der Tourismus nur einen relativ geringen Beitrag zur Wertschöpfung und zum städtischen Volkseinkommen (unter fünf Prozent). Auch die Beschäftigungseffekte und der Anteil am kommunalen Steueraufkommen sind vergleichsweise niedrig (MEIER, I. 1994, 80–88).

Allerdings partizipieren in den Städten Akteure aus vielen Wirtschaftsbereichen an den Ausgaben der Besucher: So wird z. B. in Berlin die Hälfte des gesamten

Abb. 4.1.4.1/1 *Neben den Hotels, Restaurants und Geschäften profitieren viele Freizeit-, Kultur- und Sporteinrichtungen von den auswärtigen Besuchern.*

Tourismusumsatzes in Hotels und Restaurants erzielt. Weitere 35 % entfallen auf den Einzelhandel und die verbleibenden 15 % auf andere tourismusrelevante Dienstleistungen – z. B. auf Freizeit-, Kultur- und Sportangebote (KRAJEWSKI, C. 2007, 773).

Unter den Reisearten erweist sich dabei der Tagesausflugsverkehr innerhalb der Städte als besonders bedeutsam: Durch ihn werden ca. zwei Drittel des touristischen Gesamtumsatzes erwirtschaftet. Die Übernachtungsgäste sind mit 17 % die zweitwichtigste Besuchergruppe, während die Ausgaben der Tagesgeschäftsreisenden und der privaten Übernachtungsgäste von relativ geringer Bedeutung sind (vgl. Abb. 4.1.4.1/2).

Neben den monetär quantifizierbaren Wirkungen löst der Tourismus aber auch mehrere Wirkungen aus, die nur qualitativ erfassbar sind (ADAC 1991a, 78):

- eine allgemeine Verbesserung des Images,
- eine generelle Steigerung der touristischen Anziehungskraft,
- ein höheres Ansehen der Stadt durch Investitionen im Kultursektor,
- Verbesserung der innerstädtischen Verkehrssituation durch tourismusorientierte Einzelmaßnahmen auf dem Verkehrssektor,
- Verbesserung der städtischen Grünflächensituation durch tourismusorientierte Investitionen in der Grünversorgung,
- Erhaltung und positive Gestaltung des Stadtbildes und der Infrastruktur, die auch den Einheimischen zur Verfügung steht,

Angaben in %

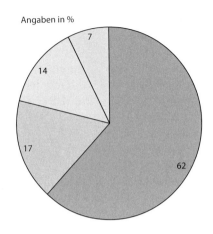

Tagesausflüge
gewerblicher Übernachtungstourismus
Tagesgeschäftsreisen
Verwandten-/ Bekanntenbesuche

693GS

Abb. 4.1.4.1/2 *Im Vergleich zu den übrigen Reisearten kommt dem Tagesausflugsverkehr in Städten eine große ökonomische Bedeutung zu; durch ihn werden ca. zwei Drittel des touristischen Gesamtumsatzes erwirtschaftet.*

- Einfluss auf die Sozialstruktur der Bevölkerung,
- generelle Erhöhung der Lebensqualität,
- höhere Attraktivität bei der Ansiedlung von Betrieben (weiche Standortfaktoren).

4.1.4.2 Negative Wirkungen des Tourismus auf die Städte

Im Vergleich zu ländlich geprägten Tourismusdestinationen an den Küsten oder in den Hochgebirgen verfügen speziell Großstädte über ein erheblich größeres Aufnahmepotenzial an auswärtigen Besuchern. Selbst Massenveranstaltungen mit Tausenden von Teilnehmern (z. B. Kirchentage, Weltausstellungen, Pokal-Endspiele) führen in den jeweiligen Städten normalerweise nicht zu einem Zusammenbruch des öffentlichen Personennahverkehrs oder der Versorgungs- und Entsorgungsinfrastruktur. Vergleichsweise gering sind auch die ökologischen und soziokulturellen Belastungen, die der Städtetourismus auslöst.

Dennoch kann der Tourismus auch in Städten negative Wirkungen haben (ADAC 1991a, 78–79). Zu den monetär quantifizierbaren negativen Wirkungen zählen u. a.:

- Kosten für bauliche und personelle Investitionen (z. B. in Hotellerie und Gastronomie, in der Verkehrsinfrastruktur, im öffentlichen Raum, im Kultur- und Veranstaltungsbereich sowie in Information und Werbung),
- bauliche und personelle Folgekosten für alle Investitionen, die im Tourismus getätigt wurden,
- Steigerung des allgemeinen Preisniveaus,
- höhere Kosten für Wartung und Instandhaltung durch die touristische Mitbenutzung von städtischen Einrichtungen,
- höhere Kosten bei der städtischen Wasserversorgung/-entsorgung, Stadtreinigung etc.

Darüber hinaus kann der Städtetourismus aber auch Belastungen auslösen, die nur qualitativ erfassbar sind:

- Überfüllung der Stadt oder einzelner Viertel,
- Überlastung der städtischen Infrastrukturen,
- Verbauung der Ortsstruktur,

- Störung der privaten Haushalte durch Lärm, Abgase, Abfälle etc.,
- Behinderung des Wirtschaftsverkehrs in der Stadt durch Belastung der Straßen mit Ausflugsverkehr,
- Belastung der Lebensqualität der einheimischen Bevölkerung (Identifikationsverlust),
- tourismusbedingte Schäden an städtischen Denkmälern durch Feuchtigkeit, Trittbelastung, Zerstörung etc.

Diesen Belastungen durch den Städtetourismus steht der hohe Nutzen gegenüber, den vor allem die Hotellerie und die Gastronomie, aber auch der Einzelhandel in den Städten aus der

Abb. 4.1.4.2/1 *Im Vergleich zu ländlichen Destinationen verfügen Städte über ein erheblich größeres Aufnahmepotenzial an auswärtigen Besuchern. Dennoch kann der Tourismus auch Belastungen verursachen, da sich die Gäste zumeist auf einige Hauptrouten konzentrieren.*

touristischen Nachfrage ziehen. Für die Tourismusverantwortlichen ergibt sich aus dieser ambivalenten Situation die Notwendigkeit, durch differenzierte Management- und Planungsmaßnahmen für eine ausgewogene Tourismusentwicklung zu sorgen.

4.1.5 Managementstrategien im Städtetourismus

Seit den 1990er-Jahren hat sich die Wettbewerbssituation im Städtetourismus erheblich verschärft:

- Zum einen positionieren sich immer mehr Städte als touristische Attraktionen; zum anderen treten die multifunktionalen Erlebnis- und Konsumwelten als neue Konkurrenten auf.
- Durch den Boom der Low Cost Airlines hat der europäische Städtetourismus zwar generell erhebliche Wachstumsimpulse erfahren; gleichzeitig stehen aber nun viele städtische Destinationen in direkter Konkurrenz zueinander.
- Darüber hinaus zeigen sich vor allem in historischen Städten (z. B. Venedig, Heidelberg etc.) deutliche Überlastungserscheinungen.
- Schließlich erwarten die anspruchsvollen Konsumenten in den Städten ständig neue Attraktionen und Events.

Auf diese vielfältigen Herausforderungen des Marktes haben die Städte mit unterschiedlichen Wettbewerbsstrategien reagiert, bei deren Umsetzung ein Marketing-Management-Mix zum Einsatz kommt. Außerdem nutzen die Städte Techniken des Besuchermanagements, um die Besucherströme besser zu steuern.

4.1.5.1 Wettbewerbsstrategien im Städtetourismus

Angesichts der internationalen Wettbewerbssituation kommt es für die Städte vor allem darauf an, ein klares, attraktives eigenes Profil zu entwickeln (PETERS, M. & K. WEIERMAIR 2001). Nur auf diese Weise ist es möglich, unter der Vielzahl von Anbietern von den potenziellen Besuchern überhaupt wahrgenommen zu werden. Der erfolgreiche Marktauftritt von Städten basiert zumeist auf dem Einsatz von Wettbewerbsstrategien, die isoliert, aber auch in kombinierter Form zum Einsatz kommen (STEINECKE, A. 1999, 25–36):

- thematische Spezialisierung,
- interne und externe Vernetzung,
- zeitliche Limitierung des Angebots.

Eine Möglichkeit der Profilierung des städtetouristischen Angebots stellt eine konsequente Spezialisierung dar, die zumeist auf den vorhandenen infrastrukturellen bzw. architektonischen, kulturellen oder historischen Gegebenheiten der jeweiligen Stadt basiert. Dabei können folgende inhaltliche Schwerpunkte unterschieden werden (vgl. Abb. 4.1.5.1/1):

- Messestädte (z. B. Hannover, Düsseldorf, Leipzig, Frankfurt am Main),
- Musicalstädte (z. B. Bochum, Hamburg),
- Städte mit regionalem Bezug (z. B. Kiel, Rostock, Bremerhaven),
- Städte mit historischem Schwerpunkt (z. B. Heidelberg, Tübingen, Potsdam, Münster, Mainz),
- Kunst- und Kulturstädte (z. B. Bayreuth, Stuttgart, Dresden, Bonn),

- internationale Städte mit verschiedenen Schwerpunkten (z. B. Berlin, München, Köln).

Im Rahmen ihrer Spezialisierungsstrategie können Städte auch auf historische Persönlichkeiten zurückgreifen, die in der Stadt geboren wurden, gelebt haben oder gestorben sind (z. B. Komponisten, Literaten, Politiker). Beispiele für diese Personalisierungsstrategie im Städtetourismus finden sich u. a. in Weimar (Johann Wolfgang von Goethe und Friedrich Schiller), Eisleben (Martin Luther), Bonn (Ludwig van Beethoven) und Bayreuth (Richard Wagner). Die ökonomischen Effekte einer derartigen Strategie gehen dabei weit über die Tourismusbranche hinaus: So verzeichnet z. B. das Geburtshaus von Wolfgang Amadeus Mozart in Salzburg jährlich ca. 600 000 Besucher. Die wirtschaftliche Wirkung beschränkt sich dabei nicht auf den Verkauf von Eintrittskarten: Im österreichischen Markenregister finden sich ca. 80 Eintragungen, die den Namen Mozart verwenden – neben den legendären „Mozart-Kugeln" werden zahlreiche andere Produkte unter dem Namen des Komponisten vermarktet (LUGER, K. 1994, 176–177).

Über einen einzigartigen und attraktiven Marktauftritt hinaus kommt es für die Städte auch darauf an, das vielfältige Freizeit- und Kulturangebot zu bündeln und es dem Gast als übersichtliches, leicht buchbares Produkt anzubieten. Zu diesem Zweck kommen in den Städten unterschiedliche Formen von Vernetzungsstrategien zum Einsatz (STEINECKE, A. 1999, 32):

- Als Instrument der innerstädtischen Kooperation wurden seit den 1980er-Jahren in vielen Städten City Cards

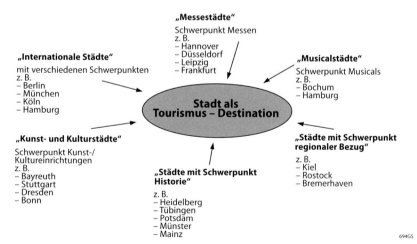

Abb. 4.1.5.1/1 *Eine Möglichkeit der touristischen Profilierung von Städten im nationalen und internationalen Wettbewerb stellt eine konsequente Spezialisierung dar, die zumeist auf den vorhandenen infrastrukturellen bzw. architektonischen, kulturellen oder historischen Gegebenheiten basiert.*

Abb. 4.1.5.1/2 *City Cards bieten freie bzw. reduzierte Eintritte in Kultur- und Freizeiteinrichtungen sowie häufig auch die kostenlose Nutzung der öffentlichen Verkehrsmittel.*

entwickelt. Das Leistungsspektrum dieser Karten, die einen oder mehrere Tage Gültigkeit haben, umfasst freie bzw. reduzierte Eintritte in Kultur- und Freizeiteinrichtungen sowie die kostenlose Nutzung der öffentlichen Verkehrsmittel. Entsprechende City Cards gibt es inzwischen für viele deutsche und europäische Großstädte – z. B. „Frankfurt Card", „Köln Welcome Card" oder die „Vienna Card" (PECHLANER, H. & A. ZEHRER 2005; vgl. Abb. 4.1.5.1/2).

• Darüber hinaus finden sich aber auch auf nationaler und internationaler Ebene Kooperationen von Städten in Form von Städtenetzwerken: Bereits im Jahr 1977 wurde der Zusammenschluss „Die historischen Zehn" gegründet. Zu den Mitgliedern dieser Werbegemeinschaft zählten Universitätsstädte mit historischen Altstadtkernen, die über ein gutes Unterkunftsangebot und ein hohes Übernachtungsaufkommen mit einem großen Ausländeranteil verfügten. Nach der Wende wurden mehrere ostdeutsche Städte aufgenommen; seitdem setzt die Kooperation ihre gemeinsame Arbeit unter dem Namen „Historic Highlights of Germany" fort (WOLBER, T. 2000; KAGERMEIER, A. & J. ARLETH 2009).

• Auf europäischer Ebene ist die Initiative „Art Cities in Europe" zu nennen – ein Zusammenschluss zahlreicher Kulturmetropolen aus mehreren Ländern. Ziel der Kooperation ist es, das kulturelle und das touristische Angebot der beteiligten Städte einem internationalen Publikum zugänglich zu machen. Mit attraktiven Pauschalangeboten soll der Trend zum Tagesausflugsverkehr und zur Abwanderung der Touristen in das städtische Umland gestoppt werden. Im Internet können die Städtetouristen Informationen zur Verfügbarkeit von Eintrittskarten zu kulturellen Veranstaltungen und von Zimmerkontingenten in Hotels einholen und dort auch buchen.

Die Vernetzungsstrategie korrespondiert mit den komplexen Reisemotiven der Nachfrager und ihrem Bedürfnis, in der Urlaubssituation über unterschiedliche Optionen zu verfügen und eine individuelle, exklusive Auswahl treffen zu können. Diesen Wunsch nimmt auch die Limitierungsstrategie auf, mit der eine Begehrenssituation geschaffen wird: Die zeitliche Begrenzung und die bewusste Verknappung des Angebots vermitteln den Besuchern das Gefühl der Einzigartigkeit. Diese Strategie wird im Städtetourismus (teilweise auch in ländlichen Regionen) vor allem in Form von Events umgesetzt; dabei handelt es sich um speziell inszenierte Veranstaltungen von begrenzter Dauer, die vor allem auch ein touristisches Publikum ansprechen (Opaschowski, H. W. 1997a, 22-29; Freyer, W. 1998, 19–24; Säfken, A. 1999, 8–9). Für die Städte spielen vor allem die Kultur-Events eine herausragende Rolle: Zum einen kann die vorhandene kulturelle Infrastruktur genutzt werden, zum anderen werden durch den Kulturtourismus relativ hohe ökonomische Effekte ausgelöst. Außerdem tragen Kultur-Events aufgrund ihres hohen Prestigewerts zur Steigerung des Corporate Images und der Corporate Identity von Städten bei:

- Seit 1985 gibt es die Initiative „Kulturhauptstadt Europas": Im Rahmen dieser Jahreskampagne präsentieren jeweils zwei europäische Städte ihre kulturellen Besonderheiten. Auf diese Weise soll zum einen der kulturelle Zusammenhalt innerhalb Europas verstärkt und zum anderen ein vielfältiges Bild der europäischen Kultur nach außen vermittelt werden. Inzwischen ist aus dieser ursprünglich lokalen Aktion ein großes internationales Kultur-Event geworden, das von den Städten auch als Instrument zur Entwicklung von Tourismus, Wirtschaft und Infrastruktur eingesetzt wird (Steinecke, A. 2007, 209–210).
- Ein Beispiel für eine spektakuläre Sehenswürdigkeit auf Zeit war auch die Verhüllung des Reichstages in Berlin im Jahr 1995. Innerhalb weniger Wochen kamen ca. drei Millionen auswärtige Besucher in die Stadt. Die Aktion löste erhebliche wirtschaftliche Wirkungen aus: Der Bruttoumsatz durch die

---

Typen von Events

Generell können mehrere Typen von Events unterschieden werden:
- Kultur-Events (z. B. Open-Air-Konzerte, Festivals, Stadtfeste),
- Sport-Events (z. B. Olympische Spiele, Formel-1-Rennen, ATP-Tour),
- wirtschaftliche Events (z. B. Messen, Tagungen, Ausstellungen),
- gesellschaftspolitische Events (z. B. Parteitage, Staatsbesuche, Paraden),
- natürliche Events (z. B. Sonnenfinsternis, Frühlingsblüte, Vulkanausbrüche).

Ausgaben der Besucher wurde auf ca. 245 Mio. Euro geschätzt. Darüber hinaus konnte Berlin sein Image als internationale Kulturstadt festigen (Schlinke, K. 1996).

Neben solchen künstlich inszenierten Events finden sich im Städtetourismus auch Beispiele für eine erfolgreiche Nutzung von Veranstaltungen, die bereits eine lange Tradition aufweisen:
- Seit 1810 wird in München das Oktoberfest veranstaltet, das mit ca. 6,4 Mio. Besuchern als größtes Volksfest der Welt gilt. Neben den Bierzelten und Schaustellerbetrieben auf dem Festgelände profitieren auch die Verkehrsbetriebe, der Einzelhandel und das Unterkunftsgewerbe von dieser Veranstaltung: Der gesamte Wirtschaftswert wird auf mehr als 950 Mio. Euro geschätzt. Seit 1995 erfolgt die kommerzielle Vermarktung unter einem eigenen Logo, für dessen

Nutzung Lizenzgebühren erhoben werden. Weltweit gibt es inzwischen ca. 2 000 Nachahmungen der „Wiesn" (WEISHÄUPL, G. 2000; LANDESHAUPTSTADT MÜNCHEN 2001).

- Auf eine noch längere Tradition können die Passionsspiele in Oberammergau zurückblicken, die seit 1633 in einem zehnjährigen Rhythmus stattfinden. In den Passionsjahren wird die Leidensgeschichte Jesu auf der Grundlage eines traditionellen Spielbuches inszeniert. An den 100 Aufführungen nehmen 2 000 Laienschauspieler teil, die alle aus der Gemeinde stammen. Die Passionsspiele sind vor allem bei US-Amerikanern und Briten populär: Sie stellen 47 % bzw. 23 % aller Besucher. Die gesamten ökonomischen Effekte der Passionsspiele für Oberammergau und das Umland belaufen sich auf ca. 100 Mio. Euro (LIEB, M. G. 1996).

Mit der Durchführung von Events sind für die Städte mehrere positive Effekte verbunden: Zum einen kommt es zu einem Wachstum der touristischen

Abb. 4.1.5.1/3 *Seit 1985 gibt es die Initiative „Europäische Kulturhauptstadt", in der jeweils zwei Städte ein Jahr lang ihre kulturellen Besonderheiten präsentieren (im Jahr 2010 war es Essen – stellvertretend für das Ruhrgebiet).*

Nachfrage, zum anderen werden der Bekanntheitsgrad und die Attraktivität der Städte gesteigert (ROTH, E. 1999, 172). Angesichts der umfangreichen organisatorischen, logistischen und personellen Aufgaben, die mit der Umsetzung dieser unterschiedlichen Wettbewerbsstrategien verbunden sind, haben viele Städte in den letzten Jahren professionelle Marketing-Organisationen aufgebaut.

4.1.5.2 Tourismus-Management in Städten

Traditionell wurde die Fremdenverkehrsarbeit in Deutschland zunächst in Form von Verschönerungsvereinen organisiert, in denen sich die örtlichen Geschäftsleute und interessierte Privatleute zusammenschlossen, um sich um die Verbesserung der Infrastruktur und die Gewinnung von auswärtigen Gästen zu kümmern (Bonn 1845; Bad Reichenhall 1846). Nachdem die Städte das ökonomische Potenzial des Tourismus erkannt hatten, richteten sie zunehmend (Fremden-)Verkehrsämter als Teil der Kommunalverwaltung ein.

Gegenwärtig gibt es in Deutschland ca. 4 000 kommunale Tourismusorganisationen, die für Information, Beratung und Betreuung der Gäste verantwortlich sind (GRAUVOGEL, B. 2004; BAUR, N., B. VOLLE & H.-D. QUACK 2004). Zu den typischen Aufgaben dieser öffentlichen Fremdenverkehrsstellen zählen:

- in der Produktpolitik: Entwicklung von Pauschalangeboten für Privatreisende und Tagungsgäste, Durchführung von Kinderprogrammen und Stadtführungen, Schulungen für Stadtführer und Counter-Mitarbeiter;

- in der Distributionspolitik: Bearbeitung von Kundenanfragen, Zimmervermittlung für Individual-, Gruppen- und Tagungsgäste, Gestaltung des Internet-Auftritts;
- in der Kommunikationspolitik: Erstellen von Prospekten und Werbemitteln, Besuch von Messen und Workshops, Durchführung von Mailing-Aktionen, Betreuung von Journalisten, Versand von Pressediensten, Durchführung von Innenmarketing-Maßnahmen.

Traditionell erfolgte die Finanzierung der kommunalen Fremdenverkehrsstellen aussschließlich aus öffentlichen Mitteln. Angesichts neuer Marktherausforderungen erweisen sich die bisherigen Organisationsformen aber zunehmend als ineffizient. Durch ihre Einbindung in Verwaltungsabläufe besteht ein Mangel an Flexibilität und Spontaneität; deshalb können keine raschen und unbürokratischen Entscheidungen getroffen werden, die im Tourismusbereich häufig notwendig sind (PAESLER, R. 2007, 787). Darüber hinaus suchen die Städte und Gemeinden zunehmend nach Möglichkeiten zum Ausgleich ihrer defizitären Haushaltsbilanz. Da die Tourismusarbeit nicht zu den gesetzlich festgelegten, sondern freiwilligen Aufgaben der Kommunen zählt, bestehen in diesem Bereich Einsparungspotenziale.

Vor diesem Hintergrund fand seit Ende der 1980er-Jahre in mehreren Städten (z. B. Konstanz, Hamburg, Berlin) eine Umwandlung der öffentlichen Fremdenverkehrsstellen in privatwirtschaftliche Unternehmen (GmbH) statt. Meist verfügen die Kommunen weiterhin über die Mehrheit der Gesellschafteranteile;

darüber hinaus werden aber auch touristische Leistungsträger und weitere örtliche Firmen als Gesellschafter gewonnen. Die Finanzierung dieser neuen Tourismus GmbHs erfolgt nur noch zu einem Teil aus öffentlichen Mitteln; als andere Einnahmequellen fungieren Provisionen für diverse Buchungs-, Vermittlungs- und Verkaufsleistungen.

Im Rahmen der Professionalisierung basiert die Tourismusarbeit in vielen Städten (unabhängig von der jeweiligen Rechtsform) inzwischen auf umfassenden touristischen Entwicklungsplänen bzw. Marketing-Konzepten, die zumeist folgende Überlegungen beinhalten (LEHMANN, M. & A. HEINEMANN 2009):[2]

- umfangreiche Ist-Analyse des Angebots (Beherbergungsangebot, touristische und sonstige Infrastruktur, Image, wirtschaftliche Bedeutung),
- umfangreiche Ist-Analyse der Nachfrage (Tourismusarten, Profil und Verhalten der Gäste),
- Analyse der Wettbewerbsposition der Stadt im nationalen bzw. internationalen Vergleich (Benchmarking-Analyse),
- Formulierung eines touristischen Leitbilds,
- Katalog von Marketingzielen und Maßnahmen in den einzelnen Bereichen des Marketing-Mixes (Produktentwicklung, Preisgestaltung, Absatzwege, Öffentlichkeitsarbeit) und zur Organisation der Tourismusarbeit,
- Katalog mit Controlling-Standards.

Angesichts des zunehmenden Wettbewerbs reicht es dabei nicht aus, dass Städte eine sektorale Wirtschaftspolitik betreiben, deren Maßnahmen sich ausschließlich auf eine Förderung des

Tourismus beziehen; sie müssen sich vielmehr als Destinationen verstehen, die als Ganzes vermarktet werden. Aus diesem Grund sind in den letzten Jahren zunehmend ganzheitliche Tourismusentwicklungskonzepte erarbeitet worden, in denen Tourismus und Städtebau, Denkmalschutz und Verkehrslenkung, Einzelhandel und Kultur, Tagungen und Sport aufeinander abgestimmt werden.[3] Darüber hinaus hat die stärkere Partizipation der einzelnen Akteure und vor allem auch der örtlichen Bevölkerung an Bedeutung gewonnen. Im Rahmen diskursiver Planungsverfahren (u. a. Bürgerversammlungen, Podiumsdiskussionen, gemeinsame Leitbildentwicklung) können interessierte Bürger bei dieser „Bottom-Up"-Vorgehensweise an

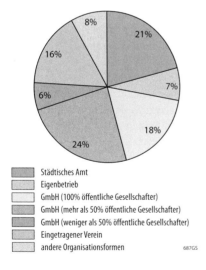

Städtisches Amt
Eigenbetrieb
GmbH (100% öffentliche Gesellschafter)
GmbH (mehr als 50% öffentliche Gesellschafter)
GmbH (weniger als 50% öffentliche Gesellschafter)
Eingetragener Verein
andere Organisationsformen   687GS

Abb. 4.1.5.2/1 *Die Organisation des Städtetourismus erfolgt in unterschiedlichen Rechtsformen; in 28 % der Städte sind Ämter bzw. Eigenbetriebe für das Tourismusmarketing zuständig.*

der Entwicklung eines touristischen Leitbildes für die Stadt aktiv mitwirken (Roth, P. 2003a; Jurczek, P. 2007). Neben solchen konzeptionellen Ansätzen praktizieren viele Städte aber auch ein Besuchermanagement, um die negativen Effekte des Tourismus (z. B. Verkehrsstaus, Lärmbelästigung, hohes Müllaufkommen) zu minimieren. Probleme entstehen vor allem in historischen Städten, in denen der private Tagesausflugsverkehr dominiert:

- So verzeichnet z. B. Florenz neben den 2,3 Mio. Übernachtungsgästen jährlich noch ca. 32 Mio. Tagesbesucher (Popp, M. 2009, 44).
- In Venedig, Salzburg und Brügge handelt es sich bei mehr als 80 % aller Besucher um Tagesgäste (Borg, J. & G. Gotti (o. J.), 177).

Zur Regulierung der enormen Besucher- und Verkehrsströme, aber auch zum Schutz der historischen Baudenkmäler kommen folgende praktische Maßnahmen zum Einsatz:

- Verhaltensregeln: Die Stadtverwaltung von Florenz hat bereits im Jahr 1997 mehrere Benimm-Regeln für Touristen festgelegt; danach sind u. a. das Baden oder Füßewaschen in Brunnen, aber auch Picknicks vor Monumenten gegen Androhung einer Strafe verboten. In Rom dürfen Touristen keine Münzen mehr in den marmornen Trevi-Brunnen werfen, da die vielen Zehntausend Geldstücke erheblichen Schaden angerichtet hatten. Auf der Treppe zur Piazza auf Capri müssen die Besucher ständig in Bewegung sein und dürfen sich nicht hinsetzen (Steinecke, A. 2010, 90–91).

- Gebühren: In den italienischen Kunstmetropolen Rom, Florenz, Pisa und Venedig müssen Touristenbusse hohe Zufahrts- und Parkgebühren entrichten, wenn sie tagsüber in die Städte fahren wollen.
- Fahrverbote: Im Pariser Stadtteil Montmatre wurden die engen Straßen bereits in den 1990er-Jahren für Touristenbusse gesperrt. Seitdem kann das historische Viertel, das jährlich von ca. sechs Millionen Gästen besucht wird, nur noch zu Fuß oder per Seilbahn erreicht werden.

Diese Beispiele der Reglementierung des touristischen Zugangs machen deutlich, dass einem weiteren touristischen Wachstum in vielen Städten vielerorts inzwischen von den Planern und Denkmalschützern, aber auch von der Bevölkerung generell Grenzen gesetzt werden. Die physische bzw. psychologische Tragfähigkeit (Carrying Capacity) scheint erreicht und in manchen Fällen auch überschritten worden zu sein. Bei der künftigen Entwicklung des Städtetourismus stehen die Tourismusverantwortlichen vor der Herausforderung, die Erfordernisse des Marktes nach Einzigartigkeit und Erlebnisorientierung mit den Bedürfnissen der Bewohner nach Lebensqualität und Partizipation in Einklang zu bringen.

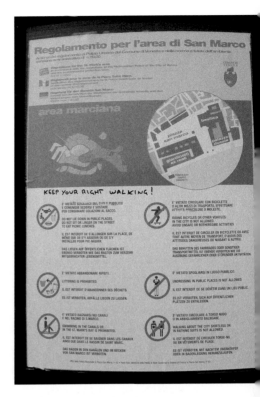

Abb. 4.1.5.2/2 *In Städten mit einer großen Zahl von Tagesgästen sind Verbote häufig die einzige Möglichkeit, den massenhaften Besucherstrom zu steuern (wie auf der Piazza San Marco in Venedig).*

Zusammenfassung

Fazit

- Städte können generell auf eine lange Tradition als Reiseziele zurückblicken; bereits in der Antike wurden sie von Händlern, Soldaten, Pilgern, Scholaren etc. aufgesucht – überwiegend aus wirtschaftlichen, politischen oder religiösen Gründen.

- Seit dem 16. Jh. haben englische Adlige ausgedehnte Reisen durch Europa unternommen; dabei besuchten sie bekannte Städte (speziell in Italien). Diese Grand Tour diente zwar vorrangig der Bildung und Ausbildung, doch im Laufe der Zeit erhielt sie zunehmend einen Vergnügungscharakter.

- Diese historischen Wurzeln prägen den Städtetourismus bis heute: Es gibt einerseits einen beruflich bedingten Geschäftsreiseverkehr, andererseits einen privat bedingten Besichtigungsverkehr (jeweils als Tagesausflugsverkehr und als Übernachtungstourismus).

- In Deutschland hat sich der Städtetourismus in den letzten Jahrzehnten als ein Motor der touristischen Nachfrage erwiesen; dabei konnten speziell die Großstädte hohe Wachstumsraten verzeichnen.

- Unter den städtischen Attraktionsfaktoren spielen das Kulturangebot, Sehenswürdigkeiten und historische Altstädte eine zentrale Rolle. Generell suchen die Touristen aber das „Gesamterlebnis Stadt" – also ein breites, multifunktionales Angebot, aus dem sie sich ihre Reise nach ihren Bedürfnissen zusammenstellen können (wie von einem Büfett).

- In den Städten löst der Tourismus vor allem positive wirtschaftliche Wirkungen aus; neben Einnahmen und Arbeitsplätzen sind auch die Verbesserung des Images sowie die Steigerung des Bekanntheitsgrades zu nennen.

- Zu den typischen Belastungen durch den Tourismus zählen Verkehrsprobleme, aber auch die Überfüllung einzelner Stadtviertel.

- Um sich im zunehmenden Wettbewerb zu behaupten, nutzen die Städte mehrere Strategien – z. B. die Spezialisierung auf bestimmte Themen, die Vernetzung innerstädtischer Angebote (City Cards), die Bildung von nationalen und internationalen Netzwerken sowie die Durchführung von spektakulären Events.

- Beim Management lässt sich in Städten generell ein Trend zur Professionalisierung beobachten (Entwicklung von Tourismus- bzw. Marketingkonzepten, Umwandlung des Fremdenverkehrsamts in eine Tourismus Marketing GmbH, Besuchermanagement in Städten mit einem hohen Aufkommen an Tagesgästen).

Zum Einlesen

FREYTAG, T. & A. KAGERMEIER (Hrsg.; 2008): Städtetourismus zwischen Kultur und Kommerz, München/Wien 2008 (Stud. z. Freizeit- und Tourismusforsch.; 1).
Der Sammelband gibt einen guten Überblick über den Forschungsstand zum Städtetourismus – u. a. mit Beiträgen zum Shoppingtourismus, zum Einfluss der Low Cost Carrier und zu neuen Produkten.

DTV (DEUTSCHER TOURISMUSVERBAND) (Hrsg.; 2006): Städte- und Kulturtourismus in Deutschland. Langfassung, Bonn.
Die Grundlagenstudie enthält Daten zum Umfang und zur wirtschaftlichen Bedeutung des Städte- und Kulturtourismus; außerdem werden Aktivitäten und Strukturen städtischer Tourismusmarketingorganisationen untersucht.

4.2 Tourismus an der Küste

Bei der Meeresküste handelt es sich – nach den Städten und den Kurorten – um den dritten Natur- bzw. Kulturraum, der für eine touristische Nutzung inwertgesetzt wurde. Dazu war ein neues Naturverständnis notwendig, denn Küsten und Meere galten lange als unwirtlich und unattraktiv. Seitdem hat der Badetourismus einen enormen Boom erlebt und auch eine weltweite räumliche Expansion erfahren. In diesem Kapitel werden Antworten auf folgende Fragen gegeben:

• Was waren die historischen Ursachen für die erfolgreiche Entwicklung des Tourismus an den Küsten?
• Was sind typische Merkmale des Badetourismus und welche Trends zeichnen sich in diesem Marktsegment ab?

• Welche Wirkungen hat der Tourismus auf die Küstenregionen? (Diese Frage wird am Beispiel Mallorca beantwortet.)
• Welche Strategien werden von den Badedestinationen genutzt, um sich im internationalen Wettbewerb zu profilieren?

4.2.1 Historische Entwicklung des Badetourismus

4.2.1.1 Die Anfänge in Großbritannien

Die Meeresküste galt bis zum 18. Jh. als rau und feindselig: Aus den Berichten von Seefahrern kannte man die Unbilden des Meeres, und lange Zeit prägten Vorstellungen von Seeungeheuern, Wasserdämonen und Sirenen das Bild von der See (Altonaer Museum 1986, 9).

Abb. 4.2/1 *Heiligendamm – die „Weiße Stadt am Meer" – war das erste deutsche Seebad; es wurde im Jahr 1793 von Friedrich Franz I., Herzog von Mecklenburg, an der Ostsee gegründet.*

Ein neues Naturverständnis und eine andere Raumbewertung wurde durch britische Ärzte ausgelöst, die dem Trinken des Meerwassers und dem Baden im Meer eine therapeutische Wirkung zuschrieben (u. a. gegen Lepra, Krebs, Gonorrhöe, Hühneraugen). Erste Ansätze eines medizinisch motivierten Badetourismus sind für Scarborough (1730) und für Brighton (1736) belegt; dort praktizierte Dr. Richard Russel, dessen Publikation „Dissertation on the Use of Seawater in Diseases of the Glands" aus dem Jahr 1750 einen besonders großen Einfluss auf die Entwicklung des Ortes hatte (STEINECKE, A. 2010, 99–100). Vorbild für den Aufenthalt am Meer waren die Trink- und Badekuren, die der Adel und das wohlhabende Bürgertum bereits seit dem 17. Jh. in binnenländischen Kurorten praktiziert hatten. Unter ärztlicher Aufsicht wurde – nach einem strengen Reglement – in den frühen Morgenstunden von Badekarren aus nackt im Meer gebadet; zudem trank man täglich mindestens einen halben Liter Seewasser. Wesentliche Impulse auf die Entwicklung der neu entstehenden Seaside Resorts gingen dabei vom englischen Königshaus und Hof aus: Nachdem der Prince of Wales im Jahr 1783 Brighton besucht hatte, stieg die Zahl der Gäste sprunghaft an. Bald dienten die Badeorte nicht nur therapeutischen Zwecken, sondern entwickelten sich zu gesellschaftlichen Treffpunkten. Um sich nämlich von den großbürgerlichen Schichten abzusetzen, die im 18. Jh. zunehmend die Kurorte besuchten, trafen sich die britischen Adligen am Meer. Ihr Bedürfnis nach Kommunikation und Unterhaltung spiegelt sich in der typischen Infrastruktur der Seaside Resorts wider. Neben Uferpromenaden, Lesesälen und Ballhäusern zählten auch Band Stands zum Standardrepertoire: Musikpavillons, in denen Konzerte von Militärangehörigen stattfanden, die aus Furcht vor einer französischen Invasion an der Küste stationiert waren (ANDERSON, J. & E. SWINGLEHURST 1978, 40).

Mit der touristischen Erschließung wurden die ehemaligen Fischerdörfer baulich radikal verändert: Die Nähe zum Meer und vor allem der Meerblick wurden nun zu entscheidenden Standortfaktoren. Dabei spielten nicht nur praktische Gründe (wie das Baden oder das Promenieren am Strand) eine wichtige Rolle, sondern vor allem auch die neue künstlerische Bewertung des Meeres: In den Gedichten von Lord Byron (1788–1824) und in den Gemälden von Joseph Mallord William Turner (1775–1851) wurde es nicht mehr als erschreckend und wild dargestellt, sondern vielmehr als beeindruckend und kraftvoll. Diese romantische Sichtweise der Künstler veränderte auch die touristische Wahrnehmung: So löste der Anblick der Meeres bei den Zeitgenossen unbeschreibliche Emotionen aus – bis hin zu Tränenausbrüchen und Weinkrämpfen (HOWELL, S. 1974, 44–45).

In der ersten Hälfte des 19. Jh. verlor der Badetourismus seinen elitären Charakter: Durch den Bau von Eisenbahnlinien kam es zu einer Popularisierung der Seaside Resorts. Im Jahr 1841 erhielt Brighton als erster Seebadeort einen Eisenbahnanschluss. Aufgrund günstiger Fahrpreise konnten sich bald auch

Abb. 4.2.1.1/1 *An den englischen Stränden dominierte im 19. Jh. bereits ein bürgerliches Reisepublikum, das sich hier seinen außerhäuslichen Vergnügungen hingab.*

Mittelschichtangehörige einen Aufenthalt am Meer leisten: So wurden im ersten Halbjahr 1844 bereits 360 000 Passagiere gezählt (ANDERSON, J. & E. SWINGLEHURST 1978, 21) Mit dem Vordringen des Bürgertums änderte sich auch die Atmosphäre der Badeorte. Der Urlaub mit der ganzen Familie und eine außerhäusliche Gemütlichkeit wurden zum neuen Ideal: Man saß in voller Kleidung auf Stühlen am Strand, die Frauen beschäftigten sich mit Handarbeiten, die Männer lasen Zeitung und die Kinder buddelten mit hölzernen Spaten im Sand oder unternahmen Ausritte auf Eseln (vgl. Abb. 4.2.1.1/1).

Darüber hinaus verzeichneten die Badeorte nach 1850 aber auch wieder eine steigende Zahl von Besuchern, die aus therapeutischen Gründen kamen: Die medizinische Forschung hatte nämlich die Heilwirkung der Seeluft – speziell für Lungenerkrankungen – nachgewiesen (WALVIN, J. 1978, 68–69).

Einen regelrechten Boom erlebten die britischen Badeorte in der zweiten Hälfte des 19. Jh. durch die Einführung der Excursion Trains. Als organisatorisches Vorbild diente dabei Thomas Cook, der im Jahr 1841 die erste Pauschalreise von Leicester nach Loughborough veranstaltet hatte. Aus den industriellen Ballungsgebieten wurden nun preisgünstige Tagesreisen an das Meer angeboten, die sich auch einfache Arbeiter und Angestellte leisten konnten: In der Pfingstwoche des Jahres 1850 reisten z. B. mehr als 200 000 Passagiere von Manchester nach Blackpool (WALVIN, J. 1978, 38–39). Der kurze Aufenthalt der Tagesbesucher und ihr ausgeprägtes Vergnügungsinteresse führten dazu, dass in den Badeorten eine Jahrmarkt-Atmosphäre entstand, während der Strand als natürliche Attraktion in den Hintergrund rückte. Bei der Ankunft der Ausflugszüge spielten Blaskapellen und am Strand traten Nigger Minstrels auf (als Schwarze geschminkte Gruppen aus weißen Musikern). Kommerzielle Unterhaltungseinrichtungen wie Music Halls, Wintergärten, Aussichtstürme, Karussells, Achterbahnen und Riesenräder prägten nun das Angebot. Dabei wurden von den Orten frühzeitig technische Innovationen genutzt, um ihre Attraktivität zu steigern und sich gegen die wachsende Konkurrenz zu behaupten (um 1900 gab es in Großbritannien bereits 60 offiziell anerkannte Seaside Resorts).

Als neue Statussymbole der Orte erwiesen sich – neben elektrischen Straßenbahnen und der elektrischen Beleuchtung der Promenade – vor allem die Piers, die zunächst als Anlegestellen für Dampfschiffe fungierten. Vorreiter dieser Entwicklung war Brighton (1823); bald folgten die anderen Badeorte diesem Beispiel. Die Piers boten den Besuchern – gegen Entrichtung eines Eintrittsgelds – nicht nur die Möglichkeit, über dem Meer zu promenieren, sondern sich auch an zahlreichen Buden von Wahrsagern, Flohzirkussen etc. unterhalten oder von Fotografen ablichten zu lassen. Damit entwickelten sie sich rasch zu populären Ausflugszielen: Auf der West Pier in Brighton wurden z. B. im Jahr 1875 600 000 Besucher gezählt (Walvin, J. 1978, 50).

Abb. 4.2.1.1/2 *Die Piers in den englischen Seaside Resorts waren zunächst nur Anlegestellen für Dampfschiffe; später entwickelten sie sich zu populären Besucherattraktionen und zu Statussymbolen der Badeorte.*

Der massenhafte Zustrom von Tagesbesuchern und Touristen führte dazu,
dass die Badeorte seit Anfang des 19. Jh.
zu den am schnellsten wachsenden
Städten in Großbritannien gehörten.
Mit diesem Wachstum war zugleich
auch eine soziale Differenzierung verbunden:

- So galt Brighton lange Zeit als vornehm,
Margate als bürgerlich und Blackpool
hatte ein proletarisches Image.
- Ähnliche Unterschiede gab es auch
im deutschen Kaiserreich bei den Seebädern auf Usedom: In Swinemünde
dominierte das Militär, Ahlbeck wurde
vom mittleren Bürgertum bevorzugt,
in Heringsdorf trafen sich die Industriellen und in Bansin die Künstler
(Spode, H. 2003, 77).

Die soziale Segregation, die am Anfang
der touristischen Erschließung der Küste
auf nationaler Ebene stattgefunden hatte,
setzte sich bereits im 19. Jh. auch im internationalen Maßstab fort: Der britische
Adel und das wohlhabende Bürgertum
erschlossen zunehmend die französische
und italienische Riviera als neue Ziele
des Badetourismus (vgl. Kap. 4.2.1.3).

4.2.1.2 Die Entwicklung
in Deutschland

Die britische Innovation des Badens im
Meer und des Trinkens von Meerwasser
erreichte Deutschland erst mit einem
Zeitverzug von mehreren Jahrzehnten.
Von besonderem Einfluss war dabei der
Göttinger Physiker und Literat Georg
Christoph Lichtenberg (1742–1799), der
bei einer Reise durch England mehrere
Seebäder kennengelernt hatte. Im Jahr
1793 publizierte er einen Artikel mit

dem Titel: „Warum hat Deutschland
noch kein großes öffentliches Seebad?"
(Bluhm, H.-G. 1986, 18).
Als erste deutsche Seebäder gelten
Doberan-Heiligendamm an der Ostseeküste (1793) und Norderney an der
Nordseeküste (1797). Vor dem Hintergrund der zunehmenden Industrialisierung, Urbanisierung und Technisierung,
aber auch des damit verbundenen gesellschaftlichen Wandels in Deutschland
(u. a. Entstehen einer neuen Mittelschicht von Angestellten und Beamten)
verlief die touristische Inwertsetzung der
Meeresküste nach einem ähnlichen Mus-
ter wie in Großbritannien:

- Initiative von Ärzten und finanzielle
Unterstützung durch lokale Investoren: So gründeten z. B. Lübecker
Kaufleute gemeinsam mit Ärzten und
Beamten im Jahr 1802 die „Privat-
Seebadeanstalt bey Travemünde",
die 1825 um ein Casino ergänzt wurde.
Der Erfolg dieser Einrichtungen führte dazu, dass der Ort im Jahr 1860 mit
einer Gasbeleuchtung ausgestattet
werden konnte (Prahl, H.-W. & A.
Steinecke 1979, 33).
- Vermittlung eines neuen Naturverständnisses durch Künstler: In
Deutschland wurde die neue Landschaftswahrnehmung vor allem durch
den romantischen Maler Caspar David
Friedrich (1774–1840) ausgelöst; ihm
gelang es, den weiten Horizont und die
endlos erscheinende Größe des Meeres
künstlerisch eindrucksvoll darzustellen
(Altonaer Museum 1986, 10).
- Seebadeorte als gesellschaftliche
Treffpunkte des Adels und des Bürgertums: Speziell Westerland auf Sylt

Abb. 4.2.1.2/1 In den 1930er-Jahren entstand auf Rügen die gigantische Ferienanlage Prora – das „Seebad der 20 000" (aufgrund des Zweiten Weltkriegs wurde der Gebäudekomplex nicht fertig gestellt).

entwickelte sich zur „Königin der Nordsee" (BLUHM 1986a, 30). Bis zum Ende des Ersten Weltkriegs war das rasch expandierende Seebad ein beliebter Treffpunkt des deutschen und österreichischen Adels.

• Wachstum der Seebadeorte nach dem Anschluss an das Eisenbahnnetz: Im Jahr 1876 erhielt die Insel Usedom über eine Brücke den Anschluss an die Linie Berlin-Rostock und wurde bald zur „Badewanne Berlins". Im Gegensatz zu Großbritannien gab es in Deutschland allerdings keine Excursion Trains und deshalb auch keine vergleichbare Einbeziehung unterer sozialer Schichten in den Badetourismus; der Aufenthalt am Meer blieb lange Zeit der großstädtischen Ober- und Mittelschicht vorbehalten.

Im 20. Jh. entwickelten sich in Deutschland allerdings zwei politisch bedingte Sonderformen des Badetourismus – zum einen während der nationalsozialistischen Zeit, zum anderen während der Teilung Deutschlands. Eine neue Dimension touristischer Einrichtungen stellte in den 1930er-Jahren Prora auf Rügen dar – das „Kraft durch Freude-Seebad der 20 000" (vgl. Abb. 4.2.1.2/1). Die „NS-Gemeinschaft Kraft durch Freude" (KdF) war Teil der „Deutschen Arbeitsfront", die nach der Machtübernahme der Nationalsozialisten und der Abschaffung der Gewerkschaften als Einheitsgewerkschaft fungierte. Die „NS-Gemeinschaft KdF" war für die staatliche Freizeitpolitik verantwortlich: Neben Theatervorstellungen und Unterhaltungsveranstaltungen organisierte sie auch Wanderungen, Reisen und Kreuzfahrten (mit der eigenen „KdF"-Flotte). Mit Prora auf Rügen wurde seit 1936 der Prototyp für insgesamt fünf geplante große Seebäder gebaut. Die 4,5 km lange Anlage besteht aus zwei Baukomplexen, die einen riesigen Festplatz flankieren. An diesem Platz sollten ein Kino sowie ein Turm mit einem Aussichtscafé für 250 Personen entstehen. Weitere Einrichtungen waren eine Festhalle für 20 000 Menschen, eine Schwimmhalle mit Wellenanlage, ein Bahnhof sowie zwei Seebrücken. Das gigantische Bauvorhaben war zu Beginn des Zweiten Weltkriegs als Rohbau zum größten Teil fertiggestellt (SPODE, H. 1991a, 90; ROSTOCK, J. & F. ZADNICEK 1992).

Nach dem Zweiten Weltkrieg (im Zeitraum 1969-1973) entstanden vor allem an der bundesdeutschen Ostseeküste mit Damp, Heiligenhafen, Weißenhäuser Strand u. a. mehrere touristische Großprojekte (wenn auch von bescheidenerem Umfang als Prora). Bei diesen Ferienzentren der ersten Generation im damaligen „Zonenrandgebiet" (zur Deutschen Demokratischen Republik) handelte es sich um Großhotels und Apartmentanlagen, die zwar über ein Hallenbad und ein Restaurant verfügten, ansonsten aber auf die Nutzung der natürlichen Attraktionen und der örtlichen touristischen Infrastruktur angewiesen waren. Den Hintergrund dieser Entwicklung bildete eine staatliche Förderung zur Verbesserung der regionalen Wirtschaftsstruktur in den (damals) peripheren Räumen – u. a. auch im Harz und im Bayerischen Wald. Da hohe Investitionszuschüsse, Sonderabschreibungen und Verlustzuweisungen gewährt wurden, konnten die Bauträger relativ leicht private Kapitalanleger gewinnen. Bei einer hohen Inflationsrate war zudem ein regelrechter Immobilienboom ausgebrochen. Darüber hinaus bot die Rechtsform der GmbH & Co. KG den

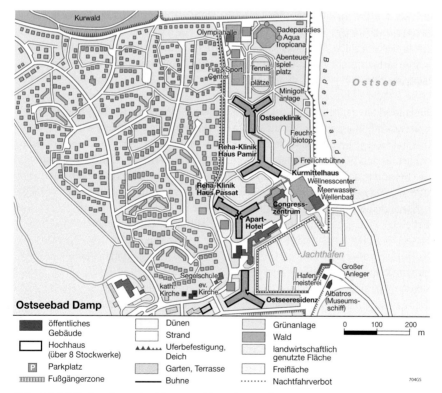

Abb. 4.2.1.2/2 *Das Ostseebad Damp zählt zu den großen Ferienzentren, die seit Ende der 1960er-Jahre in den damaligen „Zonenrandgebieten" (zur Deutschen Demokratischen Republik) mit staatlicher Förderung errichtet wurden.*

Bauträgern die Chance, mit minimalem Risiko und Eigenkapital große Ferienkomplexe mit mehr als 5 000 Betten zu erstellen (vgl. Abb. 4.2.1.2/2). Diese Entwicklung endete nach einer erneuten Änderung der Förderbedingungen; zugleich waren auch die touristischen Konsequenzen (Überkapazitäten) sowie die eingetretenen Landschaftsschäden offenkundig geworden. Erste Feriengroßprojekte – in Form von Großhotels – entstanden zur gleichen Zeit auch in der DDR (BECKER, C. 2000b, 29).

4.2.1.3 Die Entwicklung an der Riviera und Adria

Der britische Habitus des Badens im Meer wurde jedoch nicht nur nach Deutschland, sondern auch auf andere europäische Länder übertragen: Bereits im 19. Jh. entdeckten der britische Adel und das wohlhabende Bürgertum die französische und italienische Riviera als Reiseziel – zunächst für den Winteraufenthalt. Obwohl die Reise mit der Postkutsche von London bis Nizza 16 Tage dauerte, entwickelte sich die Stadt nach 1839 zu einem beliebten Ziel: Es entstanden englische Hotels, Geschäfte und sogar Kirchen und es wurden britische Zeitungen verkauft – entsprechend erhielt die für einen Seebadeort obligatorische Uferstraße auch den Namen „Promenade des Anglais".

Neben dem britischen Adel spielten auch russische und österreichisch-ungarische Aristokraten eine wichtige Rolle an der Riviera: Sie reisten mit dem Expresszug der „K. und K. Südbahngesellschaft" an, der St. Petersburg, Wien, Nizza und Cannes miteinander verband (die Fahrt dauerte drei Tage und drei Nächte). Mit dem Einsatz von Dampfschiffen und dem Ausbau des Eisenbahnnetzes wurde der Reisestrom an das Mittelmeer am Ende des 19. Jh. größer. Nun entstanden auch an der nördlichen Adria neue Seebäder – sowohl auf italienischer Seite als auch im damals österreichischen Istrien (heute Teil von Slowenien und Kroatien). Auch hier fungierten Königshäuser und Adel als Trendsetter: In Opatija/Abbazia waren z. B. der österreichische Kaiser Franz Josef und der deutsche Kaiser Wilhelm II. zu Gast. Zunehmend wurde nun auch der Badeaufenthalt in den Sommermonaten populärer, doch erst nach dem Ersten Weltkrieg übertraf der sommerliche Seebädertourismus den Winteraufenthalt (NIEL, A. 1981; GOSAR, A. 2007, 617–618).

4.2.2 Struktur und Dynamik des Badetourismus

Nach dem Zweiten Weltkrieg erfuhr der Badetourismus in Deutschland und vor allem in Südeuropa eine boomartige Entwicklung. Dort zählten zu den Pull-Faktoren vor allem die naturräumliche Ausstattung (das ursprüngliche Angebot):
- flache, sandige Küsten,
- eine lange jährliche Sonnenscheindauer,
- geringe Niederschläge,
- hohe Durchschnittstemperaturen.

Diese klimatischen Bedingungen finden sich – neben den wechselfeuchten Tropen – vor allem in den Subtropen und hier speziell in den Winterregengebieten wie dem gesamten Mittelmeerraum (JASCHKE, D. 1985, 313). Darüber hinaus wurden aber auch von staatlicher Seite Maßnahmen zur Erleichterung des

Reiseverkehrs, zum Ausbau der allgemeinen und touristischen Infrastruktur sowie zur Förderung der Tourismusbranche ergriffen – z.B. durch das Stabilisierungsgesetz und die Abschaffung der Visumpflicht in Spanien im Jahr 1959.

Die Entwicklung des Mittelmeers zur „Badewanne Europas" seit den 1960er-Jahren wurde aber erst durch eine Reihe von Push-Faktoren in den mittel- und nordeuropäischen Quellgebieten ermöglicht; dazu zählen:

- der zunehmende Wohlstand breiter Kreise der Bevölkerung,
- die wachsende Freizeit und der garantierte Jahresurlaub,
- die Einführung neuer Transporttechnologien (Düsenflugzeuge),
- die Gründung von Reiseveranstaltern.

Deutschland, Großbritannien und Skandinavien entwickelten sich nun zu wichtigen Quellmärkten des internationalen Badetourismus. Dabei erfuhr vor allem der Mittelmeerraum eine massenhafte touristische Inwertsetzung: Bereits Anfang der 1990er-Jahre stellte er die größte geschlossene Tourismusregion der Welt dar. Seine Erschließung verlief in mehreren Phasen (KULINAT, K. 1991, 423):

- Da die Anreise in den 1950er- und 1960er-Jahren mit dem Pkw und der Eisenbahn erfolgte, war zunächst das nördliche Italien (Adria, Ligurien) ein wichtiges Ziel.
- Bereits in den 1960er-Jahren kamen die spanische Mittelmeerküste, die Balearen und die jugoslawische Adria hinzu.
- In den 1970er-Jahren wurden die langen Sandstrände im französischen Languedoc-Roussillon erschlossen – vor allem durch den Bau von touristischen Großanlagen wie Port Camargue, La Grande-Motte, Cap d'Agde (MÖLLER, H.-G. 1998). Mit staatlicher Förderung fand zu dieser Zeit auch in Griechenland, Ägypten, Tunesien und Marokko ein Ausbau der Tourismuseinrichtungen statt.
- Erst in den 1980er-Jahren wurden die Algarve in Portugal und die Südküste der Türkei in den internationalen Tourismus einbezogen.

Obwohl die Mittelmeerländer in den letzten Jahren Strategien zur Diversifizierung des touristischen Angebots und damit zur Reduzierung des Nachfragedrucks auf die Küstenregionen entwickelt haben, stellt der Badetourismus mit 70–90 % der internationalen Ankünfte weiterhin die dominierende Urlaubsform dar.

Seit den 1970er-Jahren hat auch im Badetourismus eine weitere Ausdehnung der Freizeitperipherie – über die Grenzen Europas hinaus – stattgefunden: Speziell Entwicklungsländer wie Kenia, Sri Lanka und Thailand konnten sich mit Erfolg als Badedestinationen auf dem bundesdeutschen Markt positionieren (vor allem in den Wintermonaten).[1]

4.2.2.1 Merkmale des Badetourismus

Innerhalb des Reiseverhaltens, aber auch der Reiseabsichten der bundesdeutschen Bevölkerung rangiert der Badetourismus seit langem an erster Stelle (F.U.R. 2010, 102):

- So haben 49 % der Deutschen in den Jahren 2007–2009 einen Strand-/Bade-/Sonnenurlaub gemacht.
- 39 % planten für die Jahre 2010–2012 „ziemlich sicher", einen Urlaub am Meer zu verbringen.

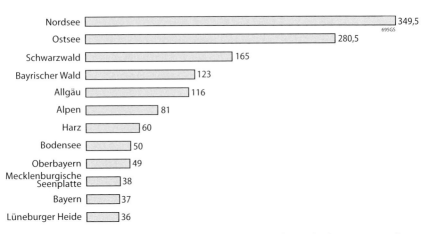

Nordsee — 349,5 695GS
Ostsee — 280,5
Schwarzwald — 165
Bayrischer Wald — 123
Allgäu — 116
Alpen — 81
Harz — 60
Bodensee — 50
Oberbayern — 49
Mecklenburgische Seenplatte — 38
Bayern — 37
Lüneburger Heide — 36

Abb. 4.2.2.1/1 *In einem Ranking der profiliertesten deutschen Urlaubsregionen stehen die Nordsee und die Ostsee deutlich vor Mittelgebirgsregionen wie dem Schwarzwald oder dem Bayerischen Wald.*

- Für weitere 18 % kam diese Urlaubsart „generell in Frage".

Neben Badedestinationen am Mittelmeer, in der Karibik und in anderen Warmwasser-Regionen spielen deshalb die Nord- und Ostsee hinsichtlich des Profilierungsgrades eine herausragende Rolle: In einem Ranking der deutschen Urlaubsregionen belegen sie die beiden ersten Plätze – deutlich vor populären Mittelgebirgsregionen wie dem Schwarzwald, dem Bayerischen Wald und dem Allgäu (vgl. Abb. 4.2.2.1/1).[2]

In ihren Profilausprägungen unterscheiden sich Nord- und Ostsee dabei nur marginal: Wesentliches Unterscheidungskriterium der Nordsee bilden das Wattenmeer und die Gezeiten. Mit beiden Küstenregionen verbinden Bundesbürger vor allem frische Luft und gesundes Klima, schöne Strände, Meer, Erholung und Familienfreundlichkeit (KERN, A. 2007, 748–749).

In den Image-Elementen von Nord- und Ostsee spiegeln sich indirekt auch die generellen Reisemotive der Badetouristen wider: In einer Gästebefragung auf Mallorca nannten z. B. 80 % der Befragten das mediterrane Klima als wichtigstes Reisemotiv, gefolgt vom Strand (mehr als 50 %) und vom Preis sowie von der Qualität des touristischen Angebots (KAGERMEIER, A. & H. POPP 2000, 70–71).

Zu den zentralen Merkmalen des Badetourismus zählen u. a.:

- eine relativ lange Aufenthaltsdauer der Gäste (im Vergleich zum Städtetourismus),
- relativ niedrige Pro-Kopf-Ausgaben (im Vergleich zum Wintersporttourismus oder zum Kulturtourismus),
- ein hoher Anteil von Flugreisenden,
- ein hoher Anteil von Veranstalterreisenden,
- eine ausgeprägte Saisonalität der Nachfrage.

4.2.2.2 Binnentourismus

In den traditionellen Zielgebieten des Badetourismus am Mittelmeer kommt dem Binnentourismus (also der touristischen Nachfrage von Einheimischen im eigenen Land) eine wachsende Bedeutung zu. Er spielt in Frankreich, Italien und in den Nachfolgestaaten des früheren Jugoslawiens jeweils eine größere Rolle als der internationale Tourismus. In Portugal, Israel und der Türkei erreicht der Binnentourismus einen Anteil von ca. 40 % an der touristischen Nachfrage. Geringere Werte finden sich in Spanien (35 %) und Griechenland (22 %) – allerdings verzeichnet das inländische Tourismusaufkommen in diesen und anderen Mittelmeerländern eine steigende Tendenz (KAGERMEIER, A. & H. POPP 2000; PFAFFENBACH, C. 2001; GLASZE, G. & G. MEYER 2003).

In den islamischen Ländern des Mittelmeerraums gab es zwar bereits früher Aufenthalte am Meer, z. B. bei Verwandten in Küstenstädten oder bei Campingaufenthalten. Darüber hinaus hat der internationale Badetourismus im Rahmen eines Akkulturationsprozesses aber auch Nachahmungseffekte ausgelöst: So wurde in Ägypten der französische Begriff für Badehose (maillot) als Lehnwort in das Arabische übernommen (IBRAHIM, F. N. 1996, 149). Auch in der Türkei wurden westliche Badesitten (Badehose, Bikini) von der einheimischen Bevölkerung adaptiert. Neben direkten Kontakten mit den europäischen Touristen spielte hierbei auch die Entstehung eines Global Village mit weltweit verfügbaren Medien (TV-Sender, Internet) eine wichtige Rolle.

Für die wachsende Beliebtheit eines Badeurlaubs an der Küste des Marmarameers oder an der türkischen Ägäis ist aber – neben externen Einflüssen – vor allem auch der dortige Wandel von der traditionellen Agrargesellschaft zu einer modernen Industrie- bzw. Dienstleistungsgesellschaft verantwortlich.

Steigende Durchschnittseinkommen, andere Arbeitszeitrhythmen sowie neue Freizeit- und Konsumbedürfnisse einer wachsenden städtischen Mittelschicht sorgen dafür, dass traditionelle Urlaubsformen wie die längere Sommerfrische im Gebirge (Yayla) durch einen Aufenthalt am Meer ersetzt werden. Diese Entwicklung wurde durch den türkischen Staat begünstigt, der bereits im Jahr 1953 ein Tourismus-Förderungsgesetz erließ und die Einrichtung von Kamplars (Urlaubscamps) am Meer finanzierte. Dabei handelte es sich um preisgünstige, qualitativ gute Erholungseinrichtungen für öffentliche Bedienstete (OBERWEGER, H. G. 2001, 28). Dem staatlichen Vorbild folgten später auch große Unternehmen, die für ihre Angestellten ähnliche sozialtouristische Camps errichteten.

Schon frühzeitig wurde der „Ausverkauf der Küsten" (HÖHFELD, V. 1989, 230) in der Türkei beklagt, für den vor allem risikofreudige Privatinvestoren und Baugesellschaften verantwortlich sind. Vor dem Hintergrund einer hohen Inflationsrate haben sie nicht nur Hotels und Feriensiedlungen, sondern auch Apartmentblocks und Sommerhauskolonien gebaut, um sie an wohlhabende Städter zu verkaufen (die nicht nur an einem Zweitwohnsitz am Meer, sondern vor allem auch an einer sicheren Form der

Geldanlage interessiert sind). Aktuelle Studien in der Region Kemer (Provinz Antalya) zeigen, dass die unkontrollierte Bebauung des Küstenstreifens wertvolle Ökosysteme – und damit auch natürliche Tourismuspotenziale – zerstört hat (Sevinç, H. 2010).

Auch künftig ist von einer weiter wachsenden Binnennachfrage im türkischen Badetourismus auszugehen: In seiner Untersuchung zum Binnentourismus kam I. Pinar (1998, 134) zu dem Ergebnis, dass die Mittelmeerküste mit ihrer europäisch geprägten, liberalen Atmosphäre unter den Wunschurlaubszielen der Türken an erster Stelle rangiert – deutlich vor dem Mittelgebirge und der Ägäis.

4.2.2.3 Langzeitaufenthalte und Ruhesitzwanderungen

Neben dem klassischen Badeaufenthalt von einheimischen Urlaubern und ausländischen Gästen gibt es in den Anrainerländer des Mittelmeers noch

---

Was ist eine Ruhesitzwanderung?

Unter einer Ruhesitzwanderung wird eine Form der vorübergehenden bzw. endgültigen räumlichen Mobilität verstanden, „die dadurch gekennzeichnet ist, dass Personen im höheren Erwachsenenalter um den Zeitpunkt des Ruhestandes herum freiwillig einen Wohnstandort im Ausland beziehen, den sie für eine Mindestdauer z. B. von drei Monaten im Jahr nutzen" (Kaiser, C. & K. Friedrich 2002, 16).

---

eine andere Erholungsform – den Langzeitaufenthalt von Rentnern und Pensionären. Vor allem Mallorca und Andalusien, aber auch Tunesien und Marokko haben eine Renaissance als Winterreiseziele erlebt. So ist z. B. auf Mallorca der Anteil von Hotels, die in den Wintermonaten geöffnet sind, deutlich gestiegen. Darüber hinaus fungieren die Küsten der Mittelmeerländer seit den 1980er-Jahren zunehmend auch als Ziele von nord-süd-orientierten Ruhesitzwanderungen.

Aufgrund von Erfassungsproblemen lassen sich keine fundierten Aussagen über den Umfang dieses Migrationsphänomens machen. Schätzungen gehen z. B. davon aus, dass 50 000–80 000 Deutsche für mindestens drei Monate im Jahr auf Mallorca leben. Die Mehrzahl von ihnen ist jünger als 70 Jahre, sie sind nicht mehr berufstätig (viele waren Selbstständige oder leitende Angestellte bzw. Beamte), sie stammen nahezu ausschließlich aus Westdeutschland und leben gemeinsam mit ihrem Ehepartner auf der Insel (Kaiser, C. & K. Friedrich 2002, 15).

Bei den Ruhesitzwanderungen in Mittelmeerländer handelt es sich nicht um ein deutsches, sondern um ein europäisches Phänomen (Breuer, T. 2002; 2003). Ca. 50–70 % der Ausländer, die in Ländern Südeuropas leben, stammen aus den EU-Staaten nördlich der Alpen und der Pyrenäen. Dabei sind Großbritannien, Frankreich und Deutschland die wichtigsten Herkunftsgebiete. Die bevorzugten Zielgebiete der Ruhesitzwanderung entsprechen auch den beliebten Urlaubsregionen, denn viele Altersresidenten kennen ihren neuen Wohnort von vorangegangenen Urlaubsaufenthalten.

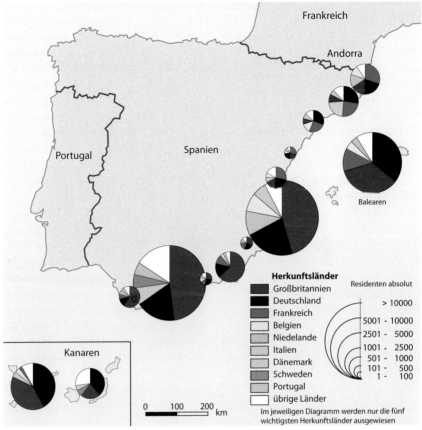

Abb. 4.2.2.3/1 *Die spanischen Badedestinationen werden immer beliebter als Zielge-*
biete von Ruhesitzwanderungen. Briten bevorzugen die spanischen Festlandprovinzen,
während die deutschen Ruhesitzwanderer auf den Kanarischen Inseln dominieren.

Bei der Wahl der Zielgebiete zeigen sich deshalb auch deutliche nationalspezifische Präferenzen (vgl. Abb. 4.2.2.3/1):

- So konzentrieren sich die Briten vor allem in den spanischen Festlandprovinzen Málaga (Andalusien) und Alicante (Region Valencia).
- Deutsche Ruhesitzwanderer dominieren auf den Kanarischen Inseln, während sie an der Costa Blanca (Provinz

Alicante) und in Andalusien nach den Briten die zweitstärkste Gruppe bilden.

- Auf den Balearen sind Briten und Deutsche gleich stark als Altersresidenten vertreten.

Neben Spanien sind Italien, Portugal und Malta wichtige Ziele des Residenztourismus; für die Türkei sowie die Adria-Anrainerstaaten werden hohe Zuwachsraten prognostiziert (z. B. Kroatien).

Da diese Ruhesitzwanderer einerseits als Nachfrager nach Gütern und spezifischen Dienstleistungen auftreten (z. B. Handwerker, Makler, Ärzte), andererseits aber auch eine zusätzliche Nachfrage nach Immobilien und Infrastruktureinrichtungen auslösen, verstärken sie sowohl die positiven als auch die negativen Effekte des Badetourismus in den Zielregionen.

4.2.3 Wirkungen des Badetourismus: Beispiel Mallorca

Wohlstand und Landschaftsverbrauch, Zuwanderung von Arbeitskräften und Umweltverschmutzung: Die Effekte des Badetourismus auf die Küstenregionen des Mittelmeerraums sind zwiespältiger Natur. Sie sollen am Beispiel der Insel Mallorca erläutert werden, die als „Synonym für alle Auswüchse des modernen Massentourismus wie überdimensionale Hotel- und Apartmentanlagen, Bau- und Bodenspekulationen, Verdrängung des kulturellen Erbes" (Schmitt, T. 1993, 459) gilt. Ihre touristische Entwicklung wurde vor allem durch die boomartige Entwicklung seit den 1960er-Jahren, die Massenhaftigkeit der touristischen Nachfrage und die ausgeprägte Saisonalität des Tourismusaufkommens in den Sommermonaten geprägt.

4.2.3.1 Touristische Nachfrage und sozioökonomischer Wandel

Seit den 1960er-Jahren erlebte die Insel Mallorca einen Boom der touristischen Nachfrage:

- 84 000 Touristen (1950),
- 362 000 Touristen (1960),
- 1,9 Mio. Touristen (1970),
- 4,9 Mio. Touristen (1990),
- ca. 10 Mio. Touristen (2010).

Dabei spielte der internationale Tourismus die Hauptrolle, denn bereits seit 1953 werden mehr internationale als spanische Gäste registriert. Dieses massenhafte Tourismusaufkommen löste auf der Insel gravierende sozioökonomische Veränderungen aus. Zu Beginn der Tourismusentwicklung wurde Mallorca durch eine traditionelle Agrargesellschaft geprägt – mit einer hohen Bevölkerungsdichte, einem hohen Geburtenüberschuss und einer großen Zahl von Erwerbstätigen in der Landwirtschaft. Dabei stand eine Masse von Kleinbauern wenigen Großgrundbesitzern gegenüber. Aufgrund der begrenzten Einkommensmöglichkeiten für die Kleinbauern waren Nebenerwerb (z. B. in Fischerei, Seefahrt, Heimarbeit) und Abwanderung die Folgen: So galten die Balearen bis in die erste Hälfte des 20. Jh. als Hauptauswanderungsgebiet Spaniens.

Mit der Expansion der Tourismusbranche und der Schaffung von Arbeitsplätzen in Hotellerie und Gastronomie veränderte sich diese Situation der wirtschaftlichen Rückständigkeit grundlegend:

- Zum einen verstärkte der Tourismus die Binnenwanderung jüngerer Menschen vom Land in die größeren Städte und in die neu entstehenden Urlaubsorte an der Küste; eine Überalterung der Bevölkerung im Hinterland war die Folge (Jaschke, D. 1985, 320).
- Zum anderen wurden aus der ehemaligen Abwanderungsregion Mallorca nun ein Zuwanderungsgebiet: Vor allem als Folge des hohen Arbeitskräftebedarfs in der Bauwirtschaft zogen

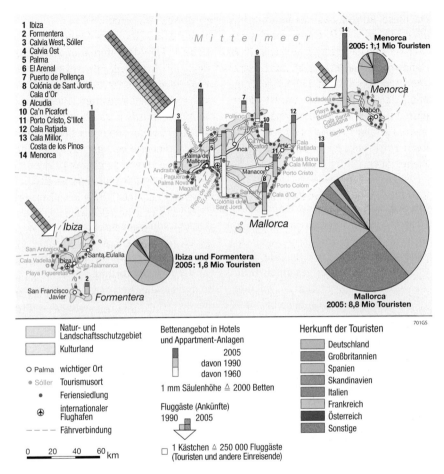

1 Ibiza
2 Formentera
3 Calvia West, Sóller
4 Calvia Ost
5 Palma
6 El Arenal
7 Puerto de Pollença
8 Colónia de Sant Jordi, Cala d'Or
9 Alcudia
10 Ca'n Picafort
11 Porto Cristo, S'Illot
12 Cala Ratjada
13 Cala Millor, Costa de los Pinos
14 Menorca

Menorca
2005: 1,1 Mio Touristen

Ibiza und Formentera
2005: 1,8 Mio Touristen

Mallorca
2005: 8,8 Mio Touristen

Natur- und Landschaftsschutzgebiet

Kulturland

O Palma wichtiger Ort
● Sóller Tourismusort
● Feriensiedlung
⊕ internationaler Flughafen
– – – Fährverbindung

0 20 40 60 km

Bettenangebot in Hotels und Appartment-Anlagen
2005
davon 1990
davon 1960
1 mm Säulenhöhe ≙ 2000 Betten

Fluggäste (Ankünfte)
1990 2005

□ 1 Kästchen ≙ 250 000 Fluggäste
(Touristen und andere Einreisende)

Herkunft der Touristen
701GS

Deutschland
Großbritannien
Spanien
Skandinavien
Italien
Frankreich
Österreich
Sonstige

Abb. 4.2.3.1/1 *Die Dominanz des Badetourismus auf Mallorca spiegelt sich in der ausgeprägten Küstenorientierung der Standorte von Hotels und Feriensiedlungen wider.*

viele Festlandspanier nach Mallorca. So wuchs die Bevölkerung z. B. im Zeitraum 1970–1989 von 439 000 auf 602 000 Einwohner. Auch im folgenden Jahrzehnt setzte sich der Anstieg der Bevölkerungszahl fort: Unter den spanischen Provinzen gehört Mallorca zu den Gewinnregionen (BARDOLET, E. 1992, 38; VOTH, A. 2003, 12).

Als Folge dieser Entwicklung fand auf der Insel ein rascher Wandel von der traditionellen Agrargesellschaft zur Dienstleistungsgesellschaft statt:

• So waren im Jahr 1950 noch 40 % der Beschäftigten in der Landwirtschaft tätig; dieser Anteil sank bis 1991 auf sechs Prozent; nun waren 65 % im Dienstleistungsbereich beschäftigt.

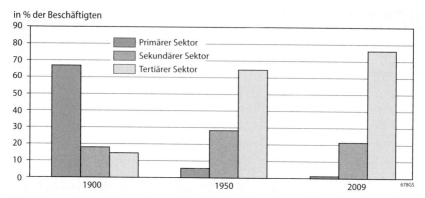

Abb. 4.2.3.1/2 *Als Folge des touristischen Booms hat sich auf Mallorca ein gravierender Wandel von einer Agrar- zu einer Dienstleistungsgesellschaft vollzogen.*

- Gleichzeitig erwirtschaftete der Tourismus ca. 80 % der gesamten Bruttowertschöpfung Mallorcas, im Jahr 1966 hatte dieser Wert noch bei 42 % gelegen (Breuer, T. 1992, 25). Mit diesem Strukturwandel entwickelten sich „die Fremdenverkehrszentren zu Schrittmachern innerhalb der gesamtgesellschaftlichen Entwicklung" (Jaschke, D. 1985, 320) in Spanien. Mit den Einnahmen aus dem internationalen Tourismus wuchs auch der Wohlstand auf Mallorca: Bereits Ende der 1980er-Jahre erreichten die Balearen das höchste Bruttoinlandsprodukt pro Einwohner und das höchste verfügbare Pro-Kopf-Einkommen in Spanien (es war nahezu doppelt so hoch wie in Andalusien). Außerdem wies die Insel die niedrigste Arbeitslosenquote in Spanien auf. Es ist davon auszugehen, dass Mallorca ohne eine touristische Erschließung ein agrarer Passivraum geblieben wäre und auf einer Stufe mit anderen unterentwickelten spanischen Provinzen stehen würde – z. B. Andalusien oder Estremadura (Schmitt, T. 1993, 462).

4.2.3.2 Landschaftsverbrauch und Landschaftszerstörung

Zu den auffälligsten negativen Effekten, die der Tourismus auf Mallorca, aber auch in anderen Küstenregionen des Mittelmeerraumes ausgelöst hat, zählen der Verbrauch und die Zerstörung der Landschaft. Bis auf wenige Ausnahmen wurden alle bebaubaren Flächen in unmittelbarer Meernähe aufgesiedelt:

- Für die Beherbergung und Versorgung der Besuchermassen, aber auch für den Verkehr sowie die Ver- und Entsorgung mussten entsprechende Einrichtungen und Gebäude bereitgestellt werden.
- Ehemalige Hafenstädte und Fischerdörfer wurden durch neue touristische Wohnkomplexe erweitert oder erheblich umgestaltet.
- Teilweise entstanden aber auch völlig neue Siedlungen, da die traditionellen Kernräume der Besiedlung eher im Binnenland lagen (aus Furcht vor Piratenüberfällen und aufgrund der Verbreitung der Malaria in den Küstenstrichen).

Aufgrund der boomartigen Entwicklung des Tourismus fanden die Baumaßnahmen an der Küste zumeist planlos und häufig sogar ohne amtliche Baugenehmigung statt: So unterscheidet die amtliche Statistik der autonomen Regionalregierung der Balearen bei Apartmentbauten offiziell hinsichtlich solcher mit, ohne bzw. mit einer nachträglich beantragten Baugenehmigung (BREUER, T. 1992, 23). Da die Akteure vor allem das Ziel einer raschen Gewinnmaximierung verfolgten, wurden Hotelkomplexe und Ferienhaussiedlungen ohne Rücksicht auf landschaftsästhetische und umweltschonende Prinzipien errichtet.

Mit dem Bau von Urbanisationen ist zugleich die Zahl der Zweitwohnsitze auf Mallorca seit den 1980er-Jahren erheblich angestiegen: Schätzungen gehen davon aus, dass 200 000 Immobilien und ca. 20 % der Inselfläche in ausländischem Besitz sind. In Gemeinden wie Manacor, Calvià, Alcúdia werden seit langem mehr Zweit- als Hauptwohnsit-

ze registriert. Diese Entwicklung wurde dadurch begünstigt, dass Medienstars wie Claudia Schiffer, Michael Schuhmacher, Boris Becker, Michael Douglas u. a. auf Mallorca Immobilien erwarben: Sie wirkten als Trendsetter und verliehen der Insel einen Kult-Status (KOST, S. 2002). Mallorquinische Badeorte wie El Arenal, Magaluf oder Cala Millor weisen eine sehr dichte Bebauung durch Hotel- und Apartmenthochhäuser auf, die hinsichtlich des Bautyps und auch ihrer Massierung als völlig regionsfremd zu betrachten sind. So entstand z. B. zwischen El Arenal und Camp del Mar eine nahezu lückenlose und mehrere Kilometer lange Bebauungszone, in der sich ca. 65 % aller Fremdenbetten auf Mallorca konzentrieren (KUNZE, G. 1992). Das funktionale Spektrum dieser Siedlungen ist ausschließlich auf den Tourismus ausgerichtet.

Darüber hinaus wurden Flächen für die gesamte Verkehrsinfrastruktur verbraucht – für den Bau von Schnellstra-

---

Urbanizaciónes in Spanien

Bei einer Urbanización handelt es sich um „eine von einem Urbanisator (Einzelperson oder Gesellschaft) insgesamt geplante und mit aller Infrastruktur gebaute Ferienhaus- und/oder Apartmentsiedlung, in der dann die Einzelparzellen – fast immer bebaut – verkauft werden" (KULINAT, K. 1986, 34). Kurzfristiges Renditedenken führte häufig dazu, dass auch die vorgeschriebenen Grünflächen innerhalb der Urbanisationen (zehn Prozent der Gesamtfläche) parzelliert und verkauft wurden; außerdem ließen die Projektentwickler die einzelnen Parzellen verkleinern, um mehr Bauland verkaufen zu können. Die Urbanisationen erweisen sich nicht nur hinsichtlich ihrer extremen Flächenansprüche als problematisch; trotz einer überwiegend saisonalen Nutzung muss die gesamte Infrastruktur solcher Siedlungen für die maximale Belegung ausgelegt werden (z. B. Straßen, Ver- und Entsorgungsleitungen).

ßen, Autobahnen und Flughäfen. Der Ausbau des Flughafens Son Sant Joan war notwendig geworden, da der Badetourismus im Mittelmeerraum überwiegend in Form von Flugpauschalreisen organisiert wird: Entsprechend stieg das Verkehrsaufkommen von 75 000 Passagieren im Jahr 1950 auf zwölf Millionen Passagiere im Jahr 1991. Gegenwärtig steht der Flughafen Palma de Mallorca mit 21,2 Mio. Passagieren in Spanien an dritter Stelle – hinter Madrid und Barcelona.

Die ökologischen Schäden beschränken sich allerdings nicht nur auf den großen Flächenverbrauch für Tourismus- und Infrastruktureinrichtungen in Küstennähe, sondern sie sind in Form von Landschaftszerstörung in vielen Teilen Mallorcas anzutreffen. T. Schmitz hat bereits im Jahr 1993 an zahlreichen Standorten und in unterschiedlichen Ökosystemtypen gravierende Auswirkungen erfasst – z. B.:
- direkte Lebensraumzerstörung,
- mechanische Schädigung der Vegetationsdecke,
- Änderungen in der Vegetationsstruktur und -dynamik.

Diese Schäden werden vor allem durch die direkte touristische Nutzung ausgelöst, also durch Radfahrer, Wanderer, Reiter sowie Ausflügler in Jeeps und auf Motorrädern. Mit wenigen Ausnahmen in den peripher gelegenen Teilen der Serra de Tramuntana sind inzwischen alle naturnahen Ökosysteme Mallorcas durch touristische Einflüsse verändert worden.

4.2.3.3 Wasserverbrauch, Wasserverschmutzung und Müllaufkommen

Die Touristen treten auf Mallorca nicht nur als Konsumenten auf, die in Hotellerie, Gastronomie und Einzelhandel für zusätzliche Einnahmen sorgen; sie stellen auch eine Zusatzbevölkerung von ca. zehn Millionen Menschen (2010) dar, die Abfall zurücklassen und Wasser verbrauchen. Obwohl der Tourismus nur für einen kleinen Teil des gesamten Wasserverbrauchs verantwortlich ist, wird er für die Landwirtschaft zu einem Konkurrenten bei der Nutzung dieser knappen Ressource:[3]
- Der für das Mittelmeer typische jährliche Niederschlagsgang weist nämlich in den Monaten März bis September (also in der Jahreszeit mit einem erhöhten Tourismusaufkommen und einem hohen landwirtschaftlichen Wasserbedarf) im innermallorquinischen Flachland ein Wasserdefizit auf.
- Dieser Mangel kann zwar generell durch künstliche Wasserzufuhr ausgeglichen werden – z. B. durch Zuleitung von Wasser aus den beiden Stauseen Gorg Blau und Embassement de Cuber. Dennoch ist es in niederschlagsarmen Jahren zu Problemen bei der Trinkwasserversorgung gekommen: Teilweise musste sogar Trinkwasser in Tankschiffen vom spanischen Festland nach Mallorca transportiert werden, um Palma mit Wasser zu versorgen.

Inzwischen wurden mehrere Schritte unternommen, um die Wasserversorgung künftig sicherzustellen – u. a. durch den Bau von Grundwasser- und Meerwasserentsalzungsanlagen sowie durch die

Erneuerung des maroden Leitungsnetzes, in dem bislang 50 % des Wassers versickert sind. Darüber hinaus wurden Maßnahmen zur Reduzierung des Wasserverbrauchs getroffen, z.B. die Einführung von individuellen Wasserzählern sowie die strikte Trennung von Brauch- und Trinkwasser. Angesichts der Probleme bei der Wasserversorgung sind vor allem die zahlreichen Golfplätze in die öffentliche Diskussion geraten, die im Rahmen der neuen Qualitätsstrategie angelegt wurden und zu einem erhöhten Wasserverbrauch beigetragen haben: Sie benötigen ca. 2000 Kubikmeter Wasser pro Bewässerungstag – so viel wie eine Stadt mit 8000 Einwohnern (Schmitt, T. 2007, 24). Sie sollen zwar grundsätzlich mit Brauchwasser bewässert werden; allerdings funktioniert diese Regelung nur in der Nähe von Städten, in denen eine ausreichende Menge an geklärtem Wasser anfällt.

Als weiteres Umweltproblem erweist sich das hohe Müllaufkommen: Insgesamt fallen auf der Insel jährlich ca. 700000 Tonnen Müll an; dabei steigt das Müllaufkommen in der sommerlichen Hochsaison sprunghaft an. Erst in den 1990er-Jahren wurde das übliche Recycling-System für Wertstoffe wie Papier, Glas etc. eingeführt; es weist aber immer noch eine niedrige Rücklaufquote auf: Sie liegt nur bei 14 % – in Deutschland hingegen bei 48 % (Martiny, J. 2010). Vor dem Hintergrund dieser zahlreichen ökologischen Belastungen wurde bereits Anfang der 1980er-Jahre die Forderung nach einer Erhaltung der Umwelt gestellt (Krušnik, K. 1980, 26).

Abb. 4.2.3.3/1 *Die Inselhauptstadt Palma de Mallorca verfügt zwar über ein unterirdisches System zur Abfallentsorgung; dennoch erweist sich das Müllaufkommen, das in den Sommermonaten sprunghaft ansteigt, auf der Insel als ein großes Problem.*

4.2.4 Managementstrategien in Küstenregionen

Die gegenwärtigen Probleme vieler Küstenregionen sind eine Folge ihres frühen und exzessiven Erfolgs im internationalen Tourismus: Zahlreiche Unterkunfts- und Freizeiteinrichtungen stammen aus der Anfangsphase der touristischen Entwicklung in den 1960er- und 1970er-Jahren; sie entsprechen daher nicht mehr den gestiegenen Ansprüchen der Konsumenten. Außerdem sind die Touristen im Umweltbereich inzwischen kritischer geworden. Schließlich sehen sich die traditionellen Küstenregionen – aufgrund der Austauschbarkeit des Angebots (Sonne, Strand, Meer) – einer zunehmenden Konkurrenz von neuen Warmwasser-Zielen ausgesetzt. Seit den 1980er-Jahren haben die Küstenregionen unterschiedliche Strategien entwickelt und Maßnahmen umgesetzt, um wettbewerbsfähig zu bleiben bzw. zu werden.

4.2.4.1 Qualitätsverbesserung des touristischen Angebots

Bereits im Oktober 1999 wurde in Spanien eine landesweite touristische Qualitätsoffensive beschlossen – mit einem Investitionsvolumen von mehr als 23 Mrd. Euro („Plan Integral de Calidad del Turismo Español"). Schwerpunkte waren dabei die Wiederherstellung und Erneuerung von Zielgebieten, die Weiterentwicklung touristischer Produkte und die Unterstützung der Tourismusbranche bei der Zertifizierung. Zu diesem Zwecke wurde das "Instituto para la Calidad Turística Española" (ICTE) in Madrid gegründet, das u. a. das Qualitätssiegel „Q" vergibt.

Auch auf Mallorca sind seit Ende der 1980er-Jahre zahlreiche Schritte zur Verbesserung des touristischen Angebots und zur Erhaltung der regionalen Attraktivität unternommen worden:

- Im Jahr 1988 wurde für Mallorca ein Baustopp für neue Hotelbetten beschlossen: Um neue Hotels errichten zu können, war zunächst der Abriss alter Hotelanlagen notwendig; außerdem wurde ein Mindestabstand der Neubauten vom Meer festgelegt.
- Der „Plan zur Modernisierung der auf den Balearen vorhandenen touristischen Unterkünfte" (1990) sah die Kontrolle und gegebenenfalls Schließung von Hotels vor, die eine mangelhafte

technische Ausstattung und Qualität aufwiesen (Viegas, A. 1998, 105).
- Zentrales Ziel des „Plans zur Regulierung des touristischen Angebots" (1990) war die Verschönerung der touristischen Zentren durch den Bau von Fußgängerzonen, Promenaden u.a.
- Im Jahr 1994 hat die Inselregierung ein Programm zur Integration von Tourismus und Umwelt initiiert (ECO-TUR). Schwerpunkte waren u. a. das Umweltmanagement von touristischen Unternehmen sowie die Förderung des Umweltbewusstseins bei Touristen (Viegas, A. 1998, 77).
- Zur Bewahrung der Identität sind Werbetafeln seit 1997 auf den Balearen nur noch in Spanisch oder Katalanisch zugelassen, auch die Produkte in den Einzelhandelsgeschäften müssen mit spanisch beschrifteten Etiketten versehen sein.
- Im Jahr 2002 wurde eine Ökosteuer erhoben, um überlastete Tourismusgebiete zu sanieren und Umweltschutzmaßnahmen durchzuführen. Heftige Proteste der einheimischen Tourismusbranche und der internationalen Reiseveranstalter führten dazu, dass diese Abgabe nach kurzer Zeit wieder abgeschafft wurde.
- Mit einem Investitionsvolumen von drei Milliarden Euro findet seit dem Jahr 2010 ein Umbau der Playa de Palma statt: Die Hotelkapazität von ca. 40 000 Betten soll auf die Hälfte reduziert werden; außerdem sind ein Palmenboulevard und der Bau einer Straßenbahn zum Flughafen geplant.

Die Notwendigkeit zur Qualitätsverbesserung besteht nicht nur auf Mallorca, sondern auch in den traditionellen Zielgebieten auf dem spanischen Festland (z. B. Costa Brava). Sie wurden bereits in den 1950er-Jahren erschlossen und weisen inzwischen ein veraltetes Unterkunftsangebot und eine nicht mehr zeitgemäße Infrastruktur auf. Innerhalb des Produktlebenszyklus haben sie seit langem die Reifephase erreicht, in der Relaunch-Maßnahmen erfolgen müssen, um weiterhin erfolgreich am Markt agieren zu können (Salvà Tomàs, P. 1998).

4.2.4.2 Umweltschutzmaßnahmen

Ende der 1980er-Jahre setzte ein Umdenken ein, dass vor allem durch die zunehmende öffentliche Diskussion über Umweltschäden und durch die wachsende Umweltsensibilität der Touristen ausgelöst wurde. Auf Mallorca setzt sich vor allem die GOB (rup alear d' rnitologia i Defensa de la Naturalesa) verstärkt für Belange des Umweltschutzes ein. Sie wurde im Jahr 1973 zunächst als Organisation zum Schutz der heimischen Vogelwelt gegründet; inzwischen erarbeitet sie Vorschläge für die Förderung eines nachhaltigen Tourismus und ist in Planungskommissionen sowie in der Umwelterziehung von Kindern und Jugendlichen tätig. Aufgrund ihres Engagements konnten zahlreiche Gebiete der Insel vor einer massiven Bebauung durch Hotelkomplexe bewahrt werden – z. B. der Strand Es Trenc, die Bucht Cala Mondragó, das Feuchtgebiet S'Albufera und die Insel Sa Dragonera; sie sind heute als Naturschutzgebiete ausgewiesen. Im Januar 1991 wurde das Gesetz zum Schutz von Naturräumen verabschiedet, das für ca. ein Drittel der Inselfläche die künftige Nutzung ökologisch wertvoller und landschaftlich besonders reizvoller Naturräume regelt. Es legt jedoch kein generelles Bauverbot bzw. keine Einschränkungen der Landnutzung fest; aus diesem Grund kann es nur als ein erster Schritt zum Schutz naturnaher Biotope vor einer weiteren unkontrollierten touristischen Erschließung gesehen werden (Schmitt, T. 1993, 465–466).

4.2.4.3 Neue Wettbewerbsstrategien: Angebotsdiversifizierung und künstliche Ferienwelten

Neben dem Schutz der natürlichen Ressourcen (und damit der Grundlage des Tourismus) stehen die badetouristischen Ziele vor einem weiteren Strukturproblem – nämlich der Austauschbarkeit ihres Angebots (vgl. Abb. 4.2.4.3/1). Zahlreiche Länder der Welt verfügen über die notwendigen natürlichen Standortfaktoren für einen Badetourismus (Sonne, Strand und Meer). Angesichts sinkender Flugpreise treten damit aber immer mehr Regionen als Wettbewerber in diesen Markt ein. Um über Alleinstellungsmerkmale verfügen zu können, nutzen die Badedestinationen unterschiedliche Strategien:
• So verfolgen die Dominikanische Republik und Bulgarien z. B. die Strategie der Kostenführerschaft: Dieser Wettbewerb über den Preis kann aber nur bei günstigen volkswirtschaftlichen Rahmenbedingungen erfolgreich sein (geringes Lohnniveau, niedrige Boden- und Immobilienpreise etc.). Darüber hinaus besteht die Gefahr, in eine negative Preisspirale zu geraten, da ständig neue Wettbewerber mit noch günstigeren Preisen auftreten.

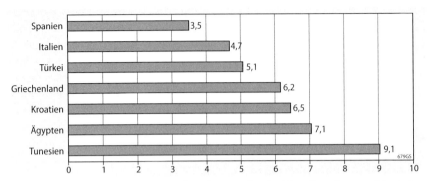

Abb. 4.2.4.3/1 *Alle Warmwasser-Ziele stehen vor dem Problem ihrer Austauschbarkeit: Vor einer Reise nach Spanien haben die deutschen Urlauber z. B. 3,5 andere Ziele in Betracht gezogen, die Touristen in Tunesien sogar 9,1.*[4]

- Die traditionellen Badedestinationen im Mittelmeerraum setzen hingegen die Strategie der Angebotsdifferenzierung ein, um den großen, saisonal auftretenden Besucherdruck auf die Küstenregionen zu verringern und zugleich über Alleinstellungsmerkmale verfügen zu können.

So wurde z. B. in Spanien bereits im Jahr 1992 eine internationale PR-Kampagne unter dem Slogan „Spain – Passion for life" und mit dem neuen Sonnen-Logo des katalanischen Malers Joan Miró durchgeführt, die ein Massenpublikum auf die kulturelle und regionale Vielfalt Spaniens aufmerksam machen und es zu Besuchen bislang wenig bereister Regionen anregen sollte (ALBERT-PIÑOLE, I. 1993). Außerdem wurde der Kulturtourismus durch Events und Kampagnen sowie durch den Bau neuer Infrastruktureinrichtungen belebt (Bau des „Guggenheim-Museums" in Bilbao, Replika der Höhlen von Altamira in Kantabrien u. a.). Auch auf Mallorca wurden neue Marktsegmente eines sogenannten Qualitätstou-

rismus definiert, die zur intensiveren touristischen Nutzung des Inselinneren und zur Belebung der Vor- und Nachsaison beitragen sollten; dazu zählen:
- der nautische Tourismus,
- der Golftourismus,
- der Agrotourismus,
- der Residenzialtourismus.

Diese Urlaubsformen stellen allerdings keine umweltverträglichen Alternativen zum bisherigen Tourismus dar, sondern orientieren sich vorrangig an Prestige und Finanzkraft der potenziellen Nachfrager (SCHMITT, T. 2000; 2007; SCHMITT, T. & M. BLÀZQUEZ I SALOM 2003; vgl. Abb. 4.2.4.3/2).

Ähnliche Diversifizierungsstrategien lassen sich auch in anderen Zielgebieten beobachten, in denen bislang der Badetourismus dominierte:
- In der Türkei finden erhebliche staatliche Investitionen in allgemeine und touristische Infrastruktureinrichtungen statt (z. B. Flughäfen, Straßen, Marinas), um neue Märkte zu erschließen. Dazu zählen der Wintersporttouris-

mus, der Golftourismus, der Heilbäder- und Wellnesstourismus, der Tagungs- und Kongresstourismus, Langzeitaufenthalte in den Wintermonaten sowie der Kulturtourismus (z. B. religiös ausgerichtete Reisen, Ausbau alter Karawansereien entlang der historischen Seidenstraße).

- In Marokko wird seit längerem der Trekking-Tourismus im Hohen Atlas

verstärkt ausgebaut. Trotz eines relativ geringen Nachfrageaufkommens gilt diese sozial- und umweltverträgliche Form des Tourismus als wichtiger Beitrag zur Diversifizierung und zur endogenen Regionalentwicklung (KAGERMEIER, A. & H. POPP 2000, 71–73; PFAFFENBACH, C. 2001, 52–53).

- In Tunesien entfielen Anfang der 1980er-Jahre ca. 90 % aller Über-

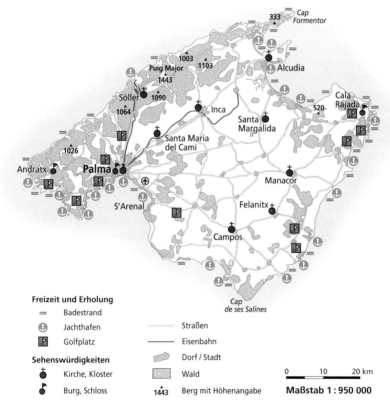

Abb. 4.2.4.3/2 *Seit den 1990er-Jahren wurden auf Mallorca neue Formen eines Qualitätstourismus entwickelt – u. a. der nautische Tourismus, der Golftourismus und der Agrotourismus. Neben einer Erhöhung der Einnahmen sollen sie zur intensiveren touristischen Nutzung des Inseninneren und zur Belebung der Vor- und Nachsaison beitragen.*

nachtungen auf den Badetourismus mit einer ausgeprägten räumlichen Konzentration auf die Orte Sousse-Monastir, Nabeul-Hammamet und Djerba-Zarzis sowie einer extremen saisonalen Nachfragespitze in den Sommermonaten (Arnold, A. 1983). Zur besseren touristischen Erschließung des Hinterlands wurde seit den 1990er-Jahren der Wüstentourismus intensiviert (als Zentrum fungiert dabei die Oase Tozeur, die über einen internationalen Flughafen verfügt). Um die Nebensaison zu beleben, versucht das Land außerdem, an dem internationalen Wachstumsmarkt des Golftourismus zu partizipieren. Tunesien verfügt inzwischen über mehrere ganzjährig geöffnete Golfplätze mit internationalem Standard. Aufgrund der Niederschlagsarmut des Landes sind diese Projekte ökologisch allerdings äußerst problematisch (Pfaffenbach, C. 2001, 53).

Als weiterer Trend einer Differenzierung des Angebots lässt sich weltweit der Bau bzw. die Erweiterung von Themenparks und Resortanlagen in den Küstenregionen beobachten:

- In Spanien ist die Anlage „Port Aventura Park" zu nennen, die zunächst nur in der Sommersaison als Freizeitpark betrieben wurde. Nach dem Einstieg eines US-amerikanischen Investors fand eine Erweiterung zu einem ganzjährig geöffneten Resort statt – mit mehreren Themenhotels, Shopping Center, Golfplätzen, einem Filmpark und einem Beach Club (Kleinefenn, A. 2003).
- An der türkischen Mittelmeerküste wurden in den letzten Jahren mehre-

re neue Themenhotels errichtet – z. B. das „Kremlin Palace" (ein Nachbau des Roten Platzes in Moskau mit Kreml-Gebäuden), das „Titanic Resort & Hotel" (eine Hotelanlage in Form eines Luxusdampfers) sowie das „Venezia Palace" – ein Nachbau Venedigs mit Markusplatz, Campanile und Kanälen (Steinecke, A. 2009, 127–130).

- In Tunesien wurde im Jahr 2004 das „Yasmine Hammamet" eröffnet – ein Resort in Form einer naturgetreu nachgebauten maghrebinischen Altstadt. Zu den Einrichtungen zählen neben 44 Hotels und dem Themenpark „Carthago" auch Zentren für Thalasso-Therapie, zahlreiche Restaurants, ein Kongresszentrum sowie eine Marina.
- In Ägypten ist eine Diversifizierung in die Marktsegmente des Bade- und Tauchtourismus zu beobachten. Seit dem 19. Jh. war das Land aufgrund seiner einzigartigen Kulturdenkmäler aus der Zeit der Pharaonen vor allem ein Ziel des Kulturtourismus, der sich auf die Städte Kairo, Luxor und Assuan konzentrierte (Standl, H. 2007, 641–642). In den letzten Jahren ist in Hurghada am Roten Meer eine 30 km lange Siedlungszone mit zahlreichen Hotelanlagen und Feriendörfern entstanden, die über eine Kapazität von 15 000 Betten verfügen. Nach dem Abzug der israelischen Truppen wurden auch auf der Sinai-Halbinsel neue Ferienzentren gebaut (vor allem in Sharm el-Sheikh). Dadurch ist es zu einer räumlichen Verlagerung des Tourismus von den traditionellen Zentren in Innerägypten zu den

Abb. 4.2.4.3/3 *An der Spitze der künstlichen Insel „The Palm Jumeirah" in Dubai liegt das Luxushotel „Atlantis"; es verfügt über 1 539 Zimmer und ein gigantisches Aquarium, das mehr als 65 000 Fische beherbergt.*

Badeorten am Roten Meer gekommen (MEYER, G. 1996).

- Auch andere neue Wettbewerber im Badetourismus positionieren sich über spektakuläre touristische Großprojekte – z. B. die Vereinigten Arabischen Emirate: Nach dem Bau des weltweit ersten Sechs-Sterne-Hotels „Burj al Arab" wurde in den letzten Jahren „The Palm Jumeirah " errichtet – eine riesige Inselanlage in Form einer Palme mit Villen, Shopping Centers etc., an deren Spitze das Luxushotel „Atlantis Dubai" steht (vgl. Abb. 4.2.4.3/3).

Bei touristischen Großprojekten an der Küste (Themenparks, Resorts etc.) fungieren Strand und Meer – also die natürlichen Grundlagen des Badetourismus – aber nur noch als nachrangige Standortfaktoren: Sie werden auf die Funktion von Kulissen reduziert.

Zusammenfassung

Fazit

- Der Wunsch, sich am Strand aufzuhalten und im Meer zu baden, ist kein menschliches Grundbedürfnis; vielmehr handelt es sich um ein kulturell vermitteltes Verlangen.
- Erst vor ca. 250 Jahren wurden die Meeresküsten vom britischen Adel touristisch inwertgesetzt – zunächst mit einer (recht diffusen) medizinischen Motivation, später für allgemeine Erholungszwecke.
- Durch den Bau von Eisenbahnen und die Organisation von Pauschalreisen war es in Großbritannien bald auch Arbeitern und Angestellten möglich, mit Excursion Trains Tagesauflüge in die boomenden Seaside Resorts zu unternehmen.

- Deutschland hinkte dieser Entwicklung hinterher, erst im Jahr 1793 wurde das erste Seebad an der Ostsee eröffnet: Doberan-Heiligendamm.
- Seitdem ist der Badetourismus weltweit zu einer äußerst populären Urlaubsart geworden; aufgrund der Austauschbarkeit des Angebots (Strand, Wasser, Sonne) besteht aber zwischen den Badedestinationen ein harter Wettbewerb.
- Neben dem internationalen Tourismus spielt der Binnentourismus zunehmend eine wichtige Rolle – speziell in den Ländern des Mittelmeerraumes, in denen sich ein Wandel von traditionellen Agrargesellschaften zu modernen Industrie- und Dienstleistungsgesellschaften vollzieht.
- Außerdem werden die Anrainerländer des Mittelmeeres immer mehr zu Zielgebieten von Langzeitaufenthalten und Ruhesitzwanderungen.
- Am Beispiel Mallorca lassen sich die ambivalenten Effekte des Badetourismus verdeutlichen – einerseits ein Stopp der Abwanderung und ein wachsender Wohlstand, andererseits aber ein enormer Flächenverbrauch, eine zunehmende Wasserknappheit und ein erhöhtes Müllaufkommen.
- Um sich im internationalen Wettbewerb zu behaupten, setzen immer mehr Badedestinationen auf ein Qualitätsmanagement, einen Schutz der natürlichen Ressourcen und eine Modernisierung ihrer Infrastruktur.
- Durch eine Diversifizierung des Angebots wird außerdem versucht, die touristische Nachfrage in das Binnenland zu lenken sowie gleichmäßiger über das Jahr zu verteilen (z. B. Kultur, Wellness, Kongresse).
- Darüber hinaus ist weltweit ein Trend zu Themenhotels und Resortanlagen zu beobachten, die ein breites Spektrum an Unterkünften sowie Sport- und Unterhaltungseinrichtungen bieten – und damit die hohen Ansprüche der reiseerfahrenen Urlauber adäquat befriedigen können.

Zum Einlesen

CORBIN, A. (1990): Meereslust. Das Abendland und die Entdeckung der Küste 1750–1849, Berlin.
Der französische Historiker beschreibt auf anschauliche Weise die kulturellen Wurzeln der neuen Lust auf Meer und Strand (die uns heute so selbstverständlich erscheint).
WACHOWIAK, H. (Hrsg.; 2009): German Tourists on Mallorca. Travellers Perspectives and Descriptive Consumer Profiles, Bad Honnef (Bad Honnefer Schr. z. Dienstleistungsmanagement; o. Bd.).
In dem Sammelband werden die Ergebnisse eines Forschungsprojekts über deutsche Mallorca-Urlauber dokumentiert (Profil und Aktivitäten unterschiedlicher Zielgruppen etc.).

4.3 Tourismus im Hochgebirge

Bei den Hochgebirgen handelt es sich um Landschaftstypen, die gegenüber der Umgebung einen deutlichen Höhenunterschied aufweisen (mehr als 1 500 m), sich über die Wald- und Baumgrenze erheben, durch ein schroffes, steiles Relief gekennzeichnet sind und über aktive Gletscher bzw. andere eiszeitliche Formen verfügen. Sie fungieren als Lebensräume für ca. zehn Prozent der Weltbevölkerung; außerdem sind sie wichtige Ressourcenräume für die Tiefländer, die sie z. B. mit Wasser, Energie, Holz versorgen – und schließlich auch populäre Erholungsräume (LESER, H. 1998, 320). Die touristische Nutzung der Hochgebirge wird am Beispiel der Alpen erläutert, die jährlich ein Besucheraufkommen von ca. 120 Mio. Touristen und Tagesauflüglern verzeichnen; dabei sollen folgende Fragen beantwortet werden:

- Wie hat sich der Tourismus im Hochgebirge seit den Anfängen im 18. Jh. entwickelt?
- Was sind typische Merkmale des Tourismus in den Alpen und welche Unterschiede bestehen zwischen den Anrainerländern?
- Welche positiven Effekte und Belastungen werden durch die touristische Nutzung des Hochgebirges ausgelöst?
- Welche Managementstrategien verfolgen die alpinen Destinationen – angesichts von Klimawandel und internationalem Wettbewerb?

Abb. 4.3/1 *Bis zum 18. Jh. galten die Alpen als eine unwirtliche und bedrohliche Region. Unter dem Einfluss von Naturforschern, Dichtern und Malern kam es zunächst zu einer positiven Landschaftswahrnehmung – und später zu einer massenhaften touristischen Erschließung.*

4.3.1 Historische Entwicklung des Tourismus im Hochgebirge
4.3.1.1 Die Anfänge im 18. und 19. Jh.

Bis in das 18. Jh. waren die Alpen ein schwer zugänglicher und deshalb auch weitgehend unbekannter Raum, von dem eine gewisse Faszination, aber vor allem Furcht und Schrecken ausgingen. Die Menschen kommunizierten ihre Ängste durch Mythen und Sagen, in deren Mittelpunkt mysteriöse Gestalten standen – wie die riesenhaften und wilden Kerle, die geheimnisvolle und zugleich grausame Edelweissfee oder der Alpendrache, der angeblich in entlegenen Teilen der Berge lebte (KEENLYSIDE, F. 1976, 9; SALZBURGER LAND TOURISMUS 2000, 10–13). Aufgrund ihres Reliefs stellten die Berge zugleich ein Verkehrshindernis dar, das man mied bzw. möglichst rasch durchquerte: So wurden in den Postkutschen die Jalousien geschlossen, um den Anblick der Berge nicht ertragen zu müssen. Die unwegsamen, wilden Alpen standen in krassem Gegensatz zum Naturideal der Zeit, das sich in barocken Gartenanlagen mit einem regelmäßigen Wegesystem, geometrischen Beeten und Labyrinthen manifestierte.

Ein Wandel dieser Landschaftswahrnehmung setzte erst ein, als die Alpen zum Untersuchungsobjekt umfassend gebildeter Aristokraten und Bürger wurden. Vom Wissensdrang des 18. Jh. angetrieben, erwarben sie durch Erkundung und Beobachtung mineralogische, geologische und biologische Kenntnisse, durch die eine Entmythologisierung der Berge eingeleitet wurde (STEINECKE, A. 2010, 98). Als Vorreiter dieser Entwicklung gilt der schweizerische Naturforscher Horace Bénédict de Saussure (1740–1759), der im Jahr 1787 mit einer wissenschaftlich interessierten und ausgebildeten Seilschaft als einer der Ersten den Montblanc bestieg.

Neben die wissenschaftliche Aufklärung trat – wie bei der Neubewertung des Meeres – die künstlerische Verklärung. Von besonderem Einfluss war dabei das Gedicht „Die Alpen" des schweizerischen Dichters und Gelehrten Albrecht von Haller (1708–1777), in dem er die Erhabenheit des Gebirges pries, das harmonische Zusammenleben von Mensch und Tier verklärte und die einfachen ländlichen Sitten lobte. Das Werk war weniger eine landeskundliche Beschreibung der Alpen als vielmehr eine indirekte Auseinandersetzung mit den Konventionen und Zwängen der absolutistischen Gesellschaft (HACKL, W. 2004). Diese Sichtweise findet sich auch in den Romanen und Manifesten von Jean-Jacques Rousseau (1712–1778), dessen Begeisterung für die Natur mit einer Zivilisationskritik einherging. Nach seinem Verständnis hatte die Kultur den Menschen von einem glücklichen, naturnahen Zustand entfernt und ihm Freiheit, Tugend und Unschuld geraubt. Auch andere Dichter und Schriftsteller wie Johann Wolfgang von Goethe, Friedrich Schiller und Lord Byron haben in Reisebeschreibungen und Gedichten zu einer positiven Neubewertung des Gebirges beigetragen. Durch Beiträge in literarischen und allgemeinbildenden Journalen, aber auch durch Vorträge vor wissenschaftlichen Gesellschaften fand eine Popularisierung des neuen Naturverständnisses und der Kenntnisse über die Berge statt.

Albrecht von Haller „Die Alpen"
(...) Hier herrscht kein Unterschied, den schlauer Stolz erfunden,
Der Tugend untertan und Laster edel macht;
Kein müßiger Verdruß verlängert hier die Stunden,
Die Arbeit füllt den Tag und Ruh besetzt die Nacht;
Hier läßt kein hoher Geist sich von der Ehrsucht blenden,
Des Morgens Sorge frißt des Heutes Freude nie.
Die Freiheit teilt dem Volk, aus milden Mutter-Händen,
Mit immer gleichem Maß Vergnügen, Ruh und Müh.
Kein unzufriedner Sinn zankt sich mit seinem Glücke,
Man ißt, man schläft, man liebt und danket dem Geschicke. (...)

Neben das aufklärerische Interesse und die idyllische Verklärung trat im 19. Jh. die sportliche Begeisterung des Bergsteigens: In rascher Folge wurden die Gipfel der Alpen bestiegen – u. a. der Montblanc (1786), der Monte Rosa/Punta Giordani (1801), die Jungfrau (1811) und das Zermatter Breithorn (1813). Das Bestreben, unberührte Teile des Globus als Erster zu entdecken und zu betreten, „ist seit je zum selbstzerstörerischen Stachel des Tourismus geworden. Der Jungfräulichkeitsmythos, den die Alpinisten der Bergwelt zuschrieben, ist gerade von ihnen selbst zerstört worden. Jede Erstbesteigung eines Berges stand unter dem Diktat ihrer eigenen vergeblichen Wiederholung" (PRAHL, H.-W. & A. STEINECKE 1979, 49). Der neu entstehende Alpinismus wurde zunächst vor allem von britischen Aristokraten und Bürgerlichen getragen: Sie gründeten im Jahr 1857 in London mit dem „Alpine Club" den ersten Alpenverein. Nach dem englischen Vorbild entstanden bald auch in den Alpenländern alpinistische Bewegungen – im Jahr 1862 wurden der „Oesterreichische Alpenverein" und der „Schweizer Alpenclub" gegründet, 1869 der „Deutsche Alpenverein". Von den Alpenvereinen gingen wesentliche Impulse zur weiteren touristischen Erschließung der Berge aus: Sie gaben wissenschaftliche Publikationen und Karten heraus, erschlossen die Berge durch Anlage und Kennzeichnung von Wanderwegen und organisierten ein Bergführer- und Rettungswesen. Außerdem bauten die Alpenvereine zahlreiche Schutz- und Übernachtungshütten: Von 134 Hütten im Jahr 1894 (in den Ostalpen) stieg ihre Zahl bereits bis zum Jahr 1909 auf 242; Anfang der 1980er-Jahre gab es in den Alpen 1 660 Hütten mit 64 000 Schlafplätzen (HAIMAYER, P. 1984, 417).

4.3.1.2 Die Belle-Époque-Phase (1880–1914)

In der zweiten Hälfte des 19. Jh. erhielt der alpine Tourismus einen weiteren Impuls durch neue medizinische Forschungsergebnisse, als Mediziner die Heilwirkung der Höhenluft entdeckten. Mit der Behandlung von Tuberkulosekranken entwickelte sich z. B. das schweizerische Dorf Davos seit

Abb. 4.3.1.2/1 *Während der Belle-Époque-Phase wurden in den Alpen spektakuläre Palasthotels gebaut, die dem Adel und dem Großbürgertum als Treffpunkte und Bühnen für gesellschaftliche Auftritte dienten.*

1853 zu einem führenden Lungenkurort. Der Aufenthalt zu therapeutischen Zwecken war nun nicht mehr auf die Sommermonate beschränkt, sondern konnte das ganze Jahr über stattfinden. So registrierte Davos bereits 1874 mehr Gäste im Winter als im Sommer. Für den längeren Aufenthalt der Lungenkranken, aber auch der zahlreichen Begleitpersonen entstand eine breite touristische Infrastruktur – mit Sanatorien, Luxushotels, Casinos, Eis- und Rodelbahnen (die gesellschaftliche Atmosphäre in den Sanatorien schildert Thomas Mann in seinem Roman „Der Zauberberg").

Zentrale Voraussetzung für die weitere touristische Entwicklung der Alpen waren (ZIMMERMANN, F. 1987, 106; BAUMHACKL, H. 1995):

- zum einen der Bau von Eisenbahnen (Brennerbahn 1867, Gotthardbahn 1881, Berner Oberland-Bahn 1890, Krimmlerbahn 1898 u. a.),
- zum anderen die Erschließung von Aussichtspunkten durch Schmalspur-, Zahnrad- und Bergbahnen (Rigi 1873, Schafberg 1893, Gornergrat 1898 u. a.).

Zu den architektonischen Leuchttürmen der aufstrebenden Tourismusorte wurden vor allem die Palasthotels – monumentale Gebäude mit 200–600 Zimmern, die sich in architektonischer Gestaltung und Innenausstattung an den Residenzschlössern orientierten. Auch bei der Namensgebung verwiesen die Hotels auf ihre Vorbilder: z. B. „Fürstenhof", „Hotel Royal", „Park Hotel". Zur Demonstration von Status, Reichtum und luxuriösem Lebensstil dienten aufwendige Fassadenelemente, repräsentative Treppenhäuser, hohe Prunkräume sowie große Säle. In den Palasthotels spiegelten sich der Geltungsanspruch der alten Aristokratie und das Repräsentationsbedürfnis der bürgerlichen Aufsteiger wider. Auf diesen Bühnen konnten sie zumindest temporär ihre Statussymbole (Dienerschaft, Leibarzt, Hauslehrerin etc.) präsentieren (SCHMITT, M. 1982).

Erst im Jahr 1889 wurde der Skilauf in den Alpen eingeführt – aus Norwegen, wo man Ski und Schneeschuh als Fortbewegungsmittel nutzte. Eine zunehmende Popularisierung erfuhr der Skilauf vor allem durch die Expeditionsbeschreibung des Polarforschers Fridtjof Nansen (1861–1930), in der er seine Ost-West-Durchquerung Grönlands mit Ski und Schlitten schilderte. Bis in die Zeit nach dem Zweiten Weltkrieg war das Skilaufen eine naturnahe Aktivität, denn es wurden universell einsetzbare Ski benutzt, die vor allem der Fortbewegung im Schnee dienten und generell für alle Arten des Skilaufes verwendbar waren (JÜLG, F. 1999).

4.3.1.3 Die Entwicklung zwischen 1914 und 1945

Der Erste Weltkrieg, die Grenzänderungen nach dem Zerfall der österreichisch-ungarischen Monarchie und die wirtschaftlichen Probleme der Nachkriegszeit stoppten zunächst die Aufwärtsentwicklung des Tourismus in Österreich. Doch bereits in den 1920er- und 1930er-Jahren entwickelte sich der Tourismus mit ca. 3–4 Mio. Ankünften und 13–20 Mio. Übernachtungen zu einem Massenphänomen, das geprägt wurde durch die Erholung in der Sommerfrische und bescheidene Ansätze eines Wintersporttourismus. Diese Entwicklung ist auf die Teilnahme immer breiterer Schichten der Bevölkerung am Tourismus, aber auch auf die gezielte Erweiterung der touristischen Infrastruktur zurückzuführen – u. a. durch den Bau der Innsbrucker Nordkettenbahn (1928), der Bayerischen Zugspitzbahn (1930) und der Glocknerstraße (1935).

4.3.2 Umfang und Struktur des Tourismus im Hochgebirge

Die weitere touristische Erschließung der Alpen wurde einerseits durch die wirtschaftliche Dynamik in den wichtigen Quellmärkten Deutschland und den Niederlanden begünstigt, andererseits verfügte der Alpenraum aber auch über

endogene natur- und kulturräumliche Gunstfaktoren (BIRKENHAUER, J. 1987):

- die Durchgängigkeit aufgrund des weit aufschließenden Talreliefs,
- die vielfältige landschaftliche Szenerie aufgrund des komplexen alpinen Gebirgskörpers,
- die Klimagunst der zentralalpinen Bereiche (vor allem der „Sonnenbalkone"),
- die bereits bestehende Erschließung der hoch gelegenen Bereiche durch temporäre oder dauerhafte Siedlungen,
- die abwechslungsreichen Täler (mit Weitungen, Becken, Schwellen, Terrassen usw.).

Nach 1955 bewirkten die zunehmende Motorisierung und der Ausbau der Verkehrsträger das Einsetzen eines massenhaften Sommertourismus: So stieg z. B. in Tirol die Zahl der Übernachtungen von ca. drei Millionen (Anfang der 1950er-Jahre) auf 41 Mio. (1980/81). Für lange Zeit herrschte ein typischer Verkäufermarkt vor, in dem ein knappes Angebot einer ständig steigenden Nachfrage gegenüberstand. Diese Situation änderte sich erst nach 1975, als die Übernachtungen in Österreich stagnierten, während das Angebot ständig ausgeweitet wurde (HAIMAYER, P. 1984; BAUMHACKL, H. 1995).

4.3.2.1 Das Verhältnis von Sommer- und Wintertourismus

Nach 1965 setzte ein massenhafter Wintertourismus ein, mit dem eine neue Entwicklung begann. Dabei fand eine Differenzierung des Skilaufs von einer kombinierten Sportart (Aufstieg und ein-

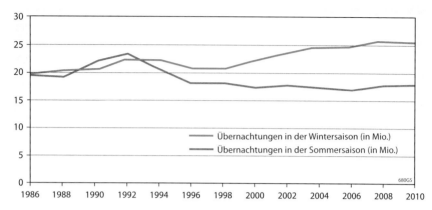

Abb. 4.3.2.1/1 *Seit den 1980er-Jahren hat die Wintersaison im österreichischen Bundesland Tirol erheblich an Bedeutung gewonnen, während die Sommersaison mittelfristig eine rückläufige Entwicklung aufweist.*

malige Abfahrt) zum Tourenskilauf, zum Skilanglauf und vor allem zum alpinen Abfahrtsskilauf statt, dessen Ausübung – in einer schweren Spezialausrüstung – eine entsprechende Infrastruktur wie z. B. Aufstiegshilfen und präparierte Pisten voraussetzte (Jülg, F. 1999, 23–24). Für die Skiläufer stand nicht mehr das Landschaftserlebnis im Mittelpunkt, sondern vor allem die schnelle Erreichbarkeit der Pisten und die infrastrukturelle Ausstattung der Skigebiete sowie die Qualität der Pisten. Die alpine Umwelt wurde zur austauschbaren Kulisse degradiert und technisch durch den Bau von Tausenden von Aufstiegshilfen erschlossen. Durch Verknüpfung mehrerer Pistenregionen entstanden dabei großräumige Pisten- und Seilbahnsysteme (Skizirkus, Skiarena), die zwar dem Interesse der Urlauber nach Wahlfreiheit, Abwechslung und Erlebnis entsprachen, aber auch vielfältige ökologische Belastungen auslösten (vgl. Kap. 4.3.3).

Aufgrund des hohen Investitionsaufwandes können kleinere Orte mit einer geringeren Attraktivität nicht an dieser Entwicklung teilhaben: So konzentriert sich der Wintersporttourismus zunehmend auf wenige Zentren mit einer Monopolstellung – in Österreich z. B. auf die infrastrukturell gut ausgestatteten Orte Sölden, Ischgl, St. Anton am Arlberg, Saalbach-Hinterglemm und die Europa-Sportregion (mit Zell am See und Kaprun). Damit nimmt aber auch die Urbanisierung dieser Tourismusorte zu – mit den entsprechenden Verkehrs- und Umweltbelastungen. Gleichzeitig verzeichnen Orte in den Seitentälern ohne entsprechendes Angebot einen Rückgang der Nachfrage. Die schneearmen Winter in den 1990er-Jahren haben die bereits bestehende Konkurrenzsituation zwischen den alpinen Tourismusorten noch einmal verschärft und zu einer weiteren Technisierung der Alpen geführt – nämlich zum Einsatz von Beschneiungseinrichtungen und zur Anlage von Gletscherskigebieten (BAUMHACKL, H. 1995, 25).

Innerhalb dieser Entwicklung hatten viele alpine Tourismusregionen seit den 1980er-Jahren einen Bedeutungsverlust der Sommersaison und einen Bedeutungsgewinn der Wintersaison zu verzeichnen: Während z. B. in Tirol die Zahl der Übernachtungen in der Wintersaison von 19,4 Mio. (1986) auf 25,2 Mio. (2010) stieg, ging sie in der Sommersaison von 19,5 Mio. auf 17,8 Mio. zurück (vgl. Abb. 4.3.2.1/1). Auch auf nationaler Ebene spielt der Tourismus in Österreich in den Wintermonaten inzwischen eine größere Rolle als im Sommer.

Die Ausrichtung des touristischen Angebots auf die Wintergäste hatte vorrangig ökonomische Gründe: Einerseits trug sie zu einer besseren Auslastung der vorhandenen touristischen und sonstigen Infrastruktur bei, andererseits handelt es sich bei den Wintersporturlaubern um ein jüngeres und finanzkräftigeres Publikum, das größere Einnahme- und Beschäftigungseffekte in den Orten auslöst. So liegen die Ausgaben der Winterurlauber in Österreich um ca. ein Drittel über denen der Sommerurlauber (JÜLG, F. 2007, 252). Außerdem weisen Winterurlauber und Sommerurlauber ein unterschiedliches Reise- und Buchungsverhalten auf: So handelt es sich bei 80 % der Winterurlauber in Tirol um Direktbucher, die häufig das Internet nutzen. Aufgrund der geringen Zahl von Alternativen zeigt diese Zielgruppe

Merkmale	Winterurlauber	Sommerurlauber
Altersstruktur	deutlich jünger (53 % unter 45 Jahre)	deutlich älter (nur 38 % unter 45 Jahre)
Buchungsart	80 % Direktbucher, Internet sehr wichtig	30 % über Reisemittler, 70 % Individualreisende
Buchungsverhalten	kaum spontane Anreise, Hauptbuchungszeit zwei bis vier Monate vorher	14 % spontane Anreise, Hauptbuchungszeit zwei bis vier Monate vorher
Reisebegleitung	Familie (42 %), Paare oder als Gruppe mit Freunden	Paare (50 %) oder als Familie mit Kindern
Wiederbesuchsabsicht	im Winter höher (50 %), weniger Alternativen	im Sommer geringer (34 %), viele Möglichkeiten
Marktpotenzial	begrenzt auf Schneeliebhaber (in Deutschland nur 15 % Skifahrer)	wesentlich größer, mehr Konkurrenz, Marktanteil erweiterbar
Tirol-Image	Wintersportimage wegen der Schneekompetenz ausgezeichnet	Berg im Mittelpunkt, aber unklar definiert

Tab. 4.3.2.1/1 *Die Winter- und Sommerurlauber in Tirol weisen deutliche Unterschiede hinsichtlich ihrer Altersstruktur, ihres Buchungs- und Reiseverhaltens sowie ihrer Wiederbesuchsabsicht auf.*

eine höhere Wiederbesuchsabsicht als die Sommerurlauber (50 % vs. 34 %). Generell ist das Nachfragepotenzial für einen Sommerurlaub zwar größer, doch auf diesem Markt konkurriert Tirol europa- und weltweit mit anderen Anbietern – z. B. Deutschland, Italien, Frankreich, der Schweiz sowie den zahlreichen Badedestinationen (vgl. Tab. 4.3.2.1/1).

Die Stagnation der Sommernachfrage in Österreich und das Wachstum der Winternachfrage in Österreich bedingen sich dabei gegenseitig (zumindest in den zweisaisonalen Regionen): Durch den Bau von Aufstiegshilfen, Skipisten und Hotelgroßbauten für die Winterurlauber erfährt die alpine Landschaft speziell im Sommer einen erheblichen Verlust an visuell-ästhetischer Attraktivität. Dann stehen die ungenutzten technischen Anlagen isoliert und sperrig in der Berglandschaft, die sichtbare Landschaftsschäden und eine geringe Artenvielfalt aufweist. Die sinkende Nachfrage in den einsaisonalen Sommerorten führt zu Auslastungsproblemen und zur Verlagerung ökonomischer Ressourcen auf die lukrativere Wintersaison (Förderungen, Werbung, Investitionen etc.).

Seit den 1990er-Jahren hat sich das Spektrum der Wintersportarten verbreitert: Obwohl der alpine Skilauf weiterhin dominiert, haben Skilanglauf, Carving und Snowboarding an Bedeutung gewonnen. Dabei wird speziell das Snowboarding als Bezugspunkt von Marketingmaßnahmen benutzt: Aufgrund seines jugendlichen, aktiven Images fühlen sich auch ältere Zielgruppen durch entsprechende Kommunikationsmaßnahmen angesprochen (Phänomen des Down Aging).

Zur künftigen Entwicklung des alpinen Wintersports gibt es widersprüchliche Einschätzungen. Einige Indikatoren weisen darauf hin, dass im Skitourismus nur geringe Zuwächse zu erwarten sind:

- So nimmt der Anteil der Kinder und Jugendlichen – also der künftigen Nachfrager – unter den Skifahrern ab.
- Rückläufig ist auch die Zahl der Schüler/innen, die in Österreich an Schulskikursen teilnehmen (ARBESSER, M. u. a. 2008).
- In Deutschland stagniert der Anteil der Skifahrer seit Anfang der 1990er-Jahre bei ca. 15 % (BMWA 2004, 2).

Hingegen zeigen internationale Marktstudien, dass jeder dritte Europäer Interesse am alpinen Wintersport hat. Dabei gelten vor allem Russland, Polen und Tschechien als künftige Wachstumsmärkte, da es in diesen Ländern jeweils einen relativ hohen Anteil an aktiven Skifahrern gibt.

4.3.2.2 Tourismusentwicklung in den Alpen: Nationale Unterschiede und internationale Konkurrenzsituation

Innerhalb des Alpenraums verlief die Entwicklung des Tourismus nicht einheitlich: Sie wurde vor allem durch die jeweiligen nationalen Rahmenbedingungen, die unterschiedliche Tourismuspolitik und die gesamtstaatliche Struktur geprägt. Im breiten Spektrum der nationalen Gestaltungsoptionen stellt Österreich – nach Einschätzung von H. BAUMHACKL (1995) – mit einer endogen dezentralen Gestaltung das positivste Beispiel dar, Frankreich mit einer exogen hochkonzentrierten Ausprägung das negativste Beispiel, während die Schweiz eine Mittelstellung einnimmt (exogen dezentrale Gestaltung) und sich im italienischen Alpenraum alle Extreme finden:

- Im 19. und 20. Jh. war die Schweiz das touristische Pionierland in den Alpen – sie galt als „Playground of Europe". Bis in die 1960er-Jahre spielte sie auch eine führende Rolle beim Ausbau der technischen Infrastruktur. Allerdings weist sie inzwischen erhebliche Struktur- und Modernisierungsprobleme auf – z. B. einen überalterten Bestand an Großhotels, eine gering ausgeprägte Privatzimmervermietung sowie einen hohen Grad an Fremdbestimmung durch außeralpine Immobilienfirmen und Banken, von denen Ferienhäuser und Chalets errichtet wurden.

- Für Österreich sind hingegen kleine und mittlere Beherbergungsbetriebe (vor allem im Familienbesitz) sowie zahlreiche Privatzimmervermieter typisch. Diese Angebotsstruktur führt generell zu Problemen bei der Qualitätssicherung und beim Vertrieb. Zu den Kernstrategien der „Tourismusstrategischen Ausrichtung 2015" zählen – neben der Ganzjahresorientierung – auch Qualitäts- und Produktivitätsoffensiven sowie eine Verbesserung der Absatzkanäle (BMWA 2007).

- In Italien wurde bereits im Jahr 1930 in Sestrières der neuartige Typ einer „Retorten-Wintersportstation" gebaut, der später vor allem in Frankreich Verbreitung fand – also ein künstlich errichteter Wintersportort mit großen Hotels und zahlreichen Aufstiegshilfen in einer schneesicheren Hochregion. Unter dem Einfluss ausländischen Kapitals wurden die italienischen Alpen

Abb. 4.3.2.2/1 *In den französischen Alpen wurden seit den 1950er-Jahren funktionale „Retorten-Stationen" errichtet, die über eine große Unterkunftskapazität und umfangreiche Infrastruktureinrichtungen verfügen.*

seit den 1960er-Jahren mit derartigen Einrichtungen als eine „neue urbane Peripherie" (BARTALETTI, F. 2001, 49) boomartig erschlossen. Neben einer international ausgerichteten, erlebnisorientierten Zielgruppe finden sich im italienischen Alpintourismus aber auch traditionelle Gästegruppen, die in den Alpen ihren Sommerurlaub im Stil der klassischen Sommerfrische verbringen.

- In Frankreich setzte eine moderne touristische Entwicklung bereits in den 1930er-Jahren ein, als das italienische Konzept der „Retorten-Station" übernommen wurde. Mit einer zentralistischen Planung (aus Paris) entstanden bereits vor dem Zweiten Weltkrieg die ersten Stationen wie Val d'Isère,

Alp d'Huez – unharmonische Anlagen, bei denen die öffentliche Hand die Erschließungsstraße baute und das Gelände parzellierte, auf dem dann private Unternehmen Eigentumswohnungen und Aufstiegshilfen errichteten. In den 1950er-Jahren wurden die Stationen der zweiten Generation (wie Courchevel, Les Deux Alpes) gebaut, die auf einem einheitlichen Planungskonzept basieren und entsprechend funktional strukturiert sind. Die dritte Generation von Stationen – wie La Plagne, Tignes, Isola 2000 – entstand in den 1960er-Jahren; bei ihnen handelt es sich um Großanlagen (in extremer Hochhausbauweise) mit zahlreichen Infrastruktureinrichtungen. So verfügen z. B. die Skigebiete La Plagne und Les Arcs über mehr als 98 000 Betten, 264 Aufstiegshilfen und 425 km Skipisten. Insgesamt gibt es in Frankreich 20 „Retorten-Stationen", die mit 500 000 Betten über 30 % der Gesamtkapazität der französischen Wintersportorte verfügen, außerdem sind hier 40 % der Aufstiegshilfen in Frankreich gebaut worden (Jülg, F. 2007, 253).

Aus deutscher Sicht stellt Österreich das wichtigste Reiseziel für einen Winterurlaub dar – mit deutlichem Abstand vor der Schweiz, Italien und Frankreich, aber auch Tschechien und Nordamerika (USA/Kanada). Allerdings nimmt die Konkurrenz der alpinen Wintersportdestinationen europa- und weltweit zu. Immer mehr Destinationen versuchen, sich auf diesem lukrativen Markt zu positionieren: Neben den USA und Kanada treten z. B. auch Spanien und die Türkei im Rahmen ihrer Diversifizierungsstrategien als neue Anbieter auf dem deutschen und internationalen Markt auf (vgl. Kap. 4.2.4.3). Mit einer wachsenden Zahl von Konkurrenten sinkt aber zugleich die Bindung der Urlauber an eine Destination.

Trotz des hohen Stellenwerts der Alpen innerhalb des internationalen Tourismus handelt es sich bei ihnen nicht um das einzige Hochgebirge, das touristisch erschlossen ist: Aufgrund der Nähe zu wichtigen Quellmärkten finden sich auch in den Rocky Mountains in den USA und in Kanada wichtige alpine Tourismusregionen für den Sommer- und den Winteraufenthalt. Außerdem ist der Himalaya zu nennen, der seit den 1950er-Jahren zunächst von Bergsteigern, aber auch zunehmend von Trekking- und Besichtigungstouristen aus Europa, Nordamerika und Japan erschlossen wurde. Besondere Bedeutung hat dabei Nepal erlangt: Mit dem Mt. Everest (8 850 m) verfügt es über den höchsten Berg der Welt und damit über ein Alleinstellungsmerkmal (Unique Selling Proposition), das andere alpine Regionen erst durch hohen technischen Aufwand (Bau von Aufstiegshilfen und Skipisten) oder durch Veranstaltung aufwendiger Events erlangen können.

4.3.3 Wirkungen des Tourismus im Hochgebirge

Grundsätzlich lassen sich im Hochgebirge ähnliche Wirkungen des Tourismus feststellen wie an der Küste. Die zahlreichen positiven ökonomischen Effekte (Schaffung von Arbeitsplätzen, Zuwanderung von Beschäftigten, Erwirtschaftung von Einnahmen etc.) haben im 19. und 20. Jh. einerseits zu einer „Aufwertung des Alpenraumes" (RUP-PERT, K. 1982, 386) geführt, andererseits ist es aber auch zu einer „Entwertung der alpinen Lebensformen" (MESSERLI, P. 1992, 411) gekommen. Als wesentlicher Steuerfaktor erweist sich dabei – wie im Badetourismus – die Massenhaftigkeit der Nachfrage:

- So sind die Alpen mit ca. 120 Mio. Feriengästen pro Jahr eine der größten Tourismusregionen der Welt.
- Jährlich werden in den gewerblichen Betrieben ca. 500 Mio. Übernachtungen registriert; außerdem gibt es in den Alpen eine große Zahl privat genutzter Zweitwohnsitze.
- Darüber hinaus sind die Alpen – speziell an den Wochenenden – das Ziel eines massenhaften Ausflugsverkehrs.

Als ein zentrales Problem erweist sich dabei die extreme Flächenkonkurrenz der einzelnen Nutzungen: So handelt es sich z. B. nur bei zwölf Prozent der Tiroler Landesfläche um einen Dauersiedlungsraum, auf dem sich Landwirtschaft, Städte und Gemeinden, Gewerbe- und Industriezonen, touristische Einrichtungen und der Verkehr konzentrieren. Das große Volumen der touristischen Nachfrage hat auch hohe Werte der Fremdenverkehrsintensität zur Folge; sie belief sich im Jahr 2009:

- in Österreich insgesamt auf 15 Übernachtungen/Einw. (in Deutschland erreichte sie den Wert von 4,5),
- in Kärnten auf 23 Übernachtungen/Einw.,
- in Tirol auf 61 Übernachtungen/Einw.

In diesen Werten spiegelt sich indirekt auch die gesamtwirtschaftliche Bedeu-

tung des Tourismus wider: So erwirtschaftet der Tourismus ca. neun Prozent des österreichischen Bruttoinlandprodukts, sichert zwölf Prozent der Arbeitsplätze und sorgt für hohe Deviseneinnahmen. Zugleich hat die massenhafte touristische Nachfrage auch dazu geführt, dass sich dieser sensible Natur- und Kulturraum „im Würgegriff der europäischen Freizeitgesellschaft" (BAUMHACKL, H. 1995, 15) befindet: Neben den generellen Effekten auf Umwelt und Natur, die durch den Tourismus ausgelöst werden, lassen sich in den Alpen eine Reihe von raumspezifischen ökologischen Wirkungen beobachten, die aus der Lage und der naturräumlichen Ausstattung, aber auch aus den Aktivitäten der Urlauber resultieren.

4.3.3.1 Ökologische Wirkungen des Tourismus im Hochgebirge

Am Beispiel des Grödnertals in Südtirol (Italien) hat M. MEURER bereits im Jahr 1990 modellartig die Auswirkungen der Tourismusentwicklung auf den Naturhaushalt und den Erholungswert der Kulturlandschaft untersucht: Die Zweisaisonalität der touristischen Nachfrage bedingt eine Steigerung des Verkehrsaufkommens, eine Erweiterung des tourismusbezogenen Siedlungsausbaues, den Bau bzw. die Erweiterung von Straßen und Parkplätzen sowie den Bau touristischer Infrastrukturen (vgl. Abb. 4.3.3.1/1). Als Konsequenz dieser Entwicklung ergibt sich ein Geflecht an ökologischen Belastungen, die sich zum einen negativ auf die Lebensbedingungen der Einheimischen auswirken; zum anderen führen sie aber auch dazu, dass die Attraktivität der Region für Urlaubsgäste sinkt.

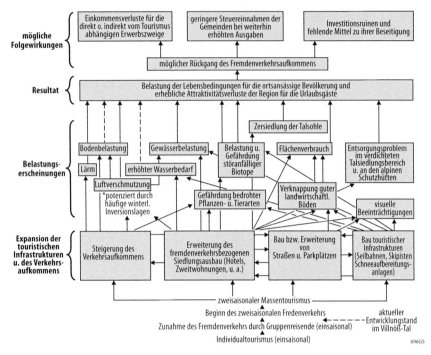

Abb. 4.3.3.1/1 *Durch das touristische Verkehrsaufkommen und den Bau von Infrastruktureinrichtungen werden in den Alpen vielfältige ökologische Belastungen ausgelöst, die mittelfristig zu einer sinkenden Attraktivität der Erholungslandschaft und damit zu Einkommensverlusten führen können.*

So haben bundesweite Repräsentativbefragungen des „Studienkreises für Tourismus und Entwicklung" (Ammerland) bei den deutschen Urlaubern eine hohe Umweltsensibilität festgestellt: Für 84 % der Bundesbürger ist eine intakte Umwelt sehr wichtig für die eigene Urlaubszufriedenheit und fast drei Viertel werden durch Urlaubsorte mit einer verbauten Landschaft abgeschreckt. Hingegen fühlt sich nur ein kleiner Teil der Befragten durch eine Rücksichtnahme auf die Natur stark in seinem Urlaubsgefühl beeinträchtigt. Dabei erweisen sich die deutschen Österreich-Urlauber als relativ umweltsensibel – und als besonders ansprechbar für Umweltschutznahmen (Kösterke, A. & D. Lassberg 2005). Die kritische Wahrnehmung der Umweltsituation kann aber eine Abwanderung von Gästen zur Folge haben und zu Einkommensverlusten der heimischen Tourismusbranche, zu geringeren Steuereinnahmen der Gemeinden und zu Investitionsruinen führen.

4.3.3.2 Belastungen durch den Bau von Aufstiegshilfen und Skipisten

Erste Anfänge einer technischen Erschließung der Alpen durch Aufstiegshilfen und Seilbahnen finden sich bereits Ende des 19. Jh. in Österreich und in der Schweiz. Einen Boom erlebt der Seilbahnbau allerdings seit den 1960er- und 1970er-Jahren. Gegenwärtig gibt es in den Alpen mehr als 7 000 Aufstiegshilfen, die stündlich ca. acht Millionen Personen transportieren können (vgl. Abb. 4.3.3.2/1). Neben dem direkten Landschaftsverbrauch für die Gebäude und Pfeiler lösen die Aufstiegshilfen weitere ökologische Belastungen aus – u. a. den Bau bzw. Ausbau von Zufahrtstraßen sowie ein erhöhtes Verkehrsaufkommen. Mit dem Bau von Aufstiegshilfen ging die Anlage von präparierten Abfahrten einher – mit einer Gesamtlänge von 21 042 Kilometern (diese Strecke entspricht der Entfernung zwischen Nordpol und Antarktis). Auch der Pistenbau war mit erheblichen Eingriffen in den Naturhaushalt verbunden. Um die vorhandenen Liftanlagen besser auszulasten, wurden Abfahrtstrecken für große Kapazitäten und wenig geübte Fahrer angelegt. Dazu fanden häufig umfangreiche Rodungen und Erdplanierungen statt, es wurden Felsblöcke weggesprengt und Schneisen in die Bergwälder geschlagen. Die Anlage gut ausgebauter Skipisten löst zumeist eine Kettenreaktion aus, an deren Ende ein weiterer Ausbau bzw. die Errichtung großflächiger Verbundsysteme notwendig werden („Pistenkreisel"):

• eine Zunahme der Skifahrer,
• eine Erhöhung der Fahrgeschwindigkeit,
• ein Überschreiten der Liftkapazität,
• längere Warteschlangen am Lift,
• eine Erhöhung der Förderleistung durch weiteren Liftausbau bzw. Vernetzung von Liften und damit

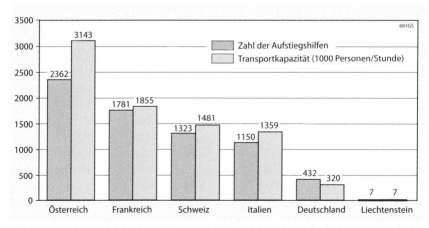

Abb. 4.3.3.2/1 Speziell in den 1960er- und 1970er-Jahren fand durch den Bau von Aufstiegshilfen eine rasante Technisierung der Alpen statt. Inzwischen sind in dieser Region mehr als 7 000 Anlagen in Betrieb.

Abb. 4.3.3.2/2 *Durch den Einsatz von Pistenraupen kommt es zu einer Verdichtung der oberen Bodenschicht und teilweise auch zu einer Zerstörung der Vegetationsdecke. Landwirtschaftliche Ertragsausfälle sind die Folge.*

• eine weitere Zunahme von Skifahrern, für die zusätzliche Pisten angelegt werden müssen.

Da sich dieser Selbstverstärkungseffekt auch auf die Infrastruktur sowie auf die Hotellerie und Gastronomie überträgt, gelten der Bau von Aufstiegshilfen und die Anlage von Skipisten auch als Schlüsselinvestitionen. Durch sie wird außerdem eine zunehmende Besiedlung von höher gelegenen Bereichen der Alpen ausgelöst: Dabei handelt es sich vor allem um die Mattenstufe (mit Gräsern, Kräutern und Zwergsträuchern) und die stark aufgelockerte obere Waldstufe, die jeweils aufgrund von großer Hangneigung und lockerer Vegetation gute Voraussetzungen für den Wintersport bieten. Dieses Höhenstockwerk der Almwirtschaft liegt an bzw. oberhalb der traditionellen Dauersiedlungsgrenze

(darunter versteht man die Obergrenze der dauerhaft bewohnten Siedlungen auf landwirtschaftlicher Grundlage). Innerhalb dieses Erschließungsprozesses wurden bereits in den 1980er-Jahren auf vielen Almen mechanische Aufstiegshilfen gebaut und auch Pisten angelegt (Schröder, P. 1989, 578–580).

Neben dem Landschaftsverbrauch verursachen die Erdplanierungen und Verdichtungen mit Schubraupen aber auch eine Zerstörung des Oberbodens: Dadurch sinkt z. B. die Wasserspeicherfähigkeit der Pisten auf 10–50 % eines Kiefernwaldes. In sommerlichen Trockenperioden verwelken die Pflanzen auf der Piste, während sie im Wald überdauern. Die negativen Veränderungen der Bodenstruktur verstärken zudem den Oberflächenabfluss und die Erosion (Mosimann, T. 1986, 305–307):

• Während im Wald nur 5–8 % der Niederschlagsmenge abfließen, beläuft sich dieser Wert bei planierten Flächen – je nach Art der Begrünung – auf 50–56 %.

• Entsprechend steigt der Bodenabtrag von 0,01 t/ha im Mischwald auf 1,0 t/ha bei planierten, begrünten Pisten und auf 106 t/ha bei planierten, vegetationslosen Flächen.

• Als Folge treten auf Skipisten unterschiedliche Formen der Erosion auf – eine oberflächliche Verlagerung von Feinmaterial, ein teilweise tiefer Abtrag in Rinnen sowie großflächige Rutschungen.

Darüber hinaus löst der Pistenbau auch eine Veränderung des Lokalklimas in Form von höheren Temperaturschwankungen und höheren Windgeschwindigkeiten aus, die wiederum Folgen für die Bodenzusammensetzung und – aufgrund eines sinkenden Nährstoffgehalts – auch für die Wachstumsbedingungen der Pflanzen haben. Besonders gravierend sind die Schäden des Pistenbaus oberhalb der Waldgrenze (in den Alpen bei 1 400 m): Hier zeigen die Pflanzen ein langsameres Wachstum und geringere Vermehrungsraten; damit ist auch der Zuwachs an Humus sehr gering (der Aufbau einer Humusschicht kann an einzelnen Standorten mehrere Hundert Jahre betragen). Entsprechend langsam verläuft die Rekultivierung nach Flächenplanierungen: Heftige Regenfälle lösen häufig Hangrutschungen, Muren und Lawinen aus. Geländeeingriffe in einer Zone von 1 600 mNN bis 2 300 m NN sind nach Einschätzung von Experten nur unter günstigen Standortbedingungen vertretbar; oberhalb von 2 300 m NN erweisen sich die Begrünungsmöglichkeiten als extrem eingeschränkt, entsprechend hoch ist das Erosionsrisiko.

Aus dem Pistenbetrieb ergeben sich speziell für die Landwirtschaft erhebliche Beeinträchtigungen und auch Ertragsausfälle: Durch den Druck der Skiläufer und das Walzen der Pisten verfestigt sich die Schneedecke; dadurch wird auch die darunter liegende Vegetation beeinflusst. Nur robuste Pflanzen (mit geringem Eiweißgehalt) können überleben, während der Anteil von Klee und hochwertigen Gräsern sinkt. Auch mechanische Schäden wie die Zerstörung der Grasnarbe durch Pistenraupen und Skifahrer verursachen eine Zerstörung der Vegetationsdecke. Die landwirtschaftlichen Ertragsausfälle durch den Pistenbetrieb werden auf 10–25 % geschätzt.

4.3.3.3 Belastungen durch erhöhtes Verkehrsaufkommen

Die spezifischen Belastungen der Alpen durch ein erhöhtes Verkehrsaufkommen resultieren vor allem aus der Dominanz des privaten Pkw als Reiseverkehrsmittel: So benutzen z. B. 78 % der deutschen Urlauber, die nach Österreich fahren, den privaten Pkw; der Bahnanteil liegt hingegen nur bei sechs Prozent (WWF 2009). Neben der Flexibilität und Bequemlichkeit, die der Pkw den Nutzern bietet, spielt dabei auch die verkehrsmäßige Erschließung der alpinen Tourismusorte eine wichtige Rolle, denn ein Teil von ihnen kann nur über die Straße erreicht werden bzw. verfügt auch innerörtlich nicht über andere Transportmöglichkeiten. Speziell in diesen Orten kommt es durch die Überlagerung der unterschiedlichen Verkehrsarten (Zu- und Wegverkehr, Innerortsverkehr, Durchgangsverkehr) zu erheblichen Belastungen. Die Überlagerung mehrerer Verkehrsarten erweist sich auch regional und großräumig als spezifisches Verkehrsproblem in den Alpen; dazu zählen:

- der Transitverkehr zwischen Mittel- und Südeuropa,
- der alpine Binnenverkehr,
- der touristische Verkehr (An- und Abreise),
- der Ausflugsverkehr.

Die Alpen stellen zwar innerhalb Europas die größte Verkehrsbarriere dar, dennoch haben sie sich aufgrund der intensiven wirtschaftlichen Verflechtungen zu einem wichtigen Transitraum für den Personen- und Güterverkehr entwickelt (STÄNDIGES SEKRETARIAT 2007; RUFFINI, F. V. 2009):

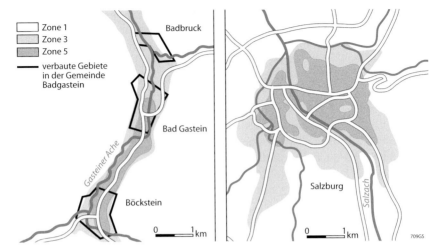

Abb. 4.3.3.3/1 *Durch Kartierung von Flechten ließ sich nachweisen, dass die Luftqualität im österreichischen Ski- und Kurort Bad Gastein vergleichbar schlechte Werte aufweist wie in der Großstadt Salzburg.*

- So hat sich der alpenquerende Güterverkehr im Zeitraum 1984–2008 von 68,2 Mio. t auf 165,1 Mio. t erhöht; dabei werden zwei Drittel dieses Frachtaufkommens auf der Straße transportiert.
- Der Transitverkehr generell und speziell auch der Personentransitverkehr konzentrieren sich auf den Ostteil der Alpen: Im Zeitraum 1995–2005 verzeichnete z. B. die Brenner-Autobahn eine Zunahme um ca. 35 %.

Durch das hohe Verkehrsaufkommen von Lkw und Pkw werden vielfältige Umweltbelastungen ausgelöst – neben der Zerstörung und dem Verbrauch von Landschaft für den Straßen- und Brückenbau vor allem auch eine zunehmende Lärmbelästigung sowie Luft- und Bodenverschmutzung. Messungen am Brenner ergaben bereits in den 1990er-Jahren eine deutliche Steigerung von Stickoxiden, von Kohlenmonoxid, von Kohlenwasserstoffen sowie von Ruß und organischen Partikeln (um bis zu 300 %). Darüber hinaus wurde bei Bodenproben ein erheblicher Schwermetallanteil in der oberen Bodenschicht festgestellt, der zu einer Schädigung des Waldbestandes und einer Versauerung der Gewässer führt (MEURER, M. & H.-N. MÜLLER 1996, 138–139). Eine Luftverschmutzung ist nicht nur entlang der Transitstrecken festzustellen, sondern auch in den Tourismusorten mit hohem Verkehrsaufkommen: Durch Kartierung von Flechten ließ sich nachweisen, dass die Luftqualität im österreichischen Ski- und Kurort Bad Gastein ähnlich schlechte Werte aufweist wie in der Großstadt Salzburg (JÜLG, F. 2007, 255–256; vgl. Abb. 4.3.3.3/1).

4.3.3.4 Belastungen durch die Erschließung von Gletscherskigebieten

Zu den ökologisch umstrittenen Maßnahmen zählt auch die touristische Erschließung der Gletscherskigebiete seit den 1960er-Jahren. Nach den Anfängen am Kitzsteinhorn (1966) wurde der Skibetrieb in rascher Folge auch auf anderen Gletschern aufgenommen (Dachstein, Tuxertal, Stubaital, Ötztal u. a.). Gegenwärtig stehen in Österreich acht Gletscherskigebiete zur Verfügung; Auch in Frankreich, Italien und der Schweiz werden Gletscher für den Skibetrieb genutzt. Mit der Erschließung waren vor allem wirtschaftliche Zielsetzungen verbunden (ERHARD, A. 1988):

- die bessere Auslastung des vorhandenen touristischen Angebots durch eine Verlängerung der Wintersaison,
- die Sicherung der Wintersaison durch eine absolute Schneegarantie,
- die Förderung des Sommertourismus durch Schaffung zusätzlicher Attraktionen,
- die Ansprache neuer touristischer Zielgruppen,
- die Förderung der regionalen Entwicklung.

Aus ökologischer Sicht gehen mit der Erschließung von Gletschern für den Skilauf erhebliche Belastungen der Umwelt einher:

- Dazu zählen zusätzliche bauliche Maßnahmen wie die Anlage von Zufahrtsstraßen, Parkplätzen, Lawinengalerien, Hotels und Aufstiegshilfen.
- Auch der Betrieb von Gletscherskigebieten löst Umweltbelastungen aus, deren Bewältigung aufgrund der extremen natürlichen Bedingungen in großer Höhe sehr schwierig ist (niedrige Temperaturen, große Entfernung zur Talstation). So fallen in den Restaurants Abfälle und Abwässer an, Pistengeräte und Aufstiegshilfen verursachen Öl- und Treibstoffverluste und bei der Präparierung der Pisten werden chemische Substanzen eingesetzt – z. B. Ammonium (NH_4), Nitrate (NO_3) und Chloride (Cl). Diese Schadstoffe können aber im Gletscherschnee bzw. -eis nicht abgebaut werden. Da viele Gletscher als Trinkwasserreservoirs dienen, kann es mittelfristig zu einer Verschmutzung des Trinkwassers bzw. zu einem höheren Aufwand bei der Wasseraufbereitung kommen.
- Die Gletscherregionen liegen in den Zentralalpen und damit relativ weit entfernt von den Quellgebieten (Großstädte in Österreich und Süddeutschland). Da die Fahrt zumeist mit dem privaten Pkw unternommen wird, trägt der zusätzliche Verkehr zu einer generellen Steigerung der Luftverschmutzung und Lärmbelästigung bei. Dabei werden vor allem auch alpine Regionen – als Transitstrecken – durch den Verkehr belastet, die an den Einnahmen aus dem Gletscherskitourismus nicht partizipieren.

Aufgrund der zunehmenden Kritik am Gletscherskitourismus und den dadurch ausgelösten Umweltbelastungen haben die österreichischen Bundesländer Vorarlberg, Kärnten, Salzburg und Tirol eine Unterschutzstellung der noch nicht erschlossenen Gletschergebiete beschlossen.

4.3.3.5 Veränderungen des Klimas und alpiner Tourismus

Der Tourismus erweist sich allerdings nicht nur als Verursacher von ökologischen Schäden, er ist selbst auch ein Opfer von Umweltveränderungen, die er allenfalls zu einem geringen Teil mit verursacht hat (Täter-Opfer-Rolle des Tourismus). Offenkundig wird diese Tatsache an dem Problem der globalen Klimaänderung, die u. a. eine Folge des zunehmenden CO_2-Ausstoßes ist. Da der Anstieg der Temperaturen nicht an staatlichen Grenzen Halt macht, sind auch viele Wintersportregionen in den Alpen von dieser Entwicklung betroffen (ELSASSER, H. & H. LEIBUNDGUT 1982; ELSASSER, H. & R. BÜRKI 2007, 867):

- Sie erweisen sich als besonders sensibel gegenüber Klimaänderungen, weil sie generell sehr stark vom Tourismus abhängig sind (touristische Monostruktur).

- Darüber hinaus besteht häufig eine einseitige Ausrichtung auf den Skitourismus – also eine Monostruktur innerhalb des Tourismus.

Vor allem Ende der 1980er-Jahre gab es mehrere schneearme Winter, die für öffentliches Aufsehen sorgten, denn der Schnee blieb auch in Lagen aus, die früher als schneesicher galten (über 1 200 m NN). Aus touristischer Sicht wird die Schneesicherheit mithilfe der „Hundert-Tage-Regel" definiert: Danach ist die Wirtschaftlichkeit eines Skigebietes nur dann gegeben, wenn zwischen dem 1. Dezember und dem 30. April an mindestens 100 Tagen eine Schneedecke von ca. 30 cm vorhanden ist, die einen Skibetrieb ermöglicht. Darüber hinaus

sollte die „Hundert-Tage-Regel" in ca. sieben von zehn Jahren erfüllt sein. Eine langfristige Auswertung von Klimadaten in der Schweiz macht deutlich, dass schneearme Winter kein neues Phänomen sind: So waren z. B. die Winter 1964/65, 72/73, 78/79, 87/88 und 89/90 besonders schneearm; auch bei den Schneehöhenverhältnissen gab es immer wieder große Schwankungen. Da aber in den letzten Jahrzehnten erhebliche Investitionen in den Skitourismus getätigt wurden und zahlreiche direkte bzw. indirekte Arbeitsplätze in dieser Branche geschaffen worden sind, hat sich die Schneeabhängigkeit des Alpenraumes vergrößert (ABEGG, B. & H. ELSASSER 1996, 737).

Unabhängig von den bisher zu beobachtenden jährlichen Schwankungen besteht bei Klimaforschern Einigkeit darüber, dass die Zunahme der Kohlendioxid-Konzentration in der Atmosphäre zu einer globalen Klimaerwärmung führen wird. Modellberechnungen gehen für den Zeitraum 2030–2050 von einer Temperaturerhöhung um ca. 1–2° C aus. Pro Grad Erwärmung wird sich aber die winterliche Schneegrenze und damit auch die Höhengrenze der Schneesicherheit um ca. 150 m verschieben. Bei einem Anstieg der Temperatur um 2° Celsius würden nur noch Skigebiete oberhalb von 1 500 m schneesicher sein. Für die Schweiz haben H. ELSASSER und R. BÜRKI (2007) ermittelt, dass der Anteil der schneesicheren Skigebiete von derzeit 85 % auf 63 % und der Anteil von schneesicheren, tiefer gelegenen Einzelanlagen von 40 % auf 9 % zurückgehen würde. Als Folge wird eine neue Raumstruktur von ski-

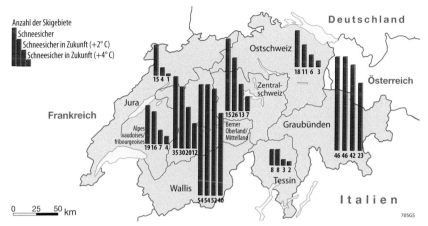

Abb. 4.3.3.5/1 *Nach Modellberechnungen von Klimaforschern wird es im Rahmen der globalen Klimaänderung innerhalb der nächsten 30-50 Jahre weltweit zu einem Anstieg der Temperatur um ca. 1-2° Celsius kommen. Damit verschiebt sich aber auch die Höhengrenze der Schneesicherheit und die Zahl der Skigebiete wird zurückgehen.*

touristischen Gunst- und Ungunsträumen prognostiziert: Die Nachfrage wird sich vor allem auf höher gelegene und damit schneesichere Regionen konzentrieren (über 2 000 m), während die Tourismusorte in geringeren Höhenlagen mittelfristig aus dem skitouristischen Markt ausscheiden werden. In den Gunsträumen ist aber mit einer weiteren Technisierung durch Aufstiegshilfen und einem fortgesetzten quantitativen Wachstum zu rechnen; damit wird sich der Druck auf die ökologisch sehr sensiblen Hochgebirgsregionen verstärken. Aufgrund steigender Kosten für einen Winterurlaub ist außerdem wieder eine stärkere soziale Differenzierung zu erwarten: Der Skitourismus wird sich dann von einer populären Tourismusform (mit hohen Gästezahlen) wieder zu einer elitären Sportart für ein zahlungskräftiges Reisepublikum wandeln (JÜLG, F. 2007, 257).

Die alpinen Wintersportorte können in unterschiedlicher Weise auf die prognostizierten klimatischen Veränderungen reagieren – durch Vermeidungsstrategien und durch Anpassungsstrategien (HLAVAC, C. 2007; KNERR, B. 2007):

• Ziel der Vermeidungsstrategien ist, die Klimaänderungen mittelfristig hinsichtlich ihres Ausmaßes und ihrer Dynamik zu reduzieren. Dazu müssen alle notwendigen Maßnahmen getroffen werden, um den Ausstoß der Schadstoffe zu vermindern, die eine globale Erwärmung zur Folge haben. H. ABEGG und H. ELSASSER (1996, 742) haben dabei auf den symbolischen Beitrag des Tourismus hingewiesen, der z.B. aus Maßnahmen zur Verringerung des Verkehrsaufkommens oder zur Optimierung des Energieeinsatzes bestehen kann. Darüber hinaus kann die Tourismusbranche versuchen, sich auf politischer Ebene für Klimaschutzmaßnahmen einzusetzen.

- Ziel der Anpassungsstrategien ist es hingegen, kurzfristig die touristische Attraktivität der Tourismusorte sicherzustellen – z. B. durch Angebotsergänzungen im Wintertourismus (andere Wintersportarten, kulturelle und gesellige Veranstaltungen) oder durch die Entwicklung eines Vier-Jahreszeiten-Tourismus (mit einer besseren saisonalen Verteilung und jahreszeitlich unabhängigen Tourismusformen). Als dominierende Anpassungsstratgie lässt sich allerdings die Sicherung des Skisports beobachten: Dazu finden Kooperationen zwischen touristischen Leistungsträgern statt (zur Nutzung von Synergieeffekten), außerdem werden finanzielle Hilfeleistungen für Bergbahn- und Skiliftunternehmen gewährt. Im Mittelpunkt stehen aber die technischen Maßnahmen zur Sicherung der skitouristischen Attraktivität – dazu gehört u. a. der Einsatz von Beschneiungsanlagen.

Die Technik der Beschneiungsanlagen stammt aus den USA, wo sie bereits in den 1950er-Jahren entwickelt wurde; seit 1970 kommt sie auch in Europa zunehmend zum Einsatz. Inzwischen wird ca. jede vierte Piste in den Alpen künstlich beschneit; Spitzenreiter ist dabei Südtirol, wo 70–80 % der Pisten beschneit werden.[2] Aus ökologischer Sicht wird vor allem der hohe Energie- und Wasserverbrauch kritisiert: Zur künstlichen Beschneiung der alpinen Pisten wird eine ähnlich große Wassermenge benötigt wie für die Versorgung einer Stadt

mit ca. 1,5 Mio. Einwohnern (HAHN, F. 2004). Darüber hinaus kann es auf den beschneiten Flächen auch zu einer Veränderung der Artenvielfalt sowie zu Fäulnis- und Schimmelbildung kommen. Schließlich ist der nächtliche Betrieb der Beschneiungsanlagen mit erheblichen Lärmbelästigungen verbunden.

4.3.4 Managementstrategien in Hochgebirgsregionen

In den 1970er-Jahren waren die ökonomischen Potenziale des Tourismus in den Alpen, aber auch die ökologischen und soziokulturellen Belastungen offenkundig geworden. Bei der betroffenen Bevölkerung, aber auch unter Politikern, Leistungsträgern und Planern setzte eine breite öffentliche Diskussion über die Zukunft der Alpen sowie seine räumliche und wirtschaftliche Entwicklung ein. Die Verantwortlichen in den alpinen Tourismusorten und -regionen stehen seitdem vor dem Problem, einerseits die natürlichen Ressourcen – als wichtige Grundlage des Tourismus – zu schützen, andererseits aber Strategien zu entwickeln, um im Wettbewerb mit anderen Tourismusdestinationen bestehen zu können.

4.3.4.1 Diskussion über den „Sanften Tourismus"

„Sanfter Tourismus", „intelligenter Tourismus", „umwelt- und sozialverträglicher Tourismus", „nachhaltige Tourismusentwicklung" – in diesen Begriffen spiegelt sich die Suche nach Formen des Tourismus wider, mit denen zwar eine große wirtschaftliche Wertschöpfung in den Tourismusregionen und auch eine hohe Zufriedenheit der Gäste verbunden sind, die aber zugleich die Landschaft und Umwelt sowie die einheimische Bevölkerung nicht unnötig belasten. Als wichtiger Bezugspunkt der einsetzenden Diskussion über alternative Konzepte einer regionalen Tourismusentwicklung diente dabei die Kontrastliste des Zukunftsforschers Robert Jungk aus dem Jahr 1980, in der er – analog zum Gegensatz von „harter Technik/Energie" und „sanfter Technik/Energie" – Merkmale eines „harten Reisens" und eines visionär verstandenen „sanften Reisens" gegenüberstellte (vgl. Tab. 4.3.4.1/1). Der utopische Charakter dieser Kontrastliste war offensichtlich, denn das tatsächliche Urlaubsreiseverhalten der Bundesbürger wies seit den 1980er-Jahren kaum Merkmale eines „sanften Reisens" auf: Es wurde vielmehr charakterisiert durch kurzfristige Reiseentscheidungen, einen ausgeprägten Erlebnishunger sowie einen Trend zu Fernreisen und zu kürzeren Reisen. Dennoch kristallisierte sich in diesem simplen Schema „hartes Reisen" vs. „sanftes Reisen" ein Grundansatz der Kritik am herkömmlichen Tourismus, der in den folgenden Jahren von anderen Wissenschaftlern, aber auch Organisationen und Initiativen aufgenommen und modifiziert wurde (dabei fungierten vorrangig die Alpen, aber auch die Entwicklungsländer als Untersuchungsräume):

- Der Schweizer Tourismusforscher J. Krippendorf kritisierte bereits im Jahr 1975 in seinem Buch „Die Landschaftsfresser" die Fehlentwicklungen des Tourismus in den Alpen (und anderswo) und formulierte 23 Thesen für eine wünschenswerte Zukunft.

- Der deutsche Volkskundler D. Kramer prägte den Begriff des „sozial- und umweltverträglichen Tourismus". Er setzte sich in seinem Buch „Der Sanfte Tourismus. Sozial- und umweltverträglicher Tourismus in den Alpen" (1983) vor allem mit der Frage auseinander, welche Rolle die Alpenvereine bei einem verantwortungsvollen Umgang mit Landschaft und Natur spielen können.

Hartes Reisen	Sanftes Reisen
Massentourismus	Einzel-, Familien- und Freundesreisen
wenig Zeit	viel Zeit
schnelle Verkehrsmittel	angemessene (auch langsame) Verkehrsmittel
festes Programm	spontane Entscheidungen
außengelenkt	innengelenkt
importierter Lebensstil	landesüblicher Lebensstil
„Sehenswürdigkeiten"	Erlebnisse
bequem und passiv	anstrengend und aktiv
wenig oder keine geistige Vorbereitung	vorhergehende Beschäftigung mit dem Besuchsland
keine Fremdsprache	Sprachen lernen
Überlegenheitsgefühl	Lernfreude
Einkaufen („Shopping")	Geschenke bringen
Souvenirs	Erinnerungen, Aufzeichnungen, neue Erkenntnisse
Knipsen und Ansichtskarten	Fotografieren, Zeichnen, Malen
Neugier	Takt
laut	leise

Tab. 4.3.4.1/1 *Im Jahr 1980 entwarf der Zukunftsforscher Robert Jungk die Vision eines künftigen „sanften" Tourismus – im Gegensatz zum bisherigen „harten" Tourismus.*

Sanfter Tourismus: Definition

Die „Internationale Alpenschutzorganisation CIPRA" (**C**ommission **I**nternationale **p**our la **Pr**otection des **A**lpes) definierte im Jahr 1984 den „sanften Tourismus" als „einen Gästeverkehr, der gegenseitiges Verständnis des Einheimischen und Gastes füreinander schafft, die kulturelle Eigenart des besuchten Gebietes nicht beeinträchtigt und der Landschaft mit größtmöglicher Gewaltlosigkeit begegnet. Erholungssuchende im Sinne des ‚sanften Tourismus' benutzen vor allem die in einem Raum vorhandenen Einrichtungen der Bevölkerung mit und verzichten auf wesentliche zusätzliche landschaftsbelastende Tourismuseinrichtungen" (zitiert nach ROCHLITZ, K.-H. 1988, 111).

- P. HAIMAYER (1989) führte den Begriff des „intelligenten Tourismus" ein, der auf den Säulen Wirtschaft, Umwelt und Gesellschaft basiert. Seiner Meinung nach kommt der Bevölkerung in den touristischen Zielgebieten ein besonders hoher Stellenwert bei der Lösung von Problemen zu. Ihre Interessen sollen bei der gemeinsamen Erarbeitung von Tourismusleitbildern berücksichtigt werden. Darunter versteht man die schriftlich fixierte Zielvorstellung einer Tourismusdestination, an der sich alle Akteure orientieren sollen.

- Seit dem Brundtland-Report (1987), der Erklärung von Rio de Janeiro (1992) und der UN-Konferenz über Umwelt und Entwicklung (1992) wird innerhalb der Diskussion über Formen eines umwelt- und sozialverträglichen Tourismus vor allem der Begriff der Nachhaltigkeit genutzt (Sustainability, Sustainable Development). Im Leitbild der nachhaltigen Entwicklung stellen Wirtschaftswachstum, Sozialverträglichkeit und Umweltverträglichkeit gleichberechtigte Ziele dar, die auf lange Dauer verfolgt werden. Dabei gilt das Grundprinzip, gegenwärtige natürliche Ressourcen nur in einem solchen Umfang zu verbrauchen, dass auch künftige Generationen noch ihre Bedürfnisse befriedigen können (SCHLOEMER, A. 1999, 14). Speziell in den 1990er-Jahren wurde dieser Ansatz auch auf die Geographie der Freizeit und des Tourismus übertragen und intensiv diskutiert.[3]

Wissenschaftliche Studien, internationale Kongresse und populärwissenschaftliche Publikationen, aber auch medienwirksame Aktionen von Organisation und Initiativen sorgten im Folgenden dafür, dass sich die Diskussion über die Belastungen der Alpen durch den Tourismus nicht auf die Fachwissenschaft beschränkte, sondern eine breite Öffentlichkeit erreichte.[4]

4.3.4.2 Umweltschutzmaßnahmen

In den letzten Jahrzehnten wurden in den Alpen zahlreiche Projekte, Modellvorhaben und Maßnahmen zum Schutz der Umwelt umgesetzt. Inhaltliche Schwerpunkte waren dabei (FRÖSCH, R. 1995, 98):

- Umweltschutzmaßnahmen auf betrieblicher Ebene,
- Maßnahmen zur besseren Nutzung der regionalwirtschaftlichen Effekte des Tourismus,
- Initiativen zum Schutz von Naturräumen,
- Maßnahmen im Verkehrssektor.

Speziell im Hotel- und Gaststättengewerbe sind zahlreiche betriebliche Maßnahmen zur Verringerung der Umweltbelastungen umgesetzt worden. Wesentliche Instrumente, um die Betriebsinhaber zu einem Umdenken und zu einem umweltorientierten Handeln zu bewegen, waren dabei Wettbewerbe und Umweltgütesiegel. Im deutschen Alpenraum gilt der Wettbewerb „Umweltbewusster Hotel- und Gaststättenbetrieb" als Vorreiter, den das Umweltministerium des Freistaats Bayern bereits im Jahr 1991 in Zusammenarbeit mit dem Wirtschaftsministerium, dem Bayerischen Hotel- und Gaststättenverband sowie dem Landesfremdenverkehrsverband Bayern durchführte. Im Rahmen des Wettbewerbs wurden die teilnehmenden Betriebe in sechs umweltrelevanten Bereichen untersucht und mit einem Punktesystem bewertet (ZIMMER, P. 1995, 113):

- Vermeidung, Verwertung und sonstige Entsorgung von Abfällen,
- Wasser- und Energiesparmaßnahmen,
- umweltgerechtes Waschen und Reinigen,
- Umweltschutz beim Transport und Verkehr,
- Umweltschutz bei Bau, Einrichtung und Außenanlagen,
- Information der Mitarbeiter und Gäste.

Nach dem Vorbild dieser Initiative wurden in Deutschland entsprechende Umweltschutzmaßnahmen inzwischen in zahlreichen Betrieben umgesetzt (VIEGAS, A. 1998, 35–36).

Eine weitere Maßnahme zur Reduzierung von Umweltbelastungen auf einzelbetrieblicher Ebene war die Einführung von Umweltgütesiegeln, die zumeist auf einer kombinierten Bewertung von Maßnahmen einer umweltorientierten Betriebsführung basieren. Als Anreiz für eine Teilnahme werden die teilnehmenden Betriebe zumeist durch spezielle Marketingmaßnahmen unterstützt (eigene Angebotsbroschüre etc.). In Österreich sind seit den 1990er-Jahren von mehreren Orten, Regionen und Bundesländern touristische Umweltgütesiegel entwickelt worden – vom „Umweltsiegel Tirol-Südtirol" über den „Grünen Koffer" im Salzkammergut bis hin zur „Silberdistel" im Kleinwalsertal (VIEGAS, A. 1998, 98–102).

Allerdings hat sich die Vielzahl unterschiedlicher Umweltgütesiegel als Problem erwiesen, da sie bei den Urlaubsgästen eher Verwirrung und Verunsicherung auslösen, statt für Markttransparenz zu sorgen und Produktsicherheit zu signalisieren. Vor diesem Hintergrund ist in Deutschland seit 2002 eine nationale Umweltdachmarke für touristische Produkte entwickelt worden: „Viabono – Reisen natürlich genießen". Dieses Gütesiegel wird an Hotels, Ferienwohnungen, Campingplätze und Tourismuskommunen vergeben.

Abb. 4.3.4.2/2 *Eine klassische Maßnahme, den Verkehr innerhalb einer Destination zu reduzieren, ist die Einrichtung spezieller Buslinien von den Hotels zu den Talstationen der Seilbahnen.*

Als weiterer wichtiger Bereich des Umweltschutzes in den Alpen sind die Maßnahmen zur besseren Nutzung der regionalwirtschaftlichen Effekte des Tourismus zu nennen. Sie beziehen sich vor allem auf eine intensivere Zusammenarbeit zwischen der Gastronomie bzw. Hotellerie und der Landwirtschaft. Die touristische Nachfrage vor Ort stellt nämlich einen lokalen Markt für Agrarprodukte dar, der im Sinne „kleiner Kreisläufe" (WIDMANN, T. 2007) genutzt werden kann. Auf diese Weise lassen sich notwendige Importe sowie Transportleistungen reduzieren und damit auch das Verkehrsaufkommen, die Lärmbelästigung und die Luftverschmutzung. Mit der Abnahme der landwirtschaftlichen Produkte leistet der Tourismus nicht nur einen direkten Beitrag zur wirtschaftlichen

Existenzsicherung der Berglandwirtschaft, sondern auch einen indirekten Beitrag zum Erhalt der alpinen Landschaft. Durch die Bewirtschaftung von Wiesen und Weiden – speziell in höheren Lagen – kommt den landwirtschaftlichen Betrieben nämlich eine wichtige Funktion als Landschaftspfleger zu. Untersuchungen im Rahmen des UNESCO-Programms „Man and Biosphere" (MAB) in österreichischen, deutschen, schweizerischen und französischen Beispielgebieten haben gezeigt, dass die bisherigen Umweltbelastungen in den Alpen nicht aus einer zunehmenden Nutzung eines unberührten Naturraumes resultieren. Sie sind vielmehr die Folge einer neuen Inwertsetzung eines naturnahen Kulturraumes, in dem seit Jahrhunderten eine kleinräumig angepasste land- und forstwirtschaftliche Nutzung stattgefunden hat. Durch diesen traditionellen Einfluss des Menschen war der ursprünglich instabile Naturraum stabilisiert worden, zugleich wurde eine größere landschaftliche wie auch biologische Vielfalt geschaffen. Aus diesem Grund muss eine auf Dauer angelegte Umweltpolitik im Alpenraum an den wirtschaftlichen und gesellschaftlichen Strukturen ansetzen, die zur Erhaltung und Stärkung des traditionellen Kulturraums beitragen – u. a. auch durch die Existenzsicherung von landwirtschaftlichen Klein- und Mittelbetrieben. In vielen Teilen der Alpen finden sich Projekte und Modelle der intensiven Zusammenarbeit zwischen Tourismus und Landwirtschaft:

- In Graubünden (Schweiz) wurde im Jahr 1993 ein entsprechendes Programm initiiert, das u. a. die Herausgabe von Informationsbroschüren für Landwirte, Kooperationsprojekte, Schulungen und Auszeichnungen für beispielhafte Ideen umfasst. Außerdem wurde der „Ökomarkt Graubünden" gegründet, der die Hoteliers zu einem verstärkten Einkauf von regionalen Bioprodukten anregen will (VIEGAS, A. 1998, 89–90).

- Der deutsche Kurort Hindelang im Allgäu bündelte bereits Anfang der 1990er-Jahre zahlreiche Maßnahmen im Landschaft- und Naturschutz, aber auch in der Landwirtschaft unter dem Begriff „Ökomodell Hindelang": Seitdem findet u. a. wieder eine traditionelle Käseherstellung auf Berghöfen statt, die den Käse direkt an Touristen vermarkten. Außerdem wurde eine eigene Marketinggesellschaft gegründet, die eigene Läden für Hindelanger Produkte betreibt (HEMMER, I. 1997; VIEGAS, A. 1998, 124–126).

Neben einer besseren Nutzung des regionalwirtschaftlichen Potenzials, das der Tourismus bietet, finden sich im Bereich des Umweltschutzes seit den 1990er-Jahren in den Alpen zahlreiche Strategien und Maßnahmen zum Schutz von Naturräumen und zur Steuerung des Tourismus (BAUMHACKL, H. 1998, 34–37):

- Als wichtige Motoren dieser Entwicklung sind die Alpenvereine zu nennen, deren Zielsetzung und Aktivitäten sich seit ihrer Gründung erheblich gewandelt haben – weg von der touristischen Erschließung der Alpen und hin zum Schutz des Hochgebirges: So gründete z. B. der „Oesterreichische Alpenverein" (OeAV) im Jahr 1980 eine Fachabteilung Raumplanung-Naturschutz,

deren Aufgabenschwerpunkte im Bereich des klassischen Naturschutzes, der alpinen Raumordnung und der Alpenkonvention liegen. Der „Deutsche Alpenverein" (DAV) hat im Jahr 2001 ein Leitbild verabschiedet, in dem er auf den Bau weiterer Schutzhütten, Wege und Klettersteige verzichtet.

- Eine zentrale Rolle kommt auch der Internationalen Alpenschutzkommission CIPRA (Commission Internationale pour la Protection des Alpes) zu, die im Jahr 1986 die Idee einer Alpenkonvention als grenzübergreifendes Instrument des Umweltweltschutzes entwickelte (KÖHLER, S. & SIEGRIST, D. & N. WEIXLBAUMER 2003). Als Vorbild dienten andere internationale Konventionen – also verbindliche Verpflichtungen von mehreren Staaten zur Erreichung gemeinsam formulierter Ziele mit abgestimmten Maßnahmen in einem festgelegten Zeitraum (z. B. Washingtoner Artenschutzabkommen, Helsinki-Konvention).

- Das „Übereinkommen zum Schutz der Alpen" (Alpenkonvention) wurde im Jahr 1991 unterzeichnet; es gilt als ein erster Schritt hin zu einer internationalen, integrierten Alpenpolitik (Vertragspartner sind die sieben Alpenanrainerländer sowie die Europäische Union). Im Rahmen von Protokollen werden konkrete Maßnahmen der Zusammenarbeit vereinbart – u. a. in den Bereichen Raumplanung, Bodenschutz, Landschaftspflege, Tourismus, Energie, Verkehr (HASSLACHER, P. 2002, 2003).

- Bei der grenzübergreifenden Zusammenarbeit müssen allerdings kleinräumliche Unterschiede der touristischen Nutzung berücksichtigt und deshalb auch regionale Entwicklungsstrategien entwickelt werden: In seiner Analyse des Strukturwandels in den Alpen kam W. Bätzing zu dem Ergebnis, dass es „in den Alpen keine flächenhafte touristische Erschließung" (1996, 148) gibt. Stattdessen finden sich unterschiedliche Regionstypen, in denen der Tourismus jeweils eine spezifische Funktion übernimmt, aber auch besondere Probleme auslösen kann (zentrengeprägte Regionen, Auspendlerregionen, touristisch geprägte Regionen und ländliche Regionen).

- Ungewolltes touristisches Wachstum wird zunehmend auch durch das raumordnungspolitische Instrument der Flächensicherung und der Außernutzenstellung begrenzt. So sind z. B. in Bayern, in der Schweiz, in Italien und in Österreich spezielle „Ruhezonen" ausgewiesen worden, die von einer künftigen Erschließung durch Aufstiegshilfen und Skipisten ausgenommen werden (Hammer, T. 2003). Auch die Einrichtung von National- und Naturparks dient dem großflächigen Schutz von Alpenregionen – z. B. Nationalpark „Hohe Tauern"; Nationalpark „Nockberge"; Hochgebirgs-Naturpark „Zillertaler Alpen".
- Weitere Maßnahmen umfassen die Erstellung von Leitbildern auf lokaler und regionaler Ebene, die Raum- und Umweltverträglichkeitsprüfung, Flächenwidmungs- und Bebauungsplanung sowie die Festlegung von Betten-Obergrenzen.

Im Bereich des Umweltschutzes gab es in den Alpen außerdem zahlreiche Modellprojekte zur Reduzierung und Lenkung des Verkehrs auf örtlicher und regionaler Ebene. Ansatzpunkte waren dabei die unterschiedlichen Arten des touristischen Verkehrsaufkommens (Uitz, M. 1995; ADAC 2004):

- Verkehrsvermeidung bei der Anreise – z. B. durch Preisnachlässe bei der Anreise mit der Bahn; durch Kombitickets, die neben der Bahnnutzung auch reduzierte Eintrittspreise in Sehenswürdigkeiten beinhalten; durch Sonderzüge, mit denen Skiurlauber aus Ballungsgebieten zu einem ermäßigten Einheitstarif in die Skigebiete befördert werden,
- Verkehrsentflechtung – z. B. durch die Vereinbarung mit Reiseveranstaltern, neben der Wochenendanreise auch eine Anreise in der Mitte der Woche zu ermöglichen, um auf diese Weise die Verkehrsstaus am Wochenende zu reduzieren,
- Verkehrsvermeidung am Urlaubsort – z. B. durch Fußgängerzonen; durch Fahrradverleih und Radrouten; durch Ausbau des innerörtlichen Busverkehrs; durch spezielle Buslinien, mit denen die Urlauber in abgelegene Täler oder höher gelegene Bereiche transportiert werden können, die gleichzeitig für den Individualverkehr gesperrt werden; durch den Ausschluss des individuellen Pkw-Verkehrs: So haben sich z. B. in der Schweiz mehrere Kurorte zum Zweckbündnis „GAST" zusammengeschlossen (Gemeinschaft Autofreier Schweizer Tourismusorte).

Als weitere verkehrslenkende Maßnahmen auf kommunaler und regionaler Ebene sind zu nennen:

- die zahlenmäßige Beschränkung der Gästezahlen (z. B. durch Kontingentierung der Tageskarten für die Skigebiete),
- der Preis als Lenkungsmaßnahme (z. B. höhere Park- und Lifttarife an den Spitzentagen, um eine bessere zeitliche Verteilung der Nachfrage und eine höhere Nutzung öffentlicher Verkehrsmittel zu erreichen),
- direkte Lenkungsmaßnahmen in Form von temporären Sperrungen (z. B. Vorfahrtsregelungen für den öffentlichen Personennahverkehr).

Die bisher dargestellten Strategien und Maßnahmen dienen dazu, die natürliche Attraktivität der Alpen zu bewahren oder wiederherzustellen, um die Basis des Tourismus zu sichern. Angesichts einer wachsenden internationalen Konkurrenz und neuer Ansprüche der Urlaubsgäste müssen die alpinen Tourismusorte ihre Attraktivität allerdings künftig noch steigern. An dieser Entwicklung, die immer kürzeren Innovationszyklen unterliegt, können aber nur noch Regionen partizipieren, die sowohl über das notwendige professionelle Know-how und Management als auch über entsprechende finanzielle Ressourcen zur Sicherung der Konkurrenzfähigkeit verfügen. In diesem weltweiten Innovationswettbewerb der Destinationen versuchen die Alpen, sich u. a. durch Markenbildung, durch neue Produkte und durch ungewöhnliche Kommunikationsstrategien zu positionieren.

4.3.4.3 Markenbildung alpiner Destinationen

In den 1990er-Jahren haben sich zahlreiche kleinere Tourismusorte in den Alpen zu größeren regionalen Einheiten zusammengeschlossen:

- Nach außen treten sie unter einem gemeinsamen Destinationsnamen auf und koordinieren ihre Kommunikations- und Vertriebspolitik (u. a. Logo, Prospektmaterial, Messeauftritte).
- Nach innen stimmen sie ihre Angebotspolitik ab, indem sie sich jeweils auf bestimmte Marktsegmente und Zielgruppen spezialisieren.
- Bei der Benennung der neuen Destinationen wird teilweise auf traditionelle, authentische Raumbezeichnungen zurückgegriffen. Besonders in der Schweiz sind aber auch künstliche Markennamen entwickelt worden, mit denen den Kunden das spezifische touristische Angebotsprofil signalisiert wird – z. B. „Swiss Knife Valley", „Watch Valley" oder „Heidiland". Obwohl solche neu kreierten Destinationsnamen unter Marktgesichtspunkten im Sinn einer klaren Erkennbarkeit im Markt und eines Nutzenversprechens für die Gäste durchaus sinnvoll sind, stößt ihre Einführung zumeist auf den Widerstand der einheimischen Bevölkerung, die sich mit den historisch überlieferten Regionsnamen identifiziert (Steinecke, A. 2010, 86–88).

Bei der Markenbildung alpiner Tourismusregionen hat das österreichische Bundesland Tirol eine Vorreiterrolle eingenommen: Bereits im Jahr 1974 wurde das rechtlich geschützte Tirol-Logo entwickelt, das seitdem durch Lizenz- und Sponsorvereinbarungen ständig in der medialen Öffentlichkeit präsentiert wird. Zur professionellen Verbreitung und auch positiven Aufladung des Logos wurde ein spezielles Unternehmen gegründet – die „Marke Tirol Management GmbH". Neben Werbeauftritten findet auch ein kulturelles und soziales Engagement statt, durch das emotionale Werte wie Herzlichkeit, Sportlichkeit und Dynamik vermittelt werden sollen. Dabei beschränken sich die Aktivitäten nicht auf den Tourismus, sondern beziehen auch regionale Wirtschaftsunternehmen mit ein – z. B. „Giesswein", „Tyrolean Airways", „Swarovski Optik" (MARGREITER, J. 2001, 2002; STEINECKE, A. 2001).[5] Als wichtiges Instrument der Markenbildung im Tourismus und der regionalen Vernetzung wird generell die Entwicklung regionaltypischer Produkte betrachtet; als Vorbild dienen dabei die Signature Products der großen

US-Themenparks. In Tirol wurde z. B. im Jahr 1986 das Konzept der „Tiroler Bauernstandl" entwickelt: Dabei handelt es sich um Marktstände, an denen bäuerliche Produkte aus Tirol verkauft werden; gleichzeitig werben sie für das österreichische Bundesland als Urlaubsdestination. Die Stände werden als Franchisesystem betrieben; die ca. 100 Franchisenehmer stehen regelmäßig in großen Einkaufszentren und auf Bauernmärkten (www.dertiroler.com).

4.3.4.4 Kommunikations- und Produktpolitik in den Alpen

Der Innovationszwang, unter dem die alpinen Tourismusregionen stehen, hat auch zu zahlreichen neuartigen Ideen in der Produkt- und Kommunikationspolitik geführt. Besonders in den großen Wintersportorten ist seit den 1990er-Jahren eine Strategie der Eventisierung zu beobachten: So verfügt z. B. der österreichische Tourismusort Ischgl mit der

---

Cross Promotion alpiner Destinationen

Das österreichische Bundesland Tirol schaltete zum Auftakt der Wintersaison 1999/2000 Werbespots in allen großen Rundfunksendern in Süddeutschland sowie in den Multiplex-Kinos Süddeutschlands (230 Kinosäle). Außerdem fand ein Keyword-Eintrag in populäre Internet-Suchmaschinen statt (www.gletscher.tirol. at). Darüber hinaus wurde eine Kooperation mit dem Unternehmen McDonald's vereinbart, das einen speziellen „Alpenmäc" produzierte. An dieser gemeinsamen Werbeaktion nahmen mehr als 400 süddeutsche Filialen von McDonald's teil. Allein durch diese Aktion konnten ca. 18 Mio. Kunden direkt erreicht werden, weitere 16 Mio. Kontakte resultierten aus der Werbung in Kino, Radio und Internet (ÖLHAFEN, M. 1999, S 11). Zu den strategischen Allianzen zählt auch die Kooperation von österreichischen Skigebieten mit Indoor-Skianlagen in Deutschland: So ist z. B. die „SalzburgerLand Tourismus GmbH" touristischer Exklusivpartner der „Jever Skihalle" im nordrhein-westfälischen Neuss (www.allrounder.de).

„Silvretta Skiarena" über ein Skigebiet mit 41 Aufstiegshilfen und 238 km präparierten Pisten. Zur Après-Ski-Unterhaltung der Gäste werden auf der Idalp regelmäßig Mega-Events veranstaltet, bei denen Weltstars aus der Musik- und Modeszene auftreten – z. B. Elton John, Naomi Campbell, Paris Hilton (vgl. Abb. 4.3.4.4/1). Die breite Berichterstattung über diesen „Ballermann der Alpen" sorgt für eine entsprechend große Aufmerksamkeit, eine steigende Nachfrage und eine hohe Auslastung der Beherbergungsbetriebe. Ein weiteres Beispiel für eine Strategie der Eventisierung ist das Spektakel „Hannibal", das seit 2001 auf dem Rettenbach-Gletscher (2 800 m) oberhalb von Sölden veranstaltet wird. An der aufwendigen Inszenierung mit Schauspiel-, Licht- und Pyrotechnikeffekten nehmen 300 Mitwirkende teil; außerdem kommen Pistenraupen, Drachenflieger und Flugzeuge zum Einsatz. Zu den innovativen Produkten in den Alpen zählen auch nostalgisch inszenierte Unterkunftsangebote. Vorreiter dieser Entwicklung sind die „Bauerndörfer" in Österreich: Bereits Anfang der 1980er-Jahre wurden verlassene und vom Verfall bedrohte Bauernhäuser auf Almen in Kärnten abgetragen und an landschaftlich reizvollen Plätzen zu neuen – also künstlichen – Dörfern gruppiert (RUPPERTI, T. 1995). Die autofreien „Bauerndörfer" verfügen über zeitgemäße Unterkunfts- und Freizeiteinrichtungen: Die Angebotspalette reicht von Ferienwohnungen über Restaurants und Bars bis hin zu Schwimmbecken und Kindergärten. Aufgrund des großen Erfolges wurde nach einem ähnlichen Konzept

Abb. 4.3.4.4/1 *Um sich von seinen Konkurrenten zu unterscheiden, veranstaltet der österreichische Skiort Ischgl regelmäßig Mega-Events, bei denen internationale Popstars auftreten.*

das Angebot der TUI-„Dorfhotels" entwickelt.

Auch in der Kommunikationspolitik sind von den alpinen Tourismusregionen innovative und professionelle Konzepte entwickelt worden. Da die Reichweite und Wahrnehmung der klassischen Werbung (Printmedien, Radio- und TV-Funkwerbung) immer stärker zurückgeht, wurden andere Formen einer Kundenansprache gesucht. Dabei werden zunehmend neue Kommunikationskanäle genutzt und es kommt eine Cross Promotion zum Einsatz (also gemeinsame Marketing-Maßnahmen von touristischen Organisationen bzw. Leistungsträgern mit anderen Wirtschaftsunternehmen).

An der Schnittstelle zwischen kommunikations- und produktpolitischen Maßnahmen finden sich zielgruppenspezifische Zusammenschlüsse von selbstständigen Hotels in Österreich

„Grande Traversata delli Alpi" (GTA) – ein Projekt des Sanften Tourismus

Der Weitwanderweg verläuft auf einer Länge von 650 Kilometern von der Schweizer Grenze durch die italienischen Südwestalpen bis zum Mittelmeer. Diese Region weist die typischen Probleme traditioneller Berggebiete auf: Aufgabe von landwirtschaftlichen Betrieben und Siedlungen, Zunahme der Pendler in die Städte, Abwanderung der jüngeren Bevölkerung und Überalterung. Mit der Anlage des Weitwanderweges wurde versucht, diesen Problemen entgegenzuwirken. Die 55 Wanderetappen verlaufen nicht als Höhenwege, sondern beginnen und enden in den Dörfern, um Bauern, Zimmervermietern und Gasthöfen zusätzliche Einnahmen zu ermöglichen. Dabei werden touristische Zentren bewusst umgangen. Eine Anlage neuer Wege war nicht notwendig, weil alte Alm- und Saumpfade für den Weitwanderweg genutzt werden konnten (PERLIK, M. 1996; BÄTZING, W. 1997). Dieses Projekt kehrt also zu den Wurzeln der touristischen Erschließung der Alpen zurück, als das Erlebnis der Natur und der Bergwelt im Mittelpunkt stand. Im Vergleich zu den technisierten und erlebnisorientierten Formen der touristischen Nutzung des Hochgebirges spielt es allerdings nur eine geringe quantitative Rolle, so wird dieses Angebot jährlich nur von ca. 1 000 Wanderern genutzt.

(horizontale Integration) und auch Kooperationen zwischen unterschiedlichen Leistungsträgern in einem Tourismusort (vertikale Integration):[6]

- „Schlank und Schön in Österreich": Diese Kooperation von 45 Wellness- und Gesundheitshotels bietet neben der Übernachtung vor allem Programme in Ernährung, Bewegung, Entspannung sowie in der Schönheits- und Körperpflege an.
- Ein Beispiel für eine vertikale Integration stellt die Aktion „Magic Mountains" dar, die in den 1990er-Jahren zu einer Belebung der Sommersaison in Österreich entwickelt wurde. Die teilnehmenden Tourismusorte verstehen sich dabei als große Clubanlagen mit einem All-Inclusive-Angebot: Für

einen festgelegten Preis erhalten die Urlauber eine Gästekarte (als Clubausweis) mit der sie – neben einer hochwertigen Unterkunft – ein breites Freizeit-, Sport- und Unterhaltungsangebot nutzen können.[7]

Mit diesen neuen Produkten versuchen die alpinen Destinationen, die Mainstream-Trends auf der Nachfrageseite aufzunehmen: Erlebnissucht, Markenorientierung und den Wunsch nach Multioptionalität. In den alpinen Destinationen finden sich bislang hingegen relativ wenige Angebote im Bereich einer neuen Muße und Langsamkeit. Dazu zählen vor allem Weitwanderwege wie die „Via Alpina" oder die „Grande Traversata delle Alpi" (GTA).

Zusammenfassung

Fazit

- Aufgrund ihrer Unzugänglichkeit waren die Gebirge lange Zeit weithin unbekannte Landschaften, die als unzivilisiert und schrecklich galten (sie waren Projektionsräume für angstbesetzte menschliche Phantasien).
- Unter dem Einfluss von Naturwissenschaftlern setzte im 18. Jh. zunächst eine Entmythologisierung der Gebirge ein. Philosophen und Künstler trugen anschließend zu einer romantischen Verklärung des einfachen Lebens in den Bergen bei, deren Leitmotive bis heute von TV-Serien, volkstümlichen Musiksendungen und Tourismusorganisationen genutzt werden.
- Sportliche und medizinische Gründe sorgten im 19. Jh. für weitere touristische Impulse (Alpinismus, Behandlung von Tuberkulose); der Skilauf wurde erst nach 1889 als Freizeitaktivität populär.
- Die Belle-Époque-Phase (1880–1914) wurde durch den Bau von Eisenbahnen und Bergbahnen geprägt sowie von monumentalen Palasthotels, die sich zu Treffpunkten der alten Aristokratie und des aufstrebenden Bürgertums entwickelten.
- Nach dem Zweiten Weltkrieg erlebten die Alpen zunächst einen Boom des Sommertourismus (u. a. ausgelöst durch das „Wirtschaftswunder" im wichtigen deutschen Quellmarkt).
- Seit Mitte der 1960er-Jahre setzte auch ein massenhafter Wintertourismus ein, der bis in die Gegenwart anhält; aufgrund der hohen Ausgaben von Skiur-laubern bearbeiten viele Destinationen diesen Markt besonders intensiv.
- Die enorme touristische Nachfrage hat in den alpinen Destinationen gravierende Veränderungen gebracht: Experten sprechen von einer „Aufwertung des Alpenraumes", aber auch einer „Entwertung der alpinen Lebensformen".
- Zu den Belastungen zählen u. a. der Landschaftsverbrauch und die Landschaftszerstörung durch den Bau von Aufstiegshilfen und Skipisten, die Luftverschmutzung durch ein erhöhtes Verkehrsaufkommen und die Erschließung der Gletscher für den Skilauf.
- Gegenwärtig haben die alpinen Destinationen drei Herausforderungen – den Klimawandel, den Schutz ihrer Ressourcen und den Wettbewerb mit anderen Zielgebieten.
- Zu den typischen Managementstrategien zählen deshalb auch vielfältige Umweltschutzmaßnahmen, die Entwicklung eines Vier-Jahreszeiten-Tourismus sowie eine Ausrichtung des Marketings auf unterschiedliche Trends im Konsumverhalten (Eventisierung vs. Entschleunigung).

Zum Einlesen

Bätzing, W. (2005): Die Alpen. Geschichte und Zukunft einer europäischen Kulturlandschaft, 3. Aufl. München.

In diesem Standardwerk geht der Autor u. a. auch auf den Tourismus ein (Phasen der Entwicklung sowie wirtschaftliche, ökologische und soziokulturelle Effekte).

CIPRA (Hrsg.; 1984ff.): SzeneAlpen, Schaan (Lichtenstein).

Die kostenlose Zeitschrift der Internationalen Alpenschutzkommission CIPRA erscheint zwei bis drei Mal jährlich in vier Sprachen – jeweils mit Themenheften zu aktuellen Entwicklungen in den Alpen (www.cipra.org).

4.4 Tourismus im ländlichen Raum

Abb. 4.4/1 *Die ländlichen Regionen verfügen weder über spektakuläre Kulturattraktionen noch über eindrucksvolle Naturlandschaften. Angesichts fehlender Alleinstellungsmerkmale stehen sie vor der Herausforderung, ihr endogenes Potenzial marktgerecht zu nutzen – z. B. die naturnahe Agrarlandschaft sowie die bäuerliche Kultur und Küche.*

Die touristische Inwertsetzung des ländlichen Raumes ist weniger ein Resultat seiner autochthonen natur- bzw. kulturräumlichen Attraktionen, sondern eher eine Folge der Urbanisierung und Industrialisierung. Erst vor diesem Hintergrund wurden ländliche Regionen – als naturnah erscheinende Räume mit traditionellem Brauchtum – für Touristen attraktiv. In diesem Kapitel werden folgende Fragen zu diesem Thema beantwortet:

- Wie hat sich der Tourismus im ländlichen Raum seit dem 19. Jh. entwickelt?
- Über welche touristischen Stärken und Schwächen verfügt dieser Destinationstyp?
- Was sind charakteristische Merkmale des Angebots „Urlaub auf dem Bauernhof"?
- Welche Bedeutung hat der Wandertourismus für den ländlichen Raum und welche Trends zeichnen sich ab?
- Warum ist die Bildung von Netzwerken im ländlichen Raum so wichtig (Themenrouten, Kampagnen)?
- Welche Rolle können Feriengroßprojekte für die Entwicklung des ländlichen Raumes spielen?

4.4.1 Historische Entwicklung des Tourismus im ländlichen Raum

Als ländlich bezeichnet man einen nicht-urban geprägten Raum, „dessen Physiognomie, Wirtschafts- und Sozialstruktur, die dort herrschenden Lebens- und Verhaltensweisen der Bevölkerung usw." (LESER, H. 1998, 438). Zu Beginn der touristischen Entwicklung im 18. und 19. Jh. waren auch die anderen Destinationstypen – wie die Küste oder das Hochgebirge – zunächst ländliche Räume. Sie verfügten aber jeweils über eine spezifische natur- und kulturräumliche Ausstattung und damit über frühe touristische Alleinstellungsmerkmale, sodass sich in ihnen jeweils eine eigenständige touristische Dynamik vollzog. Als eine Restkategorie blieben ländliche Räume übrig: Sie wiesen keine landschaftlichen

Besonderheiten auf (Meerblick, Gebirgsgipfel etc.) und wurden deshalb erst spät von Tagesausflüglern und Touristen als Erholungsräume entdeckt.

Diese Inwertsetzung war vor allem eine Folge des ökonomischen, gesellschaftlichen und rechtlichen Strukturwandels am Ende des 19. Jh. Nach der Gründung des Deutschen Reiches im Jahr 1871 kam es zu einem generellen wirtschaftlichen Aufschwung, der mit einer raschen Urbanisierung und einer erheblichen Verbesserung der Verkehrsinfrastruktur verbunden war. Gleichzeitig entstanden in der Industrie und im Dienstleistungssektor neue Arbeitsplätze für gut ausgebildete Beschäftigte – z. B. Facharbeiter und kaufmännische Angestellte. Neben dem traditionellen Mittelstand (Handwerker, Kaufleute etc.) entwickelte sich dadurch eine neue Mittelschicht, die zunehmend auch über einen Jahresurlaub verfügte. Im Rahmen gesetzlicher Regelungen erhielten zunächst die Beamten ein Recht auf bezahlte Urlaubstage (1873); seit 1914 setzten auch die kaufmännischen Angestellten ihre Urlaubsansprüche durch (bis zum Ersten Weltkrieg hatten hingegen nur zehn Prozent der Arbeiter einen Anspruch auf Jahresurlaub).

Die urbane Mittelschicht orientierte sich am Vorbild des Adels und Großbürgertums: Sie entwickelte sich rasch zu einem Ausflugs- und Reisepublikum. Aufgrund begrenzter finanzieller Mittel konnten sich die Beamten und Angestellten aber keine aufwendigen Bildungsreisen oder keinen längeren Aufenthalt in mondänen Kurorten und Seebädern leisten. Stattdessen wurden – im Rahmen von Sonntagsausflügen und der

Sommerfrische – nahe gelegene Dörfer und Kleinstädte im ländlichen Raum besucht, die eine Gegenwelt zur hektischen und anonymen Großstadt darstellten. Ruhe und Gemütlichkeit, die Nähe zur Natur sowie die überschaubaren Sozialkontakte waren wichtige Reisemotive der Sommerfrischler. Außerdem bot der Aufenthalt auf dem Lande die Möglichkeit zum Rückzug in eine Privatsphäre, in der das Zusammensein mit der Familie im Vordergrund stand (Schrutka-Rechtenstamm, H. 1992, 132; Lippmann, H.-C. 2002, 67).

Als Ideal galt deshalb auch ein eigenes Sommerhaus; allerdings übernachtete die Mehrzahl der Gäste bei Verwandten oder in preiswerten Gasthöfen und Pensionen. Das Freizeitangebot bestand aus Liegewiesen, Wanderwegen, Schutzhütten und Aussichtspunkten. Spaziergänge und Ausflüge zählten zu den beliebten Urlaubsbeschäftigungen der Sommerfrischler. Aufgrund regelmäßiger Besuche und längerer Aufenthalte mit der Familie entwickelte sich zwischen den Gästen und den Wirtsleuten häufig eine familienähnliche Beziehung.

Trotz der Entwicklung zur Sommerfrische konnte der ländliche Raum seine nachrangige Position im Deutschlandtourismus lange Zeit nicht grundsätzlich verbessern; er blieb ein „Stiefkind des Tourismus" (Steinecke, A. 2003, 2). Angesichts erheblicher Strukturprobleme und fehlender wirtschaftlicher Alternativen wurden vor allem nach dem Zweiten Weltkrieg Anstrengungen unternommen, das vorhandene touristische Potenzial stärker zu nutzen.

4.4.2 Wirtschaftliche Probleme und touristische Potenziale des ländlichen Raumes

Mit dem Strukturwandel von der Agrargesellschaft des frühen 19. Jh. zur Dienstleistungsgesellschaft des 21. Jh. ging die Bedeutung der ländlichen Regionen als Produktions- und Lebensräume zurück. Sie wurden zu Problemregionen, die durch eine gravierende Umbruchsituation gekennzeichnet werden (HAART, N. & A. STEINECKE 1995, 48–48):

- Die Zahl landwirtschaftlicher Betriebe in der Bundesrepublik Deutschland ist rückläufig: Sie sank von 1,4 Mio. Betrieben im Jahr 1960 auf 300 700 Betriebe im Jahr 2010.
- Gleichzeitig ging die Zahl der Beschäftigten in der Landwirtschaft zurück: Während z. B. im Jahr 1991 1,4 Mio. Familienarbeitskräfte und 403 700 ständige familienfremde Arbeitskräfte im Agrarsektor tätig waren, gab es im Jahr 2010 nur noch 568 200 Familienarbeitskräfte und 195 500 familienfremde Beschäftigte.
- Vor diesem Hintergrund kommt es zu einer Abwanderung der Bevölkerung aus den peripheren ländlichen Räumen (speziell von jüngeren Altersgruppen) und zu einem Verlust traditioneller Infrastruktureinrichtungen (z. B. Gasthöfe, Einzelhandelsgeschäfte, Handwerksbetriebe).
- Außerdem erfährt der ländliche Raum – speziell im Einzugsbereich der Agglomerationsräume – einen Funktionswandel: Er entwickelt sich vom eigenständigen Wirtschaftsraum zum Pendlerwohngebiet und verliert damit seine traditionelle Prägung.

Da die ländlichen Räume hinsichtlich der Standortwahl von Industrie-, Gewerbe- und Dienstleistungsunternehmen gegenüber städtischen Regionen deutliche Defizite aufweisen, haben viele politische Akteure, aber auch Landwirte und Geschäftsleute im Tourismus das geeignete Instrument gesehen, den Strukturproblemen zu begegnen. Aus Sicht der Landwirtschaft bietet der Tourismus mehrere Vorteile:

- Durch die Vermietung von Zimmern oder Ferienwohnungen kann er für bäuerliche Betriebe als zusätzliche Einnahmequelle und damit als zusätzliches wirtschaftliches Standbein fungieren. Je nach Länge der Saison, Auslastungsgrad der Bettenkapazität, Betriebsgröße und Intensität der landwirtschaftlichen Produktion können große Teile des Betriebseinkommens durch den Tourismus erzielt werden. Eine bundesweite Umfrage unter Betriebsinhabern kam zu dem Ergebnis, dass jeder vierte Ferienbauernhof mehr als 50 % seines Einkommens aus dem Tourismus erwirtschaftet (BAG 2009a).
- Durch den Tourismus ergeben sich auch neue Chancen einer Direktvermarktung bäuerlicher Produkte (z. B. Milch, Fleisch, Obst, Wein): Dabei werden generell Preise erzielt, die deutlich über den üblichen Markterlösen liegen. Der Absatz kann direkt an die Tages- und Übernachtungsgäste erfolgen, aber auch an die örtliche Gastronomie. In einer Fallstudie im Biosphärenreservat Rhön zeigte sich aber, dass der Anteil des regionalen Wareneinsatzes in den Gaststätten nur bei vier Prozent lag; als

realistische Zielgröße werden ca. 25 % angesehen (POPP, D. 1998, 88; HAART, N. 2007, 247).

Aus Sicht des Tourismus ergänzt das Angebot im ländlichen Raum die regionale und nationale Angebotspalette. Speziell der „Urlaub auf dem Bauernhof" ist auch ein Bindeglied zwischen Tourismus und Landwirtschaft; darüber hinaus leistet er einen Beitrag zu einem sozial- und umweltverträglichen Tourismus und zur Pflege der Kulturlandschaft (ZELTNER, I. 1995; EMBACHER, H. 1998).

Hinsichtlich einer touristischen Inwertsetzung verfügt der ländliche Raum über mehrere Stärken: Hierzu zählen vor allem die Nähe zu wichtigen touristischen Quellgebieten, die gute Verkehrsanbindung für den motorisierten Individualverkehr sowie die hohe ästhetische und ökologische Qualität der Landschaft (vgl. Tab. 4.4.2/1). Während die vorindustrielle Agrarlandschaft vorrangig unter dem Gesichtspunkt der Nützlichkeit und des Ertrags wahrgenommen wurde, setzte mit der Urbanisierung ein neues Naturverständnis ein. Die großstädtische Bevölkerung ist anspruchsvoller geworden und sucht Abwechslung: Sie will die Landschaft aktiv nutzen, sich darin bewegen, sie empfindsam betrachten und mit allen Sinnen erleben (ROMEISS-STRACKE, F. 1998a, 18–24). Die Bandbreite der modernen Vorstellungen von Natur und Landschaft reicht dabei von einer nostalgischen Wahrnehmung (Arcadia) über umweltorientierte Ideen (Utopia) bis hin zu esoterischen Annäherungen (Landschaften der Seele) und einem pragmatischen Nutzenansatz (Landschaft als Sportarena).

Stärken	Schwächen
Nähe zu wichtigen touristischen Quell-Gebieten (Agglomerationen)	fehlende Einzigartigkeit der Naturlandschaft
gute Verkehrsanbindung für den motorisierten Individualverkehr	klimatische Benachteiligung (Schneeunsicherheit, hohe Niederschläge)
hohe ästhetische Qualität der Kulturlandschaft	unzeitgemäßes Image als Ferienregionen
hohe Umweltqualität	strukturelle Defizite im Beherbergungsangebot
traditionelles Brauchtum[1]	fehlende Schlechtwetterangebote
	räumliche und inhaltliche Zersplitterung der Tourismusorganisationen

Tab. 4.4.2/1 *Ländliche Regionen sind zwar keine touristischen Gunsträume, aber sie weisen doch eine Reihe von Stärken auf, die mithilfe eines professionellen Destinationsmanagements erfolgreich genutzt werden können.*

Allerdings wird die touristische Inwertsetzung durch eine Reihe von Schwächen erschwert: Als zentrales Defizit des ländlichen Raumes erweist sich die Tatsache, dass er keine spektakulären Landschaftselemente aufweist. Damit fehlen ihm aber auch regionsspezifische Alleinstellungsmerkmale, die es ihm ermöglichen würden, ein klares Profil auf dem touristischen Markt zu entwickeln (Unique Selling Propositions). Dieses Problem besteht auch für die Mehrzahl der deutschen Mittelgebirge, die aufgrund ihrer geringen Höhe (bis 1 500 m) und ihrer gerundeten Formen nicht mit den Hochgebirgen und ihrem eindrucksvollen Formenschatz konkurrieren können.

Als weitere Schwäche sind die schlechten klimatischen Bedingungen zu nennen: Vor allem im Vergleich zu Mittelmeerdestinationen erweisen sich die kühlen und regenreichen Sommer als Wettbewerbsnachteil der deutschen Tourismusregionen generell, aber speziell auch der ländlichen Räume. Sie verfügen nämlich zumeist nicht über attraktive Schlechtwetter-Einrichtungen, da ein rentabler Betrieb durch das geringe Volumen der Nachfrage und die ausgeprägte saisonale Konzentration erschwert wird. Darüber hinaus ist bereits seit den 1980er-Jahren die Zahl der typischen ländlichen Freizeiteinrichtungen deutlich zurückgegangen (z. B. Dorfwirtshäuser). In den ländlichen Mittelgebirgsregionen kann sich aufgrund der Schneeunsicherheit im Winter keine stabile Wintersaison entwickeln. Zu den Schwächen zählt auch die kleinteilige Struktur des Unterkunftsangebots: So befinden sich z. B. in der Eifel 80 % der Betten in kleinen und mittleren Betrieben, die nicht über eine ausreichende Kapazität verfügen, um Busreisegruppen aufzunehmen. Häufig entspricht die Ausstattung der Betriebe auch nicht mehr dem gestiegenen Anspruchsniveau der Gäste; darüber hinaus wird durch die große Zahl von Betrieben ein effizienter Vertrieb erheblich erschwert (HAMMES, L. 1995, 18).

In der Kombination führen die Schwächen des natur- und kulturräumlichen Angebots sowie die Ausstattungsdefizite dazu, dass die ländlichen Räume generell (und speziell auch die ländlichen Mittelgebirgsregionen) kein zeitgemäßes Image als attraktive Tourismusdestinationen aufweisen. Eine Ausnahme stellt der Schwarzwald dar, der aufgrund seiner regionaltypischen Merkmale (Bollenhut, Schwarzwälder Kirschtorte, Kuckucksuhr) als einzige deutsche Mittelgebirgsregion auch im Ausland bekannt ist. Zum hohen Bekanntheitsgrad hat u. a. auch die TV-Serie „Schwarzwaldklinik" beigetragen. Aufgrund des indirekten Einflusses der Medien auf die Wahrnehmung und das Image einer Destination versuchen inzwischen Tourismusorganisationen, diesen Prozess durch die Gründung von Filmfördergesellschaften aktiv zu beeinflussen (z. B. www.mfg.de, www.cinetirol.com).

Das touristische Stärken-/Schwächen-Profil der ländlichen Räume macht deutlich, dass sie keine touristischen Gunsträume darstellen. Zur Nutzung des endogenen Potenzials ist es deshalb notwendig, die vorhandenen Attraktionen, Akteure und Kompetenzen mithilfe eines ganzheitlichen Ansatzes zu bündeln, um ein marktgerechtes Angebot entwickeln zu können (vgl. Abb. 4.4.2/1). Als Ergebnis zahlreicher Beratungsstudien in ländlichen Räumen konnten vor allem folgende Erfolgsfaktoren des Landtourismus abgegrenzt werden (HAART, N. & A. STEINECKE 1995, 50–60):

• regionaltypisches Unterkunfts- und Gastronomieangebot (z. B. Architektur, Mobiliar, Küche, Produkte),
• Erhaltung, Erschließung und Interpretation der Kulturlandschaft (z. B. Pflege traditioneller Nutzungen, Wegebau, Besucherzentren/Museen),

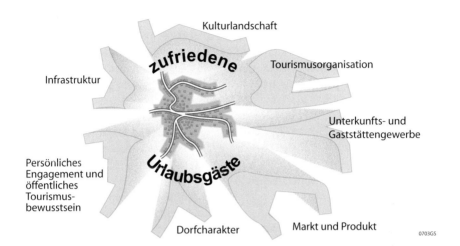

Kulturlandschaft

Tourismusorganisation

Infrastruktur

zufriedene

Unterkunfts- und
Gaststättengewerbe

Persönliches
Engagement und
öffentliches
Tourismus-
bewusstsein

Urlaubsgäste

Dorfcharakter   Markt und Produkt

0703GS

Abb. 4.4.2/1 Um das endogene touristische Potenzial im ländlichen Raum erfolgreich nutzen zu können, müssen die vorhandenen Attraktionen, Akteure und Kompetenzen mithilfe eines ganzheitlichen Ansatzes und unter einem klaren Leitbild gebündelt werden.

- Wiederherstellung eines attraktiven dörflichen Ortsbildes (z.B. Restaurierung von Gebäuden, Platzanlagen, eigenständige Gestaltung),[2]
- behutsamer Ausbau der Infrastruktur (z.B. Wander- und Radwege, Indoor-Einrichtungen, Informationszentren),
- professionelle Organisation des Tourismus (z.B. sinnvolle räumliche Einheiten, funktionale Arbeitsteilung zwischen den administrativen Ebenen),
- zielgruppenorientiertes Marketing (z.B. laufende Marktbeobachtung, spezielle Angebote für Familien, Gruppen),
- Stärkung des regionalen Tourismusbewusstseins (z.B. Innenmarketing, Kooperationen).

4.4.3 Typische Urlaubsformen im ländlichen Raum: „Urlaub auf dem Bauernhof" und Wandertourismus

Generell verfügt der ländliche Raum über eine differenzierte touristische Produktpalette; hinsichtlich der typischen Unterkunftsformen sind dabei zu unterscheiden (MEIER-GRESSHOFF, M. 1995, 39):

- „Urlaub auf dem Bauernhof": Übernachtungsangebote auf voll funktionsfähigen Bauernhöfen mit Nutz- und Streicheltieren, hofeigenen Produkten, regionaler Küche und persönlichem Kontakt zu den Gastgebern,
- Landurlaub: Übernachtungsangebote im ländlichen Raum, aber ohne gleichzeitige landwirtschaftliche Bewirtschaftung (Resthöfe, Ferienhäuser/-wohnungen, Privatzimmer),

- Landhotel/-gasthaus: gewerbliche Übernachtungsangebote im ländlichen Raum mit speziellem Charakter (familiär geführte Hotels, keine Großhotels, keine Hotelketten).

Darüber gibt es im ländlichen Raum zahlreiche zielgruppenspezifische Angebote – z. B.:

- Reiterurlaub (GRAAF, M. 1997),
- Feriendörfer (BECKER, C. 1981),
- Camping (VOET, J. L. M. & J. W. KLOEZE 1997),
- Wandertourismus in den ländlichen Mittelgebirgsregionen.

4.4.3.1 „Urlaub auf dem Bauernhof": Angebot, Zielgruppe, Management

Der Bauernhofurlaub knüpft an die Traditionen der Sommerfrische an. Nach dem Zweiten Weltkrieg entwickelte er sich zunächst recht langsam; dabei wiesen die Unterkünfte zunächst noch sehr niedrige Qualitätsstandards auf. Im Jahr 1966 waren z. B. noch zwölf Prozent der Zimmer ohne fließendes Wasser, nur fünf Prozent verfügten über warmes Wasser. Seit den 1970er-Jahren entstand in der Bundesrepublik Deutschland ein organisiertes und umfangreiches Angebot „Urlaub auf dem Bauernhof" (BAG 2009; MARTINELLI, C. 2001, 10):

- So stieg die Zahl der Ferienbauernhöfe von 7 960 Betrieben im Jahr 1972 auf ca. 20 000 Betriebe im Jahr 2010.
- Die deutschen Ferienhöfe verzeichnen jährlich ca. 12,5 Mio. Übernachtungen und erwirtschaften einen Gesamtumsatz in Höhe von 700 Mio. Euro.

Trotz dieser positiven Entwicklungen auf der Angebotsseite und der großen wirtschaftlichen Bedeutung für einzelne Betriebe stellt der „Urlaub auf dem Bauernhof" innerhalb des gesamten bundesdeutschen Tourismusmarktes ein relativ kleines Segment dar. Nur drei Prozent der Bundesbürger haben in den letzten drei Jahren Erfahrungen mit dieser Angebotsform gemacht. Als wesentlicher Vorbehalt gegenüber einem Landurlaub wurde die Meinung geäußert, dass sich die persönlichen Urlaubserwartungen dort nicht erfüllen lassen. Außerdem

---

Ländlicher Tourismus

Vor dem Hintergrund der großen Angebotsvielfalt des Tourismus im ländlichen Raum ist vom Hessischen Landesamt für Regionalentwicklung und Landwirtschaft (HLRL) eine umfassende Definition des „Ländlichen Tourismus" erarbeitet worden: Es handelt sich um „ eine ökologisch und soziokulturell verträgliche, aus den Eigenarten der jeweiligen Region zu entwickelnde Ausprägung des Fremdenverkehrs, der dem Gast eine Annäherung an die naturräumlichen Gegebenheiten der Region, ihre Tier- und Pflanzenwelt, ihre historisch-kulturellen Wurzeln und an die Lebens- und Arbeitszusammenhänge der Menschen erlaubt. Zu den Aufgabenstellungen zählen u. a. die konzeptionelle Entwicklung von Tourismusformen im Zusammenhang Landwirtschaft (Urlaub auf dem Bauernhof), Naturerfahrung, Regionalkultur oder Bildung und Sozialfürsorge" (EGGER, T. 1999, 5).

Urlaubsgäste auf dem Bauernhof:
Profil – Aktivitäten – Ausgaben

Die Landurlauber weisen eine ausgeglichene Altersstruktur sowie eine mittlere Schulbildung und ein mittleres Einkommen auf; zumeist leben sie in Mehrpersonenhaushalten (häufig mit Kindern unter 14 Jahren). Wichtige Quellgebiete sind Baden-Württemberg, Nordrhein-Westfalen, Niedersachsen und Bayern. Für den Aufenthalt auf dem Lande spielen regenerative Gründe eine herausragende Rolle: Die Befragten wollen vor allem entspannen, Abstand vom Alltag gewinnen, keinen Stress haben, frei sein, frische Kraft sammeln und Zeit füreinander haben. Neben solchen allgemeinen Bedürfnissen, die prinzipiell in vielen Destinationen befriedigt werden können, finden sich aber auch Motive, bei denen die Standortqualitäten des ländlichen Raumes im Vordergrund stehen – z. B. gesundes Klima, Natur erleben und Kontakt zu Einheimischen. Diese Motivstruktur spiegelt sich in den Verhaltensweisen während des Urlaubs wider: Zu den beliebtesten Aktivitäten zählen Ausflüge in die Umgebung, der Verzehr landestypischer Spezialitäten, Ausruhen und Schlafen, Wanderungen sowie der Besuch von Naturattraktionen (BMVEL 2002; BMELV 2009).

wird er als langweilig betrachtet, da es zu wenig Freizeitangebote gäbe (BWVEL 2002; F. U. R. 2010, 102).

Die Nachfrage nach „Urlaub auf dem Bauernhof" weist eine deutliche Saisonalität auf: Zwei Drittel der Aufenthalte, die zumeist ca. elf Tage dauern, finden zwischen Juni und August statt. Ein Grund hierfür ist der hohe Anteil von Bauernhofreisen, die mit schulpflichtigen Kindern unternommen werden. Da die Anreise zu 83 % mit dem eigenen Pkw erfolgt und der Aufenthalt überwiegend direkt beim Vermieter gebucht wird, handelt es sich um eine relativ preiswerte Urlaubsform: So lagen die Ausgaben der Bauernhofurlauber im Jahr 2007 bei 470 Euro pro Person und Reise (inkl. Fahrt), während sich der Durchschnittswert für alle Reisen der Deutschen auf 810 Euro belief. Obwohl

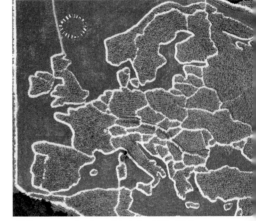

Abb. 4.4.3.1/1 *In zahlreichen ländlichen Regionen werden in den Sommermonaten große Irrgärten in den Maiskulturen angelegt (z. B. in Form von Europa) – eine einfache Maßnahme, das Freizeitangebot für Ausflügler und Touristen zu erweitern sowie zusätzliche Einnahmen zu erzielen.*

inzwischen zahlreiche europäische Länder „Urlaub auf dem Bauernhof" anbieten, wird der Bauernhofurlaub zu 65 % in Deutschland verbracht (BMELV 2009). Bei ca. elf Prozent der erwachsenen Bundesbürger besteht ein Interesse an dieser Angebotsform (dabei handelt es sich vor allem um Familien mit Kindern). Diese potenziellen Gäste stellen hohe Anforderungen an die Unterkunft auf dem Bauernhof; dazu zählen (BMVEL 2002; BAG 2003):

- Sauberkeit,
- günstige Preise,
- moderne sanitäre Ausstattung,
- ausreichend Platz,
- gepflegtes Mobiliar,
- persönlicher Service durch die Gastgeber.

Abb. 4.4.3.1/2 *Gütesiegel sind auch im Angebotssegment „Urlaub auf dem Bauernhof" ein wichtiges Instrument, um für Markttransparenz zu sorgen, den Gästen ein klares Leistungsversprechen zu signalisieren und die Anbieter zu Qualitätsverbesserungen anzuspornen.*

Angesichts der steigenden Ansprüche der gegenwärtigen und der potenziellen Gäste sind im Marktsegment „Urlaub auf dem Bauernhof" in Deutschland, aber auch in anderen europäischen Ländern seit den 1990er-Jahren zahlreiche Maßnahmen zur Verbesserung der Qualität und zur differenzierten Marktbearbeitung durchgeführt worden.

Beim Qualitätsmanagement gelten Deutschland, Österreich und Frankreich als Vorreiter. Analog zu den Hotelklassifizierungen haben diese Länder für Betriebe, die „Urlaub auf dem Bauernhof" bzw. „Landurlaub" anbieten, mehrstufige Klassifizierungssysteme eingeführt. Sie basieren auf einer Bewertung unterschiedlicher Aspekte des Angebots – z. B. Schlaf- und Aufenthaltsbereich, Freizeitausstattung, Serviceleistungen, Erlebnischarakter, Umweltschutz. Die unterschiedliche Qualität der Betriebe wird den Gästen durch symbolhafte Zeichen vermittelt: z.B. Ähren in Frankreich, Blumen in Österreich, das DLG-Gütezeichen in Deutschland (vgl. Abb. 4.4.3.1/2). Allerdings liegen bislang nur Qualitätskontrollen auf nationaler Ebene vor; es fehlt ein einheitliches europäisches Klassifikationssystem (MEIER-GRESSHOFF, M. 1995). Generell bietet die Qualitätseinstufung des ländlichen Angebots mehrere Vorteile (HAART, N. & P. HERRMANN 1997):

- Bei den Gästen sorgt sie für Markttransparenz und Produktsicherheit.
- Die Anbieter erhalten durch sie die Möglichkeit, eine angebotsgerechte Preispolitik zu betreiben, außerdem werden sie motiviert, ihr Angebot zu verbessern.

Zu den Maßnahmen einer differenzierten Marktbearbeitung zählt die Spezialisierung des Angebots „Urlaub auf dem Bauernhof": Bereits in den 1990er-Jahren haben Tourismusregionen in Österreich diese Strategie verfolgt und Angebote für unterschiedliche Zielgruppen entwickelt. Dazu zählen u. a. Biobauernhöfe, Nichtraucherbauernhöfe und Almhütten. Ähnliche Spezialisierungsstrategien lassen sich auch bei bundesdeutschen Ferienbauernhöfen beobachten; seit den 1990er-Jahren gibt es z. B. Baby- und Kleinkinderhöfe, Reiterhöfe, Heuhotels (HABERMEYER, G. 1998; KLOHN, W. 1998).

Da der „Urlaub auf dem Bauernhof" für die bäuerlichen Betriebe einen Nebenerwerbszweig darstellt, verfügen die Betriebsinhaber zumeist nicht über umfangreiche und aktuelle Kenntnisse der touristischen Trends und des touristischen Marketing. Bei der Einführung von Klassifikationssystemen und bei der Entwicklung von Spezialisierungsstrategien spielen deshalb Weiterbildungsmaßnahmen, aber vor allem auch Marketingverbände eine wichtige Rolle. In Österreich wurde bereits im Jahr 1972 im Bundesland Steiermark der erste Regionalverband gegründet; seit 1991 gibt es einen Bundesverband, der mehrere Aufgaben hat:

- die Vertretung der bäuerlichen Vermieter auf nationaler Ebene,
- die Koordination der Arbeiten der Landesverbände,
- die Erarbeitung von Grundlagen für ein nationales Marketing,
- die Imagewerbung.

Die Einzelmaßnahmen reichen von der Einführung eines Qualitätszeichens über die Entwicklung eines Marketinghandbuches für die Betriebe und die Herausgabe einer Mitgliederzeitschrift bis hin zur Produktion von Imagekatalogen sowie Service- und Werbeartikeln (ZELTNER, I. 1995).

Im Bereich der Distributionspolitik gewinnen auch beim „Urlaub auf dem Bauernhof" neue Kommunikationswege eine immer größere Bedeutung. Seit Ende der 1990er-Jahre ist die Deutsche Landwirtschafts-Gesellschaft (DLG) mit zahlreichen Informationen im Internet vertreten; seit 2002 besteht ein spezielles touristisches Informationsportal (www.bauernhofurlaub-deutschland.de). Eine Professionalisierung des „Urlaubs auf dem Bauernhof" ist vor allem deshalb von Bedeutung, weil immer mehr nationale Anbieter auf diesem Markt aktiv sind:

- Mit mehr als 15 000 Ferienbauernhöfen und ca. 170 000 Betten stellt das Angebot in Österreich ein Siebtel der gesamten Unterkunftskapazität.
- Auch in Frankreich, Irland und Spanien gibt es ein breites Angebot an ländlichen Privatquartieren.
- Als neue Anbieter treten schließlich die mittel- und osteuropäischen Transformationsländer auf: So ist z. B. die Zahl der ländlichen Anbieter in Litauen von 34 im Jahr 1997 auf ca. 300 im Jahr 2003 gestiegen und in Ungarn gibt es mehr als 400 ländliche Unterkünfte (PASVENSKYTE, E. 2003; MÉREY, Z. 1990).

Allerdings bestehen bei der bundesdeutschen Bevölkerung noch erhebliche Informationsdefizite hinsichtlich des touristischen Angebots dieser Länder generell und speziell auch des ländlichen Tourismus (BODMER, U. u. a. 2003). Unabhängig vom jeweiligen Land lassen sich mehrere Erfolgsfaktoren für den Marktauftritt bäuerlicher Betriebe im Tourismus identifizieren; dazu zählen u. a. (LEMKE, S. 2002):

- eine gute Erreichbarkeit von den (zumeist städtischen) Quellmärkten,
- eine attraktive Landschaft und ein reiches kulturelles Erbe,
- kleine und mittlere Agrarbetriebe mit der Notwendigkeit der betrieblichen Diversifikation,
- Familienbetriebe mit ausreichendem Raum für die Beherbergung der Gäste,
- Harmonie und Zusammenhalt in der bäuerlichen Familie,
- lokale und regionale Tourismusorganisationen für das Marketing,
- eine längere touristische Saison.

Neben dem „Urlaub auf dem Bauernhof" stellt der Wandertourismus eine typische Urlaubsform in ländlichen Regionen dar – speziell in den Mittelgebirgen.

4.4.3.2 Wandertourismus: Entwicklung, Zielgruppe, Management

Bis in das 19. Jh. hinein war Wandern eine gängige Form der Distanzüberwindung für breite Teile der Bevölkerung. Erst vor dem Hintergrund einer philosophisch-künstlerischen Neubewertung der Natur wurde das Wandern zu einer touristischen Aktivität. Großen Einfluss hatten dabei zunächst die Schriften von Jean-Jacques Rousseau (1712–1778), dessen Aufforderung „Zurück zur Natur" vor allem eine Kritik an der Ständegesellschaft mit ihren Regeln und Konventionen darstellte. Während der Romantik zu Beginn des 19. Jh. war das Naturverständnis vorrangig emotional geprägt: Die Wanderer projizierten nun ihre Gefühle in die Landschaft – mit dem Bemühen „um die Aufhebung der inneren Zerrissenheit und dem Streben nach einer unbestimmten Harmonie" (BODENSTEIN, E. 1972, 25).

Einen weiteren Impuls erhielt das Wandern durch die Aktivitäten der Gebirgs- und Wandervereine: Nach dem Vorbild des „Oesterreichischen Alpenvereins" (1862) und des „Deutschen Alpenvereins" (1869) wurden auch in den Mittelgebirgen Vereine mit dem Ziel gegründet, diese Natur- und Kulturräume stärker für den Tourismus zu erschließen. Im Jahr 1888 fand z. B. die Gründung des „Eifelvereins" statt, der rasch eine wachsende Zahl von Mitgliedern verzeichnete. Zu den Arbeitsbereichen des Vereins zählten zunächst die Anlage von Wanderwegen (in einer Länge von 15 000 km) sowie der Bau von Herbergen. Inzwischen engagiert sich der „Eifelverein" auch in der Heimatpflege, im Denkmalschutz und in der grenzüberschreitenden Zusammenarbeit (STEINECKE, A., P. HERRMANN & A. SCHUMANN 1994). Nicht nur bei den Vereinsgründungen, sondern auch bei der Namensgebung von Regionen orientierten sich viele Mittelgebirge an den Alpen: Bezeichnungen wie „Holsteinische Schweiz", „Sächsische Schweiz" oder „Kleine Luxemburgische Schweiz" machen deutlich, dass speziell die Schweiz (der „Playground of Europe" im 19. Jh.) als touristisches Vorbild fungierte.

Zu Beginn des 20. Jh. geriet das Wandern zum Symbol persönlicher Freiheit und Unabhängigkeit: Im Jahr 1901 wurde die „Wandervogelbewegung" gegründet (benannt nach einer Gruppe von Schülern eines Gymnasiums in Berlin). Ihre Anhänger suchten in der Natur Abenteuer und Abhärtung, die Gemeinschaft mit Gleichgesinnten, die Lösung aus gesellschaftlichen Bindungen und das echte Gefühl. Aus dieser Bewegung heraus, die vor allem von Schülern und Studenten getragen wurde, entstanden auch die ersten Jugendherbergen (STADLER, G. 1975, 243). Vor allem die Mittelgebirge entwickelten sich aufgrund ihrer naturräumlichen Ausstattung rasch zu bevorzugten deutschen Wanderregionen (MOHR, B. 1992; SCHMIDT, W. 1994). Sie bieten landschaftliche Szenerien, die für das Wandern geeignet sind und von Wanderern als schön empfunden werden: Dazu zählen Naturnähe, Abwechslungsreichtum, Ruhe, Geselligkeit u. a. (vgl. Abb. 4.4.3.2/2).

Abb. 4.4.3.2/1 *Zu Beginn des 20. Jh. hat die „Wandervogelbewegung" in erheblichem Maße dazu beigetragen, dass deutsche Mittelgebirge wie der Harz, der Schwarzwald oder die Oberlausitz als Wanderregionen erschlossen wurden.*

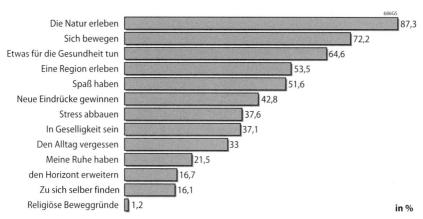

Abb. 4.4.3.2/2 *Das Erlebnis von Natur und Landschaft, die Bewegung in frischer Luft und der Wunsch, etwas für die Gesundheit zu tun – das sind die wichtigsten Beweggründe für das Wandern. Dabei zeigen Individualwanderer und Gruppenwanderer eine ähnliche Motivstruktur.*

Der Begriff „Wandern" bezieht sich in einem weiteren Sinne auf vielfältige Fortbewegungsarten (Wasserwandern, Radwandern etc.); in einem engeren Sinne umfasst er die Fortbewegung zu Fuß. Im Gegensatz zu Spaziergängen dauern Wanderungen meist länger (vorzugsweise halbtags) und führen über eine größere Distanz (mehr als fünf Kilometer). Das Tempo ist zügig und ausdauernd (mit wenigen Stehpausen). Der Ausgangspunkt liegt häufig nicht in direkter Nähe des Wohnortes, sondern macht eine längere Anfahrt notwendig. Weitere Merkmale von Wanderungen sind die Planung, das Kartenstudium und die Ausrüstung, die neben wetterfester Kleidung auch Verpflegung sowie Orientierungs- und Notfallhilfen umfasst.

Aktuelle Studien belegen, dass es sich beim Wandern um eine populäre Freizeit- und Urlaubsaktivität handelt:

- 56 % der deutschen Bevölkerung können zu den aktiven Wanderern gezählt werden, da sie regelmäßig, gelegentlich bzw. eher selten Wanderungen machen (Deutscher Wanderverband 2010).
- Unter den Urlaubsaktivitäten findet sich das Wandern auf dem fünften Rang (nach Ausflügen, Baden, dem Genuss landestypischer Spezialitäten sowie einem Einkaufsbummel): 41 % der bundesdeutschen Urlauber haben in den Jahren 2007-2009 Wanderungen unternommen (F. U. R. 2010, 112).

Als touristische Zielgruppe weisen die Wanderer eine Reihe typischer Merkmale auf; dazu zählen u. a. (Leder, S. 2007, 328):

- höheres Alter (50 Jahre und älter),
- relativ hohes Bildungsniveau,

- hohe Reisehäufigkeit,
- mittlere Anforderungen an die Unterkünfte,
- überdurchschnittlich hohe jährliche Reiseausgaben.

In den letzten Jahren hat der Anteil jüngerer Wanderer (20–39-Jährige) deutlich zugenommen. Speziell in den deutschen Mittelgebirgen wird diese Entwicklung als Chance gesehen, neue Zielgruppen durch den Wandertourismus zu erschließen. Bislang haben sich nämlich vor allem untere Berufs- und Einkommensgruppen sowie ältere Menschen für einen Mittelgebirgsurlaub interessiert.

Vor dem Hintergrund sinkender Übernachtungszahlen in den Mittelgebirgen haben Tourismusanbieter und -organisationen zahlreiche innovative wandertouristische Produkte entwickelt (Leder, S. 2007, 326–327):

- Wandern auf Themen- bzw. Erlebnispfaden: Diese Strecken sind durchgehend und einheitlich markiert; die Wanderer erhalten auf Schautafeln oder in Broschüren spezielle Informationen zum Thema der Wanderung (z. B. „Märchenlandweg" in der Region Kassel).
- Wandern auf überregionalen Kammwanderwegen: Nach dem Vorbild des traditionellen „Rennsteigs" in Thüringen wurden weitere überregionale Wanderwege eingerichtet, die eine originelle Routenführung und eine vielfältige Wegebeschaffenheit aufweisen (z. B. „Rothaarsteig", „Rheinsteig").
- Wandern ohne Gepäck: Bei mehrtägigen Wanderungen erfolgt ein Gepäcktransport mit dem Pkw von einer Unterkunft zur nächsten; dadurch

Markenbildung im Wandertourismus: „Rothaarsteig – der Weg der Sinne"

Als ein Vorreiter der Markenbildung im Wandertourismus gilt der „Rothaarsteig – der Weg der Sinne". Diese Dachmarke wurde im Jahr 2001 im Sauerland kreiert. Mithilfe mehrerer Marketing-Maßnahmen erhielt der bereits bestehende, 154 km lange Höhenwanderweg ein eigenständiges Profil:

- Zunächst wurde ein geschütztes Logo sowie ein einprägsamer Slogan entwickelt.
- Außerdem wurde der Wanderweg mit speziellen Sitz- und Ruhebänken möbliert, deren geschwungene Form sich auch im Logo des Steigs wiederfindet.
- Um den Wanderern ein besonderes Erlebnis bieten zu können, gibt es entlang der Route außerdem schwankende Hängebrücken und abstrakte Kunstobjekte.
- Darüber hinaus wurde eine breite Palette an themenbezogenen Merchandising-Produkten entwickelt – von Rucksäcken über Wandersocken bis hin zu Musik-CDs.
- Im Online-Shop kann man die neuartigen Ruhebänke und Waldsofas sogar für den eigenen Garten bestellen (www.rothaarsteig.de).

wird das Wandern einfacher und die Wanderer müssen nicht auf ihren gewohnten Komfort verzichten.

- Wanderfreundliche Unterkünfte: Um als wanderfreundliches Hotel eingestuft zu werden, müssen die Betriebe eine Reihe von Kriterien erfüllen – z. B. Unterbringung auch für eine Nacht, Nähe zum Wandergebiet, vitamin- und kohlehydrathaltiges Frühstück, Trockenmöglichkeit für Kleidung und Ausrüstung (DTV/VDGWV 2003, 19–26).
- Wandern mit GPS: Da vor allem ungeübte Wanderer häufig Schwierigkeiten beim Lesen topographischer Karten haben, erfolgt die Orientierung im Gelände per GPS (DTV/VDGWV 2002, 23).
- Nordic Walking: Durch den Einsatz von speziellen Wanderstöcken erhöhen sich die physiologischen

Wirkungen des Wanderns (z. B. Sauerstoffaufnahme). In zahlreichen Tourismusregionen werden spezielle Nordic Walking-Kurse angeboten.

Derartige Produktinnovationen und Qualifizierungsmaßnahmen können dazu beitragen, das touristische Potenzial der Mittelgebirge für den Wandertourismus künftig besser zu nutzen. Darüber hinaus lassen sich aber in den ländlichen Regionen weitere Managementstrategien zur Verbesserung des Marktauftritts beobachten.

4.4.4 Managementstrategien im ländlichen Raum

Zentrales Ziel des Destinationsmanagements im ländlichen Raum ist es, die naturräumlichen und infrastrukturellen Ausstattungsdefizite dieser Regionen auszugleichen. Dabei können generell mehrere Strategien zum Einsatz kommen: Im Rahmen einer endogenen Entwicklungsstrategie werden die vorhandenen Attraktionen thematisch zu einem Netzwerk verknüpft; bei der exogenen Strategie erhofft man sich regionalwirtschaftliche Impulse durch die Ansiedlung von Feriengroßprojekten.

4.4.4.1 Bildung von Netzwerken im ländlichen Raum

Diese Strategie basiert auf der Aktivierung und Nutzung des endogenen kulturellen und wirtschaftlichen Potenzials einer ländlichen Region: Dazu zählen historische Sakral- und Profanbauten sowie Gewerbeeinrichtungen, aber auch bäuerliches Brauchtum und handwerkliche Traditionen. Da diese einzelnen Veranstaltungen oder Einrichtungen – isoliert betrachtet – über keine herausragende touristische Attraktivität verfügen, werden sie unter einem Leitthema zusammengefasst und in Form von Kulturrouten oder Kampagnen miteinander verknüpft. Das Spektrum möglicher Themen ist dabei nahezu unbegrenzt: Es reicht von historischen oder kunstgeschichtlichen Epochen über regionale Besonderheiten bis hin zu wichtigen Persönlichkeiten, die aus der Region stammen oder die Region geprägt haben (Steinecke, A. 2007, 27–31).

Bereits in den 1980er-Jahren wurden von mehreren ländlichen Räumen in Deutschland mit Erfolg kulturtouristische Kampagnen umgesetzt: Darunter sind thematisierte Marketing-Aktionen zu verstehen, an denen zahlreiche touristische Betriebe, aber auch Akteure aus Wirtschaft, Kultur und Gesellschaft teilnehmen; die Koordination und Leitung liegt dabei in den Händen der regionalen Tourismusorganisation. Im Gegensatz zu Events, die zumeist nur wenige Tage dauern, handelt es sich bei Kampagnen um mittelfristig angelegte Veranstaltungsreihen von längerer Dauer.

Als Vorreiter dieser Entwicklung gilt der „Tourismusverband Ostbayern" (Regensburg): Diese Region wies lange Zeit ein unspezifisches Image auf (Wald, Wiesen, Ruhe und Erholung) und unterschied sich damit nicht von den benachbarten Regionen Oberbayern und Franken. Seit 1986 wurde das regionale touristische Angebot konsequent unter unterschiedlichen Jahresthemen gebündelt – z. B. „Asam-Barock in Ostbayern", „Der Gläserne Wald", „Gold im Herzen Europas". Diese Kampagnen richteten sich an mehrere Zielgruppen: Zum einen wollte man neue Gäste gewinnen, zum anderen sollte das Programm die Stammgäste zu weiteren Besuchen motivieren und schließlich wollte man das Kultur- und Tourismusbewusstsein der einheimischen Bevölkerung stärken (Lindstädt, B. 1994; Schemm, V. & K. Unger 1997; Steiner, G. 2003).

Zu den produktpolitischen Maßnahmen der Kampagnen zählten Ausstellungen, Konzerte und Feuerwerke, aber auch Tagungen und Symposien zu den jeweiligen Themen. Um ein breites Publikum anzusprechen, wurden außerdem themenspezifische Rad- und Dampfertoren konzipiert sowie Pauschalangebote für unterschiedliche Zielgruppen zusammengestellt. Das kommunikationspolitische Instrumentarium umfasste spezielle Signets, ein Urlaubsmagazin, Zeitungsbeilagen etc.; darüber hinaus wurde eine systematische Öffentlichkeitsarbeit in Form von Pressekonferenzen, Journalistenreisen etc. betrieben. Aufgrund dieser Maßnahmen erfuhren die Kampagnen eine breite öffentliche Resonanz: So erschienen z. B. über das „Asam-Jahr" (1986), in dessen Mittelpunkt das Leben und Wirken des bedeutenden bayerischen Barockkünstlers Cosmas Damian Asam (1687–1739) stand, mehr als 800 Artikel in den Printmedien (mit einer Gesamtauflage von 200 Mio. Exemplaren).

Mithilfe einer professionellen Erfolgskontrolle (u. a. durch Gästebefragungen) konnten die touristischen und regionalwirtschaftlichen Effekte der Kampagnen evaluiert werden:

- Die Region verzeichnete eine deutliche Zunahme der touristischen Nachfrage. So stieg die Zahl der Übernachtungen in Ostbayern im Zeitraum 1985–2001 um nahezu 50 %, während sie in den übrigen bayerischen Tourismusregionen nur um ca. 16 % zunahm.
- Durch die kulturtouristischen Kampagnen (und die damit verbundene Angebotsdiversifizierung und Qualitätssteigerung) konnte eine neue Gästegruppe angesprochen werden, die über ein höheres Einkommen verfügte.
- Der Anstieg der Besucherzahl und die Gewinnung neuer Zielgruppen spiegelt sich auch in steigenden Einnahmen

wider. Nach Schätzungen des Fremdenverkehrsverbandes wurden z. B. im „Asam-Jahr" 240 000 Übernachtungen sowie 78 000 Tagesbesuche zusätzlich verzeichnet. Die direkten wirtschaftlichen Effekte beliefen sich auf ca. 12,5 Mio. Euro Umsatz; der Etat für die Finanzierung der produkt- und kommunikationspolitischen Maßnahmen betrug hingegen nur 550 000 Euro (ca. fünf Prozent der Einnahmen). An diesem touristischen Konsum konnten nicht nur die gastgewerblichen Betriebe, sondern auch andere regionale Unternehmen partizipieren: So gaben die Gäste z. B. während der Kampagne „Der Gläserne Wald" ca. 50 Mio. Euro für Glasprodukte aus der Region aus.

- Neben diesen kurzfristigen ökonomischen Wirkungen lösen die kulturtouristischen Kampagnen jedoch auch mittel- und langfristige Wirkungen aus, die häufig nicht monetär zu bewerten sind. Dazu zählen vor allem eine Steigerung des Bekanntheitsgrads der Region und eine generelle Verbesserung des regionalen Images, aber auch ein wachsendes Bewusstsein der Bevölkerung für die eigene Kultur und Identität. Diese Effekte wurden u. a. durch die multimediale Aufbereitung der Kampagnen verstärkt, die weit über das klassische Instrumentarium der Presse- und Öffentlichkeitsarbeit hinausgeht: In Ostbayern reicht sie z. B. von aufwendigen Buchpublikationen über spezielle TV-Produktionen bis hin zu themenbezogenen Sonderbriefmarken.

Aufgrund der positiven und negativen Erfahrungen in unterschiedlichen länd-

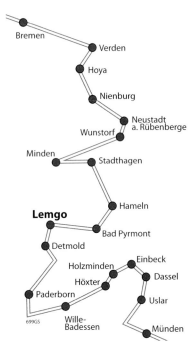

Abb. 4.4.4.1/1 *Bei der „Straße der Weserrenaissance" handelt es sich um eine typische Ferienstraße; sie verläuft von Bremen nach Hannoversch Münden und führt zu zahlreichen Bauten aus dieser kunsthistorischen Epoche.*

lichen Regionen lassen sich mehrere Erfolgsfaktoren von kulturtouristischen Kampagnen identifizieren (UNGER, K. 1993; SCHEMM, V. & K. UNGER 1997, 120–121; KRANZ, U. 1997, 43):[3]

- die klare Koordinierung aller Aktivitäten durch eine Organisation,
- die Nutzung von Synergieeffekten zwischen Tourismus, Kultur und Wirtschaft,
- die Einbeziehung der Bevölkerung,
- die qualifizierte und zugleich erlebnis-orientierte Aufbereitung des Jahresthemas,

- die Finanzierung durch Sponsoren aus der Region.

Neben den Kampagnen – also zeitlich begrenzten Kooperationen – finden sich im ländlichen Raum auch Formen der Netzwerkbildung, die auf Dauer angelegt sind: Dazu zählen touristische Routen wie Ferienstraßen und Themenrouten. Aus Sicht der Gäste stellen sie ein regionales Netzwerk aus typischen Attraktionen dar, die unter einem Thema touristisch vermarktet werden. Organisatorisch betrachtet handelt es sich um eine intersektorale regionale Kooperation unterschiedlicher Akteure; dazu zählen Gemeinden, Unternehmen und Museen (MEYER-CECH, K. 2003, 259). In der Regel weisen sie eine lineare oder netzartige Streckenführung aus; zumeist werden sie von Zielgruppen mit kurzer Aufenthaltsdauer genutzt (vor allem von Individualreisenden, Pkw- oder Radtouristen). Die Einrichtung von touristischen Routen bietet sich überall dort an, wo das Potenzial der Einzelattraktionen allein keine hinreichende Alleinstellung am Markt möglich macht: So werden z. B. auch historische Kleinstädte oder Relikte in altindustriellen Regionen durch Routen miteinander verbunden (vgl. Kap. 4.5.2.3).

Bei den Ferienstraßen handelt es sich um Angebote, bei denen der Straßen-Charakter dominiert: Einzelne Gemeinden schließen sich über größere Distanzen hinweg unter einem Thema zusammen. Neben einer Beschilderung und einer Zahl von einzelnen Sehenswürdigkeiten verfügen diese touristischen Routen nicht über weitere informative oder erlebnisorientierte Zusatzangebote (ADAC

1996; LESSMEISTER, R. 2001). Zu den typischen Beispielen für Ferienstraßen im ländlichen Raum zählen u. a.:

- Deutsche Fehnroute – ein 163 km langer Radwanderkurs in Niedersachsen, durch den ehemalige Moorgebiete, Kanäle und Klappbrücken erschlossen werden.
- Niedersächsische Spargelstraße – eine 750 km lange Ferienstraße, die durch die Spargelanbaugebiete in Niedersachsen führt.
- Grüne Straße/Route Verte – eine 250 km lange grenzüberschreitende Route, die den Schwarzwald und die Vogesen miteinander verbindet.

In Deutschland gibt es gegenwärtig ca. 150 Ferienstraßen. Angesichts dieses breiten Angebots, aber auch wegen großer Qualitätsunterschiede hat der Deutsche Tourismusverband (DTV) einen Anforderungskatalog für Ferienstraßen formuliert (vgl. Tab. 4.4.4.1/1). Allerdings sind diese Kriterien vielen Akteuren nicht hinreichend bekannt oder sie werden nicht erfüllt. So verfügen z. B. generell nur 70 % der Ferienstraßen in Deutschland über einen identifizierbaren Ansprechpartner. Von den 71 Ferienstraßen, die auf den Themen „Kultur" und/ oder „Regionale Produkte" (Landwirt-

Kriterium	Erläuterung
Name	landschaftliche und/oder kulturelle Begründung des Namens (Einzigartigkeit)
Dauerhaftigkeit	kein nur vorübergehendes oder von vornherein befristetes Vorhaben
Streckenführung	eindeutig, ununterbrochen, feststehender Anfang/ feststehendes Ende, keine Führung über Autobahn
Anliegerortsverzeichnis	Verzeichnis und Empfehlung attraktiver Orte am Streckenverlauf
Auskunftserteilung	Auskunftsstelle(n), deren Anschriften/Telefonnummern etc. dem Gast kommuniziert werden und die kompetent über die Route und weitere Attraktionen der Region Auskunft geben können
Informationsprospekt	mindestens in deutscher Sprache aufgelegte Informationsbroschüre, die auf Verlangen abgegeben oder zugesandt wird und alle relevanten Informationen zur Route enthält
Beschilderung	vollständige Beschilderung (innerhalb der Ortschaften und auf freier Strecke)
Bildzeichen	graphisches Symbol (Logo), das von allen Partnern anerkannt und verwendet wird
Trägerschaft	eindeutig geklärte Trägerschaft und Zuständigkeiten; schriftliche Satzung mit Verzeichnis der Mitträger liegt vor.
Staatliche Anerkennung	Anerkennung durch eine Regierungsstelle, durch öffentliches Eintreten oder Mittelzuweisung o. ä.

Tab. 4.4.4.1/1 *Der Deutsche Tourismusverband (DTV) hat einen Anforderungskatalog für Ferienstraßen entwickelt. Empirische Erhebungen zeigen aber, dass nur wenige Angebote mehrere dieser Kriterien erfüllen.*[4]

Merkmale touristischer Themenrouten

- eine festgelegte Routenführung (für unterschiedliche Verkehrsmittel),
- eine begrenzte Zahl von Stationen, an denen das Thema der Kulturstraße exemplarisch vermittelt wird,
- eine klare Thematik,
- der Charakter als Self-Guided-Tour, die von den Besuchern auch ohne Führung genutzt werden kann,
- eine klare Orientierung und Information durch Wegweiser, Texttafeln und zusätzliches Informationsmaterial – z. B. Straßenkarten, Reiseführer, Faltblätter (STEINECKE, A. & H. WACHOWIAK 1994, 7).

schaft, Küche, Handwerk etc.) basieren, erfüllen nur 14 die Qualitätsanforderungen des DTV (QUACK, H.-D. & A. STEINECKE 2003, 84).[5]
Im Gegensatz zu den Ferienstraßen erfüllen die Themenrouten den Kriterienkatalog des DTV. Darüber hinaus weisen sie einen intensiven Bezug zur Region auf, bereiten das jeweilige Thema durchgängig auf (im Sinne eines Storytelling) und machen es auch für die Gäste in Form von Veranstaltungen, Führungen etc. erlebbar (MEYER-CECH, K. 2003, 259). Da es bei der Konzeption von Themenrouten vorrangig um die touristische Nutzung des endogenen Potenzials geht, zählen vor allem die regionalen Agrarprodukte (z. B. Käse, Bier, Wein, Oliven), aber auch das regionale Brauchtum zu den

typischen Inhalten der Themenrouten im ländlichen Raum (SCHMUDE, J. & A. TRONO 2003).

Das Beispiel der „Käsestraße Bregenzerwald" macht deutlich, dass von Themenrouten wichtige Impulse auf die Entwicklung des ländlichen Raumes ausgehen können. An dieser Themenroute im österreichischen Bundesland Vorarlberg sind 24 Gemeinden, 50 Gastronomiebetriebe, ca. 50 Sennereien und Käsehersteller sowie mehrere Handwerksbetriebe und Supermärkte beteiligt (www.kaesestrasse.at). Im Mittelpunkt der Aktivitäten steht die touristische Nutzung der traditionellen Käseherstellung in der Region, die vor allem auf einer intensiven Weidewirtschaft in unterschiedlichen Höhenstufen basiert (Vorsäss im Frühjahr und Herbst, Hochalpen im Sommer). Zu den Aktivitäten zählen u. a.

- eine einheitliche Beschilderung,
- die Herausgabe von Broschüren,
- der Verkauf von Merchandising-Produkten (u. a. in einer Autobahn-Raststätte),
- eine intensive Presse- und Öffentlichkeitsarbeit.

Zentrales Ziel ist es dabei, die kleinteilig strukturierte Landwirtschaft unter einem unverwechselbaren Markennamen am Markt zu positionieren. Zu den Erfolgen der Käsestraße Bregenzerwald gehört zum einen der hohe Bekanntheitsgrad der Themenroute: So kennen bereits 90 % der Bevölkerung Vorarlbergs dieses Angebot. Zum anderen nahm die Direktvermarktung von landwirtschaftlichen Produkten seit der Eröffnung im Jahr 1997 um 25 % zu. Schließlich stieg auch die touristische Nachfrage in der Region: Bislang konnten ca. 600 000 zusätzliche Gäste für einen Besuch in Vorarlberg gewonnen werden (Meyer-Cech, C. 2003, 112).

Vor dem Hintergrund begrenzter öffentlicher Mittel bieten sich Themenstraßen und Kampagnen im ländlichen Raum als touristische Maßnahmen an, weil sie relativ rasch und ohne hohen Kostenaufwand zu realisieren sind. Teilweise wird diese endogene Entwicklungsstrategie durch einen Ausbau der Freizeitinfrastruktur ergänzt; zu den klassischen Maßnahmen zählen dabei der Bau von Freilichtmuseen und die Anlage von Wasserflächen.

In Deutschland gibt es mehr als 100 Freilichtmuseen, in denen historische Gebäude und Gegenstände (zumeist aus dem agrarwirtschaftlichen Bereich) ausgestellt werden (www.vl-freilichtmuseen.de). Bei den Bauten, Interieurs, Geräten und Maschinen handelt es sich jeweils um Originale; zumeist werden sie an ihrem ursprünglichen Standort abgebaut und in den Museen unverändert wieder aufgebaut. In jüngerer Zeit finden sich allerdings zunehmend „Landschaftsmuseen", in denen die Exponate im regionalen Kontext präsentiert werden. Das erste Freilichtmuseum in Europa wurde bereits im Jahr 1891 in Skansen (Schweden) gegründet; in Deutschland gelten das „Ostenfelder Bauernhaus" in Husum (1899), das regionale Freilichtmuseum in Königsberg (1909) und das zentrale Museum in Cloppenburg (1934) als erste Beispiele dieses Museumstyps. Die deutschen Freilichtmuseen verzeichnen jährlich mehr als 5,5 Mio. Besuche. Aufgrund dieser hohen Nachfrage lösen sie in der regionalen Wirtschaft zahlreiche

positive Impulse aus; sie werden deshalb auch als effiziente regionalpolitische Instrumente im ländlichen Raum betrachtet (Schenk, W. 2000). Darüber hinaus leisten sie einen wichtigen Beitrag zur Identifikationsfindung: Durch die Beschäftigung mit den Arbeits- und Lebensbedingungen in der vorindustriellen, ländlichen Gesellschaft wird ein „höherer Identifikationsgrad mit dem eigenen Land, seiner Natur, Kultur und den wirtschaftlichen und ethischen Normen der Vorfahren erreicht" (Ernst, E. 1991, 309).

Zur Attraktivitätssteigerung des ländlichen Raumes tragen auch künstlich angelegte Wasserflächen bei. Auf eine längere Tradition können dabei die Talsperren in den Mittelgebirgen zurückblicken. Sie waren zunächst zur Trinkwasserversorgung der Ballungsräume angelegt worden; seit den 1960er-Jahren wurden sie verstärkt für eine Freizeit- und Tourismusnutzung erschlossen (Reuber, P. 1994; Henseling, E. 1995). Eine erhebliche Steigerung der touristischen Nachfrage hat auch das „Fränkische Seenland" zu verzeichnen, das sich auf 1 700 km² Gesamtfläche im westlichen Teil Mittelfrankens erstreckt. Es umfasst mehrere Staubecken, die im Zuge der Wasserüberleitung vom Donaugebiet in das Regnitz-Main-System entstanden sind (Altmühlsee, Brombachsee u. a.). Durch die Anlage dieser Seen konnte die Region einen deutlichen Anstieg der Zahl von Tagesbesuchern und Übernachtungsgästen verzeichnen (Müller, T. 2003).

Der Ausbau der Freizeitinfrastruktur und die Netzwerkbildung sind die vorrangigen Maßnahmen einer endogenen Entwicklungsstrategie im ländlichen Raum. Vereinzelt ist aber auch eine exogene Entwicklungsstrategie verfolgt worden, bei der die touristische Entwicklung im Wesentlichen auf einer Ansiedlung von Feriengroßprojekten basiert.

4.4.4.2 Ansiedlung von Feriengroßprojekten

Bei der Ansiedlung von Feriengroßprojekten im ländlichen Raum stehen häufig nicht dessen endogene Standortqualitäten als naturnaher und traditionsreicher Kulturraum im Vordergrund, sondern vielmehr generelle Lagekriterien – speziell die Nähe zu Bevölkerungsagglomerationen. Dieser Sachverhalt lässt sich am Beispiel des „Land Fleesensee" in Mecklenburg-Vorpommern verdeutlichen: Unter dem Slogan „Erholung ist keine Frage der Entfernung, sondern des Abstands" wurde im Jahr 2000 bei Waren/Müritz das größte touristische Investitionsprojekt in Nordeuropa eröffnet (200 Mio. Euro, 1 900 Betten, 550 ha Fläche). Der multifunktionale Freizeitkomplex setzt sich zusammen aus einem „Radisson-Hotel", dem ersten „TUI-Robinson Club" in Deutschland, dem ersten „TUI-Dorfhotel" in Deutschland, mehreren Golfplätzen und einem großen Thermenbereich. Für die Standortwahl war vor allem die relative Nähe zu den beiden Ballungsgebieten Berlin und Hamburg verantwortlich: In einem Einzugsbereich von zwei Autostunden leben ca. zehn Millionen Einwohner. Außerdem verfügt der Standort über eine sehr gute Verkehrsanbindung (Fricke, D. 2001; Steingrube, W. 2004).

Ein zweiter Grund für die Ansiedlung von Feriengroßprojekten können übergeordnete regionalpolitische Zielsetzungen sein. So entstand die erste Generation von Ferienparks Anfang der 1970er-Jahre vor allem im damaligen „Zonenrandgebiet" zur Deutschen Demokratischen Republik (DDR): Durch die Teilung Deutschlands waren die schleswig-holsteinische Ostseeküste, der Harz und der Bayerische Wald zu peripheren Grenzregionen geworden, die eine Abwanderung von Beschäftigten und Betrieben zu verzeichnen hatten. Mit dem Bau von Ferienparks sollten diese Regionen neue wirtschaftliche Impulse erhalten. Dazu wurden die staatlichen Förderbedingungen für Investoren verändert. Das Angebot dieser ersten Ferienparks bestand aus einer Mischung von Hotelzimmern, Appartements sowie Bungalows und Ferienhäusern. Obwohl die Parks auch über ein Hallenbad und ein Restaurant verfügten, waren die Gäste auf die Nutzung der lokalen touristischen Infrastruktur und Attraktionen angewiesen (Becker, C. 2000a, 29).

Bei den Ferienparks der 2. Generation handelt es sich hingegen um weitgehend autarke Erlebnis- und Konsumwelten. Sie entstanden in den 1980er-Jahren zunächst in den Niederlanden; beispielgebend war dabei das Konzept der „Center Parcs", das von anderen Unternehmen übernommen bzw. modifiziert wurde. Typische Merkmale dieser großflächigen Parks sind eine hohe Bettenkapazität (400–600 Bungalows) sowie ein zentraler Freizeit-, Einkaufs- und Dienstleistungskomplex, der sich unter einer gläsernen Kuppel um eine subtropisch gestaltete Badelandschaft herum gruppiert. Weitere Freizeit- und Sporteinrichtungen sowie wasser- und erholungsorientierte Freiflächen ergänzen dieses Angebot. Es handelt sich um zusammenhängend geplante und verwaltete Anlagen, die wetterunabhängig sind und deshalb ganzjährig betrieben werden können. Die Multifunktionalität der Ferienparks spiegelt sich u. a. in der Zusammensetzung des Umsatzes wider: Die Einnahmen aus der Beherbergung machen nur die Hälfte aller Einnahmen aus. 25 % werden in der Gastronomie erwirtschaftet, 10 % durch Freizeitdienstleistungen und 15 % im Handel.

Aufgrund des großen Erfolgs, aber auch einer bald eintretenden Marktsättigung in den Niederlanden expandierten die Unternehmen in andere europäische Länder: Sie errichteten Ferienparks in Belgien, Frankreich, Großbritannien, Dänemark und auch in Deutschland (MIELKE, B., H. SANDER & H. KOCH 1993). Bei diesen Großprojekten handelt es sich vorrangig um Kurzurlaubsreiseziele, in denen die Mehrzahl der Gäste nur drei bis vier Tage bleibt. Die Anreise erfolgt dabei nahezu ausschließlich mit dem privaten Pkw. Aufgrund der kurzen Aufenthaltsdauer sind die Einzugsbereiche der Parks – im Vergleich zu anderen Tourismusdestinationen – mit einem Radius von maximal drei Stunden Fahrzeit relativ gering. Dabei stellen die nordrhein-westfälischen Großstädte, die neuen Bundesländer und vor allem auch die Niederlande wichtige Quellmärkte der Ferienparks dar: So verzeichnet z. B. die Kleinstadt Medebach – als Standort des „Center Parcs Hochsauerland" – jährlich

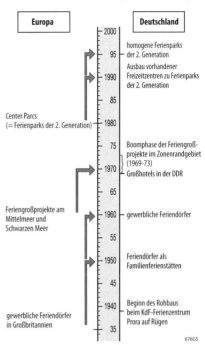

Abb. 4.4.4.2/1 *Im Vergleich zu anderen europäischen Ländern haben sich die Feriengroßprojekte in Deutschland jeweils erst mit einem Zeitverzug von mehreren Jahren entwickelt.*

doppelt so viele Übernachtungen niederländischer Gäste wie die Großstadt Köln. Hauptzielgruppe der Ferienparks sind Familien mit Kindern; sie machen ca. 70 % des Gästeaufkommens aus. Neben der allgemeinen infrastrukturellen Ausstattung bieten die Parks auch eine altersspezifische Kinderbetreuung an (differenziert nach den Altersgruppen, die jeweils unterschiedliche Spiel-, Aktivitäts- und Sozialbedürfnisse haben). Eine weitere Zielgruppe sind frei-

Abb. 4.4.4.2/2 *Ein typisches architektonisches Merkmal der Ferienparks ist die gläserne Kuppel der tropisch gestalteten Badelandschaft; speziell an den Standorten in den niederschlagsreichen Mittelgebirgen spielt dieses Schlechtwetterangebot eine wichtige Rolle.*

zeit- und sportorientierte junge Erwachsene, für die zunehmend auch Hotels in den Parks gebaut werden. Durch spezielle Pauschalangebote werden auch weitere neue Gästegruppen angesprochen (z. B. Senioren, Tagungsteilnehmer).

Von den Ferienparks gehen prinzipiell vergleichbare Effekte auf die Landschaft, die Umwelt, den Verkehr und die Wirtschaft aus wie von den Freizeitparks: Positiven wirtschaftlichen Wirkungen stehen ökologische Belastungen gegenüber (Horny, C. 2002; Brittner, A. 2007). Aufgrund der großen Bettenkapazität und des hohen Flächenbedarfs lösen die Ansiedlungspläne von Ferien-

parks in den Standortgemeinden allerdings große Ängste in der Bevölkerung aus, die zu heftigen Konflikten in den Kommunen führen. Zu den typischen Ursachen dieser Konflikte zählen vor allem:

• die mangelhaften Verfahrens- und Entscheidungsstrukturen,
• die unzureichende Information und Beteiligung der Öffentlichkeit,
• strukturelle Probleme bei Behörden,
• eine defizitäre Daten- und Informationslage bei den Beteiligten.

Vor diesem Hintergrund ist ein angemessenes Konfliktmanagement erforderlich, mit dessen Hilfe die Sichtweisen aller Beteiligten zu einem möglichst frühen Zeitpunkt berücksichtigt werden können (Vossebürger, P. & A. Weber 2000). Ein wichtiges Instrument stellt dabei ein „Runder Tisch Standortwahl" (RTS) dar. Mit Unterstützung eines externen Moderators sollen in diesem Gremium die Vertreter aller Interessensgruppen eine einvernehmliche Empfehlung zur Standortwahl erarbeiten. Voraussetzung für den Erfolg ist dabei allerdings der Verzicht auf Entweder-Oder-Lösungen, die eine künftige Spaltung der Gemeinde in Gewinner und Verlierer zur Folge haben. Stattdessen müssen kompromissartige Paket-Lösungen angestrebt werden, bei denen z. B. der Landschaftsverbrauch und die Bodenversiegelung in den Anlagen durch Ankauf von ökologischen Ausgleichsflächen kompensiert wird.

Eine bessere Kommunikation und eine stärkere Partizipation der Bevölkerung reichen allerdings nicht aus, die Gefährdungen für Raum, Landschaft und Wirtschaft auszuschließen, die von den

Ferienparks ausgehen können. Stadt-, Regional- und Landesplanung stehen deshalb vor dem Problem, diese großflächigen Einrichtungen durch geeignete Maßnahmen städtebaulich, ökologisch, verkehrsmäßig etc. zu integrieren – z. B. durch Bauleitplanung, Raumordnungsverfahren, Umweltverträglichkeitsprüfung (RÜTTER-FISCHBACHER, U., H. MÜLLER & T. AMMANN 2010).

Als Reaktion auf die Integrationsforderungen von Planern und auf die Kritik von Umweltschützern werden seit den 1990er-Jahren in den Betriebskonzepten mancher Ferienparks auch Umweltbelange stärker berücksichtigt (FICHTNER, U. 2000, 82). So wurde bereits in den Jahren 1993–1994 im Ferienpark „Gran Dorado Heilbachsee" (Eifel) ein umfassendes Umwelt-Umrüstungskonzept umgesetzt; zu den Maßnahmen zählten u. a. die Beschäftigung einer Umweltbeauftragten sowie die Einführung von umweltfreundlichen Retail- und Food- & Beverage-Konzepten. Durch dieses Bündel an Einzelmaßnahmen wurde eine deutliche Verringerung der Umweltbelastungen erreicht (Reduzierung des Restmülls, Senkung des Wasser-, Strom- und Gasverbrauchs).

Neben einer stärkeren Umweltorientierung lässt sich in den Ferienparks

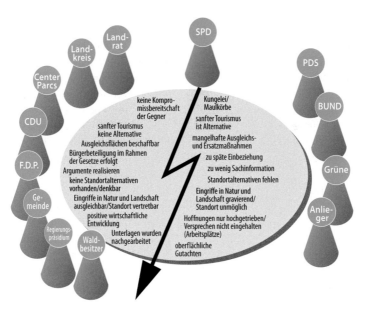

Abb. 4.4.4.2/3 *Die Ansiedlungspläne von Ferienparks lösen in den Standortgemeinden heftige Konflikte aus. Die gegensätzlichen Argumente der Projektbefürworter und -gegner werden am Beispiel des geplanten (und nicht realisierten) „Center Parcs Köselitz" in Sachsen-Anhalt deutlich.*

Konfliktfall „Center Parcs Bispinger Heide" (Niedersachen)

In einer Gemeinde mit weniger als 2 000 Einwohnern sollte Mitte der 1980er-Jahre auf 86 ha ein Ferienpark mit 620 Bungalows und 3 600 Betten, einem 20 ha großen künstlichen See und einer 20 000 m^2 umfassenden „Parc Plaza" angelegt werden. Die betroffenen Anlieger sowie lokale Natur- und Umweltschützer gründeten eine Bürgerinitiative, um sich für den Erhalt der Landschaft und die Verhinderung des Projekts einzusetzen. Nach langwierigen rechtlichen Auseinandersetzungen wurde der Park acht Jahre nach Einleitung des Bauleitverfahrens modifiziert eröffnet (MÜLLER, S. 1998; ERMLICH, G. 1989).

In einer Zwischenbilanz der ökologischen und wirtschaftlichen Effekte des Ferienparks kamen S. EBERHARDT, V. LEHMBERG und T. LIEWALD (1998) zu dem Ergebnis, dass die bau- und betriebsbedingten Auswirkungen auf lokaler Ebene als tragbar einzuschätzen sind. Zugleich betrachteten sie aber die Auswirkungen auf die Gemeinde, die sich aus dem konfliktreichen Planungs- und Genehmigungsverfahren ergaben, als schwerwiegend und negativ. Mit ähnlichen Auseinandersetzungen waren auch die Ansiedlungspläne des Unternehmens „Center Parcs" in Dahlem (Nordrhein-Westfalen) und Köselitz (Sachsen-Anhalt) verbunden (vgl. Abb. 4.4.4.2/3).

aber auch eine kontinuierliche Anpassung und Erweiterung des Angebots an die steigenden Ansprüche der Gäste beobachten: Zum einen wird die Ausstattung der Bungalows verbessert und nach unterschiedlichen Preiskategorien differenziert (z. B. „VIP", „Premium", „Comfort"). Zum anderen verfügen die Ferienparks zunehmend über neue Indoor-Freizeiteinrichtungen wie Kletterwände, Abenteuerspielplätze, Themenbäder, Kinos, Skiabfahrten etc. Damit entwickeln sie sich aber zu direkten Konkurrenten der Freizeitparks (die sich durch den Bau von Hotels als neue Wettbewerber für die Ferienparks positionieren). Diese Entgrenzung des Angebots ist typisch für alle Erlebnis- und Konsumwelten (vgl. Kap. 4.6).

Für ländliche Räume wird sich allerdings künftig nur in Einzelfällen die Chance bieten, als Standorte neuer Feriengroßprojekte zu fungieren. Viel wichtiger erscheint deshalb der modellartige Charakter, den diese Einrichtungen haben: Die Grundprinzipien des Marktauftritts und der Marktbearbeitung lassen sich auch auf ländliche Regionen übertragen:

- der einheitliche Marktauftritt unter einem Markennamen,
- ein integriertes Gesamtprodukt,
- ein transparentes Qualitätsniveau mit kontrollierten Standards,
- die ständige Aktualisierung des Angebots durch attraktive Events.

Die Zukunft der ländlichen Räume im Tourismus wird also davon abhängen, ob es ihnen gelingt, ihre Besonderheiten als Thema zu bewahren und sich zeitgemäß sowie kundenorientiert am Markt zu positionieren (STEINECKE, A., N. HAART, & P. HERRMANN 1997; STEINECKE, A. 2003, 9–10).

Zusammenfassung

Fazit

- Ländliche Räume verfügen über keine herausragenden natürlichen Attraktionen (wie die Küsten und Hochgebirge) und auch über keine besonderen Kultureinrichtungen (wie die Städte); deshalb handelt es sich bei ihnen generell nicht um touristische Gunsträume.
- Ihre Attraktivität als naturnah erscheinende Räume (Sommerfrische) verdanken sie eher den negativen städtebaulichen Effekten, die seit der Mitte des 19. Jh. durch die Industrialisierung und Urbanisierung ausgelöst worden sind.
- Wesentliche Impulse für die touristische Inwertsetzung gingen auch von den ländlichen Akteuren selbst aus, die im Tourismus eine zusätzliche Einnahmequelle sahen – und damit eine Chance, die Strukturprobleme dieser Räume zu minimieren (Abwanderung, Überalterung etc.).
- Eine typische Angebotsform ländlicher Räume ist der „Urlaub auf dem Bauernhof", der sich in den letzten Jahren erheblich verändert hat – von einem Billigangebot zu einem Qualitätsprodukt. Diese Neupositionierung (Relaunch) ist auf den kombinierten Einsatz mehrerer Marketingmaßnahmen zurückzuführen: Qualitätsmanagement durch Klassifizierung, Spezialisierung der Betriebe auf bestimmte Zielgruppen, zeitgemäße Distributionspolitik und Unterstützung durch eigene Marketingverbände.
- Der Wandertourismus ist eine weitere typische Angebotsform ländlicher Räume (speziell in den Mittelgebirgen). Auch in diesem Marktsegment hat in jüngerer Zeit eine zunehmende Differenzierung und Professionalisierung stattgefunden – z. B. durch neue Produkte wie Wandern auf Themenpfaden, Wandern ohne Gepäck oder Nordic Walking, aber auch durch die Anlage von markengeschützten Kammwanderwegen („Steige") und eine Spezialisierung von Unterkunftsbetrieben (Wanderhotels).
- Angesichts fehlender Alleinstellungsmerkmale spielt die Bildung regionaler Netzwerke im Management ländlicher Destinationen eine zentrale Rolle (z. B. in Form kulturtouristischer Kampagnen oder ländlicher Themenrouten).
- Ländliche Regionen können aber nicht nur ihre endogenen natürlichen und kulturellen Ressourcen nutzen, sondern gegebenenfalls auch bestimmte Lagevorteile: Wenn sie verkehrsmäßig gut an Bevölkerungsagglomerationen angebunden sind, bieten sie ideale Standortbedingungen für Feriengroßprojekte.
- Allerdings lösen Pläne zur Ansiedlung von großflächigen Feriendörfern/-parks mit hohen Unterkunftskapazitäten häufig heftige Konflikte aus (Angst vor Konkurrenz und Überfremdung, Bedenken wegen des Landschaftsverbrauchs und des Verkehrsaufkommens).
- Aus Sicht von Experten ist deshalb bereits im Vorfeld ein professionelles Konfliktmanagement notwendig, um eine hinreichende Transparenz des Planungsvorhabens und eine adäquate Partizipation der Bevölkerung sicherzustellen („Runder Tisch Standortwahl").

Zum Einlesen

KAGERMEIER, A. & J. WILLMS (Hrsg.; 2010): Tourism Development in Low Mountain Ranges, Mannheim (Stud. z. Freizeit- u. Tourismusforsch.; 3).

Der Sammelband enthält Beiträge zu unterschiedlichen Aspekten des Tourismus in Mittelgebirgsregionen: Destinationsmanagement, Tourismus für Alle, Entwicklung innovativer Produkte.

ZANDER, C. & B. ZINKE (2011): Wandertourismus. Der deutsche Markt, Berlin (Heilbronner Reihe Tourismuswirtschaft; 12).

Anhand zahlreicher Beispiele vermittelt die Studie einen anschaulichen Überblick über zahlreiche Aspekte des Themas (Geschichte, Institutionen, Klassifizierung, Zielgruppe, spezialisierte Betriebe, Destinationen etc.).

4.5 Tourismus in Industrieregionen

Abb. 4.5/1 *Industrierelikte zählen nicht zu den typischen touristischen Attraktionen. Erst in den letzten Jahren ist das Interesse an diesen eindrucksvollen Symbolen der Industriekultur gestiegen – nicht zuletzt aufgrund des Engagements von Denkmalpflegern, Künstlern und Journalisten.*

Im Gegensatz zu Städten, Meeresküsten und Hochgebirgen zählen Industrieregionen nicht zu den touristischen Gunsträumen: Erst in der zweiten Hälfte des 20. Jh. wurden sie durch den Tourismus inwertgesetzt. Wie bei den anderen touristischen Raumtypen war auch bei den Industrieregionen zunächst eine neue Wahrnehmung und Bewertung des Raumes notwendig. In diesem Kapitel werden folgende Fragen zu diesem Thema beantwortet:

- Was ist Industrietourismus und welche industrietouristischen Attraktionen gibt es?
- Was sind typische Merkmale öffentlicher industrietouristischer Attraktionen (Museen, Themenrouten, Industrieerlebnislandschaften)?
- Warum führen immer mehr Industrieunternehmen touristische Betriebsbesichtigungen durch bzw. gründen eigene Museen und Markenerlebniswelten?
- Welche Erfolgsfaktoren können Industrieeinrichtungen nutzen, wenn sie Touristen als Zielgruppe ansprechen wollen?

4.5.1 Industrietourismus: Definition und Einrichtungen

Da es sich bei dem Tourismus in Industrieregionen (zumindest in quantitativer Hinsicht) um ein relatives junges Phänomen handelt, hat erst in den 1980er-Jahren eine wissenschaftliche Beschäftigung mit diesem Thema eingesetzt. Allerdings ist die Forschungs- und Datenlage bislang noch unbefriedigend: Bei den vorliegenden Untersuchungen handelt es sich zumeist um lokale oder regionale Fallstudien, deren Ergebnisse auf dem Einsatz unterschiedlicher Forschungsinstrumente basieren und deshalb kaum generalisiert werden können. Auch zum Umfang des Industrietourismus sowie zur Struktur, zu den Motiven und Verhaltensweisen der Besucher sind bislang nur wenige Studien durchgeführt worden. Die Darstellung des Industrietourismus erfolgt deshalb vorwiegend anhand von Fallbeispielen.[1]

4.5.1.1 Definition des Industrietourismus

Im deutschsprachigen Raum hat D. SOYEZ (1986, 109) erstmalig auf dieses neue Arbeitsfeld der Geographie der Freizeit und des Tourismus aufmerksam gemacht. Er definierte den Industrietourismus als „jene Formen räumlicher Mobilität [...], die auf die Anziehungskraft von in Betrieb befindlichen oder ehemaligen industriellen Systemen [...] zurückzuführen sind" (unter Ausschluss der Fahrten von Betriebsangehörigen zur Arbeitsstätte). Diese Begriffsabgrenzung macht deutlich, dass sich im Industrietourismus erholungsbezogene und berufsbezogene Reiseformen überlagern (vgl. Abb. 4.5.1.1/1):

- Der Besuch von stillgelegten Industrieeinrichtungen und die Besichtigung von aktiven, produzierenden Betrieben in der Freizeit zählt zum erholungsbezogenen Industrietourismus. Da diese Einrichtungen Teil der regionalen Alltagskultur darstellen, handelt es sich um eine besondere Ausprägung des Kulturtourismus – verstanden als „Reisen von Personen, die ihren Wohnort temporär verlassen, um sich vorrangig über materielle und/oder nicht-materielle Elemente der Hoch- und Alltagskultur des Zielgebietes zu informieren, sie zu erfahren und/oder zu erleben" (STEINECKE, A. 2007, 5). Der Besuch von Industrieunternehmen wird teilweise auch mit dem Einkauf von preisreduzierten Waren verbunden (Shoppingtourismus).

- Wenn die auswärtigen Besucher in Industrieregionen reisen, um geschäftliche Kontakte zu pflegen oder Verkaufsverhandlungen zu führen, dann handelt es sich um einen berufsbezogenen Industrietourismus – also um eine Form des Geschäftsreise- und Dienstreiseverkehrs. Nach M.-T. SCHREIBER (2007, 205) umfasst er „individualreisende Geschäftsleute sowie Beamte und Angestellte auf Dienstreise (...), deren Reiseanlass in unmittelbarem Zusammenhang mit beruflichen Obliegenheiten steht". Diese Form des Industrietourismus wird hier nicht weiter behandelt.

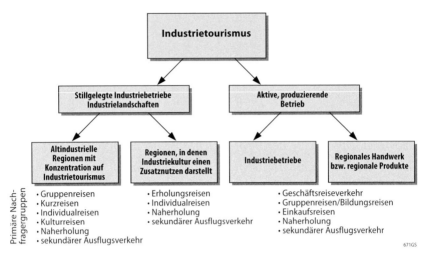

Abb. 4.5.1.1/1 *Zu den Zielen des Industrietourismus zählen sowohl stillgelegte Industriebetriebe und Industrielandschaften als auch aktive, produzierende Betriebe. Entsprechend breit gefächert sind die unterschiedlichen Nachfragergruppen in diesem Marktsegment.*

4.5.1.2 Typen von industrietouristischen Einrichtungen

Im Bereich des erholungsbezogenen Industrietourismus finden sich zwei Typen von touristischen Einrichtungen, die sich hinsichtlich Trägerschaft, Zielsetzung, Themen u. a. voneinander unterscheiden (vgl. Tab. 4.5.1.2/1):

- einerseits stillgelegte Industriebetriebe (öffentliche Attraktionen),
- andererseits aktive, produzierende Betriebe (privatwirtschaftliche Attraktionen).

Das Spektrum der öffentlichen industrietouristischen Attraktionen reicht dabei von Industrierelikten/-museen über Industrierouten bis hin zu Industrieerlebnislandschaften. Die Trägerschaft liegt zumeist in Händen von Kommunen, Ländern oder Vereinen. Zentrales Ziel der Arbeit ist die Bewahrung des industriekulturellen Erbes für künftige Generationen (Denkmalpflege). In diesen Einrichtungen findet eine Aufbereitung und Präsentation der Industriegeschichte nicht nur unter technischen Gesichtspunkten statt, sondern unter Einbeziehung von gesamtwirtschaftlichen, sozialgeschichtlichen und politischen Aspekten; in der englischsprachigen Literatur werden diese Angebote als „Industrial Heritage Tourism" bezeichnet (KUNTZ, T. 1999, 157).

Die privatwirtschaftlichen industrietouristischen Attraktionen werden von Unternehmen vorrangig als Marketing-Instrumente eingesetzt. Auch hier lassen sich unterschiedliche Typen beobachten: Unternehmensbesichtigungen und -museen sowie Markenerlebniswelten.

	Öffentliche industrietouristische Einrichtungen	Privatwirtschaftliche industrie-touristische Einrichtungen
Trägerschaft	Vereine	Unternehmen
Typen	Industrierelikte/-museen; Industrie-routen; Industrieerlebnislandschaften	Unternehmensbesichtigungen Unternehmensmuseen; Marken-erlebniswelten
Gebäude	historische Bauten	Neubauten
Zielsetzungen	Denkmalpflege; Information/Bildung/Erziehung; Bewahrung des kulturellen Erbes; regionale Identitätsbildung; sozialpsychologische Stabilisierungseffekte; wirtschaftliche Nutzung des endogenen Potentials	Imagepflege; Produktwerbung Konsumentendialog/-aufklärung Kundenbindung/-pflege; Verkauf/Absatz; Mitarbeitermotivation (Corporate Identity)
Themen	Industriegeschichte; Technik-geschichte; Architekturgeschichte Sozialgeschichte	Unternehmensgeschichte; Produktionsverfahren; Produktinformation
Darstellung	gesamtwirtschaftlich/-gesellschaftlich/ -politisch	firmenspezifisch/partikular

Tab. 4.5.1.2/1 *Das industrietouristische Angebotsspektrum wird durch öffentliche und privatwirtschaftliche Einrichtungen geprägt, die sich hinsichtlich Trägerschaft, Zielsetzungen, Themen und Darstellung der Industrialisierung voneinander unterscheiden.*

Mit diesen Einrichtungen verfolgen die Unternehmen das vorrangige Ziel, die Wettbewerbsposition innerhalb ihrer Branche zu verbessern. Entsprechend zählen die Unternehmensgeschichte, die Produktinformation und die Übersicht über Produktionsverfahren zu den zentralen Themen dieser Einrichtungen; damit dominiert also eine unternehmensspezifische, partikulare Sichtweise; in der englischsprachigen Literatur wird diese Form des Tourismus als „Industrial Tourism" bezeichnet (KUNTZ, T. 1999, 157). Darüber hinaus finden sich auch zunehmend Mischformen, die als Public-Private-Partnership organisiert sind (WOLF, A. 2005, 37–38).

4.5.2 Tourismus in öffentlichen industrietouristischen Einrichtungen

Die öffentlichen industrietouristischen Einrichtungen finden sich zumeist in altindustriellen Regionen; dabei handelt es sich um Gebiete „mit einem Industriebestand aus der Frühphase der Industrialisierung [...] und fehlender Anpassungsfähigkeit an die Erfordernisse der Zeit" (LESER, H. 1998, 30). Beispiele für altindustrielle Regionen in Deutschland sind das Ruhrgebiet, das Saarland, das mitteldeutsche Industriedreieck zwischen Dessau, Halle und Altenburg sowie die Lausitz.

Am Beispiel des Ruhrgebiets können die typischen Strukturprobleme altindustrieller Räume verdeutlicht werden: Im

19. Jh. erlebte die Region eine rasche und überwiegend ohne planerische Eingriffe verlaufende Industrialisierung. Durch die Expansion des Bergbaus und der mit ihm verbundenen Industrien wurde eine erhebliche Zuwanderung von Arbeitskräften ausgelöst. Nach seiner Entwicklung zur industriellen Kernregion des Deutschen Reiches wies das Ruhrgebiet mehrere Merkmale auf:

- eine einseitig durch die Montan- und Schwerindustrie geprägte Wirtschaft,
- eine vielkernige und ungeordnete Siedlungsstruktur,
- erhebliche Mängel in der Infrastruktur.

Nach den Zerstörungen im Zweiten Weltkrieg, der Währungsreform (1948) und dem Ende der Industriedemontagen (1951) erlebte die Region einen kurzen wirtschaftlichen Boom, der einerseits neue Schachtanlagen, Hütten- und Walzwerke entstehen ließ, zugleich aber die infrastrukturellen Defizite verfestigte. Seit Ende der 1950er-Jahre vollzog sich in der Region ein anhaltender Schrumpfungsprozess des montanindustriellen Komplexes, der durch mehrere Stahl- bzw. Kohlekrisen ausgelöst wurde (WEHLING, H.-W. 2006).

Die gravierenden Probleme des Ruhrgebiets hatten einerseits weitreichende Konsequenzen für den Arbeitsmarkt und die Bevölkerungsentwicklung, andererseits lösten sie eine schwere regionale Identitätskrise aus, die mit einer Auflösung traditioneller soziokultureller Verhaltensmuster einherging. Sichtbarer Ausdruck der Krise waren die zahlreichen Zechen, Hochöfen und Speicheranlagen, die nun funktionslos geworden

waren. Häufig fand ein Abriss dieser Gebäude statt, die an den wirtschaftlichen Niedergang der Region erinnerten.

Erst Ende der 1970er-Jahre setzte bei Planern und Politikern ein Prozess des Umdenkens ein: Der Niedergang der traditionellen Wirtschaftszweige und der Verlust von Arbeitsplätzen machte die Suche nach zukunftsorientierten wirtschaftlichen Alternativen notwendig; damit richtete sich der Blick u. a. auf die wachstumsstarke Freizeit- und Tourismusbranche (KRAJEWSKI, C., P. REUBER & G. WOLKERSDORFER 2006). Mit zunehmender historischer Distanz änderte sich auch die Wahrnehmung der Industrierelikte. Denkmalschützer, Wissenschaftler und Journalisten verwiesen auf den architektonischen, geschichtlichen und ästhetischen Wert von Industrierelikten, aber auch auf ihre touristische Attraktivität (SCHNEIDER, R. 1978; BÖHLE, K.-H. 1989). Sie konnten sich dabei u. a. auf positive Erfahrungen altindustrieller Räume in Schweden, Großbritannien und den USA beziehen.

Eine Inwertsetzung von Industriekultur verfolgt generell vier Ziele:

- die touristische Vermittlung der regionalen Industrie-, Wirtschafts- und Sozialgeschichte am Originalschauplatz,
- die Aufwertung spektakulärer Industriesymbole zur Stärkung der regionalen Identität (Innenwirkung),
- die Verbesserung des regionalen Images (Außenwirkung),
- die Neu- oder Umnutzung von Industrierelikten.

Allerdings zeigt sich in vielen altindustriellen Räumen, dass eine touristische Inwertsetzung des industriekulturellen

Erbes häufig auf erhebliche Widerstände seitens der Bevölkerung und der Entscheidungsträger stößt.

4.5.2.1 Hemmnisse der touristischen Nutzung von Industrierelikten

Obwohl Industrierelikte und Industriebetriebe offensichtlich über erhebliche touristische Potenziale verfügen, treten sowohl auf der Nachfrage- als auch auf der Angebotsseite erhebliche Hemmnisse bei der touristischen Nutzung dieser Einrichtungen auf.

Auf der Nachfrageseite spielen vor allem die typischen Reisemotive und das traditionelle Verständnis von Kultur eine wichtige Rolle: Zentrale Reisemotive der Urlauber sind – neben Erholung und Entspannung – vor allem Tapetenwechsel und Distanz zum beruflichen Alltag. Industrieeinrichtungen sind aber Stätten der Arbeit; damit symbolisieren sie genau die Lebenswelt, die man im Urlaub vergessen will. Sogar im Rahmen des Kulturtourismus wurde das industrielle Erbe lange vernachlässigt, da es nicht dem klassischen Verständnis von Hochkultur entspricht. Danach gelten vor allem historische Sakral- und Profanbauten wie Kirchen, Klöster, Burgen und Schlösser als Sehenswürdigkeiten, während Bergwerke, Eisenhütten und Keramikfabriken (als Zeugnisse der Alltagskultur) bislang auf ein vergleichsweise geringes touristisches Interesse gestoßen sind (Hücherig, R. 1999, 279).

Auf der Angebotsseite konnte D. Soyez (1993, 49–56) mehrere Barrieren identifizieren, die eine touristische Inwertsetzung von Industrierelikten (und teilweise auch Industriebetrieben) erschweren (vgl. Abb. 4.5.2.1/1):

- Die mental-kognitiven Barrieren umfassen zunächst die negativen Einstellungen von politischen Entscheidungsträgern und touristischen Leistungsträgern. Ihrer Einschätzung nach galten industrielle Relikte lange Zeit als unattraktiv, unästhetisch, uninteressant und sogar gefährlich. Innerhalb der touristischen Kommunikationspolitik wurden deshalb andere regionale Attraktionsfaktoren herausgestellt (Landschaft, Natur). Gegen eine Neuorientierung und einen damit verbundenen Imagewechsel gab es häufig große Vorbehalte. Doch auch bei der Bevölkerung von Industrieregionen sind industrietouristische Projekte bislang meist auf Skepsis gestoßen, denn die stillgelegten Industrieeinrichtungen erinnern an den wirtschaftlichen Niedergang der Region. Es erscheint deshalb unverständlich, dass öffentliche Gelder für den Erhalt dieser funktionslos gewordenen Anlagen ausgegeben werden. Darüber hinaus bestehen oft Ängste, dass durch die industrietouristische Erschließung eine Musealisierung stattfindet – also die dauerhafte Dokumentation der wirtschaftlichen Strukturkrise, die man hofft, überwinden zu können.
- Zu den ökonomischen Barrieren zählen zunächst die möglichen Veräußerungsgewinne, die aufgrund einer touristischen Nutzung nicht realisiert werden können (hoher Schrottwert der Anlagen, hoher Wert der Gebäude und Grundstücke). Darüber hinaus fallen bei einer touristischen Inwertsetzung zusätzliche Kosten an – zum einen für die Bestandserhaltung (Korrosionsschutz), zum anderen für die Sanie-

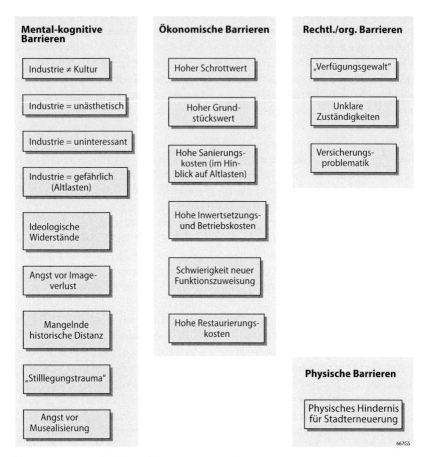

Abb. 4.5.2.1/1 *In altindustriellen Regionen wird eine touristische Nutzung von stillgelegten Industrieanlagen häufig mit Skepsis betrachtet; neben mental-kognitiven Vorbehalten bestehen aber auch ökonomische, rechtliche, organisatorische und auch physische Barrieren.*

rung des Betriebsgeländes (Altlasten) und schließlich für die Erschließung (Sicherheit der Besucher). Außerdem müssen Gelder für den laufenden Betrieb kalkuliert werden, da industrietouristische Einrichtungen zumindest in der Anfangsphase nur geringe Einnahmen erwirtschaften.

• Schließlich können rechtlich-organisatorische Barrieren bestehen (Frage der Verfügungsgewalt über die Anlagen, unklare Zuständigkeiten, Versicherungsprobleme) und auch physische Barrieren (Industriegelände als Hindernis innerhalb der Stadtentwicklung).

Diese Barrieren haben zur Folge, dass die touristische Inwertsetzung nur eine mögliche Nachfolgenutzung von Industrieeinrichtungen darstellt; generell gibt es folgende Nutzungsoptionen (QUASTEN, H. & J. M. WAGNER 2000):

- neue Industrie- oder Gewerbebetriebe,
- Betriebe bzw. öffentliche Einrichtungen des tertiären Sektors,
- Kultur- und Freizeiteinrichtungen,
- Wohnungen und sonstige Nutzungen.

Trotz zahlreicher Hemmnisse und Widerstände wurde in den letzten Jahrzehnten das industriekulturelle Erbe an zahlreichen Standorten in Deutschland und Europa auf vielfältige Weise touristisch erschlossen (Tab. 4.5.2.1/1).

Über den Umfang der touristischen Nutzung von stillgelegten Industrieanlagen und von Industriemuseen liegen keine

Thema	Industrierelikt/Industriemuseum (Ausgewählte Beispiele)
Industrie/Technik	Westfälisches Industriemuseum, Dortmund Rheinisches Industriemuseum, Oberhausen
Arbeit generell	Museu de la Ciència i de la Tècnica de Catalunya, Terrassa (E) Museum of Science and Industry, Manchester (GB)
Energie- und Wasserversorgung	Gasometer, Oberhausen TD-Brikettfabrik „Louise", Domsdorf Musée Français du Pétrole, Merkwiller-Pechelbronn (F) Herefordshire Waterworks Museum, Broomy Hill (GB)
Bergbau	Zeche Zollverein XII, Essen Rammelsberg Museum und Besucherbergwerk, Goslar Big Pit – National Mining Museum of Wales, Blaenafon (GB)
Eisen- und Stahlerzeugung	Landschaftspark Duisburg-Nord Völklinger Hütte Industrie- und Eisenbahnpark Fond de Gras (LUX) Moira Furnace Museum, Moira (GB)
Glasherstellung	Glasmuseum, Weißwasser Frauenauer Glasmuseum Musée du Verre, Liège (B). Musée du Verre et du Cristal, Meisenthal (F)
Textilherstellung	Brandenburgisches Textilmuseum, Forst Textilmuseum St. Gallen (CH) Massons Mills Working Textile Museum, Matlock Bath (GB)
Siedlung/ Städtebau	Margarethenhöhe, Essen Werkssiedlung, Burbach Crespi d'Adda (I) New Lanark, South Lanarkshire (GB)
Verkehr	Deutsches Dampflokomotiv-Museum, Neuenmarkt Altes Schiffshebewerk, Henrichenburg Zeppelin Museum, Friedrichshafen

Tab. 4.5.2.1/1 *Industrierelikte und Industriemuseen weisen ein großes Spektrum an Themen auf, in denen sich der historische Verlauf der Industrialisierung, aber auch die unterschiedlichen Industriezweige widerspiegeln.*

kontinuierlich und systematisch erhobenen statistischen Angaben vor. Aus Daten für einzelne Einrichtungen geht jedoch hervor, dass die Besucherzahlen bei Besichtigungen und Führungen einerseits nicht unerheblich sind, andererseits aber auch nicht überschätzt werden dürfen (BOSHOLD, A. 1999; MEIGHÖRNER, W. 2000; STEINECKE, A. 2007, 257):

- So gehen Schätzungen davon aus, dass die industrietouristische Nachfrage weniger als ein Prozent des deutschen Gesamtmarktes an Urlaubs- und Kurzurlaubsreisen ausmacht.
- Ungeachtet dieses geringen Marktanteils können einzelne Einrichtungen große Besucherzahlen verzeichnen – z.B. das „Zeppelin-Museum" in Friedrichshafen (250 000/Jahr), das „Deutsche Bergbau-Museum Bochum" (400 000/Jahr) oder die „Zeche Zollverein" in Essen (800 000/Jahr).

Die Datenlage zum Reiseverhalten sowie zu den Reisemotiven und soziodemographischen Merkmalen der Besucher von öffentlichen industrietouristischen Einrichtungen ist ebenfalls unbefriedigend; auf der Grundlage von Einzeluntersuchungen lassen sich folgende Aussagen treffen:

- In Industrierelikten und Industriemuseen dominiert der Tagesausflugsverkehr. Für die „Zeche Zollverein" in Essen ermittelte A. WOLF (2005, 120) z.B. einen Anteil von 84,3 % Tagesausflüglern, aber nur von 8,8 % Kurzurlaubern, 6,2 % Geschäftsreisenden und 0,7 % Urlaubern. Zumeist handelte es sich dabei um monofinale Ausflugsfahrten, bei denen nur

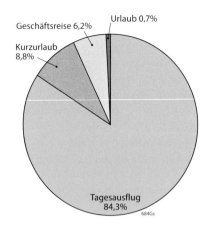

Abb. 4.5.2.1/2 *Industrietouristische Einrichtungen sind zumeist Ziele des Tagesausflugsverkehrs. Dabei handelt es sich überwiegend um monofinale Ausflugsfahrten, bei denen nur ein Ausflugsziel auf dem Programm steht.*

ein Ausflugsziel auf dem Programm steht. Entsprechend gering ist der Organisationsgrad; die Ausflüge werden überwiegend individuell organisiert. Reiseveranstalter und -büros werden bislang kaum für die Organisation und Buchung in Anspruch genommen.

- Der regionale Einzugsbereich öffentlicher industrietouristischer Einrichtungen ist gering: So verzeichnete z.B. das „Besucherbergwerk F60" in Lichterfeld (Lausitz) im Jahr 2010 ca. 62 000 Besucher; jeder zweite nahm max. zwei Stunden Fahrzeit in Kauf, um den „Liegenden Eiffelturm" – die eindrucksvolle Förderbrücke aus dem Braunkohlentagebau – zu besichtigen (FÖRDERVEREIN BESUCHERBERGWERK F60 2011).

- Die industrietouristische Nachfrage weist außerdem eine antizyklische Saisonalität und eine Konzentration auf die Wochenenden auf: Dabei ist normalerweise der Samstag der besucherstärkste Tag. Generell sind dabei vor allem im Frühjahr und Herbst Nachfragespitzen zu verzeichnen, während in den Sommermonaten ein Rückgang des Besucheraufkommens festzustellen ist – aufgrund der Haupturlaubsreisen, die häufig in ausländische Ziele bzw. an die deutsche Küste oder in das Mittel- bzw. Hochgebirge unternommen werden (SCHRÖDER, A. 2007, 215).

- Die Besuchsmotive stellen zumeist eine Mischung aus Neugier und historischem Interesse sowie dem Wunsch dar, ein abwechslungsreiches Ausflugsziel zu besuchen: Bei einer Besucherbefragung in der stillgelegten Zechenanlage „Rhondda Heritage Park" (Wales) gaben nur 22 % der Befragten an, dass sie ein ausgeprägtes Interesse an der Kohleförderung hätten (KUNTZ, T. 1999). 45 % meinten, dass ihre Kinder etwas über die Geschichte lernen sollten, weitere 25 % wollten ihre Kinder beschäftigen und 30 % hatten das Interesse, ihre Freizeit mit der Familie zu verbringen (entsprechend dieser Motivstruktur wirbt z. B. die ehemalige Baumwollspinnerei „Quarry Bank Mill" südlich von Manchester mit dem Slogan „A great day out for all the family"). Untersuchungen in Deutschland zeigen, dass hier offenbar industrie- und technikgeschichtliche Motive dominieren: In ihrer Besucheranalyse der „Zeche Zollverein" kam A. WOLF (2005, 128) zu dem Ergebnis, dass

55,1 % ein ausgepägtes Interesse an der Zechenanlage hatten; 50,8 % interessierten sich besonders für Industriekultur und weitere 26,0 % für Technik generell (Mehrfachnennungen). Familiäre Gründe und allgemeines Interesse an der Region wurden hingegen seltener genannt.

- Unter den Besuchern von industrietouristischen Einrichtungen finden sich überwiegend Männer: Im „Erlebnisbergwerk Sondershausen" waren 55,2 % Männer, in der „Zeche Zollverein" 53,3 % (VOIGT, C. 2002, 104; WOLF, A. 2005, 114). Grund für diese Dominanz männlicher Besucher sind geschlechtsspezifische Unterschiede im Interesse an Technik. Bei der Altersstruktur der Besucher lassen sich Unterschiede zwischen den Individualbesuchern beobachten, die zumeist mittleren und älteren Altersgruppen angehören, und den jüngeren Gruppenbesuchern, die häufig im Rahmen von Klassenausflügen kommen.

- Hinsichtlich des Bildungsstandes weisen die Besucher von industrietouristischen Einrichtungen deutliche Ähnlichkeiten mit Museumsbesuchern auf: In der „Zeche Zollverein" verfügen z. B. 44,1 % der Besucher über einen Universitäts- oder Hochschulabschluss – der bundesdeutsche Durchschnittswert liegt bei 10,4 % (WOLF, A. 2005, 115).

Der Umfang der Nachfrage und auch das Besucherprofil können allerdings von Einrichtung zu Einrichtung stark schwanken. Als wesentliche Steuerfaktoren erweisen sich dabei die Erlebnisorientierung des Angebots und die Form der Informationsvermittlung (Infotain-

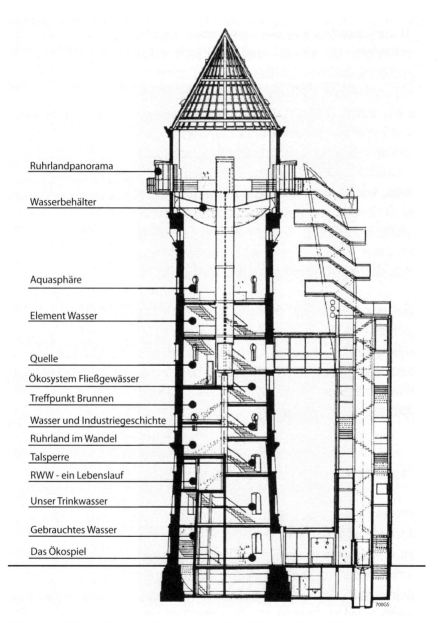

Abb. 4.5.2.1/3 *Im „Aquarius Wassermuseum" in Mülheim a. d. Ruhr folgen die Besucher bei ihrem Rundgang von der Spitze des ehemaligen Wasserturms nach unten dem Lauf des Wassers; dabei erkunden sie unterschiedliche Themenbereiche rund um das Wasser.*

ment): Industrieeinrichtungen, die ein klassisches museales Angebot mit Informationstafeln, Vitrinen und Führungen aufweisen, werden von älteren Besuchern bevorzugt. Durch den Einsatz multimedialer Informationstechniken (PC, Touchscreen-Monitore), durch animative Vermittlungsformen (Erkundungen, Hands-On-Prinzip etc.) und durch qualifizierte museumpädagogische Betreuung wird hingegen vor allem ein jüngeres Publikum angesprochen. Im „Aquarius Wassermuseum" in Mülheim a. d. Ruhr machen die jüngeren Gruppenbesucher ca. 58 % des Publikums aus.[2]

Hinsichtlich der touristischen Nutzung des industriekulturellen Potenzials vertreten Denkmalpfleger und Tourismusexperten zumeist gegensätzliche Positionen (SCHRÖDER, A. 2007, 216–218):

- Zentrale Ziele der Denkmalpflege sind der Erhalt und die Präsentation der Industrierelikte (allenfalls verbunden mit einer klassisch-musealen Informationsvermittlung); dabei spielen hohe Besucherzahlen und die Erwirtschaftung von Einnahmen nur eine nachgeordnete Rolle.
- Tourismusexperten plädieren hingegen für eine erlebnisorientierte Informationsvermittlung, bei der das industrietouristische Thema mithilfe von Techniken inszeniert wird, die auch bei Themenparks zum Einsatz kommen – z.B. Ton- und Lichteffekte, Animation, Events, Characters, Merchandising (STEINECKE, A. 2009, 13–27). Auf diese Weise können höhere Besucherzahlen und damit auch größere regionalwirtschaftliche Effekte erreicht werden.

Neben der Attraktivitätssteigerung einzelner industrietouristischer Einrichtungen bietet auch die Vernetzung mehrerer Einrichtungen die Möglichkeit, das touristische Potenzial besser zu nutzen.

4.5.2.2 Industrietouristische Routen

Altindustrielle Regionen, aber auch Regionen mit produzierendem Gewerbe verfügen häufig über eine Vielzahl von Industrierelikten bzw. Industriebetrieben, die – isoliert betrachtet – keine herausragende touristische Attraktivität aufweisen (im Sinne einer Unique Selling Proposition), aber bei der Einbindung in ein regionales Gesamtangebot zu dessen Attraktivität beitragen. Vor diesem Hintergrund wurden in den letzten Jahren zahlreiche industrietouristische Themenrouten entwickelt, mit deren Hilfe die Einzelstandorte unter einem Dachthema miteinander verknüpft werden (vgl. Kap. 4.4.4.1). Thematische Schwerpunkte sind zumeist die Geschichte einzelner Industriezweige und/oder die industriegeschichtliche Entwicklung einer Region, wie die folgenden Beispiele zeigen:

- Die „Porzellanstraße" führt auf 550 km Länge von Bamberg nach Bayreuth. In dieser traditionellen Industrieregion werden ca. 80 % des deutschen Porzellans produziert. Zu den 60 Mitgliedern des Trägervereins zählen Porzellanhersteller, Handelsunternehmen, Hotels und Gaststätten sowie Städte und Gemeinden (MAIER, J. 1994).
- Ebenfalls in Nordbayern verläuft die „Fränkische Bierstraße", die 20 Tourenvorschläge für Pkw- und Radtouristen umfasst. Sie erschließt die fränkische Bierregion, in der mehr als

Die „Route der Industriekultur"
in Nordrhein-Westfalen

Die „Route der Industriekultur" stellt einen Baustein innerhalb des systematischen Ausbaus der Tourismuswirtschaft im Ruhrgebiet dar, der seit 1997 in Nordrhein-Westfalen vorgenommen wird. Als konzeptionelle Grundlage fungierte dabei der „Masterplan für Reisen ins Revier", in dem Prioritäten, Strategien und Organisationsstrukturen festgelegt wurden; zentrales Ziel war die Entwicklung einer einzigartigen und eigenständigen Attraktivität des Ruhrgebiets (MWMTV 1997). Mit der „Route der Industriekultur" wurde der Versuch unternommen, das Ruhrgebiet im internationalen Industrietourismus als Marktführer zu positionieren. Dazu stellt die Route „das industriekulturelle Erbe als unverwechselbares Markenzeichen der Region in den Mittelpunkt" (EBERT, W. 1999, 68). Sie besteht aus einem gestuften System unterschiedlicher Einrichtungen (vgl. Abb. 4.5.2.3/1):

- 25 besonders eindrucksvolle Zeugen der Industriekultur dienen als Ankerpunkte der Route (davon drei als Besucherzentren),
- überregionale Museen vermitteln Informationen zur Technik- und Sozialgeschichte,
- besondere Aussichtspunkte fungieren als „Panoramen der Industrielandschaft",
- herausragende Siedlungen zeigen typische städtebauliche Strukturen des Ruhrgebietes.

Das umfangreiche Kernangebot der „Route der Industriekultur" wird kleinräumlich durch zahlreiche Themenrouten ergänzt; sie dienen dazu, einzelne Stadtteile zu erschließen bzw. spezielle thematische Angebote miteinander zu verknüpfen (UNDERBERG, B. 1998; BUDDE, R. & U. HECKMANN 2000). Die einzelnen Attraktionen sind jeweils mit verschiedenen Verkehrsmitteln zu erreichen (u. a. mit dem ÖPNV, per Rad und zu Fuß). Darüber hinaus werden zahlreiche Orte der Industriekultur als Schauplätze von Events, Ausstellungen u. ä. genutzt. Diese Hardware an Einrichtungen und Software an Veranstaltungen wird durch ein professionelles Medienkonzept mit einem durchgängigen Corporate Design kommuniziert: Es umfasst neben Printmedien (Karte, Reiseführer etc.) auch Informationsterminals in den Besucherzentren (www.route-industriekultur.de). Begleitend dazu sind von der „Ruhr Tourismus GmbH" (RTG) in Oberhausen zahlreiche Kurzreise-Pauschalangebote zusammengestellt worden (www.ruhr-tourismus.de).

Aufgrund der dezentralen Struktur des industrietouristischen Angebots liegen keine exakten Besucherzahlen zur Nutzung einzelner Einrichtungen der „Route der Industriekultur" vor. Im Rahmen umfangreicher Besucherbefragungen ermittelte der Kommunalverband Ruhrgebiet jedoch einige Daten zum Profil und zum Verhalten der Besucher (KVR 2001, 2004):

- Danach konnten in den letzten Jahren neben der Special-Interest-Gruppe (also Besuchern mit einem ausgeprägten Interesse an einzelnen Einrichtungen) auch freizeit- und erlebnisorientierte Gäste gewonnen werden. Obwohl Information, Bildung, Kunst, Kultur und Technik für die Freizeitgestaltung der Besucher weiterhin wichtig sind, haben Motive wie Spaß und Erlebnis deutlich an Bedeutung zugenommen.
- In der Mehrzahl handelte es sich bei den Besuchern um Familien, die aus dem Ruhrgebiet und benachbarten Regionen stammten. Als wichtigster Werbeträger für die „Route der Industriekultur" erwiesen sich – mit 46 % – Berichte von Freunden und Bekannten; erst mit deutlichem Abstand folgten Werbemaßnahmen wie Prospekte, Anzeigen und Plakate.
- Generell konnte der Bekanntheitsgrad der Route im Zeitraum 2000–2004 deutlich gesteigert werden – innerhalb des Ruhrgebietes von 53 % auf 74 % und bundesweit von 14 % auf 21 %.

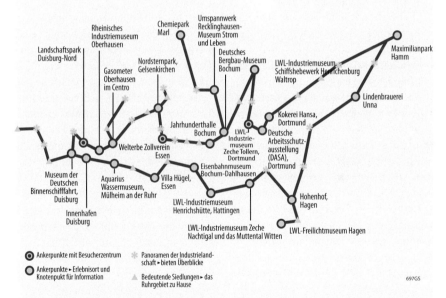

Abb. 4.5.2.2/1 *Die „Route der Industriekultur" besteht aus einem gestuften System unterschiedlicher Attraktionen: Besonders eindrucksvolle Zeugen der Industriekultur dienen als Ankerpunkte der Route, überregionale Museen vermitteln Informationen zur Technik- und Sozialgeschichte, besondere Aussichtspunkte fungieren als Panoramen der Industrielandschaft und herausragende Siedlungen zeigen typische städtebauliche Strukturen des Ruhrgebietes.*

200 Brauereien ihren Standort haben (damit weist sie die höchste Brauereidichte der Welt auf). Neben der Besichtigung von Brauereien und dem Besuch von Brauereigaststätten können die Besucher an Kirchweihfesten, Bierwochen sowie Markt- und Volksfesten teilnehmen (Völkl, H. 1987).

- Die „Mitteldeutsche Straße der Braunkohle" beschäftigt sich mit dem Abbau von Braunkohle und den Rekultivierungsmaßnahmen von Tagebaugeländen. Entlang einer Route von Bitterfeld über Leipzig nach Halle a. d. Saale wurden ca. 70 Objekte ausgeschildert; außerdem informiert ein Reiseführer über das kulturelle und touristische Angebot entlang der Route (Dachverein 2003).

In den letzten Jahren hat vor allem die „Route der Industriekultur" in Nordrhein-Westfalen aufgrund ihres professionellen Managements und ihrer breiten Öffentlichkeitsarbeit eine besondere Popularität erfahren: Sie war Bestandteil der Internationalen Bauausstellung Emscher Park und wurde am 29. Mai 1999 eröffnet. Träger des Projektes, das vom Land Nordrhein-Westfalen und von der Europäischen Gemeinschaft mit einer Investitionssumme von 5,5 Mio. Euro gefördert wurde, ist der Kommunalverband Ruhrgebiet (KVR); die Konzeption lag in den Händen der Deutschen Gesellschaft für Industriekultur.

Aufgrund der positiven Erfahrungen mit bestehenden Kulturrouten auf regionaler und nationaler Ebene ist in jüngerer Zeit auch eine zunehmende Netzwerkbildung der Industriekultur auf europäischer Ebene zu beobachten:

- Die „European Route of Industrial Heritage" (ERIH) hat ihren Ausgangspunkt in Großbritannien – als Geburtsland der Industrialisierung. Die Route soll mittelfristig durch die Benelux-Länder nach Frankreich und Spanien führen. Von dort wird sie über Österreich nach Osteuropa und Skandinavien verlaufen und schließlich im Ruhrgebiet enden. In einem ersten Schritt haben Partner aus Großbritannien, den Niederlanden, Nordrhein-Westfalen und dem Saarland eine Zusammenarbeit vereinbart (Ebert, E. 2001; Schneider, W. 2002; Soyez, D. 2006).

- Die „Europäische Eisenstraße als Kulturweg Europas" konzentriert sich auf die Geschichte des Eisenwesens in Europa – mit seinen zahlreichen Gemeinsamkeiten, aber auch geologisch, geographisch, politisch und kulturhistorisch bedingten Unterschieden. Zu den Partnern gehören Eisenstraßen und Eisenmuseen in Österreich, Deutschland, Großbritannien und Italien (Sperl, G. 2000).

4.5.2.3 Industrieerlebnislandschaften

Unter Industrieerlebnislandschaften werden komplexe, multifunktionale und erlebnisorientierte regionale Angebotsformen verstanden, bei denen einzelne industriekulturelle Einrichtungen miteinander und auch mit anderen Wirtschaftszweigen verknüpft werden (speziell mit der Hotellerie und Gastronomie, aber auch mit dem Einzelhandel).

Die große Zahl von dezentralen Einrichtungen und von freiwilligen Mitarbeitern ist typisch für das Écomusée-Konzept,

Die mittelschwedische Bergbau- und Hüttenlandschaft Bergslagen

Mit der Gründung des Grubenmuseums Bergslagen wurde im Jahr 1938 das erste industriegeschichtliche Freilichtmuseum der Welt geschaffen. Es sollte an die lange Tradition der stark handwerklich geprägten Eisenherstellung erinnern, die in den 1970er-Jahren vollständig eingestellt wurde. Durch die Initiative von Privatleuten, Unternehmen und Kommunen konnten zahlreiche Industrierelikte erhalten und renoviert werden. Das dezentrale „Ekomuseum Bergslagen" erstreckt sich auf einer Fläche von 7 500 km² über das Gebiet von sieben Gemeinden; es umfasst mehr als 60 Sehenswürdigkeiten wie Gruben, Hütten, Schmieden. Jährlich verzeichnen diese Einrichtungen ca. 400 000 Besuche (vorwiegend von älteren Personen). Organisation und Betrieb des Museums basieren vor allem auf dem Engagement von mehr als 1 500 ehrenamtlichen Helfern (PUTSCH, J. 2001).

das bereits in den 1930er-Jahren in Frankreich entwickelt wurde. Bei diesem Ansatz war „die gebrauchsfähige Musealisierung der ganzen Umgebung für die Bewohner und für den Tourismus Programm" (HAUSER, S. 2001, 137). Mit einem umfassenden Sammlungsanspruch wurde versucht, nicht nur historische Gebäude und Gegenstände, sondern auch regionstypische Pflanzen- und Haustierarten sowie traditionelle Fertigkeiten und Gebräuche (Lieder, Tänze etc.) zu erhalten.

Inzwischen wird das Écomusée-Konzept mit neuen Markterfordernissen konfrontiert (PUTSCH, J. 2001): Industrietouristische Einrichtungen stehen zunehmend in Konkurrenz zu kommerziellen Freizeiteinrichtungen wie Themenparks und Urban Entertainment Centern Konsequenzen dieser Wettbewerbssituation sind eine stärkere Profilierung und Professionalisierung des Angebots – z. B. eine Auswahl und Konzentration auf besonders attraktive Standorte, eine

Verbesserung der Beschilderung und der Führungen. Dabei orientieren sich immer mehr industrietouristische Einrichtungen (vor allem in Großbritannien) an den Grundprinzipien ihrer Konkurrenten: Erlebnisorientierung, Multifunktionalität und Inszenierung von Themen. In Westeuropa stellt das „Ironbridge Gorge Museum" im mittelenglischen Shropshire ein Beispiel für eine marktorientierte Industrieerlebnislandschaft dar. Um die erste Eisenbrücke der Welt (aus dem Jahr 1779) herum wurde unter dem Slogan „Valley of Inventions" auf ca. 20 ha Fläche ein attraktives Tagesausflugs- und Kurzreiseziel mit einem umfangreichen Angebot an Informationseinrichtungen und Museen zu unterschiedlichen Themen entwickelt (Geschichte der Brücke, Porzellan- und Kachelproduktion u.a.). Der Erlebnischarakter des Museums kommt besonders in Blists Hill Victorian Town zum Ausdruck – einem Freilichtmuseum im Stil einer viktorianischen Industriestadt, in der historisch kostümierte Museums-mitarbeiter den Besuchern traditionelle Handwerkstechniken vorführen. Zu bestimmten Anlässen steht die Stadt für Hochzeiten im Stil der Jahrhundertwende zur Verfügung; diese Form der animativen Informationsvermittlung wird in der englischsprachigen Literatur als „Living Museum" bezeichnet (KUNTZ, T. 1999, 163). Mit mehr als 200 000 Besuchern pro Jahr zählt Blists Hill Victorian Town zu den beliebtesten Attraktionen des gesamten Museumskomplexes. Darüber hinaus bietet das Museum ein breites pädagogisches Programm an,

um in stärkerem Maß auch ein jüngeres Publikum anzusprechen (Kurse und Unterrichtsmaterialien für Lehrer, Hands-On-Workshops für Schulklassen). Außerdem weist das Museum einen ausgeprägten touristischen Bezug auf – u. a. durch ein integriertes Tourist Information Center und Links auf der Homepage zu Unterkunftsbetrieben. Aufgrund dieser Maßnahmen, aber auch eines aufwendigen Marketingkonzepts verzeichnet das „Ironbridge Gorge Museum" jährlich insgesamt ca. 300 000 Besucher; damit handelt es sich um eines „der innovativsten und erfolg-

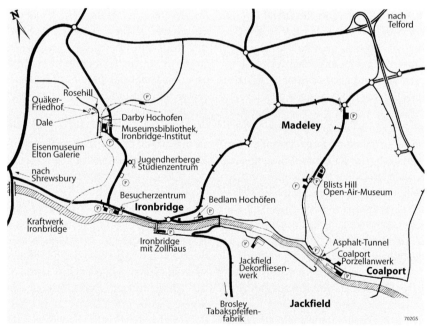

Abb. 4.5.2.3/1 *Das „Ironbridge Gorge Museum" im mittelenglischen Shropshire ist ein Beispiel für eine touristische Industrieerlebnislandschaft. Um die erste Eisenbrücke der Welt (1779) herum wurde ein attraktives Tagesausflugs- und Kurzreiseziel geschaffen – mit Museen, Shops, Informationseinrichtungen und dem Nachbau einer viktorianischen Stadt.*

reichsten Industriemuseen weltweit" (Helfer, M. 2001, 51). Entsprechend groß sind die regionalwirtschaftlichen Effekte: Neben der wichtigen Funktion als positiver Imageträger sind vor allem die Arbeitsmarkteffekte zu nennen. Im Sommer beschäftigt das Museum 260 Personen (davon 100 Vollzeitbeschäftigte); durch diese Arbeitsplätze und neue Beschäftigungsmöglichkeiten in touristischen Betrieben konnte der Verlust an sekundärwirtschaftlichen Arbeitsplätzen in den 1970er- und 1980er-Jahren nahezu vollständig kompensiert werden (Wilhelm, L. 2001; Hlavac, C. 2003).

4.5.3 Tourismus in Industriebetrieben und Markenerlebniswelten

Industriegeschichte, Herstellungsverfahren und Produkte werden seit langem von produzierenden Unternehmen touristisch aufbereitet. Die Ursprünge dieser Entwicklung finden sich häufig in Betriebsbesichtigungen und Unternehmensmuseen. Wesentliche Ziele der Unternehmen sind dabei generelle Öffentlichkeitsarbeit und Produktwerbung. Diese Funktionen haben auch die multifunktionalen Markenerlebniswelten, die seit den 1990er-Jahren vor allem von Unternehmen der Konsumgüterindustrie geschaffen wurden.

4.5.3.1 Betriebsbesichtigungen

Bei der Besichtigung von Industriebetrieben handelt es sich um eine traditionsreiche Form des Industrietourismus. Bereits bei der Grand Tour der jungen Aristokraten im 17. und 18. Jh. stand u. a. der Besuch von Bergwerken und Manufakturen auf dem Programm. Ihre

Reise durch Europa diente zwar einerseits dem Erlernen von Sprachen, der Einübung gesellschaftlicher Umgangsformen und dem Vergnügen, anderseits aber auch der Vorbereitung einer späteren Tätigkeit in der Leitung der eigenen landwirtschaftlichen und gewerblichen Betriebe oder im diplomatischen Dienst. Vor diesem Hintergrund standen vor allem solche Einrichtungen auf dem Programm, die für die damalige Zeit als innovativ galten. So wurden z. B. im Salzbergwerk Dürrnberg und in der Saline in Hallein (Salzburger Land), die zu den größten Salzgewinnungs- und Verarbeitungsstätten Mitteleuropas zählten, bereits im 17. Jh. Führungen für Besucher durchgeführt (Stadler, G. 1975, 127–147). Seit diesen Anfängen zählen Besucherbergwerke, Mühlen sowie Hütten- und Hammerwerke zu den „frühen industrietouristischen Besuchermagneten" (Schröder, A. 2007, 213).

Gegenwärtig bieten zahlreiche Unternehmen in Deutschland Betriebsbesichtigungen für Fachbesucher, aber auch für die interessierte Öffentlichkeit an. Allerdings ist die Daten- und Forschungslage zu diesem Thema unbefriedigend; eine systematische Übersicht bzw. nationale Vergleichsstudien liegen nicht vor. Es ist davon auszugehen, dass die touristische Bedeutung dieser Angebote zumeist unterschätzt wird. Bereits in den 1980er-Jahren bestand z. B. im Saarland „ein umfassender Reise- und Besichtigungsverkehr, der nahezu alle wichtigen Industriezweige zum Ziel hat" (Soyez, D. 1986a, 71).

Für den Westen Deutschlands (Regierungsbezirke Köln, Koblenz, Trier und

Kaiserslautern) ermittelte B. Baumann (1999) 20 bekannte, traditionsreiche und größere Unternehmen, die seit mehreren Jahren öffentliche Betriebsbesichtigungen durchführen. Für die Besucher waren die Besichtigungen zumeist nur ein Bestandteil eines Tagesausflugs, der auch noch zu anderen Sehenswürdigkeiten führte (es handelte sich also nicht um eine monofinale Ausflugsfahrt). Die Nachfrage nach Besichtigungen wies dabei z. T. einen branchenspezifischen saisonalen Verlauf auf: Bei Unternehmen der Getränkeindustrie ist generell eine Nachfragespitze in den Sommermonaten zu beobachten, während andere Branchen vor allem im Frühjahr und Herbst große Besucherzahlen aufweisen.

Mit der Durchführung von Betriebsbesichtigungen verbinden die Unternehmen mehrere Zielsetzungen: An der Spitze rangieren dabei die generelle Werbung sowie die Imagepflege und -verbesserung; dann folgt das Interesse, Informationen zu vermitteln und Aufklärungsarbeit zu leisten. Darüber hinaus soll auch Vertrauen geschaffen, Ängste und Vorurteile abgebaut sowie der Dialog mit der Bevölkerung gepflegt werden. Diesen Zielen dient auch ein anderes Instrument der Öffentlichkeitsarbeit, das von Industrieunternehmen eingesetzt wird: die betriebseigenen Museen.

4.5.3.2 Unternehmensmuseen

Eine klassische Form der Kommunikation von Unternehmen mit dem Markt und auch der Markenkommunikation stellen die privat betriebenen Unternehmensmuseen dar, in denen die Geschichte, die Produkte und die Pro-

duktionstechniken der jeweiligen Firma präsentiert werden. In Deutschland gibt es ca. 200 Unternehmensmuseen; eine Zusammenstellung ausgewählter Museen macht deutlich, dass Betriebe aus zahlreichen Wirtschaftszweigen dieses Kommunikationsinstrument nutzen (vgl. Tab. 4.5.3.2/1).

Auch zu den Unternehmensmuseen liegen nur wenige wissenschaftliche Publikationen vor. Am Beispiel des „Schokoladenmuseums" in Köln sollen deshalb exemplarisch Zielsetzung, Arbeitsweise und Besucherstruktur erläutert werden: Es geht auf eine firmeneigene Sammlung der Firma Imhoff/Stollwerck zurück (Pralinenschachteln, Verkaufsautomaten etc.), die seit 1993 in einem neu eingerichteten Museum der Öffentlichkeit präsentiert wird. Dabei wurde der engere Rahmen der Firmengeschichte um allgemeine Aspekte der Kulturgeschichte der Schokolade erweitert. Spektakulär auf der Rheininsel im Zentrum von Köln gelegen, weist das Museum ein breites Angebotsspektrum auf; es umfasst

- eine 4 000 m² große Ausstellung (u. a. mit Tropenhaus, Produktionsanlage, Schokoladenbrunnen, zahlreichen Exponaten, Schoko-Schule und Schoko-Kino),
- einen Schoko-Shop,
- ein Panorama-Restaurant.

Zahlreiche Veranstaltungen und Events ergänzen dieses ständige Angebot (öffentliche Führungen, Themenführungen, Rundgänge für Blinde, Führungen für Kinder und Events). Außerdem wird das Museum, das jährlich ca. 600 000 Besucher verzeichnet, als Film- und Foto-

Thema	Unternehmensmuseen (Ausgewählte Beispiele)
Energie- und Wasserversorgung	electrum – Das Museum der Elektrizität, Hamburg (Hamburgische Electricitäts Werke AG) Elektro-Museum Schleswag AG, Rendsburg Museum für Energiegeschichte(n), Hannover (e-on AG)
Chemische Industrie	Firmenmuseum der Hoechst AG, Frankfurt-Hoechst
Automobilindustrie	Westfalia-Auto-Museum, Rheda-Wiedenbrück Mercedes-Benz-Museum, Stuttgart BMW-Museum, München
Haushaltsgeräteindustrie	Miele-Museum, Gütersloh Historisches Nähmaschinen- und Bügeleisenmuseum, München (J. Strobel & Söhne GmbH & Co.)
Elektro-/Computerindustrie	Heinz Nixdorf MuseumsForum, Paderborn Bosch-Archiv, Stuttgart-Feuerbach SiemensForum, München
Spielwaren-und Spielgeräteindustrie	Gauselmann-Museum, Espelkamp Deutsches Automaten Museum, Bingen (NSM AG) Märklin-Museum, Göppingen
Möbelindustrie	Museum Thonet, Frankenberg Stuhlmuseum Burg Beverungen Vitra Design Museum, Weil am Rhein
Konsumgüterindustrie	Tabakhistorische Sammlung Reemtsma, Hamburg Schokoladenmuseum (Imhoff/Stollwerck, Lindt & Sprüngli), Köln Museum der Sektkellerei Kupferberg, Mainz
Brauwirtschaft	Postbrauerei-Museum, Nesselwang (Allgäu) Klosterbräu Brauereimuseum, IrseeMaisel's Brauerei- und Büttnereimuseum, Bayreuth
Glas-/Porzellanindustrie	Glasmuseum Grünenplan, Delligsen (Deutsche Spiegelglas AG) Museum der Porzellanmanufaktur Meißen, Meißen Hutschenreuther-Museum, Selb
Bekleidungsindustrie	Adidas-Sportschuh-Museum, Herzogenaurach
Buchherstellung	Verlagsmuseum Ravensburger, Ravensburg

Tab. 4.5.3.2/1 *In Deutschland gibt es ca. 200 privat betriebene Firmenmuseen, in denen die Geschichte und die Produktionstechniken des jeweiligens Unternehmens präsentiert werden. Anhand der Auswahl wird deutlich, dass dieses Instrument der Markenkommunikation in zahlreichen Wirtschaftszweigen eingesetzt wird.*

Location genutzt. Regelmäßige Marktuntersuchungen haben ergeben, dass bei 80 % der Besucher eine Wiederbesuchsabsicht besteht. Der große Erfolg ist u. a. auf die ständige Überarbeitung der Ausstellung und damit auf die Anpassung an die steigenden Ansprüche der Besucher zurückzuführen (BAETZ, U. & S. HERING 1997). Diese Notwendigkeit, Unternehmensmuseen als „company-theatre in progress" zu begreifen, wird auch von Vertretern ähnlicher Einrichtungen betont (BRAUN, A. 1996, 108).

Generell weisen Unternehmensmuseen hinsichtlich ihres Angebotsprofils große Unterschiede auf: Die Mehrzahl der Einrichtungen verfügt über ein klassisches museales Angebot (mit Informationstafeln, Exponaten und Vitrinen). Einige Museen – wie das „Schokoladenmuseum" in Köln – haben einen multifunktionalen und erlebnisorientierten Charakter; sie befinden sich damit an der Schnittstelle zu Markenerlebniswelten, die seit den 1990er-Jahren von einigen Unternehmen entwickelt worden sind.

4.5.3.3 Markenerlebniswelten

Zu dem Themenkomplex der Markenerlebniswelten sind bislang mehrere Definitionen vorgelegt worden, die sich zumeist auf die englischsprachigen Begriffe „Brand Land", „Brand Park" bzw. „Corporate Land" beziehen. Bei diesen industrietouristischen Einrichtungen handelt es sich um „multifunktionale Einrichtungen (Mixed-Use-Center), die von Unternehmen der Konsumgüterbranche betrieben werden; sie fungieren vorrangig als Plattformen für die Markenkommunikation. Marken-Erlebniswelten nutzen architektonische, theatralische, bildnerische, museale, mediale und technische Mittel, um die Marke erlebnisorientiert zu inszenieren" (STEINECKE, A. 2004, 214–215).

Zu den Schlüsselkomponenten von Markenerlebniswelten gehören Dauerausstellungen zur Unternehmensgeschichte, zu einer Branche, zu Produktionstechniken bzw. zum Markenprodukt, außerdem Sonderausstellungsbereiche, Aktionsflächen, gastronomische Einrichtungen, Shops sowie allgemeine Serviceeinrichtungen für die Besucher. Daneben weisen sie meist zusätzliche Angebotsoptionen auf – z. B. multimediale Informationseinrichtungen, Experimentierräume mit Aktionsmöglichkeiten für die Besucher, Fahrgeschäfte, Kinos, Kunstobjekte, VIP-Lounges und/ oder integrierte Unterkunftsangebote. Das infrastrukturelle Angebot von Industrieerlebniswelten wird zumeist durch regelmäßige bzw. singuläre Veranstaltungen ergänzt (Führungen, Animationsangebote, Vorführungen, Präsentationen, Hochzeiten etc.). Aufgrund dieser Multifunktionalität unterscheiden sich Markenerlebniswelten von traditionellen Industriemuseen, die ausschließlich Sammlung- und Ausstellungszwecken dienen. Obwohl Industrieerlebniswelten durchaus museale Elemente aufweisen können, sind sie eher als freizeitorientierte Mixed-Use-Center anzusehen, die durch eine Entgrenzung des Angebots charakterisiert werden (vgl. Kap. 4.6).

Ein zentrales Merkmal von Markenerlebniswelten besteht darin, dass diese Einrichtungen nicht von Unternehmen der Freizeitindustrie betrieben werden (wie z. B. Themenparks), sondern von Unternehmen der Konsumgüterbranche. Dabei ist festzustellen, dass Unternehmen aus zahlreichen Branchen das Instrument der Markenerlebniswelt zur Kommunikation mit dem Markt nutzen; häufig handelt es sich dabei um international agierende Global Player (vgl. Tab. 4.5.3.3/1).

Hinsichtlich ihres Angebotsprofils lassen sich generell zwei Typen von Markenerlebniswelten unterscheiden:

- Die informations- und bildungsorientierten Markenerlebniswelten basieren auf dem Grundgedanken einer Betriebsbesichtigung. Die Besucher erhalten in diesen Einrichtungen auf unterhaltsame, aber auch lehrreiche Weise Informationen über die Geschichte der Marke (bzw. des Unternehmens) sowie den Herstellungs- und Vertriebsprozess. Die zentralen Werte der Marke (z. B. Qualität, Umweltorientierung) werden dabei auch auf symbolische, künstlerische Weise vermittelt. Diese Einrichtungen haben ihren Standort zumeist an bzw. in der Produktionsstätte; neben der Nutzung historischer Gebäude kommt es auch zur Errichtung spektakulärer Neubauten. Unter den Besuchern dominieren mittlere und höhere Alters-, Bildungs- und Einkommensgruppen; sie ähneln damit dem Museumspublikum (SCHNEIDER, M. 2001). Typische Beispiele für informations- und bildungsorientierte Markenerlebniswelten sind das „Guinness Storehouse" (Irland), die „Autostadt" in Wolfsburg oder das Erlebniszentrum „The House of Villeroy & Boch" in Mettlach.
- Die spaß- und unterhaltungsorientierten Markenerlebniswelten entsprechen in ihrer Angebotsstruktur und Standortwahl sowie in ihrem Flächenbedarf eher einem Themenpark. Zumeist handelt es sich um großflächige Einrichtungen, deren gesamtes Angebot – nach dem Vorbild der „Disney"-Parks – in thematische „Welten" gegliedert ist. Beispiel für diesen Typus sind das „Ravensburger Spieleland", die „Legoland-Parks" und die „Playmobil Fun-

Parks". Aufgrund ihres Angebotsspektrums sprechen sie vor allem Familien mit Kindern an. Bevorzugte Standorte dieser Einrichtungen sind touristische Destinationen bzw. verkehrsmäßig gut erreichbare Standorte im Einzugsbereich von Großstädten (also außerhalb der Produktionsstätte).

Thema	Markenerlebniswelt (Ausgewählte Beispiele)
Nahrungs- und Genussmittel	Cadbury World (GB) Guinness Storehouse (Irland) Hershey's World (USA) Imhoff-Stollwerck-Museum (D) Kellogg's Cereal City (USA) M & M's World (USA) Museé Cointreau (F) World of Coca-Cola (USA)
Automobile	Autostadt Wolfsburg (D) Audi Forum Ingolstadt (D) Toyota Autosalon Amlux (Japan)
Kristall-, Porzellan- und Glasprodukte	Glasi Hergiswil (CH) Erlebniszentrum „The House of Villeroy & Boch" (D) Swarovski Kristallwelten (A)
Spielwaren	Crayola Factory Two Rivers Landing (USA) Legoland (DK, GB, USA, D) Playmobil Fun Park (D, F, GR, USA, Malta) Ravensburger Spieleland (D)
Sportartikel und Bekleidung	Loden Erlebniswelt Oberrauch-Zitt (I)
Unterhaltungsmedien	Metreon (USA) Sony Wonder Technology Lab (USA)

***Tab. 4.5.3.3/1** Markenerlebniswelten werden von Unternehmen aus zahlreichen Wirtschaftsbranchen als Instrument der Kommunikation mit dem Markt genutzt (häufig handelt es sich dabei um international agierende Global Players).*

Unabhängig von der jeweiligen Ausrichtung der Markenerlebniswelten handelt es sich in jedem Fall um Freizeiteinrichtungen, in denen die Unternehmenswerte und die Markenbotschaft auf unterhaltsame Weise vermittelt werden – also in Form von Infotainment oder Edutainment. Der Zusatz „Tainment" kennzeichnet kombinierte Angebote, bei denen der primäre Nutzen – z. B. Information, Bildung, Einkaufen – mit dem sekundären Nutzen der Unterhaltung verknüpft wird (Probst, P. 2000, 110). Im Fall der Markenerlebniswelten besteht der Primärnutzen vor allem aus strategischen kommunikationspolitischen Zielen und weniger aus einem rentablen Betrieb, denn für die Unternehmen handelt es sich bei diesen Einrichtungen vorrangig um Kommunikationsplattformen und nicht um Profitcenter.

Der Boom der Markenerlebniswelten seit den 1990er-Jahren wurde durch das Zusammenwirken mehrerer Veränderungen in den Konsumgütermärkten ausgelöst:

- Gesättigte Märkte für Konsumgüter und Dienstleistungen: In den meisten Produktbereichen findet sich ein Überangebot an Waren und Dienstleistungen. Diese Marktsättigung spiegelt sich u. a. im hohen Ausstattungsbestand der bundesdeutschen Haushalte mit langlebigen Gebrauchsgütern wider (z. B. bei Fernsehgeräten, Personenkraftwagen). Das stetig wachsende Produktangebot und vor allem die zunehmend homogene Produktqualität haben dazu geführt, dass die Unternehmen versuchen, durch Kommunikationspolitik strategische Wettbewerbsvorteile zu erreichen (Küddelsmann, A. 2001,

18–20). Die besonderen Vorteile von Markenerlebniswelten bestehen darin, dass Markenwerte und Unternehmensbotschaften auf eine innovative und einzigartige Weise, erlebnisorientiert und differenziert und vor allem mit einer deutlich höheren Kontaktdauer als durch die klassischen Werbemedien vermittelt werden können.

- Informationsüberlastung in Kommunikation und Werbung: Steigende Ausgaben der Unternehmen für Werbung sowie eine Zunahme von Fernsehsendern und Fachzeitschriften kennzeichnen die Kommunikationssituation seit den 1990er-Jahren. Eine Folge war nicht nur ein allgemeines Überangebot an Informationen, sondern vor allem auch eine Überlastung der Konsumenten mit Werbung. Vor diesem Hintergrund hat die Effizienz der klassischen Werbemedien in den letzten Jahren deutlich nachgelassen. Es ist deshalb davon auszugehen, dass künftig emotionale, kreative und bildbetonte Kommunikationsinstrumente an Bedeutung gewinnen (Küddelsmann, A. 2001, 17–18). Aufgrund ihrer Freizeitorientierung und ihrer spektakulären Angebotsgestaltung können Markenerlebniswelten diese Rolle als neue Kommunikationsplattformen übernehmen.
- Symbolische Orte für Global Player: Nach umfangreichen Übernahmen und Fusionen agieren viele Unternehmen der Konsum- und Dienstleistungsbranche zunehmend als Global Player; sie benötigen deshalb neue symbolische Orte der Identifikation für Kunden, Mitarbeiter und Geschäftspartner. Unternehmen wie Volkswagen, Coca-

Cola oder Kellogg's nutzen Markenerlebniswelten dazu, den Konsumenten die Produkteigenschaften zu signalisieren, die innerhalb des Globalisierungs- und Technisierungsprozesses verloren gegangen sind – z. B. Authentizität, Überzeugungskraft und Glaubwürdigkeit. Zugleich können in diesen Erlebniswelten auch den Beschäftigten und Partnern die historischen Wurzeln des Unternehmens, die erfolgreiche Entwicklung und die Zukunftsorientierung anschaulich vermittelt werden.

- Erlebniswelten für anspruchsvolle und gelangweilte Konsumenten: Auch bei den Konsumenten haben sich in den 1990er-Jahren rasche und gravierende Veränderungen vollzogen. Wachsender Wohlstand, gesättigte Konsumgütermärkte, eine große internationale Reiseerfahrung und ein zunehmender Hedonismus bilden den Hintergrund für die neuen Freizeit- und Konsumwünsche der Nachfrager – die Sucht nach neuen Erlebnissen, der Wunsch nach Wahlfreiheit, die Hoffnung auf Geselligkeit, das Interesse am Zusatznutzen und die Suche nach dem Besonderen (STEINECKE, A. 2000a, 18–19). Hinzu kommt das Bedürfnis nach Markttransparenz, das bislang zu einer zunehmenden Markenorientierung der Konsumenten geführt hat.

Ihren anhaltenden Erfolg verdanken die Markenerlebniswelten vor allem den zeitgemäßen Inszenierungstechniken, die zur Präsentation der Marken eingesetzt werden – u. a. eine spektakuläre Architektur, kulissenhafte Inszenierungen,

Abb. 4.5.3.3/1 *Bei der „Autostadt" in Wolfsburg handelt es sich um die Markenerlebniswelt der „Volkswagen AG". Sie dient dem Konzern vorrangig als Kommunikationsplattform, um den Kunden, aber auch den Beschäftigten und den Geschäftspartnern die zentralen Unternehmensbotschaften und Markenwerte zu vermitteln.*

Animationstechniken, Integration von Bildender Kunst, museale Techniken, Multimedia-Techniken, Fahrgeschäfte. Dabei greifen die Markenerlebniswelten vor allem auf die Grundprinzipien des Event-Marketing zurück; dazu zählen Einmaligkeit, Emotionalität, Aktivierung und Kommunikation (STEINECKE, A. 2004, 213).

In der Mehrzahl handelt es sich bei den Markenerlebniswelten um erfolgreiche Einrichtungen mit hohen Besucherzahlen:

- Die „Swarovski Kristallwelten" in Wattens (Tirol) sind mit 700 000 Besuchern im Jahr eine der wichtigsten Attraktionen in Österreich.
- Die „World of Coca-Cola" in Atlanta verzeichnet jährlich mehr als eine Million Besucher.
- Seit der Eröffnung im August 1990 haben ca. 20 Mio. Gäste die „Autostadt" in Wolfsburg besichtigt.

Diese großen Besucherzahlen, aber auch hohe Zufriedenheitswerte und Wiederbesuchsquoten sind Belege dafür, dass sich Markenerlebniswelten erfolgreich als neue Ausflugs- und Kurzurlaubsreiseziele an der Schnittstelle von Industrie, Freizeit, Geschichte, Kultur und Konsum positionieren konnten. Damit stellen sie einerseits neue Konkurrenten für Mixed-Use-Center wie Themenparks, Resorthotels etc. dar (vgl. Kap. 4.6); andererseits treten sie in Konkurrenz zu klassischen Anbietern im Kulturtourismus (Museen, Burgen, Schlösser etc.) und auch im Industrietourismus.

4.5.4 Erfolgsfaktoren industrietouristischer Akteure

Der Erfolg von Markenerlebniswelten, aber auch von öffentlichen industrietouristischen Einrichtungen resultiert aus dem Zusammenspiel mehrerer Steuerfaktoren: Das Spektrum reicht dabei vom Standort und der Verkehrsanbindung über die Multifunktionalität und den Bekanntheitsgrad bis hin zum Personal- und Besuchermanagement (Baumgartner, C. & A. Biedenkapp 2001a; Wolf, A. 2005; vgl. Abb. 4.5.4/1).

Für den erfolgreichen Betrieb einer industrietouristischen Einrichtung müs-

sen zunächst bestimmte finanzielle und infrastrukturelle Voraussetzungen erfüllt sein: Dazu zählen eine ausreichende finanzielle Ausstattung für den Bau bzw. Umbau der Einrichtung sowie finanzielle Reserven für notwendige Umstrukturierungen nach einem mehrjährigen Betrieb. Als günstige Standorte haben sich bevölkerungsreiche Agglomerationsräume bzw. Tourismusdestinationen mit einem hohen Besucheraufkommen erwiesen. Außerdem muss eine gute Erreichbarkeit mit unterschiedlichen Verkehrsmitteln gewährleistet sein. Darüber hinaus spielen Alleinstellungsmerkmale für den Erfolg eine zentrale Rolle: Bei Industrierelikten basiert die Unique Selling Proposition vor allem auf den authentischen Gebäuden und Produktionseinrichtungen, deren Erhalt deshalb vorrangige Bedeutung hat (Hlavac, C. 2003). In Unternehmensmuseen und Markenerlebniswelten können Alleinstellungsmerkmale aus dem Bekanntheitsgrad der Markenprodukte abgeleitet werden.

Für den erfolgreichen Marktauftritt sind außerdem eine besucherorientierte Angebotsgestaltung und anschauliche Informationsvermittlung verantwortlich. Die Einrichtungen müssen über ein multifunktionales und zugleich normiertes Angebot verfügen, das den Besuchern sowohl Wahlfreiheit als auch Produktsicherheit bietet. Durch Einsatz von Inszenierungstechniken (Licht- und Toneffekte) sollen die Besucher nicht nur kognitiv, sondern auch emotional angesprochen werden (Steinecke, A. 2002a, 154–157).

Da die Freizeit- und Informationsbedürfnisse der Besucher einem raschen Wandel unterliegen, muss in industrie-

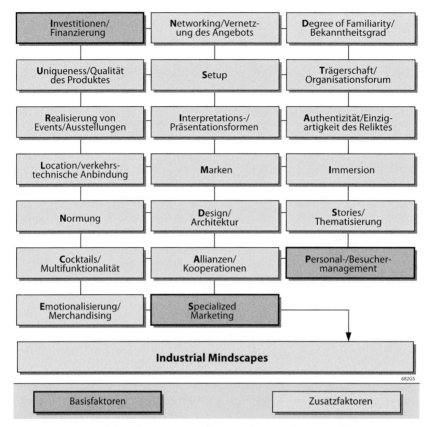

Investitionen/Finanzierung	Networking/Vernetzung des Angebots	Degree of Familiarity/Bekanntheitsgrad
Uniqueness/Qualität des Produktes	Setup	Trägerschaft/Organisationsforum
Realisierung von Events/Ausstellungen	Interpretations-/Präsentationsformen	Authentizität/Einzigartigkeit des Reliktes
Location/verkehrstechnische Anbindung	Marken	Immersion
Normung	Design/Architektur	Stories/Thematisierung
Cocktails/Multifunktionalität	Allianzen/Kooperationen	Personal-/Besuchermanagement
Emotionalisierung/Merchandising	Specialized Marketing	

Industrial Mindscapes

682G5

Basisfaktoren	Zusatzfaktoren

Abb. 4.5.4/1 *Der Erfolg industrietouristischer Einrichtungen basiert auf dem Zusammenspiel zahlreicher Steuerfaktoren – von einer ausreichenden finanziellen Ausstattung über zeitgemäße Präsentationsformen bis hin zu einem zielgruppenorientierten Marketing.*

touristischen Einrichtungen eine kontinuierliche Weiterentwicklung des Angebots stattfinden. Dazu bedarf es eines professionellen Personalmanagements durch Weiterbildungsmaßnahmen und einer konsequenten Kundenorientierung auf der Basis von Marktforschung (So-YEZ, D. 1993, 58–59). Außerdem sollten sich die Einrichtungen als Bühnen verstehen, auf denen regelmäßig Events und Ausstellungen stattfinden.

Schließlich ist eine Vernetzung des industrietouristischen Angebots mit anderen Freizeit- und Tourismusangeboten in der Region, aber auch mit Unternehmen aus anderen Wirtschaftszweigen notwendig (SCHRÖDER, A. 2007, 222).
Unter Berücksichtigung dieser Faktoren können Unternehmensmuseen und Markenerlebniswelten als neue Plattformen für einen intensiven Dialog mit Kunden, Geschäftspartnern und Mitar-

beitern genutzt werden. Industriereliкte – einst Symbole des wirtschaftlichen Niedergangs einer Region – können sich nicht nur zu attraktiven Freizeit- und Tourismuseinrichtungen entwickeln, sondern auch zu populären Orten der Erinnerung.

Zusammenfassung

Fazit

- Bei Industrielandschaften handelt es sich traditionell nicht um Ferienregionen, sondern eher um typische touristische Quellgebiete.
- Wie bei den anderen Landschaftstypen (Hochgebirge, Küste etc.) war für die touristische Inwertsetzung eine neue, positive Wahrnehmung notwendig; sie wurde in Deutschland erst in den 1980er-Jahren durch Denkmalpfleger, Fotografen, Journalisten ausgelöst.
- Allerdings stoßen Pläne für eine touristische Nutzung stillgelegter Industrieanlagen bei Politikern, Tourismusvertretern und der einheimischen Bevölkerung teilweise noch auf Widerstand; neben mental-kognitiven Barrieren gibt es auch ökonomische, rechtlich-organisatorische und physische Barrieren.
- Dennoch liegen inzwischen Erfahrungen aus mehreren altindustriellen Regionen vor, die ihre stillgelegten Industrieeinrichtungen mit Erfolg touristisch nutzen konnten – z. B. in Form von Industriemuseen, Themenrouten zur Geschichte der Industrialisierung bzw. Industrieerlebnislandschaften (z. B. „Iron Bridge Gorge" in Großbritannien).

- Bei diesen öffentlichen Attraktionen stehen Fragen der Denkmalpflege, des kulturellen Erbes sowie der Bildung im Mittelpunkt; dabei dominiert eine gesamtgesellschaftliche Sichtweise („Industrial Heritage Tourism").
- Daneben gibt es aber auch einen Tourismus in (aktiven) Industriebetrieben, Unternehmensmuseen und kommerziellen Markenerlebniswelten. Diese Einrichtungen dienen den Unternehmen vorrangig als firmenspezifische Kommunikationsplattformen – also zur Imagepflege, Produktwerbung und Kundenbindung („Industrial Tourism").
- Dabei verzeichnen speziell die Markenerlebniswelten großer Konzerne hohe Besucherzahlen („Autostadt" in Wolfsburg, „BMW Welt" in München). Mit ihrem multifunktionalen Angebot agieren sie an der Schnittstelle von Konsum, Unterhaltung, Information und Kultur; auf diese Weise konnten sie sich mit Erfolg als neue Konkurrenten der traditionellen Freizeit- und Kultureinrichtungen positionieren.

Zum Einlesen

PECHLANER, H., E.-M. HAMMANN & E. FISCHER (Hrsg.; 2008): Industrie und Tourismus. Innovatives Standortmanagement für Produkte und Dienstleistungen, Berlin.
In diesem Reader beschäftigen sich Experten aus Wissenschaft und Praxis mit der Frage, was Industrie und Tourismus voneinander lernen können.
HERBRAND, N. O. (Hrsg.; 2008): Schauplätze dreidimensionaler Markeninszenierung, Stuttgart.
In dem umfangreichen Sammelband werden unterschiedliche Aspekte von Markenerlebniswelten behandelt: Rahmendingungen, Markenmanagement, Corporate Architecture, Praxisbeispiele, Erfolgsfaktoren.

4.6 Tourismus in Erlebnis- und Konsumwelten

Innerhalb der historischen Entwicklung des Tourismus wurden nicht nur authentische Natur- und Kulturräume erschlossen (wie die Küsten, die Hochgebirge oder die Mittelgebirge), sondern es entstanden auch „künstliche" Besucherattraktionen. In diesem Kapitel werden folgende Fragen zu diesen kommerziellen Erlebnis- und Konsumwelten beantwortet:

- Was sind typische Merkmale und welche Typen von Einrichtungen gibt es?

- Wie sehen Angebotsprofil und Besucherstruktur von Freizeit- und Themenparks sowie Urban Entertainment Centern aus?

- Welche Inszenierungstechniken benutzen die Erlebnis- und Konsumwelten, um ihre Besucher zu faszinieren?

- Auf welchen Faktoren basiert der Erfolg dieser Einrichtungen?

- Welche Trends zeichnen sich auf dem internationalen Markt ab?

Abb. 4.6/1 *Mit seinen zahlreichen Themenhotels hat sich Las Vegas seit den 1990er-Jahren von einem anrüchigen „Spielerparadies" zu einer familienfreundlichen Vergnügungsmetropole entwickelt. Das Spektrum der inszenierten Themen reicht von Venedig über die Karibik und das alte Ägypten bis hin zum antiken Rom und dem geheimnisvollen Asien.*

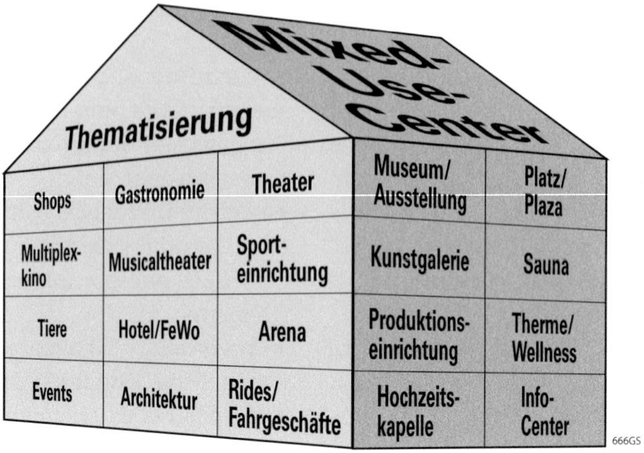

Thematisierung			Mixed-Use-Center	
Shops	Gastronomie	Theater	Museum/ Ausstellung	Platz/ Plaza
Multiplex-kino	Musicaltheater	Sport-einrichtung	Kunstgalerie	Sauna
Tiere	Hotel/FeWo	Arena	Produktions-einrichtung	Therme/ Wellness
Events	Architektur	Rides/ Fahrgeschäfte	Hochzeits-kapelle	Info-Center

666GS

Abb. 4.6.1/1 *Erlebnis- und Konsumwelten sind Mixed-Use-Center – also multifunktionale Einrichtungen, deren Angebot aus unterschiedlichen Bausteinen montiert wird. Ihr spezifisches Profil erhalten sie durch Schwerpunktsetzung in einem Angebotsbereich, der jedoch immer mit anderen, häufig branchenfremden Leistungen verknüpft wird.*

4.6.1 Merkmale und Typen von Erlebnis- und Konsumwelten

Seit den 1980er-Jahren sind weltweit zahlreiche kommerzielle Freizeit- und Tourismuseinrichtungen entstanden, deren erfolgreicher Marktauftritt vor allem auf zwei Unternehmensstrategien basiert:

- Zum einen handelt es sich jeweils um große, multifunktionale Anlagen, in denen zahlreiche Einzelangebote aus Konsum, Kultur und Sport miteinander verknüpft werden. Wie bei einem Büfett können sich die Konsumenten eine individuelle Mischung nach ihrem aktuellen Bedürfnis zusammenstellen.

- Zum anderen werden die Produkte und Dienstleistungen in diesen Einrichtungen mit einem emotionalen Zusatznutzen angereichert (Unterhaltung, Vergnügen etc.). Dazu findet eine erlebnisorientierte Inszenierung von Themen statt, bei der architektonische,

theatralische, künstlerische und technische Mittel zum Einsatz kommen.

Eine exakte Begriffsbestimmung dieser neuartigen Erlebnis- und Konsumwelten erweist sich als schwierig: Aufgrund ihrer zahlreichen Angebotskombinationen und Betriebskonzepte lassen sie sich nicht exakt voneinander abgrenzen. Darüber hinaus weist der Markt dieser Einrichtungen eine extreme Dynamik auf und bringt ständig neue Attraktionen hervor; aus diesem Grund haben Definitionen und Klassifikationen immer nur einen vorläufigen Charakter (MASCHKE, J. 2003).[1]

Unabhängig von der jeweiligen Bezeichnung und dem thematischen Angebotsprofil handelt es sich bei den Erlebnis- und Konsumwelten um Mixed-Use-Center, die nicht eindeutig einem Freizeit-, Handels- oder Dienstleistungsbereich zuzuordnen sind (wie das bei monofunktionalen Einrichtungen der

Fall ist). Ihr Angebot setzt sich vielmehr puzzleartig aus unterschiedlichen Bausteinen zusammen: Dazu können u. a. Geschäfte und Restaurants, Kinos und Ausstellungen, Hotels und Fahrgeschäfte gehören. Wie in einem Baukastensystem werden dabei zumeist standardisierte Einzelangebote zu einem neuen komplexen Gesamtangebot montiert, das häufig unter einem Dachthema auf dem Markt positioniert und intern in Form thematisierter „Welten" gegliedert wird (vgl. Abb. 4.6.1/1).

Aufgrund hoher Investitionen bzw. Mieten finden sich in den Erlebnis- und Konsumwelten vor allem Filialbetriebe national und international agierender Konzerne (Global Players). Der gesamte Angebotsmix basiert auf einem differenzierten betrieblichen Konzept, dessen zentrales Ziel es ist, den Umsatz der Einrichtung zu optimieren. Freizeit- und Kulturangebote dienen vor allem dazu, die Aufenthaltsdauer der Besucher zu verlängern und damit die Konsumtätigkeit zu erhöhen (HATZFELD, U. 1997, 298–299).

Ihr spezifisches Profil erhalten die Mixed-Use-Center durch die Schwerpunktsetzung in einem Angebotsbereich: Die Mehrzahl dieser Einrichtungen werden von den Konsumenten aufgesucht, um dort zunächst eine bestimmte Aktivität auszuüben – z. B. Einkaufen zu gehen, Tiere zu beobachten, Technik zu erleben, Baden zu gehen etc. (vgl. Tab. 4.6.1/1). Ausnahmen stellen die Freizeit- und Themenparks dar, die aus generellen Vergnügungs- und Unterhaltungsmotiven besucht werden, und die Urban Entertainment Center, die zumeist aus mehreren gleichrangigen Bausteinen

bestehen (Shops, Restaurants, Unterhaltungseinrichtungen). Der primäre Nutzen wird durch zusätzliche Angebote aus anderen, häufig branchenfremden Bereichen um einen Zusatznutzen ergänzt; zumeist handelt es sich dabei um freizeitbezogene Dienstleistungen und Produkte. Dadurch entsteht ein multifunktionales „Tainment-Angebot" (Infotainment, Shopotainment, Eatertainment etc.), das den multioptionalen Konsum- und Freizeitbedürfnissen der Konsumenten entspricht (PROBST 2000, P. 110; vgl. Kap. 2.3.4).

Neben der Multifunktionalität gehört die Erlebnisorientierung zu den zentralen Merkmalen dieser Einrichtungen. Zu diesem Zweck betreiben die Mixed-Use-Center ein professionelles „Stimmungsmanagement" (HATZFELD, U. 1997, 299): Durch Kulissenarchitektur, Musik und Gerüche, aber auch mithilfe von Licht- und Geräuscheffekten wird eine ungewöhnliche, emotional aufgeladene Atmosphäre geschaffen. Die Konsumenten können kurzfristig in diese (idealerweise) perfekt inszenierten Themenwelten eintauchen, die in krassem Gegensatz zu der baulich und sozial fragmentierten Alltagswelt der Besucher stehen. Dabei lassen sich vier Dimensionen des Erlebens unterscheiden (GORONZY, F. 2003, 226–228):

- exploratives Erleben (Erkunden, Ausprobieren, Neugierigsein),
- biotisches Erleben (Aktivierung aller Sinne: Hören, Riechen, Schmecken, Sehen, Fühlen),
- soziale Erlebnisse (gemeinsame Aktivitäten mit der Familie, mit Freunden),
- emotionale Erlebnisse (Vergnügen, Entspannung).

Aktivitäts-schwerpunkt	Einrichtungstyp	Ausgewählte Beispiele	Typische Angebots-elemente
Sich vergnügen	Freizeitpark (vgl. Kap. 4.6.2)	Heide-Park, Soltau Hansa-Park, Sierksdorf Holiday Park, Hassloch	Fahrgeschäfte (Rides) + Shows + Gastrono-mie + Einzelhandels-geschäfte + Events (+ zuneh-mend auch Hotels)
	Themenpark	Europa-Park, Rust Disneyland Resort, Paris (F) SeaWorld, Orlando (USA) u. a.	
	Filmpark	Filmpark Babelsberg, Potsdam Bavaria Film Tour, München Universal Studios, Los Angeles (USA) u. a.	
Kurzurlaub verbringen	Themenhotel	Luxor, Las Vegas (USA) The Venetian, Las Vegas (USA) Hard Rock Hotel, Bali (Indo-nesien)	großdimensionierte Hotel- bzw. Bunga-lowanlage + thema-tisch gestaltete Bade-landschaft + Gastro-nomie + Einzelhandel + Sporteinrichtungen + Events
	Ferienpark (vgl. Kap. 4.4.4.2)	Center Parcs Bispinger Heide IFA-Ferienpark Südstrand (Burg auf Fehmarn) u. a.	
	Resorthotel/-anlage	Land Fleesensee, Malchow Atlantis, Paradise Island (Bahamas) El Gouna (Ägypten)	
Einkaufen gehen	Urban Entertain-ment Center (vgl. Kap. 4.6.3)	CentrO, Oberhausen Mall of America, Minneapolis (USA) West Edmonton Mall, Edmonton (Kanada)	großflächiges Shop-ping Center + thema-tisierte Gastronomie + Freizeit-/Kulturan-gebote + Events
Essen gehen	Themenrestaurant	Hard Rock Cafe, Planet Hollywood, Rainforest Café (jeweils mit Filialen an diversen Standor-ten weltweit)	thematisch gestal-tetes Restaurant (Küche, Kulissen, Effekte) + Animation + Merchandising-Shop
Tiere beobachten	Zoo	Erlebniszoo Hannover Burger's Zoo, Arnhem (NL) San Diego Wild Animal Park (USA)	thematische Prä-sentation der Tiere durch Gliederung der Anlage in „Welten" + thematisch gestal-tete Gehege bzw. Becken (Architektur) + Gastronomie + Einzelhandel
	Aquarium	Sea Life Centre, Konstanz u. a. Dom Aquarée, Berlin Monterey Bay Aquarium (USA)	
Pflanzen betrachten	Botanische Indoor-Erlebniswelt	Regenwaldhaus, Hannover Biosphäre, Potsdam Eden Project, Bodelva (GB)	thematische Präsen-tation der Pflanzen + spektakuläre Archi-tektur + Gastronomie

Geschichte/ Kultur erleben	Geschichts- erlebniswelt/ -park	Dungeon, Hamburg u. a. Irish National Heritage Park, Ferrycarrig (Irland)	multimediale Präsentation von Geschichte, Kultur bzw. Technik (Hands-on-Prinzip) + Gastronomie + Einzelhandel
Technik erleben	Science Center/ Wissenschaftspark	Universum, Bremen Technorama, Winterthur (CH) Cité des Sciences et de l'Industrie, Paris (F)	
Baden gehen	Spaß- und Erlebnisbad	Blub, Berlin Alpamare, Bad Tölz Aqualand, Köln	Badeanlage mit mehreren Wasserat- traktionen (Becken, Rutschen, Wellenan- lagen, Saunaanlagen etc.) + Solarien + Gastronomie + Dienstleistungen (Massage, Kurse etc.)
	Thermenanlage	Bodensee-Therme, Überlingen Taunus Therme, Bad Homburg Kurhessen Therme, Kassel	
	Wasserpark	Aquaparc, Le Bouveret (F) Wet 'n Wild (USA) u. a. Seagaia Ocean Dome (Japan)	
Sport treiben	Indoor-Skianlage	Allrounder Mountain Resort, Neuss Alpincenter, Bottrop	Skipiste, Kletterwand bzw. andere Sport- einrichtung + Gastro- nomie + Einzelhandel + Events + Dienst- leitungen (Kurse)
	Indoor-Sportanlage	Extrem – Das Kletterzentrum, Ludwigshafen Kletterzentrum Gaswerk, Zürich (CH) Xscape, Milton Keynes (GB)	
Veranstaltun- gen Besuchen	Arena	Veltins-Arena, Gelsenkirchen Allianz-Arena, München Skydome, Toronto (Kanada)	witterungsunabhän- gige Großveranstal- tungsanlage (über 10 000 Sitzplätze) + Gastronomie + Dienstleistungen
Musik hören	Musical-Center	Neue Flora, Hamburg Starlight Express Theater, Bochum Apollo Theater, Stuttgart	Musical-Aufführung (als Sit-Down bzw. Ensuite-Produktion) + Gastronomie + Einzel- handel + Events
Ins Kino gehen	Multiplex-Kino	bundesweit zahlreiche Kinos der Firmen Cinestar, Cine- maxx, Cineplex, Kinopolis	Kinozentrum mit mehreren Leinwän- den + Gastronomie + Events (IMAX-Kinos mit großer Lein- wand und speziellen Filmen)
	IMAX-Kino	weltweit zahlreiche Kinos an Einzelstandorten, in Urban Entertainment Centern, Muse- en, Science Centern etc.	
Sich über die Herstellung von Produkten informieren	Markenerlebnis- welten (vgl. Kap. 4.5.3.3)	Autostadt Wolfsburg Audi Forum Ingolstadt BMW Welt, München Legoland Deutschland	multimediale Präsen- tation einer Marke bzw. eines Produkts + Museum + Kino + Einzelhandel + Events

Tab. 4.6.1/1 *Der Markt der Erlebnis- und Konsumwelten hat sich in den letzten Jahren immer stärker differenziert; gleichzeitig gibt es zwischen den unterschiedlichen Typen von Einrichtungen zahlreiche inhaltliche Schnittstellen.*

Die Erlebnisorientierung stellt zum einen eine Reaktion auf veränderte Ansprüche der Kunden dar: Vor dem Hintergrund eines hohen Freizeitbudgets und eines lange Zeit wachsenden Wohlstands ist in den westlichen Industriegesellschaften seit den 1990er-Jahren ein dauerhafter Trend zu Hedonismus, Individualismus und Erlebnishunger zu beobachten. Zum anderen zeigen die Konsumgüter- und Dienstleistungsmärkte zunehmende Sättigungstendenzen: Produkte und Serviceleistungen müssen deshalb einen emotionalen oder praktischen Zusatznutzen aufweisen, um sich von anderen Angeboten zu unterscheiden und über Alleinstellungsmerkmale zu verfügen. Über ihre infrastrukturelle Ausstattung hinaus fungieren die Erlebnis- und Konsumwelten als Bühnen für Musik- und Kultur-Events, aber auch für Marketingaktionen der Konsumgüterbranche. Diese Festivalisierung sorgt für eine gleichbleibend große Attraktivität und für eine mittelfristige Bindung der Kunden an die Einrichtungen; der Erfolg dieser Strategie spiegelt sich in hohen Anteilen von Wiederholungsbesuchern wider.

Durch den Markteintritt der Erlebnis- und Konsumwelten hat sich die Wettbewerbssituation für die traditionellen Ausflugs- und Kurzurlaubsreisedestinationen seit den 1990er-Jahren erheblich verschärft: Zum einen fungieren die Mixed-Use-Center als neue Konkurrenten, die aufgrund ihrer großen Besucherzahlen Kunden aus anderen Einrichtungen abziehen; zum anderen setzen sie hinsichtlich Multioptionalität, Erlebnischarakter und Kundenorientierung hohe Standards, an denen sich

auch öffentliche Freizeiteinrichtungen (Museen, Zoologische Gärten etc.) zu orientieren haben, wenn sie konkurrenzfähig bleiben wollen (STEINECKE, A. 2009, 206–244).

Anhand von Freizeit- und Themenparks sowie Urban Entertainment Centern werden im Weiteren das Angebotsprofil, die Besucherstruktur, die Standortfaktoren sowie die Wirkungen von Erlebnis- und Konsumwelten erläutert.

4.6.2 Freizeit- und Themenparks

Unter einem Freizeitpark wird eine kommerzielle Freizeit- und Vergnügungsanlage verstanden, die mindestens 10 ha Fläche und/oder eine jährliche Besucherzahl von 100 000 Personen aufweist. Das Angebotsprofil umfasst dabei u. a. Fahrgeschäfte, Spielanlagen/-geräte, Tiere und Tiergehege, Theater und Shows, Museen und Ausstellungen sowie gastronomische Einrichtungen und Merchandising-/Souvenirgeschäfte (TEMMEN, B., U. HATZFELD & R. EBERT 1993, 74-75). Während diese Einrichtungen in den Freizeitparks unverbunden nebeneinander stehen (wie auf einer Kirmes), verfügen die Themenparks über ein Dachthema bzw. sind intern in thematische „Welten" gegliedert. Als Vorbild fungierte dabei das im Jahr 1955 eröffnete „Disneyland" in Anaheim (Kalifornien), das aus dem „Adventureland", dem „Frontierland", dem „Tomorrowland" u. a. besteht. Innerhalb dieser Mikrowelten findet eine Inszenierung des Themas durch Kulissen, Pflanzen, Rides, Akteure, Musik etc. statt. Durch ihre detaillierte Gestaltung und ihre Geschlossenheit lösen sie bei den Besuchern generell positive emotionale Effekte und speziell ein Gefühl der Geborgenheit aus.

In Deutschland zählen die Freizeitparks zu den traditionellen Erlebnis- und Konsumwelten:

- Als Vorläufer gelten die Lunaparks – stationäre Vergnügungseinrichtungen an städtischen Standorten, die über Fahrgeschäfte, Schaubuden, Restaurants etc. verfügten (Blomeyer, G. R. & B. Tietze 1982; Ebert, R. 1998, 199–201).

- Nach dem Zweiten Weltkrieg entstanden zunächst die Märchenparks mit lebensgroßen, beweglichen und sprechenden Figuren sowie später die Safariparks, in denen die Besucher afrikanische Tiere vom eigenen Auto aus beobachten konnten (Scherrieb, H. R. 1998a, 6). Zu Anfang handelte es sich dabei häufig um kleine Anlagen mit maximal 100 000 Besuchern, die als Familienunternehmen betrieben wurden. Zu den Gründern gehörten u. a. Großgrundbesitzer, Schausteller, Zirkus- und Zoobesitzer, Gastronomen sowie Hersteller von Freizeiteinrichtungen und Fahrgeschäften. Aufgrund der wachsenden Nachfrage kam es dann zu einer Angebotserweiterung, einem Flächenwachstum und einer Neukonzeptionierung.

Nachdem die Zahl der Freizeitparks in den 1960er- und 1970er-Jahren auf ca. 65 Einrichtungen gestiegen war, fand im Weiteren eine Marktbereinigung statt. Die kleinen Parks verloren an Attraktivität und mussten schließen, weil sie mit den hohen Investitionen der großen Parks für aufwendige Attraktionen nicht mithalten konnten. In den 1990er-Jahren stabilisierte sich diese Entwick-

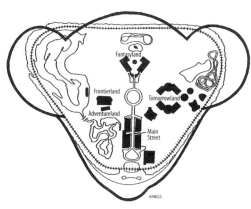

Abb. 4.6.2/1 *Themenparks sind intern in thematische „Welten" gegliedert. Als Vorbild fungiert dabei das im Jahr 1955 eröffnete „Disneyland" in Anaheim (Kalifornien), das u. a. aus dem „Fantasyland", dem „Frontierland", dem „Adventureland" und dem „Tomorrowland" besteht.*

lung; gegenwärtig gibt es in Deutschland ca. 50 größere Freizeitparks mit überregionalem Einzugsbereich und mehr als 100 000 Besuchern. Allerdings hat sich der Konzentrationsprozess innerhalb der Branche fortgesetzt: Die sechs größten Parks (mit jeweils mehr als eine Million Besuchern) erreichen einen Marktanteil von ca. 50 % am gesamten Besucheraufkommen und von 77 % am Gesamtumsatz (Konrath, A. 2000, 106–107).

Die Freizeitparks stehen weiterhin unter einem hohen Investitionsdruck, denn sie müssen in Rhythmen von ein bis zwei Jahren neue Attraktionen schaffen (vor allem spektakuläre Fahrgeschäfte), um die Gäste zu einem Wiederholungsbesuch zu bewegen. So hat z. B. der Marktführer unter den deutschen Freizeitparks – der „Europa-Park" im badischen Rust –

seit der Eröffnung im Jahr 1975 Gesamt–investitionen in Höhe von mehr als 600 Mio. Euro getätigt (EUROPA-PARK 2011). Aus diesem ständigen Erneuerungs- und Erweiterungsbedarf resultiert ein anhaltendes Flächenwachstum der Freizeitparks von ein bis zwei Hektar pro Jahr. Bei der Neuanlage von Parks werden deshalb zumeist große Flächenreserven für künftige Attraktionen vorgehalten. Teilweise kommt es allerdings auch zu einer Verdichtung der Bebauung und damit zu einem schwindenden Anteil von Frei- und Wasserflächen. Der generelle Flächenanspruch von Freizeitparks ist schwer zu bestimmen: In Abhängigkeit vom Betriebskonzept schwankt er zwischen fünf und 165 ha. Da Flächen dieser Größenordnung an innerörtlichen Standorten nicht zur Verfügung stehen, haben die Parks ihren Standort in den Außenbereichen der Ansiedlungsgemeinden. Weitere Standortvoraussetzungen sind ein hohes Bevölkerungs- und Nachfragepotenzial, die Verfügbarkeit von Saison- bzw. Teilzeitarbeitskräften sowie eine leistungsfähige Verkehrsanbindung. Aufgrund der außer- bzw. randstädtischen Lage von Freizeitparks wird der Modal Split (also die Aufteilung des Verkehrsaufkommens auf die unterschiedlichen Verkehrsmittel) durch den privaten Pkw dominiert: Zwischen 70 % und 80 % der Besucher kommen mit dem eigenen Fahrzeug (THUY, P. & H. WACHOWIAK 2008, 11). Der Kerneinzugsbereich eines großen Freizeitparks erstreckt sich auf einen Radius von 1,5 bis 2 Stunden Fahrzeit. Dabei weisen Gruppenreisende, die den Bus benutzen, eine geringere Distanzempfindlichkeit auf.

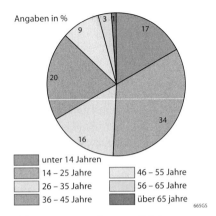

Abb. 4.6.2/2 *Mit ihrem vielfältigen Unterhaltungsangebot und speziell mit ihren spektakulären Fahrgeschäften sprechen die Themenparks (z. B. der „Europa-Park" in Rust) vor allem Jugendliche, junge Erwachsene und Familien mit Kindern an.*

Die Gesamtbesucherzahl in den deutschen Freizeitparks beläuft sich jährlich auf ca. 25 Mio. Gäste. Da es sich bei den Attraktionen häufig um Outdoor-Einrichtungen handelt, weist die Nachfrage einen ausgeprägten saisonalen Verlauf auf (Öffnung von April bis Oktober). Darüber hinaus ist eine erhebliche Wetterabhängigkeit zu beobachten: In regenreichen Sommern kommt es zu einem Nachfragerückgang. Vor allem die größeren Parks haben in den letzten Jahren deshalb zunehmend in den Bau von Indoor-Einrichtungen investiert, um in stärkerem Maß wetterunabhängig zu werden. Durch eine zusätzliche Winteröffnung von November bis Januar erreichen sie außerdem eine bessere Auslastung ihrer Kapazitäten (z. B. „Phantasialand", Brühl; „Europa-Park", Rust).

Aufgrund des breiten Unterhaltungsangebots mit zahlreichen spektakulären Fahrgeschäften (Rides) finden sich in den Freizeitparks vor allem Familien mit Kindern, Jugendliche und junge Erwachsene: So lag z. B. das Durchschnittsalter der Besucher des „Europa-Park" im Jahr 2010 bei ca. 28 Jahren. Als Reaktion auf den demographischen Wandel in Deutschland bieten die Freizeitparks allerdings auch zunehmend Pauschalangebote für Senioren an (Europa-Park 2011; vgl. Abb. 4.6.2/2).

Die ständige Erweiterung des Angebots, aber auch die zeitgemäßen Servicestandards der Parks spiegeln sich in einer großen generellen Akzeptanz, in hohen Zufriedenheitswerten der Besucher und in hohen Wiederholerquoten wider:

- Jeder dritte Bundesbürger besucht mindestens einmal pro Jahr einen Freizeitpark; damit besteht für diese Einrichtungen einerseits eine große Nachfrage, andererseits aber auch noch ein erhebliches Potenzial. In Repräsentativuntersuchungen gaben ca. 70 % der Befragten an, dass sie einem Besuch von Freizeitparks positiv gegenüber stehen (Konrath, A. 2000, 124–125; Opaschowski, H. W., M. Pries & U. Reinhardt 2006, 135).

- Im Vergleich zu öffentlichen Einrichtungen wie Freilichtmuseen, Thermalbädern und städtischen Museen erreichen die Freizeitparks hohe Zufriedenheitswerte: U. Fichtner (2000, 81) ermittelte mithilfe einer elfstufigen Skala (-5 bis + 5) einen Wert von + 4,5; bei Museen lag er hingegen nur bei + 3,3.

- Im Durchschnitt sind zwei Drittel aller Gäste in deutschen Freizeitparks Wie-

derholungsbesucher. Aufgrund der großen Zahl von Attraktionen bleiben die Besucher 5-6 Stunden. Die ständige Erweiterung des Angebots hat eine steigende Aufenthaltsdauer in den Einrichtungen zur Folge: Im „Europa-Park" nahm sie von 8,0 Stunden im Jahr 1996 auf 8,3 Stunden im Jahr 2011 zu – damit erweiterte der Park zugleich seinen Einzugsbereich (Europa-Park 2011).

Da es sich bei Freizeitparks um privatwirtschaftliche und kommerzielle Einrichtungen handelt, basiert ihr Betrieb ausschließlich auf den Ausgaben der Besucher für den Eintritt, die Verpflegung und das Merchandising (im Gegensatz zu Museen, Theatern, Schwimmbädern etc. erhalten sie keine öffentlichen Zuschüsse).

Mit dem Betrieb von Freizeitparks sind für die Standortgemeinden und das Umland positive wirtschaftliche Wirkungen, aber auch ökologische Belastungen verbunden:

- Die Arbeitsmarkteffekte der Freizeitparks sind vor allem vom Betriebskonzept und von der Größe der Einrichtung abhängig. Bei der Mehrzahl der Beschäftigten handelt es sich um ungelernte oder nur niedrig qualifizierte Saison- und Teilzeitkräfte; nur ca. 20 % sind hochqualifizierte Arbeitskräfte (die sich zumeist nicht aus dem lokalen Arbeitsmarkt rekrutieren lassen). Durch den zunehmenden Trend der größeren Parks zu einem ganzjährigen Betrieb nimmt allerdings die Zahl der ganzjährigen Arbeitsplätze zu: Im „Europa-Park" stieg sie z. B. im Zeitraum 2002–2010 von 400 auf 1 000 Beschäftigte (Europa-Park 2011).

- Durch Aufträge an Handwerksbetriebe und Dienstleistungsunternehmen in der Region lösen die Freizeitparks Umsatzeffekte und auch Multiplikatoreffekte aus. Damit sind indirekte Wirkungen auf vor- und nachgelagerte Wirtschaftsstufen gemeint: Die Beschäftigten des Freizeitparks geben einen Teil ihres Einkommens in der Region aus und generieren dadurch Umsätze in regionalen Betrieben, in denen wiederum Arbeitsplätze gesichert werden (Deutscher Bundestag 2010, 3).

- Für die Gemeinden sind die kommunalen Einnahmeeffekte von untergeordneter Bedeutung, da das Gewerbesteuereinkommen im Vergleich zu den notwendigen Infrastrukturleistungen der Kommunen gering ist. Auch die Einnahmen aus der Vergnügungssteuer sind nicht besonders hoch, weil nur einzelne Teile des Parks vergnügungssteuerpflichtig sind. Große Parks können allerdings die Ansiedlung von anderen Unternehmen auslösen (Hotels, Einzelhandelsgeschäfte etc.) und dadurch weitere Einnahmen für die Gemeinden ermöglichen.

- Zu den negativen Effekten von Freizeitparks zählt vor allem das große Verkehrsaufkommen, das durch die Dominanz des privaten Pkw ausgelöst wird: Zusätzlicher Lärm, ein erhöhter Schadstoffausstoß sowie Wasser- und Bodenverunreinigungen sind die Folgen. Außerdem kommt es zu Belastungen der Zufahrtswege, zu einem Durchgangsverkehr in den Nachbargemeinden, zu einem erhöhten Flächenbedarf für den ruhenden Verkehr (Parkplätze) und zu Verkehrsstaus. An den 30–50 Spitzentagen verzeichnete z. B. das „Phantasialand" in Brühl bereits in den 1990er-Jahren ca. 6 000 Pkw pro Tag, die speziell während der vormittäglichen Anreisezeit Rückstauungen auf den benachbarten Autobahnen auslösten (Temmen, B., U. Hatzfeld & R. Ebert 1993, 98).

- Ein weiteres Problem ist der große Flächenverbrauch, der mit dem Bau und dem Betrieb von Freizeitparks verbunden ist. Das Ausmaß hängt wesentlich vom jeweiligen Betriebskonzept ab: So beanspruchen die Safariparks besonders große Flächen, während Parks mit Fahrgeschäften und anderen Attraktionen die vorhandene Fläche intensiv nutzen. In Nordrhein-Westfalen bewegt sich z. B. der Flächenverbrauch zwischen 15 ha im „Potts-Park" in Minden und 80 ha im „Panorama-Park" in Kirchhundem. Bei diesen Flächenangaben ist allerdings der hohe Anteil von gärtnerisch gestalteten Freiflächen zu berücksichtigen: So steht z. B. im „Disneyland Resort Paris" ein Drittel des Geländes unter Naturschutz.

Aufgrund der ökologischen Belastungen stoßen Ansiedlungs- bzw. Erweiterungspläne von Freizeitparks zumeist auf den Widerstand der betroffenen Bevölkerung in der Region; es kommt zu Protesten, zur Bildung von Bürgerinitiativen und zu Gerichtsverfahren. Gleichzeitig stehen die deutschen Parks in einem sich verschärfenden Wettbewerb, der durch folgende Faktoren charakterisiert wird (Konrath, A. 2000, 108–109):

- wachsende Professionalisierung – z. B. durch den Marktauftritt von Global Player wie „Warner Bros." in Bottrop-Kirchhellen (Hemmer, M. 1998; Vossen, J. 2001),

- stärkere internationale Konkurrenz – z. B. durch den Bau bzw. Ausbau anderer Freizeitparks in Europa (Popp, K. 1995),
- kürzere Reinvestitionszeiträume und zunehmende Kapitalintensität – z. B. immer kürzere Lebenszyklen der Attraktionen (Steinecke, A. 2009, 79),
- situatives und individuelles Konsumentenverhalten – z. B. steigende Ansprüche und gleichzeitig zunehmende Preissensibilität der Besucher,
- wachsende Zahl neuer Anbieter von Erlebnis- und Konsumwelten – z. B. Markenerlebniswelten von Konsumgüter (vgl. Kap. 4.5.3.3),
- schlechtere Standortbedingungen in Deutschland – z. B. höhere Belastung als in anderen europäischen Ländern, da der volle Mehrwertsteuersatz abgeführt werden muss.

Auf diese angespannte Marktsituation haben vor allem die großen Freizeitparks in Deutschland mit unterschiedlichen Wettbewerbsstrategien reagiert:

- Durchführung von medienwirksamen Events: In den letzten Jahren haben die Parks nicht nur ihre Infrastruktur durch neue Fahrattraktionen erweitert, sondern sich auch als Bühnen für Events und als Medienstandorte positioniert. Im „Europa-Park" produzieren z. B. TV-Anstalten wie der Bayerische Rundfunk, das ZDF, Sat.1 u. a. jährlich ca. 200 Sendungen, mit denen ein breites Publikum erreicht wird; die Zahl der potenziellen Kundenkontakte beläuft sich auf schätzungsweise 250 Mio. (Europa-Park 2011).
- Erschließung neuer Zielgruppen: Zur besseren Ausschöpfung des Besucherpotenzials wurden Pauschalangebote und Veranstaltungen für neue Zielgruppen konzipiert. Um Lehrer, Schüler und Studenten als Besucher zu gewinnen, veranstaltet der „Europa-Park" z. B. „Science Days", an denen Universitäten ihre Forschungsergebnisse präsentieren können. Für Senioren wurden spezielle Pauschalreiseangebote entwickelt. Darüber hinaus fungieren die Parks zunehmend als Veranstaltungsorte für Tagungen, Konferenzen und Kongresse (Confertainment).
- Ausbau zum Kurzurlaubsreiseziel: Traditionell handelte es sich bei den Freizeitparks um Ziele von monofinalen Ausflugsfahrten. Um die Aufenthaltsdauer zu erhöhen und zusätzliche Einnahmen aus Verpflegung, Übernachtung und Unterhaltung zu erwirtschaften, haben mehrere große Parks ihr Angebotsspektrum um Hotels erweitert und sich dadurch zu Kurzurlaubsreisezielen entwickelt. Der „Europa-Park" betreibt z. B. vier Themenhotels, die im Jahr 2010 eine Auslastungsquote von mehr als 90 % aufwiesen (in der deutschen Hotellerie lag der Durchschnittswert nur bei 36 %) Inzwischen handelt es sich bei jedem vierten Parkbesucher um einen Mehrtagesgast (Europa-Park 2011).

Mit dieser Entwicklung zu Kurzurlaubsreisezielen werden die Freizeitparks zu neuen Konkurrenten für die klassischen Anbieter in diesem Sektor – die Ferienparks (vgl. Kap. 4.4.4.2). Allerdings sehen sich auch die Freizeitparks zunehmend einer neuen Konkurrenz gegenüber – den Urban Entertainment Centern, die in den 1990er-Jahren als innovative Mixed-Use-Center mit einer räumlichen Konzentration von Unterhaltungs-, Einkaufs- und Gastronomieeinrichtungen entstanden sind.

4.6.3 Urban Entertainment Center

Das Konzept der Urban Entertainment Center wurde in den 1980er-Jahren in den USA entwickelt und hat rasch eine internationale Verbreitung erfahren. Es basiert auf der Verknüpfung von unterschiedlichen Einkaufsmöglichkeiten, Freizeiteinrichtungen und Gastronomiebetrieben an einem Standort und zumeist auch unter einem Dach. Diese drei Schlüsselkomponenten können durch zusätzliche Angebotsoptionen ergänzt werden – z. B. Hotels, Museen, Kongresseinrichtungen (vgl. Abb. 4.6.3/1); damit entwickeln sich die Urban Entertainment Center zu Kurzurlaubs- und Geschäftsreisedestinationen.

Der Angebotsmix dieser Mixed-Use-Center wird durch folgende Merkmale charakterisiert (FRANCK, J. 1999, 2000):

- die Erlebnis- und Unterhaltungsorientierung der gesamten Einrichtung und speziell des Handels,
- die Kombination von Versorgung und Unterhaltung,
- die Thematisierung der gastronomischen Angebote,
- die Dominanz der Abendunterhaltung bei den Freizeiteinrichtungen,
- die Veranstaltung von Events, um den Erlebnisinhalt zu gewährleisten und Wiederholungsbesuche zu ermöglichen,
- die einheitliche Konzeption und ein zentrales Management des Centers.

Im Gegensatz zu traditionellen Shopping-Centern weisen Urban Entertain-

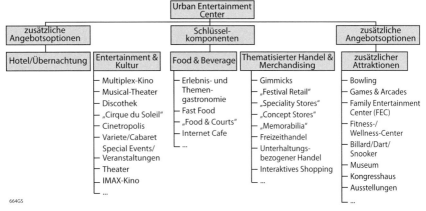

Abb. 4.6.3/1 *Das Konzept der Urban Entertainment Center basiert auf der Verknüpfung unterschiedlicher Einkaufsmöglichkeiten, Freizeiteinrichtungen und Gastronomiebetriebe an einem Standort und zumeist auch unter einem Dach. Diese drei Schlüsselkomponenten können durch zusätzliche Angebotsoptionen ergänzt werden – z. B. Hotels, Museen, Kongresseinrichtungen.*

ment Center einen spezifischen Branchen-Mix des Handels auf: So finden sich zumeist Geschäfte mit Waren des gehobenen Bedarfs, kleine Läden mit Freizeitprodukten und Geschenkartikeln sowie Concept Stores (z. B. „Discovery Channel Store", „Museum Store" oder „Nike Town", in denen eine inszenierte Produktpräsentation stattfindet). Der Lebensmittelhandel spielt hingegen keine große Rolle, da er mit der angestrebten hohen Verweildauer in den Einrichtungen unvereinbar ist.

Um hohe Besucherzahlen und große Frequenzströme innerhalb der Center zu erzeugen, sind attraktive Ankermieter notwendig. Dabei kann es sich sowohl um großflächige Einzelhandelsangebote (Kaufhäuser, Bekleidungsfachgeschäfte, Fachmärkte) als auch um populäre Freizeiteinrichtungen wie Multiplex-Kinos, Musical-Center oder Indoor-Freizeitparks handeln. Durch diese Ankerangebote wird in den Urban Entertainment Centern (abhängig von Angebotsgröße und -bereich) eine jährliche Grundfrequenz von 500 000 bis 2,8 Mio. Besuchern erzielt (ILS 2009, 3).

Da die drei Schlüsselkomponenten (Handel, Gastronomie, Freizeit) und die zusätzlichen Angebotsoptionen unterschiedlichen Bedeutung haben können, ergibt sich eine große Bandbreite verschiedener Typen von Urban Entertainment Centern (FRANCK, J. 1999, 91–93):

- einzelhandelsorientierte Urban Entertainment Center – z. B. Malls wie Meadowhall (Sheffield, GB) oder die Hallen am Borsigturm (Berlin-Tegel), aber auch Erlebnis- und Unterhaltungszentren wie die „Pier 39" (San Francisco, USA) oder „Darling Harbour" (Sydney, Australien) sowie Themen- und Markenkultkonzepte wie die „Forum Shops" (Las Vegas, USA) oder der „Universal City Walk" (Los Angeles, USA),
- Abendunterhaltungszentren – z. B. „Pleasure Island" (Orlando, USA) oder das Freizeit- und Erlebniszentrum „Stuttgart International" (SI),
- mediale und Hightech-Unterhaltungszentren – z. B. „Cinetropolis" (Foxwood, USA) oder „Trocadero" (London, GB).

Die Urban Entertainment Center verfolgen das zentrale Ziel, im Bereich der angebotenen Komponenten einen regionalen Bedeutungsüberschuss zu schaffen und über einen Alleinstellungscharakter im Einzugsgebiet zu verfügen. Durch ihren erlebnisorientierten Angebotsmix wollen sie außerdem eine hohe Anziehungskraft und damit eine hohe Marktdurchdringung erreichen. Die Einbindung von Freizeiteinrichtungen soll für eine hohe Verweildauer sorgen (bis zu sechs Stunden) und auch die Ausgabenbereitschaft der Besucher erhöhen (vor allem durch Spontankäufe). Die räumliche Konzentration der einzelnen Angebote und das zentrale Center-Management dienen dazu, Synergieeffekte zwischen den Nutzungsarten zu schaffen, interne Kostensynergien zu nutzen und Nachfrageschwankungen auszugleichen (QUACK, H.-D. 2001, 33–34).

Die Einzugsgebiete und Zielgruppencharakteristika von Urban Entertainment Centern hängen von der jeweiligen Angebotskonzeption ab. Generell weisen sie bei freizeitorientierten Einrichtungen folgende Merkmale auf:

- Im Gegensatz zu Freizeitparks ist der regionale Einzugsbereich von Urban Entertainment Centern zumeist auf einen Radius von 30–60 Fahrminuten ausgerichtet.
- Unter den Besuchern dominiert die Zielgruppe der 15–45-Jährigen; neben den Bewohnern des Umlandes spielen dabei auch Tagesausflügler und Touristen eine wichtige Rolle.
- Bei den Kunden handelt es sich vor allem um Angehörige der mittleren und oberen sozialen Schicht (vielfach sind es Personen, die in Einfamilienhaushalten wohnen).
- Ein attraktives Veranstaltungsprogramm sorgt dafür, dass es sich bei ca. zwei Dritteln der Nachfrager um Wiederholungsbesucher handelt.

In Deutschland stellt das „CentrO" in Oberhausen ein klassisches Beispiel eines Urban Entertainment Centers dar. Durch den Niedergang der Montanindustrie war Mitte der 1980er-Jahre in der geographischen Mitte Oberhausens eine industrielle Brachfläche von ca. 100 ha entstanden. Angesichts veränderter Wettbewerbsbedingungen konnte die Ansiedlung neuer, großer Industriebetriebe an diesem Standort ausgeschlossen werden. Für diese „Neue Mitte Oberhausen" wurde deshalb ein städtebauliches Rahmenkonzept entwickelt, das u.a. ein komplexes Dienstleistungs- und Freizeitzentrum, einen Büro- und Gewerbepark, ein Technologiezentrum, einen Bootshafen mit Marina, eine Landesgartenschau vorsah. Im Mittelpunkt der ersten Umsetzungsphase stand die Errichtung des „CentrO," das im Jahr 1996 eröffnet wurde; der Angebotsmix umfasst u.a. (BRUNSING, J. 2002):

- eine Shopping Mall (mit mehr als 200 Einzelhandelsgeschäften auf 72 300 m² Nettoverkaufsfläche, davon entfallen 50–60 % auf Textilgeschäfte),
- eine außerhalb angegliederte gastronomische Meile (mit 20 Themenrestaurants),
- ein Multiplex-Kino (mit neun Sälen),
- einen familienorientierten Freizeitpark (mit 80 000 m² Fläche),
- 14 000 kostenlose Parkplätze,
- einen Business Park (mit 110 000 m² Fläche),
- ein Hotel.

In direkter Nachbarschaft sind darüber hinaus weitere Freizeiteinrichtungen entstanden – u.a. die „König-Pilsener"-Arena, ein Musical-Theater sowie ein „Sealife Center".

Seit der Eröffnung stößt das „CentrO" auf große Akzeptanz: Jährlich werden ca. 23 Mio. Besucher gezählt. Wichtigste Besuchsanlässe sind dabei für 22 % der Nutzer der Kombinationskonsum (die Verbindung von Einkaufen und Bummeln), für 17 % das Bummeln (eine freizeit- und erlebnisorientierte Aktivität) und für 13 % kommunikative Elemente (z.B. Freunde treffen). Speziell die Multifunktionalität des „CentrO" wird durch die Besucher positiv bewertet – z.B. der Angebotsmix und die Atmosphäre. Vor diesem Hintergrund ist auch die Tatsache nicht verwunderlich, dass sich die Tagesgäste im „CentrO" deutlich länger aufhalten als in den Fußgängerzonen der Oberhausener Stadtteile (QUACK, H.-D. 2001, 77).

Generell sind durch das „CentrO" die Versorgungsbeziehungen und das Freizeitverhalten der Bevölkerung von Oberhausen grundlegend verändert worden:

Speziell bei Waren des gehobenen Bedarfs (z. B. Elektrogeräte, Bekleidung/ Textilien, Lederwaren) erlitten die traditionellen Geschäftszentren in den Stadtteilen Alt-Oberhausen, Sterkrade und Osterfeld einen deutlichen Funktionsverlust, während sich das „CentrO" als dominierender Versorgungsstandort etablieren konnte. Eine ähnliche Entwicklung hat sich auch im Freizeitbereich vollzogen: Bei innenstadtrelevanten Freizeitaktivitäten wie Einkaufsbummel, Kino- und Gastronomiebesuchen spielt das „CentrO" aufgrund seines breiten und vielfältigen Angebots inzwischen eine dominierende Rolle (WACHOWIAK, H. & H.-D. QUACK 1999, 63–127; KAGERMEIER, A. 2001, 191–195). Diese Veränderungen lassen sich nicht nur für die städtische Bevölkerung beobachten, sondern auch für die Bewohner des Umlands. Aus der hohen Attraktivität der Urban Entertainment Center resultiert eine eigene Zentralität (darunter wird der Bedeutungsüberschuss dieser Einrichtungen verstanden), die Veränderungen in den regionalen Versorgungsstrukturen und in der traditionellen zentralörtlichen Hierarchie auslöst (QUACK, H.-D. 2001, 140).

Mit seinem räumlich konzentrierten Angebotsmix stellt das „CentrO" (wie andere Urban Entertainment Center) eine simulierte idealtypische Innenstadt dar: Auf engem Raum kombiniert es die unterschiedlichen Daseinsgrundfunktionen Versorgung, Arbeit, Erholung, Kommunikation und Bildung (vgl. Abb. 4.6.3/3). Allerdings finden sich diese Einrichtungen nicht immer an innerstädtischen Standorten (wie der Name vermuten ließe). Aufgrund hoher Bodenpreise und

Abb. 4.6.3/2 *Die „Neue Mitte Oberhausen" wird durch das „CentrO" geprägt – ein einzelhandelsorientiertes Urban Entertainment Center mit mehr als 200 Geschäften. Das Angebot umfasst außerdem u. a. eine gastronomische Meile, ein Multiplex-Kino, ein Musical-Theater, ein Aquarium sowie eine Arena.*

fehlender Expansionsmöglichkeiten in den Stadtzentren werden vor allem auch Randlagen und periphere Standorte genutzt; teilweise verfügen die Urban Entertainment Center auch über integrierte Außenbereiche – z. B. die „Pier 39" in San Francisco, der „Universal City Walk" in Los Angeles oder der „Freizeitpark" im „CentrO" (FRANCK, J. 1999, 90). Speziell in diesen Einrichtungen spielen Touristen eine große Rolle als Zielgruppe.

Unabhängig vom jeweiligen Standort versuchen die Urban Entertainment Center, die typischen Innenstadtfunktionen zu reproduzieren. Dabei dienen sie nicht nur als Versorgungs- und Freizeiteinrichtungen, sondern fungieren auch als Bühnen für gesellschaftliche Aktivitäten, die früher in den Stadtzentren stattgefun-

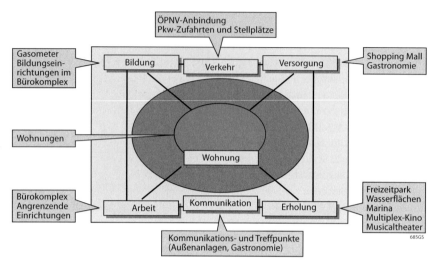

Abb. 4.6.3/3 *Mit seinem räumlich konzentrierten Angebotsmix aus Einzelhandelsgeschäften, Restaurants sowie Freizeit- und Bildungseinrichtungen reproduziert das „CentrO" in Oberhausen (wie andere Urban Entertainment Center) städtische Vielfalt und Urbanität.*

den haben. Vor allem von jüngeren Besuchern werden sie als Treffpunkte für zwanglose soziale Kommunikation genutzt. Im Gegensatz zu einem öffentlichen Platz, Boulevard etc. handelt es sich bei einem Urban Entertainment Center allerdings um ein privates Gelände, in dem die Betreibergesellschaft über das Hausrecht verfügt (sie lässt das Areal von einer eigenen Sicherheitstruppe bewachen und behält sich im Einzelfall die Ausweisung missliebiger Personen vor – z. B. von Obdachlosen oder Bettlern). Damit tragen Urban Entertainment Center zu einer Privatisierung des öffentlichen Raumes bei, für die es vor allem in den USA bereits zahlreiche Beispiele gibt – z. B. Sky Walks (geschlossene Fußgängerbrücken in den Innenstädten), Festival Markets (private

Mixed-Use-Center in historischen Gebäuden) sowie eingezäunte und bewachte Neighbourhoods bzw. Gated Communities (HAHN, B. 1996). Diese Entwicklung hat weitreichende gesellschaftspolitische Implikationen, denn sie führt speziell zur Ausgrenzung von finanzschwachen Bevölkerungsgruppen und von Personen mit abweichendem Verhalten, aber generell auch zum Verlust von Öffentlichkeit (so gehört z. B. das Demonstrationsrecht im öffentlichen Raum zu den zentralen Bestandteilen demokratischer Gesellschaften).

Sicherheit, Sauberkeit und Bequemlichkeit zählen aber aus Sicht vieler Konsumenten zu den zentralen Attraktionsfaktoren eines Urban Entertainment Centers: Kundenbefragungen kamen zu dem Ergebnis, dass die gepflegte Atmosphäre, die einheitlichen Öffnungszeiten, die gute Beschilderung, die Wetterunabhängigkeit und die kostenlosen Parkplätze von den Besuchern besonders positiv wahrgenommen werden (QUACK, H.-D. 2001, 125–127). Aus der Sicht von Kritikern fungieren diese Einrichtungen damit als Projektionsflächen „vereinfachter Wunschvorstellungen eines geordneten, überschaubaren, sauberen, sicheren, schönen und bequemen städtischen Lebens" (ERNST, C. 2002, 16). Derartige Wünsche sind vor dem Hintergrund von Fehlentwicklungen in vielen deutschen Städten entstanden: Dazu zählen neben den Bausünden der 1970er- und 1980er-Jahre auch die schlechte Ausstattung mit Parkplätzen (bzw. die teure Bewirtschaftung des Parkraums) sowie die Dominanz von wenigen Einzelhandelsketten (ROMEISS-STRACKE, F. 1999, 143). Darüber hinaus fühlen sich viele Konsumenten in den Innenstädten durch Schmutz, Lärm, Abgase und Graffiti, aber auch durch Drogenabhängige, Stadtstreicher etc. belästigt.

In dieser Situation bieten die Urban Entertainment Center ein zeitgemäßes und attraktives Angebot, das auf einem professionellen Marketing, einem „All-in-one"-Management, einem vielfältigen und vernetzten Angebots-Mix sowie einer konsequenten Serviceorientierung basiert und außerdem mit Entertainment- und Animationselementen angereichert ist. Vor diesem Hintergrund haben sie sich in den letzten Jahren über die Versorgungsfunktion hinaus zu bedeutenden Zielen für den Tagesausflugsverkehr und auch für Kurzurlaubsreisen entwickelt. Speziell bei den gro-

ßen Urban Entertainment Centern – wie dem „CentrO" (Oberhausen), der „West Edmonton Mall" (Edmonton, Kanada) oder der „Mall of America" (Minneapolis, USA) – ist eine Integration von Freizeit- und Übernachtungseinrichtungen zu beobachten, die bereits für sich genommen erlebnisorientierte Mixed-Use-Center darstellen. Dazu zählen Freizeitparks, Musical-Center, Multiplex-Kinos etc. Sie treten damit als neue Konkurrenten für Freizeit- und Kultureinrichtungen auf, aber auch für Ausflugsziele und Kurzurlaubsdestinationen. Eine Analyse der Faktoren, die für den erfolgreichen Marktauftritt der Erlebnis- und Konsumwelten verantwortlich sind, liefert deshalb wichtige Hinweise darauf, wie die traditionellen Anbieter ihr Angebot verbessern können.

4.6.4 Erfolgsfaktoren von Erlebnis- und Konsumwelten

Große Besucherzahlen sowie hohe Zufriedenheitswerte und Wiederbesuchsquoten sind deutliche Belege dafür, daß es sich bei den Erlebnis- und Konsumwelten um marktgerechte und kundenorientierte Einrichtungen handelt.[3] Der Erfolg dieser Einrichtungen, die sich alle an der Schnittstelle von Wirtschaft, Unterhaltung, Konsum, Freizeit und Tourismus positionieren, basiert dabei auf dem Zusammenspiel mehrerer Faktoren (STEINECKE, A. 1997, 2000a; vgl. Abb. 4.6.4/1):

- Marken: In gesättigten Konsumgüter- und Freizeitmärkten gelingt es den Erlebnis- und Konsumwelten, den Kunden ein klares und attraktives Profil zu signalisieren. Sie entwickeln sich damit zu eigenständigen Mar-

Die Schaffung von Illusionen in Erlebnis- und Konsumwelten

Viele Erlebnis- und Konsumwelten basieren auf dem Grundprinzip der Inszenierung eines Themas – z. B. Natur (Regenwald, Vulkane), Geschichte (Ritter, Piraten), exotische Welten (Karibik, Ägypten), Zukunft (Weltraumfahrt) und Kino (Wilder Westen). Um für die Besucher eine perfekte Illusion zu schaffen, werden (garten)architektonische, theatralische, mediale und technische Techniken verwendet. Dabei greifen die Planer von Erlebnis- und Konsumwelten auf historische Vorbilder zurück, die bis in das 17. Jh. zurückreichen (Brittner, A. 2002, 71–88; Steinecke, A. 2009, 13–27):

- Architektur: Das jeweilige Thema wird häufig durch eine spektakuläre Außenarchitektur signalisiert. Besonders beeindruckende Beispiele stellen die Themenhotels in Las Vegas dar:„Luxor" (eine riesige Glaspyramide), „Excalibur" (eine überdimensionierte Burg), „New York, New York" (ein Nachbau der Skyline von Manhattan) u. a. In den Erlebnis- und Konsumwelten findet eine detailreiche innenarchitektonische Umsetzung des Themas statt (z. B. durch Türschilder, Möbel, Kleidung der Mitarbeiter). Diese Methode der Inszenierung gab es bereits in den Modebädern am Ende des 19. Jh. (Fin de Siècle): So wurde z. B. das Konversationshaus in Baden-Baden mithilfe von Kulissen, Gemälden und Pflanzen in einem orientalischen Dekorationsstil errichtet, der den wirklichen Orient jener Zeit bei weitem übertraf. Bei seinem Besuch in Baden-Baden war der Sultan Abdul-Medjid derart beeindruckt, dass er die europäischen Architekten beauftragte, Teile seines Palastes in Istanbul orientalisch zu gestalten (Steinhauser, M. 1974, 115).

- Gartenarchitektur: Um Illusionsbrüche zu vermeiden, werden die Erlebnis- und Konsumwelten gegenüber der Umgebung zumeist durch Bepflanzung abgegrenzt (z. B.„Magic Kingdom" der„Disney"-Themenparks,„Erlebniszoo" in Hannover). Dieses landschaftsplanerische Prinzip stammt aus den englischen Landschaftsparks des 19. Jh., in denen mithilfe von Solitärbäumen, Baumstreifen, Hainen und Wiesen eine scheinbar unberührte Natur geschaffen wurde (Butlar, A. 1998). Um den Besuchern die Orientierung innerhalb der Einrichtungen zu erleichtern, kommen auch Elemente aus den französischen Barockgärten des 17. und 18. Jh. zum Einsatz – z. B. Sichtachsen, an deren Ende sich spektakuläre Gebäude als Points de Vue befinden (z. B. das „Cinderella Castle" in den „Disney"-Themenparks).

- Technik: Eine perfekte Illusion basiert auch auf einer multisensualen Ansprache der Besucher – durch Gerüche, Geräusche und Lichteffekte. So finden z. B. in den Themenrestaurants „Rainforest Café" regelmäßig inszenierte Gewitter mit Sprühregen statt, bei denen sich die Raumtemperatur und die Luftfeuchtigkeit erhöhen. Ein Vorbild für diese Techniken gab es bereits auf der Weltausstellung im Jahr 1900 in Paris: Dort konnten die Besucher in einem „Maréorama" eine simulierte Seereise nach Konstantinopel unternehmen – einschließlich salzigem Meerwind und Schiffsbewegungen (Teschler, C. 1998). Zum Standardrepertoire von Erlebnis- und Konsumwelten gehören auch Vulkan-Ausbrüche, die mit großem technischen Aufwand inszeniert werden – z. B. vor dem Hotel „Mirage" in Las Vegas oder im japanischen Erlebnisbad „Seagaia Ocean Dome". Diese Technik der Inszenierung kam bereits im 18. Jh. im Landschaftspark Wörlitz (Sachsen-Anhalt) zum Einsatz: Im Inneren eines künstlichen Bergs wurde Rauch produziert und der glühende Lavastrom mithilfe von bunten Glassteinen imitiert (Holmes, C. 2001, 108).

ken, die den Konsumenten zum einen Orientierung und Markttransparenz bieten, zum anderen aber auch eine starke emotionale Bindung an die Einrichtungen schaffen. Gleichzeitig fungieren die Einrichtungen auch als Plattformen für die Inszenierung von Markenprodukten.

- Illusionen: Nachdem die Phase des ausschließlichen Versorgungskonsums für breite Teile der Bevölkerung abgeschlossen ist, suchen die Kunden – in Verbindung mit der Einkaufssituation – nach neuen Erlebnissen und Erfahrungen. Dabei wollen sie sich für kurze Zeit in Traumwelten bewegen, die ihren Lebensalltag überhöhen.

- Normung: Die Vielzahl der Konsum- und Dienstleistungsangebote wirkt beunruhigend und verwirrend auf die Verbraucher: Einerseits wollen sie nichts Wesentliches verpassen, andererseits suchen sie planbare Konsumsituationen mit klaren Standards. Erlebnis- und Konsumwelten bieten klar strukturierte und zugleich multioptionale Konsummöglichkeiten.

- Dramaturgie: In den neuen Konsumsituationen wird das Besondere und das Einmalige gesucht (Once-in-a-lifetime-events). Diese Gegenwelten zum Alltag müssen von den Anbietern theatralisch inszeniert werden – mit Kulissen, Spezialeffekten und Mitarbeitern, die ihre jeweilige Rolle spielen (die Mitarbeiter in den „Disney"-Parks werden deshalb auch als Cast Members bezeichnet).

- Stories/Themen: Generell bestehen die Erlebnis- und Konsumwelten häufig aus Kulissen, in denen mit dramaturgischen Mitteln Geschichten erzählt werden: Besonders gute Storyteller

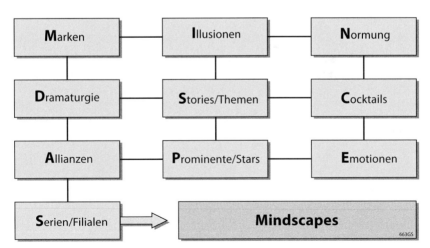

Abb. 4.6.4/1 *Der Erfolg der Erlebnis- und Konsumwelten basiert auf dem Zusammenwirken zahlreicher Faktoren. Aus Sicht der Konsumenten entstehen dadurch neuartige „Mindscapes": Traum- und Gegenwelten zum Alltag, Treffpunkte für zwanglose soziale Kommunikation und Schauplätze nicht-alltäglicher Ereignisse.*

Abb. 4.6.4/2 *Aufgrund ihres hohen Besucheraufkommens sind Erlebnis- und Konsumwelten ideale Partner von Unternehmen der Konsumgüterindustrie; diese nutzen die entspannte Freizeitatmosphäre dazu, Werbung für ihre Produkte zu machen.*

sind die Themenrestaurants mit ihren Geschichten von der Macht der Musik („Hard Rock Café"), vom Glanz Hollywoods („Planet Hollywood") oder von der Schönheit des Regenwaldes („Rainforest Café").

- Cocktails: Ein zentraler Bestandteil der „Mehr-Kultur" zu Beginn des 21. Jh. ist der Wunsch, an einem Ort aus zahlreichen Optionen nach eigenem Geschmack auswählen zu können. Durch ihr Baustein-Prinzip entsprechen die Erlebnis- und Konsumwelten diesen Konsumbedürfnissen.
- Allianzen: Nachdem sich die klassischen Instrumente der Werbung zunehmend als ineffektiv erweisen, suchen die Konsumgüterindustrie, aber auch die Tourismusbranche nach neuen Formen der Kommunikation mit den Kunden. Dabei stellen Erlebnis- und Konsumwelten – als Standorte mit hoher Besucherfrequenz – generell ideale Partner für strategische Allianzen dar. Teilweise werden einzelne „Welten" von den Herstellern von Markenprodukten thematisch gestaltet (vgl. Abb. 4.6.4/2).

- Prominente: Wichtige Motoren der Mediengesellschaft sind die Stars – und der Wunsch der Masse, den Stars einmal ganz nahe zu sein. Speziell die Themenrestaurants wie die „Hard Rock Cafés" mit ihren Videoclips und Memorabilia-Sammlungen basieren auf diesem Prinzip. Andere Erlebnis- und Konsumwelten nutzen den Kultcharakter von Stars vor allem bei der Durchführung von Events.
- Emotionen: Die Inszenierung von Themen und Stories in den Erlebnis- und Konsumwelten hat das zentrale Ziel, bei den Kunden positive Gefühle zu erzeugen. Solche Konsumsituationen stellen zum einen das geeignete Umfeld für Hochpreisprodukte dar, zum anderen bieten sie die Möglichkeit, die Nachfrager intensiv an die Einrichtung zu binden.
- Serien/Filialen: Bei vielen neuen Freizeit- und Konsumangeboten (Musicals, Themenrestaurants etc.) lässt sich ein Trend zur Filialisierung beobachten. Die Minimierung der unternehmerischen Entwicklungskosten und der Wunsch der Kunden nach Produktsicherheit sind die zentralen Steuerfaktoren dieser Entwicklung.

Der Erfolg der Erlebnis- und Konsumwelten basiert also auf dem Zusammenwirken zahlreicher Faktoren – vom Markencharakter der Einrichtungen über die Dramaturgie und die Stories/Themen bis hin zur Vermittlung von Emotionen. Durch die Integration dieser Bausteine entstehen aus Sicht der Konsumenten zugleich auch neuartige Mindscapes: Im Gegensatz zu authentischen Kulturlandschaften (Landscapes) werden darunter narrative Räume verstanden: Traum- und Gegenwelten zum Alltag, Treffpunkte für zwanglose soziale Kommunikation und Schauplätze ungewöhnlicher Erlebnisse. Aus der bisherigen Popularität dieser Einrichtungen und dem Erlebnishunger der Kunden lassen sich die künftigen Perspektiven der Erlebnis- und Konsumwelten ableiten – eine ständige Steigerung und Erneuerung des Angebots sowie ein Vordringen thematisierter Konzepte in alltägliche Lebenswelten.

4.6.5 Perspektiven von Erlebnis- und Konsumwelten

Generell erweist sich der Freizeitimmobilienmarkt auf nationaler und internationaler Ebene als einer der wenigen Immobilienmärkte, die eine expansive Entwicklung aufweisen; dabei lassen sich folgende Trends der Erlebnis- und Konsumwelten beobachten (FRANCK, J. 2000, 33–36):

- Trend zur Kommerzialisierung und Professionalisierung des Freizeitanlagenmarktes – u. a. durch zunehmende Aktivitäten privater Unternehmen sowie interne Schulungs- und Kontrollmaßnahmen zur Verbesserung der Serviceleistungen,

- Trend zu Internationalisierung und Verflechtung von Freizeitgroßunternehmen – u. a durch nationale und internationale Joint Ventures, Beteiligungen bzw. Übernahmen sowie durch Filial- und Franchisesysteme sowie durch internationale Aktivitäten der einzelnen Unternehmen,

- Trend zu einer weiteren Differenzierung des Freizeitanlagenmarktes – u. a. durch neue Angebote aufgrund technologischer Entwicklungen (mediale Erlebniswelten) sowie durch Indoorkonzepte für klassische Outdooraktivitäten (z. B. Snowdomes, Kletterzentren),

- Trend zu großdimensionierten Einrichtungen sowie zur Bündelung von Freizeitaktivitäten – z. B. Mega-Arenen und Mega-Bowlingcenter, aber auch Kooperationen zwischen einzelnen Freizeitanlagen,

- Trend zur Nutzung von Freizeitanlagen als Instrument der Markenkommunikation – z. B. durch Markenerlebniswelten, in denen die Produktpräsentation mit Elementen aus Themenparks, Museen u. a. verknüpft wird (vgl. Kap. 4.5.3.3).

Neben diesen brancheninternen Trends sind speziell in den USA seit einigen Jahren Entwicklungen festzustellen, künstliche Welten nicht länger auf den Bereich der Freizeit und des Tourismus zu beschränken, sondern sie als alltägliche Wohn- und Arbeitswelten zu gestalten:

- Schaffung thematisierter Siedlungen und Städte: Zu den Vorreitern dieser „medial inszenierten Stadtplanungsvorhaben" (KERSTING, R. 2002, 29) zählt die „Walt Disney Company", die im Jahr 1996 die Stadt Celebration

Dubai – eine Tourismusdestination als spektakuläre Erlebnis- und Konsumwelt

Wohl wenige Städte der Welt haben sich innerhalb weniger Jahrzehnte so stark verändert wie die Küstenstadt Dubai am Persischen Golf. Bis in die 1960er-Jahre war der kleine Hafenort allenfalls ein Handelsplatz für die Nachbarregionen und ein Zentrum der Perlenfischerei – es gab keine zentrale Wasser- und Stromversorgung, die Straßen waren nicht gepflastert und ein großer Teil der Bevölkerung lebte in einfachen Hütten aus Palmenzweigen (Oestreich, H. & K. Schliephake 2005).

Mit den ersten Erdölfunden und dem anschließenden Bau großer Offshore-Anlagen begann in der Region eine rasante wirtschaftliche Entwicklung. Allerdings wurde rasch deutlich, dass Dubai – im Vergleich zu den übrigen Ländern der Vereinigten Arabischen Emirate – über wesentlich geringere Reserven verfügt (sie werden innerhalb der kommenden vier Jahrzehnte erschöpft sein).

Vor diesem Hintergrund verfolgt das Land seit einiger Zeit eine wirtschaftliche Diversifizierungsstrategie, in der u. a. der Tourismus eine wichtige Rolle spielt. Dabei wird das übergeordnete Ziel verfolgt, die Stadt zu einem „International Business and Service Hub" zu machen (Müller, B. 2010, 85). Neben Sonne und Stränden verfügt Dubai über keine spezifischen touristischen Potenziale – und damit auch nicht über die Möglichkeit, mithilfe kultureller bzw. natürlicher Attraktionen ein eigenständiges Profil im Sinne einer Unique Selling Proposition zu entwickeln.

Um sich dennoch dauerhaft auf dem internationalen Tourismusmarkt zu positionieren, verfolgt Dubai unter dem Leitbild „Übermorgenland" eine Strategie des Spektakels und der Superlative, die vor allem in Form gigantischer Bauprojekte umgesetzt wird:

- Weltweite Aufmerksamkeit erlangte die Stadt bereits durch die eindrucksvolle Architektur des Luxushotels „Burj Al Arab", das im Jahr 1999 eröffnet wurde (vgl. Abb. 4.6.5/2). In Form eines riesigen Schiffssegels entstand eine postmoderne Architektur-Ikone und damit zugleich ein einprägsames touristisches Markenzeichen (die unverwechselbare Silhouette zierte eine Zeitlang sogar die örtlichen KfZ-Kennzeichen).
- Seit 2001 entstand vor der Küste die künstliche Inselwelt „The Palm"; auf 560 ha Fläche wurden mehrere Tausend Villen sowie zahlreiche Hotels gebaut (u. a. das Luxushotel „Atlantis The Palm", das über mehr als 1 500 Zimmer sowie ein Mega-Aquarium und einen Wasserpark verfügt).
- Im Jahr 2005 wurde die „Mall of the Emirates" eröffnet – mit 223 000 m² Verkaufsfläche eines der weltweit größten Shopping Center. Als besondere Attraktion verfügt es über eine große Indoor-Skianlage („Ski Dubai").
- Mit dem „Burj Khalifa", der im Zeitraum 2004–2010 errichtet wurde, besitzt Dubai das derzeit höchste Bauwerk der Welt (828 m Höhe, 189 Stockwerke).

Diese Infrastrukturmaßnahmen werden durch das „Department of Tourism and Commerce Marketing" (DTCM) mit einer professionellen PR-Arbeit begleitet; die staatliche Organisation präsentiert Dubai auf zahlreichen internationalen Messen, unterhält 14 Auslandsvertretungen und betreut jährlich Tausende von Medien- und Tourismusvertretern. Darüber hinaus organisiert sie ständig publikumswirksame Events, um immer wieder Aufmerksamkeit für Dubai zu erzeugen – vom regelmäßig stattfindenden „Dubai Shopping Festival" über Großfeuerwerke anlässlich der Eröffung neuer Hotels bis hin zu einem Tennisspiel zwischen Roger Federer und Andre Agassi auf der Hubschrauberlandeplattform des Hotels „Burj Al Arab" (SCHMID, H. 2009).

Als Folge dieser umfassenden Ausrichtung auf den internationalen Tourismus konnte die Zahl der Besucher von 600 000 (1990) auf 8,6 Mio. gesteigert werden. Die weltweite Finanz- und Bankenkrise in den Jahren 2008/09 sowie der überhitzte Immobilienmarkt in Dubai haben allerdings zur Folge gehabt, dass sich die zunächst boomartige Entwicklung inzwischen verlangsamt hat. Einige Mega-Vorhaben sind nur teilweise realisiert worden – z. B. „DubaiLand" (das als größtes Urban Entertainment Center der Welt angekündigt wurde) oder das Projekt „The World", bei dem mehr als 200 künstliche Inseln in Form einer Weltkarte angeordnet werden. Auch die angestrebte Besucherzahl von 15 Mio. ist im Jahr 2010 nicht erreicht worden.

Darüber hinaus verweisen Kritiker zunehmend auf die gesellschaftlichen und ökologischen Kosten des bisherigen Wachstums – z. B. die unwürdigen Arbeitsbedingungen der schlecht bezahlten Gastarbeiter aus Indien, Pakistan, Sri Lanka und Bangladesh sowie den enormen Verbrauch an Energie und an Wasser (er liegt in Dubai bei ca. 600 l/ Person/Tag – in Deutschland hingegen „nur" bei ca. 120 l).

Abb. 4.6.5/1 *Mit dem spektakulären Luxushotel „Burj Al Arab" ist es Dubai gelungen, weltweit Aufmerksamkeit zu erzielen und sich als attraktive Destination auf dem internationalen Tourismusmarkt zu positionieren.*

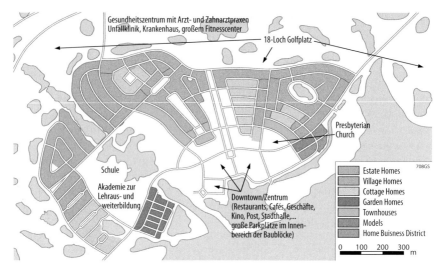

Abb. 4.6.5/2 *In den USA besteht bereits seit mehreren Jahren ein Trend zur Schaffung von thematisierten Wohn- und Arbeitswelten. Zu den Vorreitern zählt die „Walt Disney Company", die im Jahr 1996 in Florida die Stadt Celebration gründete, in der einmal 20 000 Einwohner leben sollen.*

(Florida) gründete – ein funktionsfähiges Gemeinwesen, in dem einmal 20 000 Einwohner leben sollen. Auf der Basis der architektonischen und planerischen Erfahrungen in den Themenparks wurde Celebration als idyllische Kleinstadt in einem historisierenden und romantisierenden Stil errichtet. Als Vorbild fungierten dabei Südstaaten-Städte wie Charleston oder Savannah, deren traditionelle Architektur bei der Gestaltung der sechs Haustypen aufgenommen wurde. Das Konzept basiert auf fünf Säulen: gute Architektur, gute Schulausbildung, gesicherte medizinische Versorung, moderne Technologie und sicheres Leben in einer funktionierenden Gemeinschaft (ROOST, F. 2000; vgl. Abb. 4.6.5/1). Dieser Trend zur Schaffung

thematisierter Siedlungen ist inzwischen auch in Europa zu beobachten: In Großbritannien hat der britische Thronfolger Prince Charles –in Zusammenarbeit mit dem Architekten Rob Krier – den Masterplan für den Stadtteil Poundbury in Dorchester entworfen. Mit einer (angeblich) traditionellen Architektur und dem kleinstädtischen Leben in einer überschaubaren Gemeinschaft wirkt der Ort wie ein Zitat der „Disney"-Planungen für Celebration (STEINECKE, A. 2009, 258).

• Thematisierte Umgestaltung traditioneller Geschäfts- und Wohnviertel: Darüber hinaus lassen sich vor allem in den USA Trends beobachten, traditionelle Geschäfts- und Wohnviertel nach dem Vorbild thematischer Kunstwelten im Rahmen von Public-

Private-Partnerships zu gestalten und als attraktive Einkaufs-, Freizeit-, Wohn- und Geschäftsquartiere neu zu positionieren. Als ein Beispiel für diese Entwicklung ist das „42nd Street Development Project" in New York zu nennen. Mit erheblichen öffentlichen Subventionen und privaten Investitionen wurde dieses Viertel rund um den Times Square in den letzten 20 Jahren zu einem Vergnügungs- und Geschäftszentrum umgebaut, das alle Merkmale eines Urban Entertainment Centers aufweist – spezialisierte Einzelhandelsgeschäfte, Themenrestaurants, Hotels, Musical-Theater etc., aber auch zahlreiche Büroflächen (ROSENFELD, M. 1999). Andere Beispiele für derartige Urban Entertainment Districts sind die „Third Street Promenade" in Santa Monica (Kalifornien), die „Victoria & Alfred Waterfront" in Kapstadt oder „Darling Harbour" in Sydney. Diese internationalen Entwicklungen geben deutliche Hinweise auf die Zukunft der Erlebnis- und Konsumwelten: Thematisierung und Erlebnisorientierung werden sich künftig nicht mehr auf einzelne Freizeit- und Konsumeinrichtungen beschränken, sondern alltägliche Wohn- und Arbeitswelten erfassen. Dabei wird sich der Trend zur Entgrenzung von Lebensbereichen fortsetzen, der sich bereits seit den 1990er-Jahren abzeichnet. In den thematisierten Quartieren der Zukunft werden sich nicht mehr nur die Versorgungs-, Unterhaltungs- und Urlaubsbedürfnisse der Menschen materialisieren, sondern vor allem auch umfassendere Lebensbedürfnisse – nach Sicherheit, nach Gemeinschaft und nach Heimat.

Obendrein werden die Erlebnis- und Konsumwelten als Vorbilder für traditionelle Destinationen fungieren, eine entsprechende Erlebnis-Atmosphäre zu kreieren, die den komplexen Wünschen der Gäste entspricht. Diese Thematisierung des Raumes hat längst begonnen – mit der Schaffung von Regionalmarken, der Einrichtung von Themenrouten und der Durchführung thematischer Events (SCHEURER, R. 2003; STEINECKE, A. 2009, 269–287).

Zusammenfassung

Fazit

- Bei Erlebnis- und Konsumwelten handelt es sich um (zumeist großflächige) kommerzielle Einrichtungen; gemeinsame Merkmale sind die Multifunktionalität sowie die erlebnisorientierte Inszenierung von Themen.
- Erlebnis- und Konsumwelten werden aus standardisierten Angebotselementen montiert (häufig handelt es sich dabei um Filialbetriebe aus Gastronomie, Einzelhandel, Unterhaltung etc.); auf diese Weise entstehen marktorientierte Mixed-Use-Center.
- Speziell auf internationaler Ebene erweist sich dieses Marktsegment als extrem dynamisch; ständig werden neue Angebotskombinationen und Betriebskonzepte produziert, sodass eine exakte Begriffsbestimmung recht schwierig ist (Entgrenzung).
- Die Inszenierung der Themen erfolgt mithilfe diverser Techniken, die aus dem Theater, der Architektur, dem Gartenbau und der Musik stammen; dabei reichen die Wurzeln bis in das 18. Jh. zurück (z.B. künstliche Vulkane).

- Ziel der Inszenierung ist es, den Besuchern eine perfekt gestaltete, illusionäre Gegenwelt zum Alltag zu bieten und sie möglichst lange in der Einrichtung zu halten (um auf diese Weise den Umsatz zu erhöhen).
- Das Spektrum der Erlebnis- und Konsumwelten reicht von Themenparks und Themenhotels über Urban Entertainment Center und Themenrestaurants bis hin zu Zoologischen Gärten und Wasserparks.
- Die Entwicklung der Freizeit- und Themenparks wurde weltweit durch die Ideen von Walt Disney beeinflusst. Im Jahr 1955 gliederte er sein „Disneyland" erstmalig in mehrere „Welten" („Adventureland", „Frontierland" etc.), in denen er das jeweilige Thema mit Kulissen, Geräuschen, Pflanzen und Akteuren inszenierte.
- In Europa reagieren die großen Themenparks gegenwärtig mit mehreren Strategien auf den harten Wettbewerb – mit der Durchführung von Events, mit der Erschließung neuer Zielgruppen (Senioren) und speziell mit einem Ausbau zu Kurzurlaubsreisezielen (durch eigene Themenhotels).
- Ein zweites Beispiel für erfolgreiche Erlebnis- und Konsumwelten sind die Urban Entertainment Center (z. B. das „CentrO" in Oberhausen); zu den Schlüsselkomponenten gehören Einkaufsmöglichkeiten, Freizeiteinrichtungen und Gastronomiebetriebe
- Mit ihrem räumlich konzentrierten Angebotsmix simulieren die Urban Entertainment Center die urbane Vielfalt traditioneller Innenstädte; allerdings

handelt es sich um privatwirtschaftliche Einrichtungen mit Hausrecht und eigenem Sicherheitspersonal.
- Durch die Umwandlung innerstädtischer Quartiere in Urban Entertainment Districts findet eine schleichende Privatisierung des öffentlichen Raumes statt, die von Kritikern sogar als Bedrohung für die Demokratie betrachtet wird.
- In den USA und Großbritannien sind (neben thematischen Wohn- und Geschäftsvierteln) inzwischen sogar schon thematisierte Siedlungen und Städte entstanden – z. B. die Kleinstadt Celebration in Florida, die von der „Walt Disney Company" nach dem Vorbild ihrer Themenparks angelegt wurde.
- Der weltweite Erfolg der Erlebnis- und Konsumwelten lässt sich anhand des „Mindscpapes"-Modells verdeutlichen. Durch ein Zusammenspiel zahlreicher Faktoren entstehen illusionäre Gegenwelten zum Alltag, Treffpunkte für zwanglose soziale Kommunikation und Bühnen für die Selbstdarstellung.

Zum Einlesen

STEINECKE, A. (2009): Themenwelten im Tourismus. Marktstrukturen – Marketing-Management – Trends, München/Wien
Das erste deutschsprachige Studienbuch zu diesem Thema vermittelt einen umfassenden Überblick über den Markt der Erlebnis- und Konsumwelten.

KÖHLER, S. (2007): Künstliche Erlebniswelten: Eine kommentierte Bibliographie, Frankfurt a. M. u. a.
Aufgrund der kurzen Kommentare bietet die umfangreiche Literaturzusammenstellung auch einen guten inhaltlichen Einstieg in unterschiedliche Aspekte der Erlebniswelten (Angebot, Nachfrage, Effekte, Perspektiven).

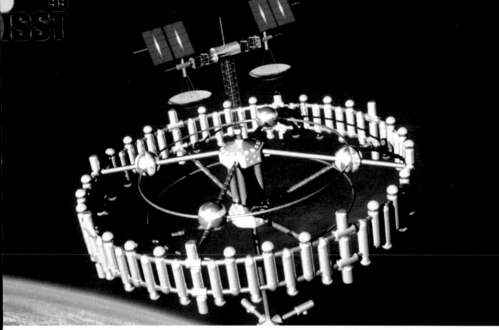

Abb. 5/1 *Die Erde ist touristisch erschlossen – doch der Drang, neue und unbekannte Welten zu bereisen, bewegt die Menschen weiterhin. Als letzte Frontier bleibt das All und so gibt es schon seit einigen Jahren konkrete Pläne für den Bau von Weltraumhotels.*

5 Die Zukunft des Tourismus: Prognosemethoden –Steuerfaktoren – Trends

Seit seinen Anfängen im 18. Jh. hat sich der neuzeitliche Tourismus mit einer erheblichen Dynamik zu einem globalen Massenphänomen entfaltet: Im Jahr 2010 belief sich die Zahl der Ankünfte im internationalen Tourismus auf 935 Mio. Gäste. Inzwischen ist die ganze Welt touristisch erschlossen; es gibt keine weißen Flecken mehr auf der touristischen Landkarte. Doch welche Perspektiven zeichnen sich für den Tourismus in den kommenden Jahrzehnten ab? Im folgenden Kapitel werden dazu folgende Fragen beantwortet:

- Welche Prognoseverfahren werden von der Tourismusforschung genutzt, um zukunftsorientierte Aussagen zu treffen?
- Welche Steuerfaktoren werden künftig die Entwicklung des Tourismus beeinflussen?
- Welche Trends zeichnen sich im internationalen und bundesdeutschen Tourismus ab?

5.1 Prognosemethoden in der Tourismusforschung

In den zahlreichen Wissenschaftsdisziplinen, die sich mit dem Tourismus und der Freizeit beschäftigen (Geographie, Wirtschaftswissenschaften, Psychologie), werden unterschiedliche Prognosemethoden verwendet (ZIMMERMANN, F. 1992, 1993). Dabei lassen sich keine fachspezifischen Verfahren bzw. Schwerpunkte bei der Verwendung von Methoden beobachten; vielmehr verschmelzen die Ansätze der einzelnen Disziplinen zunehmend zu einer gemeinsamen Tourismusforschung. In diesem multidisziplinären Ansatz spiegelt sich u. a. der Querschnittscharakter des Tourismus wider, der zugleich das Dilemma der touristischen Zukunftsforschung ausmacht (STEINECKE, A., H.-D. QUACK & P. HERRMANN 2004a).

Generell handelt es sich beim Tourismus um ein komplexes Forschungsobjekt, da er wirtschaftliche, gesellschaftliche, politische und ökologische Dimensionen aufweist, die von vielen Steuerfaktoren beeinflusst werden (BIEGER, T. & C. LAESSER 2010, 28–30). Aus diesem Grund ist es recht schwierig, exakte Vorhersagen zu erstellen. Gleichzeitig benötigen touristische Leistungsträger und politische Entscheidungsträger aber prognostische Aussagen – als Grundlage von Investitionen, Planungen und Marketing-Maßnahmen. Grundsätzlich lassen sich mehrere Typen von Prognosen unterscheiden (RUST, H. 1995, 37–38), von denen innerhalb der Tourismusforschung vor allem die intuitive Vorausschau, die explorative Vorausschau und die rekursive Vorausschau zum Einsatz kommen.

5.1.1 Intuitive Methoden

Intuitive Methoden sind qualitative Prognoseverfahren, die auf einer Kombination aus Erfahrungen und Sachinformationen sowie Phantasie und Kreativität basieren. Zu den intuitiven Verfahren zählen u. a. die Utopie/Dystopie, die Inhaltsanalyse, die einstufige Expertenbefragung sowie die Delphi-Methode.

Utopien stellen visionäre Ideen dar, in denen künftige Lebensverhältnisse in optimistisch-idealistischer Weise entworfen werden, ohne dass dieses Bild der Zukunft aus objektiven Gesetzmäßigkeiten heraus wissenschaftlich begründet werden kann. Im Gegensatz dazu wird die Dystopie als Anti-Utopie bezeichnet, in deren Mittelpunkt eine negative Vision steht. Literarische Beispiele sind die Romane „Brave New World" von Aldous Huxley (1932) oder „1984" von George Orwell (1949), in denen mögliche gesellschaftspolitische Fehlentwicklungen aufgezeigt wurden. In der Tourismusforschung haben Dystopien ebenfalls eine Warnfunktion. Vorrangiges Ziel der Autoren ist es, die Öffentlichkeit hinsichtlich der Gefahren zu sensibilisieren, die vom Tourismus ausgehen können (Belastung der Umwelt, Kommerzialisierung der Kultur etc.). Diese Art der Vorausschau beschränkt sich nicht darauf, das Eintreffen von Prognosen abzuwarten, sondern sich für oder gegebenenfalls gegen das Eintreten prognostizierter Ereignisse zu engagieren. Touristische Dystopien sind u. a. von H. M. ENZENSBERGER (1958), J. KRIPPENDORF (1975) und D. KRAMER (1983) entworfen worden. Utopien bzw.

Dystopien arbeiten mit einem langfristigen Prognoserahmen (mehr als 20 Jahre); ihre Eintrittswahrscheinlichkeit lässt sich aufgrund der subjektiven Vorgehensweise nicht bestimmen. Darüber hinaus erweist sich der hohe Abstraktionsgrad der Aussagen als Defizit dieser Methode.

Die Inhaltsanalyse (Content Analysis) ist eine Methode der empirischen Sozialforschung, die ihren Ursprung in der behavioristischen Psychologie der 1920er-Jahre und in der politischen Kommunikationsforschung hat. Sie stellt ein Instrument zur systematischen Beschreibung der inhaltlichen und formalen Merkmale von Mitteilungen dar. In der Zukunftsforschung wurde diese Methode von Trendforschern wie J. Naisbitt (1982), F. Popcorn und L. Marigold (1996) sowie M. Horx (2002) verwendet, die damit vor allem eine öffentliche Diskussion auslösen wollten. Die Trendaussagen beziehen sich zumeist auf alle Lebensbereiche – darunter auch auf Freizeit und Tourismus. G. Gerken und M. A. Konitzer (1996, 78–83) prognostizierten z. B. in ihrer Vorausschau für das Jahr 2015 folgende tourismusspezifische Trends:

- Kurzurlaub in Erlebnis- und Konsumwelten,
- Zweiteilung des Unterkunftsmarktes in Billighotels und Themenhotels,
- Reisen in die virtuelle Cyber-Welt,
- Entwicklung von Agressions-Spektakeln und kultischen Feiern.

Auch in der Tourismusforschung werden visionäre Themen wie Weltraumurlaub, Reisen in Katastrophengebiete etc. behandelt (Born, K. 2001, 2009). Der zeitliche Rahmen von Prognosen, die auf der Inhaltsanalyse basieren, umfasst meist 10 bis 20 Jahre; aufgrund des subjektiven Ansatzes sind die Kontrollmöglichkeiten gering.

Bei der einstufigen Expertenbefragung können verschiedene Techniken zum Einsatz kommen, die von der anonymen, schriftlichen Befragung mittels standardisiertem Fragebogen bis hin zu moderierten Gruppensitzungen (Workshops) reichen, bei denen unterschiedliche Kreativitätstechniken angewendet werden (Brainstorming, Reizwortanalyse etc.). Innerhalb der Tourismusforschung finden sich mehrere zukunftsorientierte Studien, die auf einstufigen Expertenbefragungen basieren:

- An der Trendanalyse der K. M. F. GmbH (1995) nahmen 160 Experten teil, die aus Sicht von Fremdenverkehrsämtern, Verbänden, Reiseveranstaltern etc. Aussagen zu allgemeinen Trends, aber auch zu angebots- und nachfrageseitigen Entwicklungen machten.
- Im Jahr 2002 befragte die Prognos AG im Auftrag der Wochenzeitung „Die Zeit" (Hamburg) und GWP Media-Marketing 250 Vertreter der Tourismusbranche zu touristischen Entwicklungsperspektiven (Prognos 2002, 2003).

Prognosen auf der Grundlage von einstufigen Expertenbefragungen beinhalten zumeist kurz- bis mittelfristige Aussagen. Aufgrund der geringen Anzahl von Befragten sind Zeit- und Kostenaufwand niedrig. Als Nachteile erweisen sich der Ad-hoc-Charakter der Erhebungen sowie die Subjektivität der Bewertungen (deren Qualität von der Kompetenz der Befragten abhängt).

Die Delphi-Umfrage wurde bereits in den 1960er-Jahren in den USA als Methode der intuitiven Vorausschau entwickelt. Dabei handelt es sich um eine schriftliche, strukturierte und mehrstufige Gruppenbefragung zu Zukunftsthemen. Der Teilnehmerkreis besteht aus Experten, die untereinander anonym bleiben. Als besondere Qualität der Delphi-Methode erweist sich die Rückkopplung der Umfrageergebnisse, die zu einem Diskussionsprozess unter den Teilnehmern führt. Erfahrungsgemäß führt diese iterative Meinungsbildung zu einem transparenten Gruppenurteil und zu einer stabilen Prognose (vgl. Abb. 5.1.1/1).

Nachdem die Delphi-Methode zunächst in Unternehmen zur langfristigen Vorhersage von Marktpotenzialen und technologischen Trends eingesetzt wurde, fand sie seit den 1970er-Jahren auch Einzug in die Tourismusforschung. Seitdem wurden zahlreiche Studien zur künftigen Entwicklung von Destinationen und Teilmärkten vorgelegt:

- Prognosen für Zielgebiete – z. B. Schweiz (KRIPPENDORF, J. & R. KÜHN, 1979; MÜLLER, H., C. KASPAR & H. SCHMIDHAUSER 1991) oder Österreich (ZIMMERMANN, F. 1989, 1992),
- Prognosen für Quellgebiete – z. B. Berlin (STEINECKE, A. 1987),
- Prognosen für Marktsegmente – z. B. Fernreisen (VIELHABER, A. u. a. 1997), Auslandsreisen (Steigenberger Consulting 1998) oder Incentive-Reisen (RIECHERS, U. 2003),
- Prognosen für Teilbereiche der Tourismusbranche – z. B. Reiseführerverlage (STRAUCH, A. P. 2003, 2007).

Der Prognoserahmen der Delphi-Umfrage beläuft sich auf 10 bis 40 Jahre. Aufgrund der Gruppenmeinung ist die Aussagekraft höher als bei einer Einzelprognose; dabei verhindert die Anonymität der Teilnehmer das Auftreten von Hierarchien bzw. den Drang nach Konformität. Die

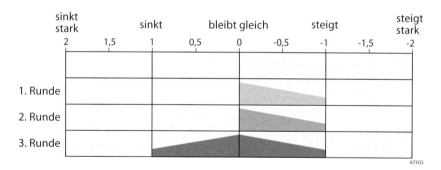

Abb. 5.1.1/1 *Die Delphi-Umfrage ist eine schriftliche, mehrstufige und anonyme Befragung von Experten zu zukünftigen Entwicklungen. Bei diesem Beispiel wurde die Einschätzung der Verkaufszahlen von Reiseführern in Deutschland erfasst. Der stabile Median ist Ausdruck einer hohen Prognosesicherheit; allerdings weisen die Ergebnisse der dritten Runde auf eine zunehmende Spaltung der Gruppenmeinung hin.*

Durchführung ist für alle Beteiligten allerdings mit einem hohen Zeit-Kosten-Mühe-Aufwand verbunden; außerdem hängt das Ergebnis von der Kompetenz der Experten ab.

5.1.2 Explorative Methoden

Die explorative Vorausschau geht von vorliegenden Daten und Informationen aus und formuliert dann die künftige Entwicklung unter Berücksichtigung verschiedener Voraussetzungen. Zu den Techniken gehören u. a. Trendextrapolationen, Szenarios, Querschnittsanalysen (Rust, H. 1995, 37).

Die Trendextrapolation ist (wie die Regressionsanalyse) ein quantitativ-mathematisches Verfahren, mit dessen Hilfe analysiert wird, wie sich ein Untersuchungsobjekt weiterentwickelt, wenn alle Rahmenbedingungen unverändert (also im Trend) weiter bestehen. Sie kommt zum Einsatz, wenn die bisherige Entwicklung des Untersuchungsobjekts eine mathematisch definierbare Gesetzmäßigkeit aufweist; dieser beobachtete Trend wird dann in die Zukunft verlängert (Stiens, G. 1996, 121–123). Obwohl das Verfahren in den gesellschafts- und wirtschaftswissenschaftlichen Disziplinen eine weite Verbreitung aufweist, ist es nicht unumstritten, da es dem Untersuchungsgegenstand häufig nicht angemessen erscheint (z. B. aufgrund der Vielzahl von Einflussgrößen). Auch in der Tourismusforschung werden diese Methoden zur Prognose eingesetzt, sofern entsprechende Datengrundlagen vorliegen (amtliche Statistiken, empirische Erhebungen).

Im Rahmen einer quantitativ-ökonomischen Prognose hat K. Annasohn bereits im Jahr 1975 die Entwicklung der Logiernächte in der Hotellerie und Parahotellerie (Chalets, Ferienwohnungen etc.) vorhergesagt. Dabei arbeitete er mit einem langfristigen Prognosehorizont (1975–1985); die Trendaussagen bezogen sich auf das schweizerische Berggebiet. Der zeitliche Rahmen dieser Methode ist beliebig, meist werden allerdings kurz- bis mittelfristige Aussagen getroffen. Die Ergebnisse sind überprüfbar, sofern die Berechnungsgrundlagen unverändert sind (z. B. die Erfassungsmethoden statistischer Daten). Neben der Nachvollziehbarkeit erweist sich der geringe Zeit- und Kostenaufwand als Vorteil. Allerdings schreibt die Extrapolation einen Trend nur über einen bestimmten Betrachtungszeitraum hinaus fort. Sie liefert keine Begründungen und geht außerdem (unzutreffenderweise) davon aus, dass sich Trends unverändert aus der Vergangenheit in die Zukunft fortsetzen werden. Angesichts der komplexen touristischen Realität sind sie in der Tourismusforschung deshalb nur begrenzt einsetzbar (Freyer, W. 2009, 129–133).

Zukunftsorientiertes Wissen wird auch im Rahmen von demoskopischen Befragungen ermittelt. Das mündliche Interview oder die schriftliche Befragung zählen zu den wichtigsten quantitativen Methoden der empirischen Sozialforschung generell und speziell auch der Tourismusforschung. Die Zielperson wird dabei nach Sachverhalten befragt, die sich sowohl auf die Vergangenheit als auch auf die Zukunft beziehen können. Die typische Form der quantitativen

Befragung sind repräsentative Stichproben, bei denen eine Zielgruppe nach bestimmten Kriterien ausgewählt wird. Dieses Befragungsergebnis kann dann für das gesamte Marktsegment hochgerechnet werden. Hinsichtlich der Ermittlung von Trends im Tourismus sind vor allem zukunftsorientierte Fragen von Bedeutung:

- Die jährlich durchgeführte „Reiseanalyse" der „Forschungsgemeinschaft Urlaub und Reisen" (F. U. R.) enthält z. B. die Frage nach dem Interesse an bestimmten Urlaubsformen bzw. Reisezielen in den nächsten drei Jahren. Durch Verknüpfung dieser Ergebnisse mit Angaben zur soziodemographischen Struktur, zu den Reisemotiven und zum Reiseverhalten der Befragten lassen sich quantitative und qualitative Aussagen zu künftigen Marktpotenzialen und Trends formulieren (vgl. Abb. 5.1.2/1).

- Auch die „Deutsche Tourismusanalyse" der „B. A. T. Stiftung für Zukunftsfragen" (Hamburg) – eine jährlich durchgeführte Repräsentativbefragung mit einem Stichprobenumfang von 4 000 Personen – enthält mehrere Fragen zu Urlaubswünschen sowie zum künftigen Reise- und Freizeitverhalten. Aus dem Vergleich der Resultate mit den Ergebnissen vorhergehender Befragungen können prognostische Aussagen abgeleitet werden.

Aufgrund des kurzfristigen Prognoserahmens von ein bis drei Jahren ist die Eintrittswahrscheinlichkeit dieser Prognosen als mittel bis hoch zu bewerten. Im Rahmen von demoskopischen Untersuchungen lassen sich zahlreiche Aspekte des künftigen Reiseverhaltens untersuchen (Motive, Ausgaben, Zielgebiete). Sie bieten deshalb vielfältige Einsatzmöglichkeiten: So können sie vor allem von touristischen Unternehmen, aber auch von Destinationen als Grundlage der Marketing-Arbeit genutzt werden. Da die Qualität der Untersuchung und die Differenzierungsmöglichkeiten von der Stichprobengröße abhängen (Fallzahl der Befragten), sind solide Repräsentativuntersuchungen sehr kostenaufwendig.

Die Szenario-Technik ist eine Methode der Zukunftsforschung, die systematisch-explorative Ergebnisse der Gegenwart mit subjektiv-normativen Einschätzungen der Zukunft verbindet (Freyer, W. 2009, 140–144). Sie wurde von dem amerikanischen Futurologen Hermann Kahn (Hudson Institute, Washington/D. C.) in den 1950er-Jahren im Rahmen militärstrategischer Studien entwickelt. Aufgrund der zunehmenden Dynamik und Komplexität wirtschaftlichen Handelns fand sie seit den 1970er-Jahren auch Einzug in die strategische Unternehmensplanung. Gegenwärtig gehört sie zu den klassischen Management-Planungsinstrumenten in Industrie und Wirtschaft. Es handelt sich um ein Prognoseverfahren, bei dem mehrere denkbare künftige Zustände – unter Berücksichtigung zahlreicher Einflussgrößen – entworfen werden: Das Ergebnis sind jeweils komplexe Bilder der Zukunft. Derartige Szenarien werden häufig in einer optimistischen, einer pessimistischen und einer realistischen Variante erstellt (Trend-Szenario). In der Tourismusforschung ist die Szenario-Technik bislang nur in geringem Umfang zur Anwendung gekommen:

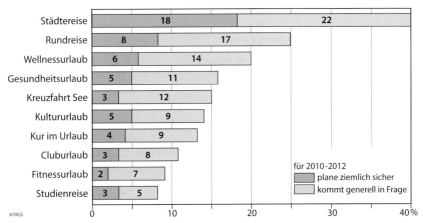

Abb. 5.1.2/1 *Die „Reiseanalyse" erfasst u. a. auch das Interesse der Bundesbürger an unterschiedlichen Urlaubsformen (jeweils für die kommenden drei Jahre). Dabei wird zwischen einem „harten" und einem „weichen" Nachfragepotenzial unterschieden – damit sind Befragte gemeint, die eine solche Reise „ziemlich sicher" planen bzw. für die sie „generell in Frage kommt".*

- E. Smeral (2003) hat im Rahmen einer Prognose des Welttourismus bis zum Jahr 2020 mehrere Szenarien erarbeitet. Das Basis-Szenario geht von einem wettbewerbsorientierten Europa aus, in dem das Wirtschaftswachstum durch Deregulierungsmaßnahmen und Effizienzsteigerungen stimuliert wird. Bei den alternativen Szenarien dienen die EU-Osterweiterung, die Einführung einer einheitlichen Währung in Nordamerika bzw. die Reformunfähigkeit in Europa als zentrale Bezugspunkte der Vorausschau.
- Auf der Grundlage von Raumentwicklungsszenarien des Bundesamtes für Bauwesen und Raumordnung (BBR) hat G. Stiens (2004) drei tourismusgeographische Szenarien für Deutschland entwickelt. Das Trend-Szenario geht von einer künftigen raum- und

siedlungsstrukturellen Polarisierung aus, die eine Folge der staatlichen Deregulierung darstellt. Ein Alternativ-Szenario basiert auf der Annahme, dass die gesellschaftliche und räumliche Entwicklung wieder zunehmend staatlich gestaltet wird (vor allem auf europäischer Ebene) und sich dabei an den Prinzipien der Verteilungsgerechtigkeit orientiert. Im Mittelpunkt des zweiten Alternativ-Szenarios steht eine nachhaltige Gesellschaft mit dezentralen Netzwerken, kleinen Wirtschaftskreisläufen und ausgeprägter Umweltorientierung.

Der Prognoserahmen der Szenario-Technik umfasst 10 bis 20 Jahre; die Eintrittswahrscheinlichkeit ist mittel bis hoch. Generell trägt diese Methode zu einem besseren Verständnis der komplexen Zusammenhänge innerhalb eines Wirtschaftszweigs bei. Komplizierte Sachverhalte werden anschaulich dargestellt; dabei können zentrale Einflussfaktoren und Beziehungen, aber auch Interventionsmöglichkeiten aufgezeigt werden. Außerdem wird das strategische Denken in Alternativen gefördert. Als Nachteil ist der hohe Zeit- und Kostenaufwand zu nennen; darüber hinaus besteht die Gefahr, dass die Szenarien durch subjektive, nicht überprüfbare Expertenurteile geprägt werden.

5.1.3 Rekursive Methoden

Die rekursive Vorausschau – z. B. in Form von Monitoring oder integrierten Management-Informationssystemen – kann intuitiv, explorativ oder auch projektiv angelegt sein; ihre Besonderheit besteht darin, dass der erreichte Entwicklungsstand zur Korrektur von Strategien und Maßnahmen herangezogen wird.

Unter Monitoring versteht man die kontinuierliche Beobachtung eines bestimmten Systems durch die Erfassung aussagekräftiger Indikatoren in einer Zeitreihe. Das Verfahren kommt in zahlreichen Wissenschaften zum Einsatz: Medizin, Politik, Umweltforschung etc. Das Monitoring-Verfahren weist mehrere Merkmale auf (BENGSCH, L. 2003; FEIGE, M. 2007; vgl. Abb. 5.1.3/1):

- Die Erfassung der Indikatoren erfolgt systematisch, regelmäßig und problemorientiert (Beobachtungsfunktion).
- Aufgrund der Identifizierung kritischer Werte verfügt die Methode außerdem über eine Frühwarnfunktion und durch die zeitnahe Reaktion auf kritische Entwicklungen auch über eine Controllingfunktion.

- Schließlich kann die eigene Position durch den Vergleich mit anderen Ergebnissen bestimmt werden (Benchmarkingfunktion).

In der Tourismusforschung gibt es mehrere Beispiele für Monitoring-Analysen:

- So liefern z. B. die „Reiseanalyse", der „Europäische/Deutsche Reisemonitor" und das „Tourismusbarometer" des Ostdeutschen Sparkassen- und Giroverbandes (OSGV) aktuelle Daten, die als Grundlage für eine kontinuierliche Marktbeobachtung genutzt werden können.
- Für den Alpenraum haben A. UMBACH-DANIEL, U. RÜTTER-FISCHBACHER und K.-D. SCHNELL (2004) ein Monitoring-Verfahren zur Analyse der nachhaltigen Tourismusentwicklung entwickelt.

Die Monitoring-Verfahren verfügen über einen Prognoserahmen von einem bis drei Jahren; die Eintrittswahrscheinlichkeit ist hoch. Durch regelmäßige Erfassung quantitativer Daten sind die Aussagen intersubjektiv überprüfbar. Aufgrund der Aktualität der Ergebnisse können die Auftraggeber rasch auf unerwünschte Entwicklungen reagieren. Allerdings macht der langfristige Einsatz dieses Instruments eine dauerhafte Bindung von Personal, Finanzen und Messinstrumenten erforderlich.

Der Überblick über die unterschiedlichen Prognoseverfahren zeigt, dass die (geographische) Tourismusforschung generell über ein breites und differenziertes Instrumentarium verfügt, um Aussagen zur künftigen touristischen Entwicklung treffen zu können. Bei der Vorausschau müssen allerdings zahlreiche Einflussgrößen berücksichtigt werden.

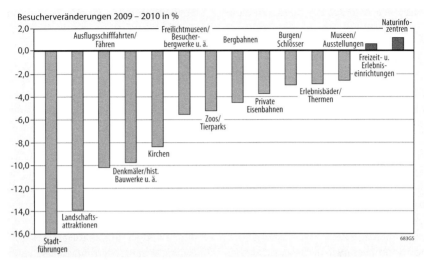

Abb. 5.1.3/1 *Monitoring-Verfahren wie das „Tourismusbarometer" des Ostdeutschen Sparkassen- und Giroverbandes (OSGV) erfassen die aktuelle Dynamik der Nachfrage mithilfe aussagekräftiger Indikatoren – z. B. der Besucherzahlen touristischer Attraktionen.*

Zusammenfassung

Fazit

- Die Tourismusbranche wie auch die Tourismusdestinationen haben großes Interesse an zukunftsbezogenen Informationen, um auf dieser Grundlage unternehmerische Entscheidungen treffen zu können.

- Generell erweisen sich Prognosen im Tourismus als recht schwierig, da die touristische Nachfrage durch viele externe Einflussfaktoren beeinflusst wird (z. B. wirtschaftliche und demographische Entwicklung, internationale Sicherheitslage, Wertewandel).

- Vor diesem Hintergrund kommen innerhalb der Tourismusforschung drei unterschiedliche Prognoseverfahren zum Einsatz – die intuitive, die explorative und die rekursive Vorausschau.

- Bei den intuitiven Prognosen handelt es sich um qualitative Verfahren, deren Aussagen auf einer Mischung aus Erfahrung, Sachkenntnis und Kreativität basieren. Solche Prognosen können von einzelnen Wissenschaftlern erstellt werden (Utopie/Dystopie, Inhaltsanalyse) oder das Ergebnis von Expertenbefragungen sein (Delphi-Methode).

- Die explorativen Prognosen nutzen vorliegende Daten und Informationen als Grundlage, um Trends fortzuschreiben bzw. Aussagen zu künftigen Entwicklungen zu treffen (z. B. in Form von Extrapolationen, Szenario-Techniken und Querschnittsanalysen). Besonders populär sind Repräsentativbefragungen, in denen die Probanden um Aussagen zu ihrem künftigen Reiseverhalten gebeten werden.

- Bei den rekursiven Verfahren werden kontinuierlich Daten erhoben – z.B. zur Entwicklung von Märkten, zur Zufriedenheit der Gäste oder zum Zustand von Ökosystemen. Durch dieses Monitoring lassen sich kritische Entwicklungen frühzeitig erkennen; mithilfe angemessener Maßnahmen können grundlegende Fehlentwicklungen vermieden werden.

Zum Einlesen

RUST, H. (1995): Trends. Das Geschäft mit der Zukunft, Wien.

Das populärwissenschaftliche Buch vermittelt einen kritischen Überblick über unterschiedliche Prognoseverfahren.

5.2 Steuerfaktoren der künftigen Entwicklung des Tourismus

In den vergangenen Jahrzehnten hat sich der Tourismus in den westlichen Industrie- und Dienstleistungsgesellschaften zu einem komplexen Massenphänomen entwickelt. Für sein nahezu kontinuierliches Wachstum waren mehrere Boomfaktoren verantwortlich (BIEGER, T. & C. LAESSER 2003a, 14):

- die Verbesserung der Einkommenssituation für breite Teile der Bevölkerung,
- das Wachstum des individuellen Freizeit- und Urlaubsbudgets,
- die Entwicklung von preisgünstigen Massentransportmitteln,
- die Bereitstellung von standardisierten Pauschalangeboten durch Reiseveranstalter,
- die Verfügbarkeit von umfassenden Informationen über Zielgebiete und Reiseangebote,
- die Erleichterung des internationalen Reiseverkehrs durch Abbau von Reisehemmnissen (Kontrollen, Visabestimmungen etc.),
- die Gewährleistung der persönlichen Sicherheit der Urlauber in den Zielgebieten.

Auch die künftige Dynamik des Tourismus wird durch das Zusammenspiel dieser Faktoren beeinflusst. Bei einer positiven Entwicklung ist in Ländern mit einer hohen Urlaubsreiseintensität (z.B. Deutschland, Dänemark, Schweiz) weiterhin von einem wachsenden Nachfragevolumen auszugehen. In Ländern, die gegenwärtig noch eine niedrige Reiseintensität aufweisen (z.B. Belgien, Portugal, Spanien), wird eine entsprechende Konstellation dieser Boomfaktoren künftig einen enormen Nachfrageschub auslösen.

Für den internationalen Tourismus hat die „**W**orld **T**ourism **O**rganization" (WTO) bereits 1998 eine langfristige quantitative Vorhersage erarbeitet, die bislang nicht modifiziert wurde. Danach wird die Zahl der Ankünfte im internationalen Tourismus von 563 Mio. im Jahr 1995 auf 1,6 Mrd. im Jahr 2020 steigen. Auch bei dieser großen projizierten Nachfrage stellt die Tourismusbranche dann immer noch „an industry truly still in its infancy" (WTO 1998, 3) dar, da nur sieben Prozent des weltweiten Nachfragepotentials ausgeschöpft sein werden.

Trotz der positiven internationalen Gesamtvorausschau kann sich auf nationaler Ebene ein anderes Bild zeigen, da die Verschlechterung einzelner Parameter durchaus einen Stopp der bisherigen touristischen Wachstumsspirale zur Folge haben kann:

• In den westlichen Industrieländern können sich z. B. höhere Lebenshaltungskosten sowie steigende Ausgaben für die Gesundheits- oder Altersvorsorge negativ auf die Einkommenssituation der Haushalte auswirken. Damit schrumpft auch das frei verfügbare Budget, das u. a. für Freizeit- und Urlaubsausgaben verwendet wird.

• Eine erneute Verlängerung der Wochen- bzw. Jahresarbeitszeit führt zu einer Reduzierung des Freizeitbudgets. Damit werden z. B. aber auch die Möglichkeiten begrenzt, an Wochenenden Tagesausflüge oder Kurzurlaubsreisen zu unternehmen. So schätzt der **D**eutsche **T**ourismus-**V**erband (DTV), dass die Streichung eines Urlaubstages einen Rückgang von ca. einer Million Übernachtungen und von 70 Mio. Euro Umsatz zur Folge haben würde.

Der touristische Markt in Deutschland (Urlaubsreisen, Zweit- und Drittreisen, Kurzurlaubsreisen) wies in den letzten Jahren zwar keine dramatischen Einbrüche auf; allerdings verzeichnete er auch nicht mehr die hohen Wachstumsraten früherer Jahre, sondern stagnierte auf hohem Niveau (vgl. Kap. 2.1).

Die Boomfaktoren Wohlstand, Freizeit, Mobilität etc. haben vor allem die quantitative Entwicklung des bundesdeutschen Tourismus in den 1970er- und 1980er-Jahren beeinflusst. In jüngerer Zeit sind aber erhebliche qualitative Veränderungen des Tourismus zu beobachten, die durch mehrere gesellschaftliche Steuerfaktoren ausgelöst wurden:

• Der grundlegende demographische Wandel: In der bundesdeutschen Gesellschaft wird sich in den nächsten Jahrzehnten ein Alterungsprozess vollziehen, der auch in anderen Industrie- und Dienstleistungsgesellschaften zu beobachten ist. Während der Anteil der Senioren (60 Jahre und älter) in Deutschland im Jahr 2000 bei 23,2 % lag, wird er bis 2020 auf 27,9 % und bis 2040 auf mehr als ein Drittel der Gesamtbevölkerung steigen. Eine vergleichbare Entwicklung kann auch für die Europäische Union prognostiziert werden. So war im Jahr 2000 jeder dritte EU-Bürger 50 Jahre oder älter; dieser Anteil wird bis zum Jahr 2020 auf knapp über 40 % der Bevölkerung steigen (SMERAL, E. 2003, 153).

• Die neue soziale Ungleichheit: Der Globalisierungsprozess hat in Deutschland bereits einen tiefgreifenden Wandel des Sozialstaats ausgelöst, der künftig neue soziale Ungleichheiten zur Folge haben wird – nämlich die zunehmende Diskrepanz zwischen Zeit-Wohlstand und Kaufkraft-Wohlstand (BIEGER, T. & C. LAESSER 2003a, 14). Die „Struggling Upper Class" (zumeist Spezialisten mit zukunftsorientierten Qualifikationen) verrichtet produktive Arbeit und erzielt ein hohes Einkommen; gleichzeitig verfügt diese Gruppe aber über wenig Zeit, um ihr Einkommen auszugeben. Die „Shredder und Downshifter" müssen hingegen schlecht bezahlte und unsichere Beschäftigungsverhältnissen akzeptieren, haben aber viel Freizeit (vgl. Abb. 5.2/1).

• Die zunehmende Auflösung traditioneller Solidargemeinschaften: Eine niedrige Geburtenrate, zahlreiche nicht-eheliche Lebensgemeinschaften, hohe Scheidungsraten und eine große Zahl von Alleinerziehenden sind Belege dafür, dass die Familie als traditionelle Solidargemeinschaft künftig erheblich an Bedeutung verlieren wird. Die damit einhergehende Individualisierung der Lebensformen spiegelt sich in einer sinkenden Zahl von großen Haushalten (mit fünf und mehr Personen) und einer steigenden Anzahl von Ein- und Zwei-Personen-Haushalten wider.

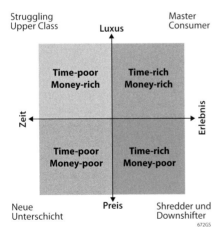

Abb. 5.2/1 *Der Globalisierungsprozess hat in Deutschland bereits einen tiefgreifenden Wandel des Sozialstaats ausgelöst, der neue soziale Ungleichheiten zur Folge hatte – z. B. die zunehmende Diskrepanz zwischen Zeit-Wohlstand und Kaufkraft-Wohlstand.*

Vor diesem Hintergrund wächst das Interesse an informellen Treffpunkten und Veranstaltungen (Urban Entertainment Center, After-Work-Parties, Clubs etc.) sowie an gemeinsamen Aktivitäten mit Wahlgemeinschaften (PETERMANN, T. 1999, 33–34; BIEGER, T. & C. LAESSER, 2003a, 17).

• Der gesellschaftliche Wertewandel: Bereits seit den 1980er-Jahren vollzieht sich in der bundesdeutschen Gesellschaft ein grundsätzlicher Wertewandel. Die traditionellen Pflicht- und Akzeptanzwerte, die vor allem durch die protestantische Ethik geprägt waren (Disziplin, Leistung, Ordnung etc.), sind zunehmend durch neue Selbstentfaltungs- und Engagementwerte ersetzt worden (HENNINGS, G. 2000, 55–58):

– eine idealistische Gesellschaftskritik (z. B. Emanzipation, Partizipation, Gleichbehandlung),

– einen extremen Hedonismus (z. B. Genuss, Abwechslung, Ausleben emotionaler Bedürfnisse),

– einen ausgeprägten Individualismus (z. B. Kreativität, Ungebundenheit, Selbstverwirklichung).

Vor allem die Werthaltungen des Individualismus und des Hedonismus haben eine ausgeprägte Erlebnisorientierung sowie ein verändertes Konsum- und Reiseverhalten zur Folge. Allerdings lässt sich auch ein Gegentrend beobachten – der Wunsch nach mehr Muße, nach sinnhaften Erfahrungen und nach einer neuen Langsamkeit („Slow Food", „Slow City" etc.). Nach Einschätzung einiger Wissenschaftler findet seit einigen Jahren ein Übergang von der bisherigen

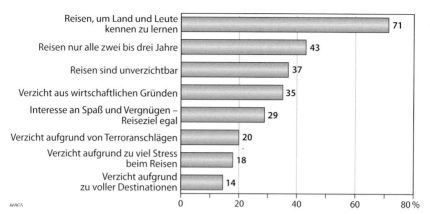

66965

Abb. 5.2/2 *Die angespannte weltpolitische Lage nach den Anschlägen auf das World Trade Center in New York am 11. September 2001 hat zur Folge gehabt, dass das Sicherheitsbewusstsein der bundesdeutschen Urlauber deutlich gestiegen ist. Allerdings wollte sogar im Jahr 2002 nur jeder fünfte Bundesbürger auf eine längere Urlaubsreise verzichten.*

Erlebnis- zur künftigen Sinngesellschaft statt (ROMEISS-STRACKE, F. 2003; LEDER, S. 2007).

- Das steigende Umweltbewusstsein: Angesichts knapper natürlicher Ressourcen und wahrnehmbarer Umweltschäden ist in breiten Teilen der Bevölkerung ein hohes Umweltbewusstsein zu beobachten. So legen 84 % der Deutschen besonders großen Wert auf eine intakte Natur und Umwelt im Zielgebiet. Mehr als drei Viertel halten den Respekt vor der Lebensweise und den Traditionen der Einheimischen für besonders wichtig und 71 % werden durch Urlaubsorte mit einer verbauten Landschaft abgeschreckt. Entsprechend groß sind die Anforderungen der Urlauber an eine kompetente Umweltinformation durch die Reisebüros und an ein Umweltengagement der Reiseveranstalter (KÖSTERKE, A. & D. LASSBERG 2005).

- Das gestiegene Sicherheitsbewusstsein: Durch den Anschlag auf das Word Trade Center in New York am 11. September 2001 wurde kurzfristig ein genereller Nachfragerückgang im internationalen Tourismus ausgelöst (HISCHER, M. 2002; KELLER, P. 2010). Darüber hinaus haben weitere Terroranschläge (z. B. Insel Djerba, Bali, Kenia, Madrid) sowie der Irak-Krieg zur Folge gehabt, dass das Sicherheitbewusstsein der deutschen Urlauber deutlich gestiegen ist. Allerdings wollte sogar im Jahr 2002 nur jeder fünfte Bundesbürger aufgrund von Terroranschlägen auf eine längere Urlaubsreise verzichten (Abb. 5.2/2). Angesichts der großen Sicherheitssensibilität und der hohen Flexibilität der Urlauber ist davon auszugehen, dass vor allem die Wahl des Reiseziels in Zukunft noch kurzfristiger getroffen wird – in Abhängigkeit von der aktuellen Sicherheitslage.

Diese gesellschaftlichen Steuerfaktoren werden künftig nicht nur den touristischen Markt (Angebot und Nachfrage), sondern auch die Raumstruktur des internationalen Tourismus bestimmen.

Zusammenfassung

Fazit

- Ein Blick zurück in die Vergangenheit zeigt, dass die Entwicklung des Tourismus von vielen Faktoren abhängt: Nach wirtschaftlichen Rezessionen geht die Nachfrage (zeitverzögert) zurück; Terroranschläge sorgen dafür, dass bestimmte Zielgebiete eine Zeit lang gemieden werden und die neue Lust am Wandern hat in den deutschen Mittelgebirgen einen kleinen Boom ausgelöst.
- Trendforscher müssen also Entwicklungen in mehreren Bereichen im Blick behalten, um exakte Aussagen zur Zukunft des Tourismus treffen zu können – die zunehmende Überalterung der Gesellschaft, die wachsende soziale Ungleichheit, den anhaltenden Wertewandel, das steigende Umwelt- und Sicherheitsbewusstsein u. a.
- Die vorliegenden Prognosen gehen von einem weiteren Wachstum des internationalen Tourismus aus, doch innerhalb dieses Booms wird es zu erheblichen qualitativen Veränderungen kommen.

Zum Einlesen

PETERMANN, T., C. REVERMANN & C. SCHERZ (2006): Zukunftstrends im Tourismus, Berlin (Stud. d. Büros f. Technikfolgen-Abschätzung beim Dtsch. Bundestag; 19).
Die Autoren gehen detailliert auf die Einflussgrößen der künftigen Entwicklung des Tourismus ein (demographischer Wandel, EU-Erweiterung, Sicherheit, Krisen etc.).

5.3 Trends im Tourismus

Die Dynamik der Ökonomie, der Demographie, des Wertewandels und der Ökologie erweisen sich als die zentralen Triebkräfte, von denen die künftigen Trends im Tourismus bestimmt werden (vgl. Abb. 5.3/1).

5.3.1 Trends auf der touristischen Nachfrageseite

Zu Beginn des 21. Jh. verfügen die bundesdeutschen Urlauber über eine breite (internationale) Reiseerfahrung und damit auch über hohe Ansprüche an die Standards der Freizeitinfrastruktur und an das Niveau der Dienstleistungsquali-

tät. Da der Tourismusmarkt seit langem durch eine Käufermarktsituation gekennzeichnet wird, in der die Urlauber aus einem Überangebot an Unterkünften, Aktivitäten und Destinationen auswählen können, treten sie als souveräne Konsumenten auf. Ihre Reiseentscheidungen werden durch teilweise widersprüchliche Wertvorstellungen geprägt, die das künftigen Reiseverhalten beeinflussen werden (KREISEL, W. 2007, 77–84):

- Zeiteffizienz und Flexibilität: Das Konsumprinzip des „One-Stop-Shopping", bei dem die Nutzung verschiedener Einkaufs- und Dienstleistungsangebote

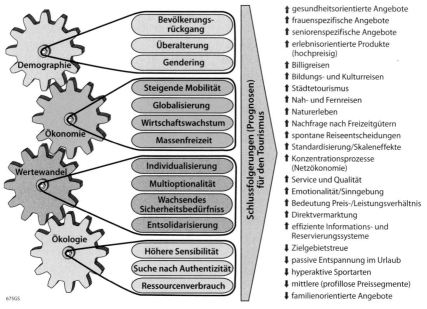

Abb. 5.3/1 *Die wichtigsten Steuerfaktoren des Tourismus sind die künftige demographische und wirtschaftliche Entwicklung, der Wertewandel und die Umweltsituation bzw. das Umweltbewusstsein. Sie haben Veränderungen der Reisemotive, des Reiseverhaltens und der touristischen Raumstruktur zur Folge.*

miteinander kombiniert werden, gilt auch für die Planung und Gestaltung der Urlaubsreisen. Es geht vor allem darum, unterschiedliche Erlebnisse zu integrieren und die Zahl der Erlebnisse pro Zeiteinheit zu maximieren. Gleichzeitig werden Reiseentscheidungen kurzfristig und spontan getroffen. Die Konsumenten erwarten deshalb von den Anbietern eine schnelle Verfügbarkeit von Informationen über das Produkt und auch die Möglichkeit der bequemen Buchung (z. B. über Call Center, Mobiltelefon oder Internet). Diese Ansprüche werden vor allem zu einem weiteren Wachstum von Last-Minute-Reisen, Kurzurlaubsreisen und Städtereisen führen.

- Preissensibilität und Anspruchsdenken: Die bundesdeutschen Reiseveranstalter haben seit den 1990er-Jahren vor allem durch preispolitische Maßnahmen (Sonderangebote, Last-Minute-Angebote etc.) auf die Sättigungstendenzen des bundesdeutschen Reisemarktes reagiert. Damit wurde der Trend zur Preissensibilität noch verstärkt, der sich bei den erfahrenen, hybriden Konsumenten bereits abzeichnete – also bei Kunden, die sowohl Interesse an erlebnisorientierten Hochpreisprodukten als auch an funktionalen Niedrigpreisangeboten zeigen. Künftig wird eine stärkere Polarisierung des Marktes in Billigurlaube und in Luxusurlaube erwartet, während das mittlere Segment – also Angebote ohne besonderes Profil – weitgehend verschwinden wird (Horx, M., A. Al-Ani & W. Gattermeyer 2003).

- Multioptionalität und Individualität: Die Urlauber werden sich in Zukunft nicht mit eindimensionalen Angeboten zufrieden geben (z. B. Buchung einer einzelnen Übernachtung oder Kauf einer Eintrittskarte), sondern sie wollen sich – wie bei einem Büfett – aus einem breiten Angebot ihr persönliches Produkt selbst zusammenstellen. Gleichzeitig wächst das Bedürfnis des Einzelnen, auch in einem touristischen Massenmarkt als Individuum mit spezifischen Bedürfnissen behandelt zu werden. Vor dem Hintergrund dieses Trends zur „Destination Ich" (Wenzel, E. 2003, 47) haben bei den Reiseveranstaltern die Baukasten-Systeme an Bedeutung gewonnen. Ein weiteres Wachstum zeichnet sich auch für Kurzurlaube in Erlebnis- und Konsumwelten ab, aber auch für Kreuzfahrten, deren Angebote ständig durch neue Konzepte erweitert werden. Der Individualitätsanspruch kann besonders durch differenzierte Kundenbindungssysteme befriedigt werden, bei denen Konsumenten mit großer Unternehmenstreue und hohem Ausgabeverhalten spezifische Privilegien erhalten (finanzielle Vergünstigungen, Zugang zu Lounges etc.).

- Erlebnis- und Erfahrungssuche: Bereits in den 1990er-Jahren hat die Ausstattung der bundesdeutschen Haushalte mit Gütern des langfristigen Bedarfs (Möbel, Haushaltsgeräte etc.) ein hohes Niveau erreicht. Seitdem sind die Konsumenten vor allem auf der Suche nach ungewöhnlichen Erlebnissen und neuartigen Erfahrungen. Dabei geraten die Urlaubsaktivitäten und die Zielwahl immer mehr zu einem Instrument, sich auszuzeichnen und von anderen abzugrenzen (BIEGER, T. & C. LAESSER 2003a, 25). Angesichts einer zunehmenden Standardisierung des Konsums, einer Technisierung der Arbeitswelt und einer Anonymisierung der Gesellschaft werden die Konsumenten künftig ein hohes Interesse an Dienstleistungen und Produkten haben, die über den Kernnutzen hinaus einen Zusatznutzen bieten – z. B. direkte Begegnungen mit bekannten Persönlichkeiten, authentische Produkte mit genauen Informationen über den Herstellungsprozess oder neuartige Erlebnisse in ungewohnter Umgebung. Diese Bedürfnisse werden mehrere Marktsegmente positiv beeinflussen: Kultur- und Bildungsreisen, Kurzurlaubsreisen in Erlebnis- und Konsumwelten, Abenteuer- und Extremsportreisen, Städtereisen, Incentive-Reisen – aber auch esoterische und spirituelle Reisen (HORX, M. 2002, 14–45).

- Gesundheits- und Körperbewusstsein: Die wachsenden Ansprüche in der Arbeitswelt, aber auch die Zeitknappheit führen dazu, dass Freizeit und Urlaub von einem Teil der Bevölkerung künftig stärker zur physischen und psychischen Regeneration genutzt werden. Zusammen mit der gestiegenen Individualisierung hat diese Entwicklung bereits ein wachsendes Interesse an Fitness-, Wellness- und Schönheitsangeboten ausgelöst. Dieser Trend wird sich künftig durch die zunehmende Zahl von Senioren noch verstärken: Für den Zeitraum 2010–2012 äußerten jeweils 9–19 % der Bundesbürger

Merkmal	Trend
Volumen der Nachfrage	stabil mit Wachstumspotenzial und Risiken
Zielgruppen	neue Gewichte (u. a. durch demographischen Wandel)
Motive	gleich bleibende Grundbedürfnisse, differenzierte und höhere Ansprüche an die Realisierung
Reiseziele	klare Positionen bei den Großregionen, aber auch Spielraum für Länder/ Destinationen
Urlaubsformen	mehr in einen Urlaub packen und Differenzierung
Dauer	immer kürzer, aber das immer langsamer
Saisonalität	rückläufig
Ausgaben	mehr für's gleiche Geld
Verkehrsmittel	Stabilität mit Risiken
Urlaubswohnen	mehr Qualität
Information und Entscheidung	neue Strategien
Vertrieb	wichtige Rolle der Profis

Tab. 5.3.1/1 *Ein stabiles Volumen der Nachfrage und qualitative Veränderungen bei den Reisemotiven und -aktivitäten – so wird sich der bundesdeutsche Tourismus nach Einschätzung der „Forschungsgemeinschaft Urlaub und Reisen" bis zum Jahr 2020 entwickeln.*

Interesse an einem Fitnessurlaub, an einer Kur im Urlaub bzw. an einem Gesundheits- oder Wellnessurlaub. Besondere Wachstumschancen zeichnen sich auch für gesundheitsorientierte Kurzurlaube und für Mischformen ab, in denen das Urlaubsangebot durch eine Wellnesskomponente ergänzt wird (Wenzel, E. 2003, 43-45; Rulle, M. 2004, 22–223; F. U. R. 2010, 102).

- Berechenbarkeit: In dem unüberschaubaren Markt an touristischen Angeboten suchen die Urlauber nach Transparenz, Produktsicherheit und Berechenbarkeit der Leistungen. Diese Ansprüche bilden zum einen den Hintergrund für die zunehmende Markenbildung (z. B. bei Reiseveranstaltern) und den Erfolg standardisierter Angebote im Tourismus (z. B. klassifizierte Hotels). Zum anderen wird das Marktsegment der All-Inclusive-Reisen künftig expandieren, bei denen neben der Unterkunft und Vollpension weitere Leistungen im Preis enthalten sind (Getränke, Sport-, Unterhaltungs- und Animationsangebote etc.). In der „Reiseanalyse" gaben 29 % der Bundesbürger an, in den nächsten drei Jahren einen All-Inclusive-Urlaub verbringen zu wollen (F. U. R. 2010, 102).

Die Trends auf der Nachfrageseite stellen die Tourismusbranche vor zahlreiche neue Herausforderungen; dazu zählen u. a. eine kundengerechte Aufbereitung der Angebotsinformationen, eine hohe Flexibilität bei den Buchungen, eine ausgeprägte Zielgruppenorientierung, eine innovative Produktgestaltung und ein solides Preis-Leistungs-Verhältnis.

5.3.2 Trends auf der touristischen Angebotsseite

Auf der touristischen Angebotsseite lassen sich seit den 1990er-Jahren zahlreiche – teilweise gegensätzliche – Veränderungen beobachten, die sich in absehbarer Zukunft fortsetzen werden. Sie stellen zum einen eine Reaktion der Tourismusbranche auf Nachfragetrends dar, sind zum anderen aber auch eine Folge der brancheninternen Dynamik sowie externer Einflussfaktoren:

- Globalisierung und Lokalisierung: Als wesentliche Rahmenbedingung der künftigen Entwicklung der Tourismusbranche gilt generell die Globalisierung – also die internationale Vernetzung von wirtschaftlichen, gesellschaftlichen und politischen Veränderungen, in der jedes Ereignis weltweite Auswirkungen haben kann. Diese Entwicklung hat den Wettbewerbsdruck für alle Stufen der touristischen Wertschöpfungskette erheblich verschärft – von den Reisemittlern und Reiseveranstaltern über das Transport- und Gastgewerbe bis hin zu den Zielgebieten.[1] Typische Strategien der Marktbearbeitung sind dabei Größenwachstum, Fusionen, Nischenbearbeitung und Allianzbildung. Sie verlaufen in den einzelnen Sektoren der Branche mit unterschiedlicher Intensität. Bei den Luftverkehrsunternehmen handelt es sich bereits um global agierende Akteure, die weltweite Allianzen aufgebaut haben. Im Hotelgewerbe sind ebenfalls internationale Konzentrationstendenzen zu beobachten. Die Verflechtungen bei den Reiseveranstaltern bestehen hingegen vorrangig auf europäischer Ebene, während der Konzentrationsprozess bei Reisemittlern überwiegend nationalen Charakter hat (Petermann, T. 1999, 14–16). Die künftige Herausforderung für die Unternehmen wird vor allem darin bestehen, trotz einer wachsenden Zahl von Fusionen und Allianzen über ein eigenständiges Profil und eine lokale Kompetenz zu verfügen (Glokalität): Sie müssen also die regional- bzw. nationalspezifischen Bedürfnisse der Kunden kennen und befriedigen (BORN, K. 1999).

- Standardisierung und Produktinnovationen: Auf die ambivalenten Erwartungen der Konsumenten (Zeiteffizienz und Preissensibilität, Erlebnisorientierung und Anspruchsdenken) wird die Tourismusbranche mit der Umstellung von der „fordistischen Produktionsweise zur flexiblen Spezialisierung" (SMERAL, E. 2003, 512) reagieren. Bis in die 1990er-Jahre dominierte im Tourismus die fordistische Produktionsweise, deren Name sich aus der effizienten, arbeitsteiligen Montage von Automobilen herleitet. Die touristischen Anbieter entwickelten dabei standardisierte Produkte (Pauschalreisen, Charterflüge etc.) für einen Massenmarkt. Durch hohe Umsatzzahlen, aber auch durch horizontale (und teilweise vertikale) Konzentration konnten Reiseveranstalter, Hotelketten und Mietwagenfirmen dabei die Economies of Scale nutzen. Die Konsumenten wiesen zumeist eine einfache Motivstruktur (Sonne, Strand, Meer) und eine geringe Reiseerfahrung auf; deshalb gaben sie sich mit den starren Pauschalangeboten zufrieden. In Zukunft wird die postfordische Produktionsweise weiter an Bedeutung gewinnen, die durch eine breite und differenzierte Angebotspalette gekennzeichnet wird. Der Einsatz neuer Informationstechnologien und

Management-Techniken ermöglicht dabei die Entwicklung von Produkten, die den höheren Ansprüchen der Kunden gerecht werden. Als wesentliches Steuerungsinstrument dieser Just-in-time-Produktion dient eine flexible Preispolitik – u.a. mit Frühbucherrabatten und Tagespreisen, die von der aktuellen Buchungslage abhängen (F. A. Z.-Institut 2003, 36–37). Zugleich wird das starre Geschäftsmodell des vertikal integrierten Konzerns gelockert, bei dem Umsatzrückgänge auf alle Stufen der Wertschöpfungskette durchschlagen (SCHOPPEN, W. 2000). Die Ansprache spezieller Zielgruppen erfolgt durch innovative Produkte – z. B. Kreuzfahrten, Golf-, Sport- und Kulturreisen. Als Reaktion auf die zunehmende Preissensibilität der Kunden werden Billig- und Last-Minute-Veranstalter gegründet und der Direktvertrieb verstärkt.

- Neue Anbieter und neue Technologien im Flugverkehr: Die Deregulierung des Luftverkehrs in den USA und in Europa hat seit den 1990er-Jahren das Auftreten von privaten Fluggesellschaften begünstigt, die eine Revolution des Marktes ausgelöst haben. Nach dem Vorbild der US-amerikanischen „Southwest Airlines" traten auf dem europäischen Markt Low Cost Carrier wie „Ryanair" oder „Germanwings" auf, die durch eine aggressive Preispolitik einen erheblichen Nachfrageschub ausgelöst haben. Während in der ersten Phase vorwiegend europäische Städteverbindungen aufgebaut wurden, werden nun auch klassische Tourismusdestinationen angeflogen.

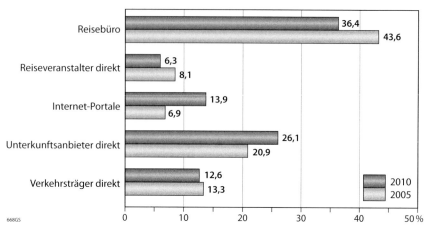

668GS

Abb. 5.3.2/1 *Reisebüros haben in den letzten Jahren als Buchungsstellen für Urlaubsreisen erheblich an Bedeutung verloren, während Internet-Portale und Direktbuchungen bei Unterkunftsanbietern immer beliebter werden.*

Inzwischen ist bereits eine Konsolidierung dieses Marktes zu beobachten, da die Auswahl der Destinationen von Low Cost Carriers durch mehrere Faktoren begrenzt wird: die niedrigen Flughafengebühren, das hohe Passagier- und Flugaufkommen sowie die Durchschnittsreisezeit von zwei Stunden (aufgrund des geringen Sitzkomforts). Die neue Tarifstruktur im Flugverkehr wird auch weitreichende Folgen auf die typische Pauschalreise haben, deren Erfolgskonzept in der Kalkulation eines Gesamtpreises für Flug, Unterkunft und Transfer bestand. Durch die Kombination mit Internet-Plattformen anderer Leistungsträger (Hotels, Mietwagenfirmen etc.) werden die Low Cost Carrier zunehmend als virtuelle Reiseveranstalter auftreten: In Form eines Dynamic Packaging können sich die Konsumenten ihren Urlaub online individuell zusammen-

stellen. Darüber hinaus hat sich die Konkurrenzsituation im internationalen Flugverkehr durch das neue Großraumflugzeug „Airbus A 380" verändert, das maximal 853 Passagiere transportieren kann – mit großer Reichweite, relativ niedrigen Kosten und reduzierten Umweltbelastungen.

• Traditionelle und neue Vertriebswege: Durch die zunehmende Verbreitung und Akzeptanz des Internets sowie durch Call Center hat sich die Wettbewerbssituation für die Reisebüros erheblich verschärft. Die touristischen Leistungsträger versuchen zunehmend, diesen traditionellen Vertriebsweg (und damit die zusätzliche Provisionszahlung) durch Direktmarketing-Maßnahmen zu umgehen. So ist der Anteil des Online-Marktes am Gesamtumsatz der Reisebranche im Zeitraum 2006–2010 von 32 % auf 46 % gestiegen (VIR 2011, 44). Besonders hohe Wachstumsraten verzeichnen dabei standardisierte Angebote ohne Beratungsbedarf – also Buchungen von Mietwagen, Geschäftshotels und Flugtickets. Die Kernkompetenz der Reisebüros besteht vorrangig in ihrer Nähe zu den Kunden. Die zukünftigen Aufgaben werden deshalb vor allem in der Zusammenstellung von service-orientierten „Taylor-Made"-Reiseange-boten für anspruchsvolle Nachfrager, in der gezielten Ansprache von Neu-kunden sowie in der kontinuierlichen Betreuung von Urlaubsgästen gesehen (BORN, K. 1999; WENZEL, E. 2003). Dar-über hinaus werden Social Media und Informationsdienste wie „Facebook" und „Twitter" künftig eine immer größere Rolle in der Kommunikations-und Vertriebspolitik von Unternehmen und Destinationen spielen (EGGER, R. 2005; EGGER, R. & D. BUHALIS 2008; AMERSDORFFER, D. u. a. 2010).

- Bildung von Tourismusdestinationen und Professionalisierung der Arbeit: Aufgrund des Globalisierungsprozes-ses hat sich auch für die touristischen Zielgebiete die Wettbewerbssituation hinsichtlich der Produktpalette, des Preises und der Qualität erheblich verschärft. Darüber hinaus tragen die Markttransparenz und die Souveränität der Kunden dazu bei, dass künftig nur noch Destinationen wahrgenommen werden, die über ein klares Profil und ein strukturiertes Angebot mit einer präzisen Zielgruppenorientierung ver-fügen (Markenbildung). Da die Tou-rismusbranche auf kommunaler und regionaler Ebene durch Klein- und Mittelbetriebe dominiert wird, stößt

die Bildung von flexiblen Netzwerken bzw. Tourismusdestinationen (als wettbewerbsfähige Organisationsein-heiten) bislang noch auf Schwierigkei-ten. Dazu zählen u. a. ein intraregio-nales Konkurrenzdenken, ein Defizit an internationalem Marktwissen, eine niedrige Servicequalität sowie nicht mehr zeitgemäße Standards der Be-herbergungs- und Freizeitinfrastruktur (SMERAL, E. 2003, 145–147). Künftig ist jedoch von einer wachsenden Professi-onalisierung auszugehen, da viele Tou-rismusorganisationen ihre strategische Arbeit auf folgende Schwerpunkte kon-zentrieren: eine zielgruppenorientier-te Marketing-Arbeit, den Einsatz von produkt- und preispolitischen Maß-nahmen zur Sicherung von Wettbe-werbsvorteilen, die Berücksichtigung des Umweltschutzes zur nachhaltigen Sicherung der natürlichen Grundlagen des Tourismus und die Initiierung von Public-Private-Partnerships.

Die vielfältigen Veränderungen innerhalb der Tourismusbranche und auf der Nach-frageseite werden auch die künftige Raum-struktur des Tourismus beeinflussen.

5.3.3 Trends in der Raumstruktur des Tourismus

Für die kommenden Jahrzehnte wird ein weiteres Wachstum des internationalen Tourismus prognostiziert, das allerdings regional unterschiedlich verläuft. So wird erwartet, dass die Zahl der Ankünfte von 565,4 Mio. im Jahr 1995 auf 1,561 Mrd. im Jahr 2020 steigen wird. Europa bleibt dabei weltweit die wichtigste Zielregion; allerdings wird die jährliche Wachstums-rate im Zeitraum 1995–2020 mit 3,0 %

deutlich unter dem weltweiten Wert von 4,1 % liegen. Der Marktanteil Europas am internationalen Tourismus geht deshalb von 60 % auf 46 % zurück.

Innerhalb Europas werden die mittel- und osteuropäischen Regionen sowie das östliche Mittelmeer überdurchschnittlich hohe Zuwachsraten verzeichnen. Auf internationaler Ebene gelten die Länder in den Großregionen Ostasien/Pazifik (China, Hongkong, Singapur, Australien etc.), Mittlerer Osten (Vereinigte Arabische Emirate, Ägypten etc.) und Südasien (Sri Lanka, Malediven etc.) als künftige Wachstumsmärkte (vgl. Tab. 5.3.3/1).

Gleichzeitig wird sich aber auch die räumliche Struktur der Quellmärkte verändern: Neben den westlichen Industrieländern gilt vor allem China als eine Markt der Zukunft. Im Jahr 2006 haben

Großregion (Ankünfte; in Mio.)	2000	2010	2020
Europa	386	527	717
Ostasien/ Pazifik	105	195	397
Nord-/Mittel- u. Südamerika	131	190	282
Afrika	26	47	77
Mittlerer Osten	19	36	69
Südasien	6	11	19
Insgesamt	673	1 006	1 561

Tab. 5.3.3/1 *Für die kommenden Jahrzehnte wird ein weiteres Wachstum des internationalen Tourismus vorausgesagt. Besonders hohe Zuwächse werden in Ostasien/Pazifik, im Mittleren Osten und in Südasien erwartet.*

ca. 35 Mio. Chinesen Auslandsreisen unternommen; innerhalb von zehn Jahren soll sich diese Zahl verdreifachen. Auch für Deutschland bestehen gute Chancen, an diesem Boom zu partizipieren. Bereits jetzt kommt z. B. jeder zweite Besucher im Karl-Marx-Haus in Trier – einer Kultstätte für chinesische Touristen – aus dem Reich der Mitte (ARLT, W. G. & W. FREYER 2008; FUGMANN, R. 2009).[2]

Da die Welt touristisch erschlossen ist, wird künftig eine zunehmende Inwertsetzung von Grenzräumen des menschlichen Wohn- und Wirtschaftsraums erwartet. Reisen in diese Randgebiete der Ökumene sind generell mit einem großen Aufwand für Transport, Unterkunft und Verpflegung verbunden; deshalb handelt es sich um touristische Hochpreisangebote mit entsprechend geringen Teilnehmerzahlen. Sie werden auch in Zukunft nur Nischenmärkte darstellen – allerdings mit guten Wachstumsperspektiven:

• Antarktis: Nach der Entdeckung des Südpols durch den Norweger Roald Amundsen im Jahr 1911 war die Antarktis lange Zeit wissenschaftlichen Expeditionen vorbehalten. Seit den 1950er-Jahren fanden erste Antarktisflüge für Touristen und später zunehmend Kreuzfahrten statt. In den letzten Jahrzehnten ist die Zahl der Touristen kontinuierlich gestiegen – von ca. 1 000 Besuchern (1990/91) auf 36 881 in der Saison 2009/10 (DOVE, J. 1997; KONOPKA, H.-P. 2004; MAYER, M. 2008). Gleichzeitig ist eine Diversifizierung der Aktivitäten zu beobachten: Neben den klassischen Schlauchbootexpeditionen und Landgängen werden Ein-Tages-Trips und sogar Marathonläufe angeboten (HEY-DEN, C. 2003). Um die ökologischen Belastungen der sensiblen Fauna und Flora durch den Tourismus zu minimieren und die Attraktivität der Antarktis langfristig zu erhalten, haben sich mehrere Spezialveranstalter in der „International Association of Antarctica Tour Operators" (IAATO) zusammengeschlossen und einen Verhaltenskodex für Schiffsbesatzungen und für Touristen erarbeitet. Allerdings besteht keine generelle Garantie für die Einhaltung dieser Kodizes, da nicht alle Antarktis-Reiseveranstalter auch Mitglieder der IAATO sind.

- Wüsten: Aufgrund des Klimas und der Vegetationsarmut zählen auch die Trockenwüsten zu den siedlungsfeindlichen Räumen der Erde. In diesen Regionen, die höhere Verdunstungs- als Niederschlagsmengen aufweisen, können Menschen nur unter besonderen Bedingungen leben. Aufgrund ihrer isolierten Lage und ihrer schlechten Verkehrserschließung stellen sie aber weitgehend unberührte Naturlandschaften dar, deren spezifische Attraktivität aus dem extremen Kontrast zu den urbanisierten Verdichtungsräumen in Mittel- und Westeuropa resultiert. Vor allem die Berichte von Forschungsreisenden des 19. Jh. wie Heinrich Barth, Otto Lenz u.a. haben einen „Wüstenmythos" (POPP, H. 2003a, 56) geprägt, der heute von der Tourismusbranche aufgegriffen wird. Wüsten sind deshalb zunehmend zu touristischen Zielen geworden – u.a. für Geländewagen- und Motorradreisen

sowie Trekking-Touren. Mehrere Fallstudien in den Maghrebländern, aber auch in den USA belegen die bisherige Dynamik dieses Marktsegments, aber auch die noch bestehenden Potenziale (vgl. Abb. 5.3.3/1).[3] Die Steigerung der Nachfrage hat bereits zu einem diffenzierten Unterkunftsangebot geführt: Neben einfachen Unterkünften in ländlichen Gebäuden – z.B. gîtes d'étap in Marokko – finden sich weltweit auch Beispiele von Wüstenhotels in Form luxuriöser Zeltcamps (z.B. „Longitude 131°", Ayers Rock/ Australien, „Al Maha Desert Resort & Spa", Dubai/Vereinigte Arabische Emirate).

- Hochgebirge: Auf der Suche nach neuen touristischen Frontiers werden die Hochgebirge in Nord- und Südamerika, aber vor allem in Asien künftig einen weiteren Nachfrageboom verzeichnen. Als Synonym für die bisherige Entwicklung kann die Erschließung des Mt. Everest (Nepal) durch Spezialreiseveranstalter gelten, die eine wachsende Zahl von Besteigungen ausgelöst hat. Während in den 1970er-Jahren jährlich nur maximal 25 Bergsteiger den Gipfel erreichten, stieg diese Zahl inzwischen auf ca. 150 an.[4] Die Kommerzialisierung hat dazu geführt, dass risikoreiche Besteigungen stattgefunden haben, die z.B. im Mai 1996 zum Tod mehrerer Alpinisten führten. Diese Ereignisse wurden einem breiten Publikum durch die Massenmedien, aber auch durch Bücher der beteiligten Bergsteiger vermittelt – z.B. „Into thin Air: A personal Account of the Mount Everest Disaster" von

Jon Krakauer (1997). Aufgrund ihres spektakulären Charakters hatten diese Berichte eine weitere Popularisierung des Hochgebirgstourismus zur Folge. Wie bei anderen extremen Natursportarten (Free Climbing, Canyoning, River Rafting etc.) stehen auch beim Alpinismus nicht mehr Entdeckung und Naturerlebnis im Mittelpunkt, sondern der Nervenkitzel, die Kontrolle der Sportler über sich selbst und die Natur sowie die Flow-Erlebnisse – also das Versinken in der eigenen Handlung (Siegrist, D. 1998; Egner, H. u. a. 1998).

- Tiefsee: Bereits im Jahr 1996 wurde die Zahl der Touristen, die Fahrten in Untersee-Booten unternommen haben, auf mehr als 2 Mio. geschätzt. Zum damaligen Zeitpunkt waren weltweit ca. 50 touristische U-Boote in Betrieb und weitere in Planung. Zu den bekannten Projekten zählen unterseeische Bootstouren im Mittelmeer und in Thailand sowie Tauchfahrten zum Wrack der „Titanic" im Nordatlantik (Steinecke, A. 2010, 206). Darüber hinaus findet auch eine Erschließung des Meeres durch Untersee-Hotels statt (z. B. „Jules' Undersea Lodge", Key Largo, Florida/USA) sowie durch Untersee-Restaurants (z. B. Fischrestaurant „Al Mahara" im Hotel „Burj Al Arab", Dubai/Vereinigte Arabische Emirate).

Neben der Ausweitung der Freizeit- und Reiseperipherie ist weltweit ein anhaltender Boom von künstlichen Erlebnis- und Konsumwelten zu beobachten, die als perfekte Substitutionsprodukte für traditionelle Zielgebiete fungieren (vgl. Kap. 4.6). Den Hintergrund für die zunehmende Beliebtheit dieser Einrichtungen stellt die standardisierte und fragmentierte Wirklichkeit in vielen Zielgebieten dar. Intensiver Landschaftsverbrauch für die Verkehrsinfrastruktur sowie für Industrie- und Wohngebäude, aber auch das Vordringen global agierender Einzelhandels- und Gastronomiekonzerne haben einen Verlust an Authentizität und eine Austauschbarkeit von Städten und Landschaften zur Folge gehabt. Aufgrund dieser Entwicklung entsprechen sie damit nicht mehr dem Klischee, das als wesentlicher Bezugspunkt bei der Reiseentscheidung der Urlauber fungiert. In künstlichen Erlebnis- und Konsumwelten lassen sich diese Stereotype perfekt herstellen: Durch die architektonische Gestaltung, die Simulation von Tageszeiten und Wetterbedingungen sowie durch eine thematische Animation kann eine neue Form der inszenierten Authentizität kreiert werden. Neben den klassischen Inszenierungstechniken der Themenparks, die bereits seit Mitte des 20. Jh. zum Einsatz kommen, werden künftig vor allem Virtual Reality-Techniken an Bedeutung gewinnen – also datengestützte Simulationen, deren Wirkung auf einer umfassenden Manipulation der Wahrnehmung des Besuchers basiert (Smeral, E. 2003, 158–159). Schließlich ist der Tourismus mit der Erschließung der Erde für Freizeit- und Erholungszwecke an die Grenzen einer weiteren räumlichen Expansion gestoßen. Auf der Suche nach neuen Reisezielen hat die Nutzung des Weltalls schrittweise begonnen (Steinecke, A. 2010, 207–211):

- Bereits im Jahr 1954 hat der (damals) britische Reiseveranstalter „Thomas Cook" ein „Moon Register" eingerichtet – eine Warteliste für Pauschalreisen zum Mond, die bereits Tausende von Einträgen aufweist.
- In Spezialflugzeugen (z. B. der russischen Iljuschin IL-76) können Touris-

ten an Parabelflügen teilnehmen, bei denen durch spezielle Flugbewegungen jeweils für 25 Sekunden der Zustand „Zero Gravity" hergestellt werden kann, der auch in der Raumstation ISS herrscht.

- Für Touristen werden – ebenfalls in Russland – Flüge mit Militärflugzeugen

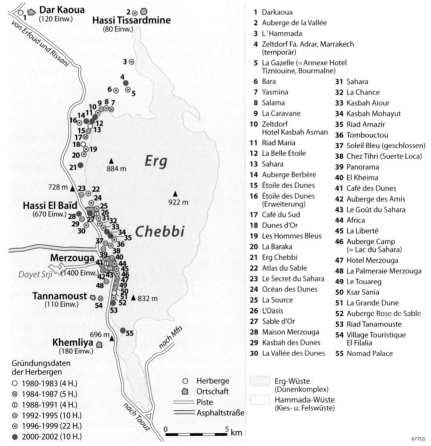

1	Darkaoua
2	Auberge de la Vallée
3	L'Hammada
4	Zeltdorf Fa. Adrar, Marrakech (temporär)
5	La Gazelle (= Annexe Hotel Tizniouine, Bourmalne)

6	Bara	31	Sahara
7	Yasmina	32	La Chance
8	Salama	33	Kasbah Aiour
9	La Caravane	34	Kasbah Mohayut
10	Zeltdorf Hotel Kasbah Asman	35	Riad Amazir
11	Riad Maria	36	Tombouctou
12	La Belle Etoile	37	Soleil Bleu (geschlossen)
13	Sahara	38	Chez Tihri (Suerte Loca)
14	Auberge Berbère	39	Panorama
15	Étoile des Dunes	40	El Kheima
16	Étoile des Dunes (Erweiterung)	41	Café des Dunes
17	Café du Sud	42	Auberge des Amis
18	Dunes d'Or	43	Le Goût du Sahara
19	Les Hommes Bleus	44	Africa
20	La Baraka	45	La Liberté
21	Erg Chebbi	46	Auberge Camp (= Lac du Sahara)
22	Atlas du Sable	47	Hotel Merzouga
23	Le Secret du Sahara	48	La Palmeraie Merzouga
24	Océan des Dunes	49	Le Touareg
25	La Source	50	Ksar Sania
26	L'Oasis	51	La Grande Dune
27	Sable d'Or	52	Auberge Rose de Sable
28	Maison Merzouga	53	Riad Tanamouste
29	Kasbah des Dunes	54	Village Touristique El Filalia
30	La Vallée des Dunes	55	Nomad Palace

Gründungsdaten der Herbergen
- ○ 1980-1983 (4 H.)
- ⊗ 1984-1987 (5 H.)
- ⊕ 1988-1991 (4 H.)
- ◎ 1992-1995 (10 H.)
- ⊚ 1996-1999 (22 H.)
- ● 2000-2002 (10 H.)

○ Herberge
⌂ Ortschaft
= Piste
≡ Asphaltstraße

▭ Erg-Wüste (Dünenkomplex)
▭ Hammada-Wüste (Kies- u. Felswüste)

0 ____ 5 km

677GS

Abb. 5.3.3/1 *Der Erg Chebbi – eine Sandwüste im südlichen Marokko – hat sich innerhalb von 20 Jahren zu einem beliebten Ziel von Individualtouristen und Studienreisenden entwickelt. Ohne nennenswerte staatliche Einflussnahme sind dort mehr als 50 Herbergen, Cafés und andere touristische Einrichtungen entstanden.*

angeboten. Die Maschinen steigen mit nahezu dreifacher Schallgeschwindigkeit auf eine Höhe von 27 000–30 000 m (also in die Stratosphäre); von dort aus können die Fluggäste einen Horizont von ca. 1 500 km überblicken.

- Im „European Astronaut Centre" der European Space Agency (ESA) in Köln und im russischen Kosmonauten-Trainingszentrum „Gagarin Cosmonaut Training Centre" (GCTC) in Star City bei Moskau werden Kurse angeboten, bei denen die Teilnehmer einen Einblick in die Ausbildung von Raumfahrern erhalten.

- Im Frühjahr 2001 ist der US-Amerikaner Dennis Tito mit einer russischen Sojuz-Kapsel als erster zahlender Passagier für einen Preis von 22,5 Mio. Euro zur internationalen Weltraumstation ISS geflogen; inzwischen haben sechs Touristen an professionellen Raumflügen teilgenommen.

- Im Jahr 2004 haben in den USA Testflüge der privat finanzierten Raumfähre „SpaceShipOne" stattgefunden, die damit den Konditionen des „X-Price" erfüllt hat. Dieser Preis wurde für die erfolgreiche Durchführung von zwei Flügen innerhalb von zwei Wochen ausgesetzt, bei denen mindestens drei Personen auf eine Höhe von 100 km transportiert werden. Obwohl es bereits eine lange Warteliste mit Interessenten für dieses Weltraumabenteuer gibt, ist der Start des kommerziellen Projekts immer wieder verschoben worden.

- Für den Bau eines Weltraumhotels, das in ca. 500 km Höhe um die Erde kreisen soll, hat das japanische Bauunternehmen Shimizu bereits im Jahr 1998 konkrete Pläne vorgelegt. Das Hotel soll aus einer 240 m langen Zentralachse und einer ringförmigen Konstruktion von 140 m Durchmesser bestehen, in der sich die Wohnräume für 220 Gäste, ein öffentlicher Bereich und die Versorgungseinrichtungen befinden. Durch die Drehung des gesamten Komplexes wird eine künstliche Schwerkraft erzeugt. Die Kosten für dieses Projekt werden auf 13 Mrd. Euro veranschlagt; ein einwöchiger Aufenthalt soll 175 000 Euro kosten. Marktanalysen haben gezeigt, dass 4,3 % der Bundesbürger Interesse an einer Reise in das All haben. Während Mond und Mars in den kommenden 50 Jahren aufgrund der hohen Transportkosten als Reiseziele ausscheiden, sind vor allem Kurzreisen in den erdnahen Weltraum und der Bau von Weltraumhotels vorgesehen (REICHERT, M. 2000; SMERAL, E. 2003, 159–160).

Diese Planungen stellen die konsequente Fortsetzung der bisherigen Raumerschließung durch den Tourismus dar: Der Jungfräulichkeits-Mythos, der den Impuls für die touristische Inwertsetzung der großen Natur- und Kulturräume auf der Erde gegeben hat, wird auch dafür sorgen, dass die touristische Frontier in das Weltall vorrücken wird. Der Wunsch, unberührte Regionen als Erster zu betreten, ist ungebrochen – und zugleich vergeblich, denn im Moment der Berührung erlischt der Reiz.

Zusammenfassung

Fazit

- Bei dem Tourismusmarkt der Gegenwart handelt es sich um einen Käufermarkt, auf dem die reiseerfahrenen Konsumenten die Regeln bestimmen.
- Auf der Nachfrageseite zeichnen sich gegenwärtig mehrere (teilweise widersprüchliche) Trends ab: Zeiteffizienz und Flexibilität, Preissensibilität und Anspruchsdenken, Multioptionalität und Individualität, Erlebnishunger und Erfahrungssuche sowie ein ausgeprägtes Körper- und Gesundheitsbewusstsein.
- Diese Erwartungen der hybriden Konsumenten stellen die Tourismusbranche vor neue Herausforderungen – z. B. durch eine Kombination aus Globalisierung und lokalen Kompetenzen, aus Standardisierung und Produktinnovationen sowie aus traditionellen und neuen Vetriebswegen.
- Darüber hinaus besteht in vielen Zielgebieten noch ein großer Nachholbedarf hinsichtlich einer Professionalisierung der Arbeit (als wettbewerborientierte Tourismusdestinationen).
- Das künftige touristische Wachstum wird nicht in allen Teilen der Welt gleichmäßig verlaufen: Zu den Gewinnern zählen die ost- und südasiatischen Länder sowie der Mittlere Osten, während Europa Marktanteile verlieren wird.

- Da inzwischen nahezu alle Länder touristisch erschlossen sind, wird künftig ein stärkerer Drang in die Grenzräume des menschlichen Siedlungs- und Wirtschaftsraumes erwartet –in die Trockenwüsten, die Arktis und Antarktis sowie in die außereuropäischen Hochgebirge.
- Als letzte touristische Frontier bleibt noch das All; mit einzelnen Weltraumtouristen an Bord der Internationalen Raumstation (ISS) hat die touristische Inwertsetzung dieses unendlichen Raumes längst begonnen – und es liegen bereits auch fantastische Pläne für regelmäßige Flüge mit privaten Raumfähren und für den Bau gigantischer Weltraumhotels vor.

Zum Einlesen

F. U. R. (Forschungsgemeinschaft Urlaub und Reisen) (Hrsg.; 2009): Urlaubsreisetrends 2020. Die RA-Trendstudie – Entwicklung der touristischen Nachfrage der Deutschen, Kiel.

Die mittelfristige Prognose enthält differenzierte, datengestützte Aussagen zu quantitativen Entwicklungen und qualitativen Veränderungen des deutschen Urlaubsreisemarktes.

Abkürzungen

Abh. = Abhandlung(en)
Abt. = Abteilung
aktual. = aktualisiert(e)
angew. = angewandt(e)
Arb. = Arbeit(en)
Aufl. = Auflage
bearb. = bearbeitet(e)
Bd. = Band
Ber. = Bericht(e)
Beitr. = Beitrag, Beiträge
Bibliogr. = Bibliographie(n)
Diss. = Dissertation
Dok. = Dokumente, Dokumentation
Dtsch. = deutsch(es, en)
d. = der, des, dem
Entwickl. = Entwicklung
erg. = ergänzt(e)
Ertr. = Erträge
erw. = erweitert(e)
f. = für
Fachr. = Fachreihe
Fak. = Fakultät
FB = Fachbereich
Forsch. = Forschung(en)
FVW = Fremdenverkehrswirtschaft International
geogr. = geographische(e)
Geogr. = Geographie
H. = Heft(e)

Hrsg. = Herausgeber
Inst. = Institut
Inform. = Information(en)
Jb. = Jahrbuch
Kartogr. = Kartographie
Manuskr. = Manuskript(e)
Mat. = Material(ien)
Mitt. = Mitteilung(en)
o. = ohne
Raumpl. = Raumplanung
Rdsch. = Rundschau
Schr. = Schriften
Schriftenr. = Schriftenreihe
Stud. = Studie(n)
u. = und
überarb. = überarbeitet(e)
Unterl. = Unterlagen
Univ. = Universität
unveröffentl. = unveröffentlicht(e)
veröffentl. = veröffentlicht(e)
Veröffentl. = Veröffentlichung(en)
vollst. = vollständig
westf. = westfälisch(e)
Wiss. = Wissenschaft, wissenschaftlich
z. = zum, zur
Ztschr. = Zeitschrift

Literaturverzeichnis

* Einführungen und Gesamtdarstellungen

ABEGG, B. & H. ELSASSER (1996): Klima, Wetter und Tourismus in den Schweizer Alpen. – In: Geogr. Rdsch., 48/12, 737–742.

ADAC (Allgemeiner Deutscher Automobilclub) (Hrsg.; 1991a): Städtetourismus. Eine Planungs- und Orientierungshilfe für Klein- und Mittelstädte, München.

ADAC (Allgemeiner Deutscher Automobil-Club) (Hrsg.; 1996): Touristische Routen in Deutschland, München.

ADAC (Allgemeiner Deutscher Automobil-Club) (Hrsg.; 2004): Verkehr und Tourismus, München.

ADERHOLD, P. (2000): Der deutsche Fernreisemarkt. – In: LANDGREBE, G., 235–252.

ADERHOLD, P. u. a. (2006): Tourismus in Entwicklungsländern. Eine Untersuchung über Dimensionen, Strukturen, Wirkungen und Qualifizierungsansätze im Entwicklungsländer-Tourismus – unter besonderer Berücksichtigung des deutschen Urlaubsreisemarktes, Ammerland.

ADV (ARBEITSGEMEINSCHAFT DEUTSCHER VERKEHRS-FLUGHÄFEN) (Hrsg.; 2008): Prognose 2009–2010 des Flughafenverbandes ADV (www.adv. aero/uploads/media/Prognose_2009.pdf vom 13.02.2011).

AIEST (International Association of Scientific Experts in Tourism (Hrsg.; 2000): Tourism and Culture, St. Gallen (AIEST Publication; 42).

AÏT HAMZA, M. & H. POPP (2000): Trekking-Tourismus im Hohen Atlas. Beispiel für nachhaltigen Tourismus in einer Peripherregion? – In: Geogr. Rdsch., 52/2, 4–10.

ALBERT-PIÑOLE, I. (1993): Tourism in Spain. – In: POMPL, W. & P. LAVERY (Hrsg.): Tourism in Europe: Structures and Development, Wallingford, S. 242–261.

ALTONAER MUSEUM IN HAMBURG/NORDDEUTSCHES LANDESMUSEUM (Hrsg.; 1986): Saison am Strand: Badeleben an Nord- und Ostsee – 200 Jahre, Herford.

AMANN, S., P. ILLING & M. SINNING (1995): Die Tourismusbranche. Eine segmentspezifische Strukturanalyse: Erfolgsfaktoren – Erfahrungen – strategische Herausforderungen, Trier (Trends – Forschung – Konzepte im strategischen Management; 8).

AMERSDORFFER, D. u. a. (Hrsg.; 2010): Social Web im Tourismus. Strategien – Konzepte – Einsatzfelder, Heidelberg u. a.

ANDEREGG, R. & F. JOOS (2011): Inclusive-Angebote zur Stärkungen des alpinen Sommertourismus – Beweggründe, Herausforderungen und Emp fehlungen. – In: BIEGER, T., C. LAESSER & P. BERITELLI, 31–40.

ANDERSON, J. & E. SWINGLEHURST (1978): The Victorian and Edwardian Seaside, London u. a.

ANNASOHN, K. (1975): Versuch einer langfristigen Prognose der touristischen Frequenzen im schweizerischen Berggebiet, Bern/Frankfurt a. M. (Berner Stud. z. Fremdenverkehr; 17).

ANTON-QUACK, C. & H.-D. QUACK (2007): Städtetourismus – eine Einführung. – In: BECKER, C., H. HOPFINGER & A. STEINECKE 193–203.

ARBESSER, M. u. a. (2008): Die ökonomische Bedeutung des Wintersports in Österreich, Wien.

ARLT, W. G. & W. FREYER (Hrsg.; 2008): Deutschland als Reiseziel chinesischer Touristen. Chancen für den deutschen Reisemarkt, München/Wien.

ARNEGGER, J., M. WOLTERING & H. JOB (2010): Toward a Product-based Typology for Nature-based Tourism: A Conceptual Framework. – In: Journal of Sustainable Tourism, 18/7, 915–928.

ARTHO, D. (1996): Auswirkungen der Überalterung im Tourismus. Alter als Chance für die Reiseveranstalter, Bern u. a. (St. Galler Beitr. z. Tourismus u. z. Verkehrswirtschaft; 29).

ASCHAUER, W. (2008): Tourismus im Schatten des Terrors. Eine vergleichende Analyse der Auswirkungen von Terroranschlägen (Bali, Sinai, Spanien), München/Wien (Eichstätter Tourismuswiss. Beitr.; 9).

BACH, W. & S. GÖSSLING (1996): Klimaökologische Auswirkungen des Flugverkehrs. – In: Geogr. Rdsch., 48/1, 54–59.

BACHLEITNER, R., R. EGGER & Th. HERDIN (2006): Innovationen in der Tourismusforschung. Methoden und Anwendungen, Berlin/Wien (Wiss. Schriftenr. d. Zentrums f. Zukunftsstudien – Salzburg; 8).

BACHLEITNER, R., H. J. KAGELMANN, & A. KEUL, (1998): Der durchschaute Tourist. Arbeiten zur Tourismusforschung, München/Wien.

BÄHRE, H. (2003): Tourismus im Systemtransformation. Eine Untersuchung zum Reisen in der DDR und zum ostdeutschen Tourismus im Zeitraum 1980 bis 2000, Berlin.

BAETZ, U. & HERING, S. (1997): Lust auf Schokolade – Neues von der Schokoladenseite der Kölner Museen. – In: STEINECKE, A. & M. TREINEN, 155-173.

Bätzing, W. (1996): Tourismus und nachhaltige Regionalentwicklung im Alpenraum. – In: Geogr. Rdsch., 48/3, 145–151.

Bätzing, W. (1997): Ein sanftes Wanderprojekt mit Problemen – die gta. – In: Integra, 2–3, 1–5.

Bätzing, W. (2005): Die Alpen. Geschichte und Zukunft einer europäischen Kulturlandschaft, 3. Aufl. München.

BAG (Bundesarbeitsgemeinschaft für Urlaub auf dem Bauernhof und Landtourismus in Deutschland) (Hrsg.; 2009): Geschäftsbericht 2008/09, Berlin.

BAG (Bundesarbeitsgemeinschaft für Urlaub auf dem Bauernhof und Landtourismus in Deutschland) (Hrsg.; 2009a): Bundesweite Umfrage bei Gastgebern von Urlaub auf dem Bauernhof und Urlaub auf dem Lande zum touristischen Angebot und zur Urlaubssaison 2008/09, Berlin.

Baird, G. (2004): Urbanität im Wandel: Re-visiting Las Vegas – eine aktuelle Bestandsaufnahme. – In: Graz Architektur Magazin, 01, 44–63.

Bardolet, E. (1992): Der Tourismus auf den Balearen: Bilanz eines Pionierziels des populären europäischen Tourismus im Mittelmeerraum. – In: Thomas-Morus-Akademie, 35–62.

Bartaletti, F. (2001): Tourismus in den italienischen Alpen. – In: Geogr. Rdsch., 53/4, 48–53.

Bartha, I. (2006): Ethnotourismus in Marokko. Touristische Präsentation, Wahrnehmung und Inszenierung der Berber, Bayreuth (Maghreb-Stud.; 15).

Baumann, B. (1999): Bestandsanalyse des Industrietourismus zu produzierenden Unternehmen im Südwesten Deutschlands. – In: Fontanari, M. L., Treinen, M. & M. Weid, 79–103.

Baumgartner, C. & A. Biedenkapp (Hrsg.; 2001): Landschaften aus Menschenhand. Die touristische Nutzung von (Industrie-)Kulturräumen, München.

Baumgartner, C. & A. Biedenkapp (2001a): Zusammenfassung: 21 Thesen zur touristischen Nutzung von Kulturlandlandschaften und industriellen Anlagen. – In: Baumgartner, C. & A. Biedenkapp, 209–213.

Baumhackl, H. (1995): Die Alpen – eine Ferienlandschaft aus geographischer Sicht. – In: Thomas-Morus-Akademie 1995a, 9–43.

Baumhackl, H. u. a. (Hrsg.; 2006): Tourismus in der „Dritten Welt". Zur Diskussion einer Entwicklungsperspektive, Wien (Beitr. z. Historischen Sozialkunde/Internationalen Entwickl.; 25).

Baur, N., Volle, B. & H.-D. Quack (2004): Optimierung der Organisationsstrukturen im Destinationsmanagement, Salzgitter.

Bausinger, J., K. Beyrer & G. Korff (Hrsg.; 1991): Reisekultur. Von der Pilgerfahrt zum modernen Tourismus, München.

BBR (Bundesamt für Bauwesen und Raumordnung) (Hrsg.; 2004): Erforderliche Qualitätsstandards und Maßnahmen zur Verbesserung der Lage der Tourismusbranche in den ostdeutschen Ländern).

Becker, C. (1981): Feriendörfer in der Region Trier. Ausbaumöglichkeiten und Standortgrundsätze, Trier.

Becker, C. (Hrsg.; 1992): Erhebungsmethoden und ihre Umsetzung in Tourismus und Freizeit, Trier (Mat. z. Fremdenverkehrsgeogr.; 25).

Becker, C. (Hrsg.; 1995): Ansätze für eine nachhaltige Regionalentwicklung mit Tourismus, Berlin (Freie Universität Berlin, Inst. f. Tourismus, Ber. u. Mat.; 14).

Becker, C. (Hrsg.; 1997): Beiträge zur nachhaltigen Regionalentwicklung mit Tourismus, Berlin (Freie Univ. Berlin, Inst. f. Tourismus, Ber. u. Mat.; 16).

Becker, C. (Hrsg.; 1999): Kurorte der Zukunft. Neue Ansätze durch Gesundheitstourismus, interkommunale Kooperation, Gütesiegel „Gesunde Region" und Inszenierung im Tourismus, Trier (Mat. z. Fremdenverkehrsgeogr.; 49).

Becker, C. (2000): Freizeit und Tourismus in Deutschland – eine Einführung. – In: Institut für Länderkunde, 12–21.

Becker, C. (2000a): Feriengroßprojekte in Deutschland. – In: Institut für Länderkunde, 72–73.

Becker, C. (2000b): Neue Tendenzen bei der Errichtung touristischer Großprojekte in Deutschland. – In: Geogr. Rdsch., 52/2, 28–33.

Becker, C. (2002): Die Geographie des Tourismus: Stand und Perspektiven. – In: Geogr. u. Schule, 24/135, 4–10.

Becker, C. (2007): Destinationsmanagement. – In: Becker, C., H. Hopfinger & A. Steinecke, 464–474.

*Becker, C., H. Hopfinger & A. Steinecke (Hrsg.; 2007): Geographie der Freizeit und des Tourismus: Bilanz und Ausblick, 3. Aufl. München/Wien.

Becker, C., H. Job & A. Witzel (1996): Tourismus und nachhaltige Entwicklung. Grundlagen und praktische Ansätze für den mitteleuropäischen Raum, Darmstadt.

Becker, C. & H.-D. Quack (Hrsg.; 2007): Ansätze und Erfahrungen im Destinationsmanagement, Trier (ETI-Stud.; 6).

Becker, C. & A. Steinecke (Hrsg.; 1993): Kulturtourismus in Europa: Wachstum ohne Grenzen? Trier (ETI-Stud.; 2).

BECKER, C. & A. STEINECKE (Hrsg.; 1993a): Mega-trend Kultur? Chancen und Risiken der tou-ristischen Vermarktung des kulturellen Erbes, Trier (ETI-Texte; 1).

BEHNKE, M. & C. MAISENHÄLDER (1998): Kommer-zielle Musical-Theater in Deutschland. – In: HENNINGS, G. & S. MÜLLER, 134–160.

BENGSCH, L. (2003): 5 Jahre Touristische Wetterstati-onen in Ostdeutschland – ein Erfahrungsbericht. – In: JOB, H. & M. SCHWAIGER (Hrsg.): Jahrbuch für Fremdenverkehr, 45, München, 81–105.

*BENTHIEN, B. (1997): Geographie der Erholung und des Tourismus, Gotha.

BERG, M. (2003): Firmenmuseen, Barntrup 2003 (www.martinaberg.com/museen.htm vom 25.10.2003).

BERNAU, S. (2007): Tourismuskritik – Wegweiser für zukunftsfähiges Reisen? Norderstedt.

BERNREUTHER, A., A. KLEIN & H. POPP (2001): Die Lohengrin-Therme in Bayreuth – lokales Erleb-nis- und Wellnessbad oder Keimzelle eines Mineralheilbades Bad Bayreuth? – In: POPP, H., 221–242.

BERRIANE, M. (2007): Einblicke in die französische Tourismusgeographie. – In: BECKER, C., H. HOP-FINGER & A. STEINECKE, 45–54.

BESEL, K. & HALLERBACH, B. (2007): Touristische Großerhebungen. – In: BECKER, C., H. HOPFINGER, & A. STEINECKE, 159–170.

BIEGER, T. (2008): Management von Destinatio-nen, 7. Aufl. München/Wien.

*BIEGER, T. (2010): Tourismuslehre – ein Grundriss, 3., überarb. Aufl. Bern/Stuttgart/Wien (UTB; 2536).

BIEGER, T. & C. LAESSER (2003a): Tourismus-trends. Eine aktuelle Bestandsaufnahme. – In: Jb. Schweizerische Tourismuswirtschaft 2002/2003, St. Gallen, 13–37.

BIEGER, T. & C. LAESSER (2010): Tourismustrends – zwischen Nachfragesog und Angebotsdruck. – In: BIEGER, T., C. LAESSER & P. BERITELLI, 13–34.

Bieger, T., C. LAESSER & P. BERITELLI (Hrsg.; 2010): Trends, Instrumente und Strategien im alpi-nen Tourismus, Berlin (Schweizer Jb. f. Touris-mus 2009).

BIEGER, TH. & LAESSER, CHR. & BERITELLI, P. (Hrsg.; 2011): Wettbewerb im alpinen Tourismus – Herausforderungen und Innovationen, Berlin (Schweizer Jb. f. Tourismus 2010).

BIEGER, T., H. PECHLANER & A. STEINECKE (Hrsg.; 2001): Erfolgskonzepte im Tourismus. Mar-ken – Kultur – Neue Geschäftsmodelle, Wien (Management u. Unternehmenskultur; 5).

BIEGER, T., T. RIKLIN & C. BAUDENBACHER (2010): 30 Jahre Beschneiung in der Schweiz – eine

Bestandsaufnahme. – In: BIEGER, T., C. LAESSER & P. BERITELLI, 135–149.

BIERNERT, U. (1998): Wüstentourismus in Süd-marokko. Das Beispiel des Tafilalet, Passau (Maghreb-Stud.; 11).

BIRKENHAUER, J. (1987): Die Alpen, ein Lebens-raum. – In: Geographie heute, 8/48, 4–17.

BITTNER, G. (1991): Marketingkonzeption für ein kulturelles Ereignis: „Schleswig-Holstein Musik Festival (SHMF)". – In: SEITZ, E. & J. WOLF (Hrsg.): Tourismusmanagement und -marketing, Landsberg/Lech, S. 663–674.

BLEILE, G. (1995): Tourismusmärkte, München/Wien.

BLEILE, G. (2001): Neue Tourismus Landkarte „D". Leitfaden für ein marktorientiertes Destina-tion Management, Freiburg (Akademie f. Touristik Freiburg, Schriftenr. Tourismus; 5).

BLOMEYER, G. R. & B. TIETZE (1982): … grüßt Euch Eure Anneliese, die im Lunazauber schwelgt. Lunapark 1904–1934, eine Berliner Sonntags-architektur. – In: Stadt, 4, 32–36.

BLUHM, H.-G. (1986): Von den Anfängen. – In: ALTONAER MUSEUM IN HAMBURG/NORDDEUTSCHES LAN-DESMUSEUM, 18–20.

BLUHM, H.-G. (1986a): Landschaftsbild im Wandel. – In: ALTONAER MUSEUM IN HAMBURG/NORDDEUTSCHES LANDESMUSEUM 1986a, 29–30.

BMELV (BUNDESMINISTERIUM FÜR ERNÄHRUNG, LAND-WIRTSCHAFT UND VERBRAUCHERSCHUTZ) (Hrsg.; 2009): Urlaub auf dem Bauernhof –Urlaub auf dem Lande 2008, Bonn.

BMVEL (BUNDESMINISTERIUM FÜR VERBRAUCHER-SCHUTZ, ERNÄHRUNG UND LANDWIRTSCHAFT) (HRSG.; 2002): Urlaub auf dem Bauernhof. Textband, Bonn.

BMWA (BUNDESMINISTERIUM FÜR WIRTSCHAFT UND ARBEIT) (Hrsg.; 2003): Tourismuspolitischer Bericht der Bundesregierung. 14./15. Legislaturperiode, Berlin.

BMWA (BUNDESMINISTERIUM FÜR WIRTSCHAFT UND ARBEIT)/Marketing Forum der Seilbahnen Österreichs (Hrsg.; 2004): Zukunftssicherung Wintersport: Skifahrer, Aufhörer & Nicht-Skifahrer. Kurzfassung, Wien.

BMWA (BUNDESMINISTERIUM FÜR WIRTSCHAFT UND ARBEIT) (Hrsg.; 2008): Tourismusstrategische Ausrichtung 2015. Kurzfassung, Wien.

BMWI (BUNDESMINISTERIUM FÜR WIRTSCHAFT UND TECHNOLOGIE) (Hrsg.; 2009): Auswirkungen des demographischen Wandels auf den Tourismus und Schlussfolgerungen für die Tourismuspo-litik. Kurzfassung, Berlin.

BODE, V. (2000): Urlaub in der DDR. – In: Institut für Länderkunde, 24–25.

BODENSTEIN, E. (1972): Der Wandel touristischer Landschaftsbewertung seit Beginn des 18. Jahrhunderts am Beispiel des Harzes. – In: Akademie für Raumforschung und Landesplanung (Hrsg.): Zur Landschaftsbewertung für die Erholung, Hannover, 21–32 (Veröff. d. Akademie f. Raumforschung u. Landesplanung; 76/3).

Bodmer, U. u. a. (2003): Hemmnisse und Entwicklungsmöglichkeiten für ländlichen Tourismus in Bulgarien, Rumänien und Tschechien aus Nachfragersicht. – In: Tourismus Journal, 7/1, 87–105.

Bödeker, B. (2003): Städtetourismus in Regensburg. Images, Motive und Verhaltensweisen von Altstadttouristen, Bayreuth (Diss., Univ. Bayreuth).

Böhle, K.-H. (1989): Erbstücke. Technische Denkmale in der DDR, Leipzig.

Bohle, H.-G. (2004): Geographien von Gewalt – Kulturgeographische Interpretationen des Bürgerkriegs auf Sri Lanka. – In: Petermanns Geogr. Mitt., 148/2, 22–29.

Borg, J. van der & G. Gotti (o. J.): Tourism and Cities of Art. The Impact of Tourism and Visitors Flow Management in Aix-en-Provence, Amsterdam, Bruges, Florence, Oxford, Salzburg and Venice, Venice (UNESCO Technical Report; 20).

Borghardt, J. u. a. (Hrsg.; 2002): ReiseRäume. Touristische Entwicklung und räumliche Planung, Dortmund (Dortmunder Beitr. z. Raumpl.; 109).

Born, K. (1999): Globalisierung der Konzerne – Widerspruch zur Kundenorientierung? – In: Bastian, H., K. Born & A. Dreyer (Hrsg.): Kundenorientierung im Touristikmanagement, München/Wien, 51–62.

Born, K. (2001): Sieht so der Urlaub im Jahr 2020 aus? – In: Fremdenverkehrswirtschaft International, 5, 242–246.

Born, K. (2009): Weltraumtourismus – aktuelles Szenario, Salzgitter (www.fachtagung-tourismusmanagement.de/fachtag/images/stories/Referenten/referenten09/folien/Born.pdf?a23d108024f205e00f278689b441268f=4cd829dce5d8c2e2577e1c060624dd66 vom 21.06.2011).

Boshold, A. (1999): Industrie-Tourismus im Lausitzer Braunkohlenrevier. Perspektiven zum Strukturwandel einer deutschen Industrieregion, Berlin.

Bradić, I. (2010): Tourismus und Terroranschläge in den Maghreb-Ländern, Trier (Trends – Forschung – Konzepte im strategischen Tourismusmanagement; 23).

Braun, A. (1996): Symbolische Reisen in neue Orte – am Beispiel der Swarovski-Kristallwelten. – In: Steinecke, A. 1996a, 103–108.

Braun, O. L. & M. Lohmann (1989): Die Reiseentscheidung. Einige Ergebnisse zum Stand der Forschung, Starnberg.

Breuer, T. (1992): Mallorca. Eine Bestandsaufnahme aus geographischer Sicht. – In: Thomas-Morus-Akademie, 9–32.

Breuer, T. (Hrsg.; 1998): Fremdenverkehrsgebiete des Mittelmeerraumes im Umbruch, Regensburg (Regensburger Geogr. Schr.; 27).

Breuer, T. (2002): Ein Dauerplatz an der Sonne: Europas Rentner zieht es nach Süden. – In: Praxis Geogr., 32/3, 21–27.

Breuer, T. (2003): Deutsche Rentnerresidenten auf den Kanarischen Inseln. – In: Geogr. Rdsch., 55/5, 44–51.

Brilli, A. (1997): Als Reisen eine Kunst war. Vom Beginn des modernen Tourismus: Die „Grand Tour", Berlin.

Brittner, A. (2000): Die „Hundertwasser-Therme Rogner-Bad Blumau" in der Steiermark (Österreich). – In: Steinecke, A., 172–185.

Brittner, A. (2000a): Musikfestival und Musicals. – In: Institut für Länderkunde, 56–59.

Brittner, A. (2002): Zur Natürlichkeit künstlicher Ferienwelten. Eine Untersuchung zur Bedeutung, Wahrnehmung und Bewertung von ausgewählten Ferienparks in Deutschland, Trier (Mat. z. Fremdenverkehrsgeogr.; 57).

Brittner, A. (2007): Feriengroßprojekte und ihre regionalpolitische Bedeutung. – In: Becker, C. & H. Hopfinger & A. Steinecke, 415–427.

Brittner-Widmann, A. (1999a): Inszenierung als Mittel zur Angebotsprofilierung im Gesundheitstourismus – das Rogner-Bad Blumau. – In: Becker, C., 168–220.

Brittner-Widmann, A. & H.-D. Quack & H. Wachowiak (Hrsg.; 2004): Von Erholungsräumen zu Tourismusdestinationen. Facetten der Fremdenverkehrsgeographie, Trier (Trierer Geogr. Stud.; 27).

Brunotte, E. u. a. (Hrsg.; 2002): Lexikon der Geographie in vier Bänden, Heidelberg/Berlin.

Brunsing, J. (2002): Neue Mitte Oberhausen. Bereicherung oder Belastung für das Ruhrgebiet? – In: Borghardt, J. u. a., 281–291.

Buchinger, H. u. a. (Hrsg.; o. J.): Kinder als Gäste, 3., erw. Aufl. Wien (Schriftenr. d. Wirtschaftsförderungsinst.; 28).

Budde, R. & U. Heckmann (2000): Route der Industriekultur. Die industriegeschichtlichen „Highlights" des Ruhrgebiets. – In: Praxis Geschichte, 5, 58–61.

Bundesarbeitsgemeinschaft für Urlaub auf dem Bauernhof und Landtourismus in Deutschland (Hrsg.; 2009): Bundesweite Umfrage bei Gastgebern von Urlaub auf dem Bauernhof und Urlaub auf dem Lande zum touristischen

Angebot und zur Urlaubssaison 2008/09, Berlin.

BÜNDNIS 90/DIE GRÜNEN (Hrsg.; 2008): Reisen und Klimaschutz (www.gruene-bundestag.de/cms/archiv/dokbin/257/257367.fraktionsbeschluss_reisen_und_klimaschut.pdf vom 11. März 2011).

BUTLAR, A. v. (1998): Englische Gärten. – In: Sarkowicz, H. (Hrsg.): Die Geschichte der Gärten und Parks, Frankfurt a. M./Leipzig, 173–187.

CAZES, G. (2000): Städtetourismus: Aktuelle Fragestellungen aus französischer Perspektive. – In: Geogr. Rdsch., 52/2, 46–50.

CHAMBER OF COMMERCE (Hrsg.; 2010): Balearic Islands: Figures 2010, Palma (www.cambramallorca.com/documentos/Desp_2230.pdf vom 27.04.2011).

CHATEL, T. (2006): Wasserpolitik in Spanien – eine kritische Analyse. – In: Geogr. Rdsch.; 58/2, 20–28.

CHEN, Y.-L. U. A. (2000): Fremdenverkehrsgebiete und naturräumliche Ausstattung. – In: Institut für Länderkunde, 26–29.

COHEN, E. (1979): A Phenomenology of Tourist Experiences. – In: Canadian Journal of Sociology, 4/13, 179–201.

CONRADY, R. & M. BUCK (Hrsg.; 2010): Trends and Issues in Global Tourism 2010, Berlin/Heidelberg.

CORBIN, A. (1990): Meereslust. Das Abendland und die Entdeckung der Küste 1750–1849, Berlin.

CHRISTALLER, W. (1955): Beiträge zu einer Geographie des Fremdenverkehrs. – In: Erdkunde, IX/1, 1–9.

DACHVEREIN MITTELDEUTSCHE STRASSE DER BRAUNKOHLE (Hrsg; 2003): Auf der Straße der Braunkohle. Eine Entdeckungsreise durch Mitteldeutschland, Leipzig.

DAMMERMANN, C. (1996): Tourismus und Kinderprostitution – eine neue Form der Sklaverei. – In: MEYER, G. & A. THIMM (Hrsg.): Tourismus in der Dritten Welt, 173–183 (Johannes Gutenberg-Univ. Mainz, Interdisziplinärer Arbeitskreis Dritte Welt, Veröffentl.; 10).

DANIELSSON, J. & M. LOHMANN (2003): Urlaubsreisen der Senioren, Kiel/Hamburg.

DANIELSSON, J., M. LOHMANN & U. SONNTAG (2003): Urlaubsreisen der Jugendlichen, Kiel/Hamburg.

DANIELSSON, J., M. LOHMANN & U. SONNTAG (2003a): Urlaubsreisen mit Kindern, Kiel/Hamburg.

DANIELSSON, J. & U. SONNTAG (2003): Fernreisen, Kiel/Hamburg.

DANIELSSON, J. & U. SONNTAG (2003b): Urlaubsreisen der Singles, Kiel/Hamburg.

DEHOGA (DEUTSCHER HOTEL- UND GASTSTÄTTENVERBAND) (Hrsg.; 2011): Trends in Gastronomie und Hotellerie, Berlin (www.dehoga-bundesverband.de/daten-fakten-trends/trends-und-rankings/ vom 28.04.2011).

DEUTSCHER BUNDESTAG (Hrsg.; 2010): Freizeitparks und Freizeitunternehmen in Deutschland, Berlin (Drucksache 17/1275).

DFV (DEUTSCHER FREMDENVERKEHRSVERBAND) (Hrsg.; 1981): Die deutschen Ferienstraßen, Frankfurt a. M. (Fachreihe Fremdenverkehrspraxis; 13).

DFV (DEUTSCHER FREMDENVERKEHRSVERBAND) (Hrsg.; 1995): Städtetourismus in Deutschland. Grundlagenuntersuchung: Struktur, Bedeutung und Chancen, Bonn (Neue Fachr. d. DFV; 7).

DFV (DEUTSCHER FRANCHISE-VERBAND) (Hrsg.; 2010): Franchise-Fakten 2010, Berlin www.franchiseverband.com/fileadmin/user_upload/MAINdateien/PDF-Website/DFV_FranchiseFakten-2010final.pdf vom 18.02.2011).

DEUTSCHER WANDERVERBAND (Hrsg.; 2010): Zukunftsmarkt Wandern. Erste Ergebnisse der Grundlagenuntersuchung Freizeit- und Urlaubsmarkt Wandern, Kassel.

DIERCKE WELTATLAS (2002), 5., aktual. Aufl. Braunschweig.

DLG (DEUTSCHE LANDWIRTSCHAFTS-GESELLSCHAFT) (Hrsg.; 1996): Der ländliche Tourismus im europäischen Wettbewerb. Erfahrungen und Trends, Frankfurt a. M. (Landtourismus aktuell; 1).

DLG (DEUTSCHE LANDWIRTSCHAFTS-GESELLSCHAFT) (Hrsg.; 1998): Der deutsche Landtourismus – Wege zu neuen Gästen. Stand, Erfahrungen und Trends, Frankfurt a. M. (Landtourismus aktuell; 3).

DOGTEROM, R. J. (2000): Die thematische Inszenierung eines touristischen Großprojektes: Der Ferienpark „Heide-Metropole" Soltau. – In: STEINECKE, A., 133–144.

DOMRÖS, M. (1997): Geodiversität als touristischer Attraktivitätsfaktor. Eine Bildungsreise durch Sri Lanka. – In: Erdkundeunterricht, 49/12, 430–438.

DOMRÖS, M. (2003): Kolonialhotels auf Sri Lanka. – In: Geogr. Rdsch., 55/3, 46–48.

DÖPP, N. (1999): Städtetourismus in Münster. Die Struktur der Besucher und die sich daraus ergebenden Auswirkungen für das Stadtmarketing. – In: INSTITUT FÜR GEOGRAPHIE DER WESTFÄLISCHEN WILHELMS-UNIVERSITÄT u. a. (Hrsg.): Wege zum Destinationsmanagement im Münsterland, Steinfurt, S. 19–29.

DOVE, J (1997): Antarctica – Tourism's last frontier. – In: Geography Review, 4, 14–18.

DREYER, A. (Hrsg.; 2000): Kulturtourismus, 2. Aufl. München/Wien.

DRV (Deutscher ReiseVerband) (Hrsg.; 2011): Fakten und Zahlen zum deutschen Reisemarkt, Berlin.

DSF (Deutsches Seminar für Fremdenverkehr) (Hrsg.; 1996): Kulturtourismus: „Besucherlenkung versus Numerus clausus", Berlin (Stud. u. Dok. z. Fachkursus; 258/95).

DSFT (Deutsches Seminar für Tourismus (Hrsg.; 2011): Wissensportal Tourismus, Berlin (www. wissen.dsft-berlin.de).

DTV (Deutscher Tourismusverband) (Hrsg.; 2006): Städte- und Kulturtourismus in Deutschland. Langfassung, Bonn.

DTV (Deutscher Tourismusverband) (Hrsg.; 2010): Tourismus in Deutschland 2009. Zahlen – Daten – Fakten, Bonn.

DTV (Deutscher Tourismusverband) (Hrsg.; 2011): Zahlen – Daten – Fakten 2010, Bonn.

DTV (Deutscher Tourismusverband)/VDGWV (Verband Deutscher Gebirgs- und Wandervereine) (Hrsg.; 2002): Praxisleitfaden zur Förderung des Wandertourismus, Bonn/Kassel.

DTV (Deutscher Tourismusverband)/VDGWV (Verband Deutscher Gebirgs- und Wandervereine) (Hrsg.; 2003): Qualitätsoffensive Wandern. Gütekriterien für Wanderwege, wanderfreundliche Gastgeber und Wanderprospekte, Bonn/Kassel.

DV (Deutscher Verband für Wohnungswesen, Städtebau und Raumordnung) (Hrsg.; 2007): European Route of Brick Gothic: European Marketing Strategies for the Innovative Application of Cultural Heritage, Berlin.

DZT (Deutsche Zentrale für Tourismus) (Hrsg.; 2011): Incoming-Tourismus Deutschland. Edition 2011, Frankfurt a. M.

Eberhardt, S., V. Lehmberg & T. Liewald (1998): Lokale Auswirkungen des Center Parcs Bispinger Heide – eine Zwischenbilanz. – In: Integra, 1, 11–16.

Ebert, R. (1998): Vergnügungsparks: „Das ist ja besser als eine Weltreise!" Entwicklungsgeschichte und Zukunft großflächiger Vergnügungsparks. – In: Hennings, G. & S. Müller, 193–212.

Ebert, W. (1999): Industrietourismus – am Beispiel des Ruhrgebietes. – In: Fontanari, M- L., M. Treinen & M. Weid, 59–77.

Ebert, W. (2001): Europäische Route der Industriekultur – ein Interreg IIc-Projekt. – In: Baumgartner, C. & A. Biedenkapp, 117–131.

Echtermeyer, M. (1998): Elektronisches Tourismus-Marketing. Globale CRS-Netze und neue Informationstechnologien, Berlin/New York.

EED (Evangelischer Entwicklungsdienst) (Hrsg.; 1993ff.): Tourism Watch – Informationsdienst

Dritte Welt-Tourismus, Bonn (erscheint viermal jährlich).

Egger, R. (2005): Grundlagen des eTourism. Informations- und Kommunikationstechnologien im Tourismus, Aachen (Ber. aus d. Betriebswirtschaft; o. Bd.).

Egger, R. & D. Buhalis (Hrsg.; 2008): eTourism Case Studies. Management and Marketing Issues, Amsterdam u. a.

Egger, T. (1999): Definition des Begriffes „Ländlicher Tourismus". Grundlagenpapier für das Netzwerk Ländlicher Tourismus, Brig (www. landtourismus.ch).

Egner, H. (2002): Natursport-Tourismus als Wirtschaftsstrategie einer peripheren Kleinstadt? Entwicklung des Mountainbiking in Moab, Utah. – In: Dreyer, A. (Hrsg.): Tourismus und Sport. Wirtschaftliche, soziologische und gesundheitliche Aspekte des Sport-Tourismus, Wiesbaden, 133–150.

Egner, H. (Hrsg.; 2003): Tourismus – Lösung oder Fluch? Die Frage nach der nachhaltigen Entwicklung peripherer Regionen, Mainz (Mainzer Kontaktstudium Geogr.; 9).

Egner, H. (2003a): Who's West wins? Entwicklungen im Südwesten der USA. – In: Egner, H. 2003, 107–116.

Egner, H. u. a. (1998): Extreme Natursportarten – die raumbezogene Komponente eines aktiven Freizeitstils. – In: Die Erde, 128, 121–138.

Eilzer, C., B. Eisenstein & W. G. Arlt (Hrsg.; 2008): National Parks and Tourism, München (Schriftenr. d. IMT; 3).

150 Jahre Faszination Weltausstellung, Stuttgart 1998 (Damals Spezial).

Eisenstein, B. (1995): Wirtschaftliche Effekte des Fremdenverkehrs, 2., aktual. Aufl., Trier (Trierer Tourismus Bibliogr.; 4).

Eisenstein, B. (2010): Grundlagen des Destinationsmanagements, München.

Eisenstein, B. & A. Gruner (2007): Der Hotelmarkt in Deutschland: Struktur – Entwicklung – Trends. – In: Becker, C. & H. Hopfinger & A. Steinecke, 371–380.

Eisenstein, B. & A. Rosinski, (2007): Ökonomische Effekte des Tourismus. – In: Becker, C. & H. Hopfinger & A. Steinecke, 805–814.

Elsasser, H. & R. Bürki (2007): Auswirkungen von Umweltveränderungen auf den Tourismus – dargestellt am Beispiel der Klimaänderung im Alpenraum. – In: Becker, C., H. Hopfinger & A. Steinecke 865–875.

Elsasser, H. & U. König (1996): Skitourismus in den australischen Alpen. – In: Steinecke, A. 475–487.

Elsasser, H. & H. Leibundgut (1982): Touristische Monostrukturen – Probleme im schweizerischen Berggebiet. – In: Geogr. Rdsch., 34/5, 228–234.

Embacher, H. (1998): Perspektiven der Zusammenarbeit von Tourismus und Landwirtschaft am Beispiel „Urlaub am Bauernhof". – In: Thomas-Morus-Akademie, 79–93.

Enzensberger, H. M. (1958/1976): Eine Theorie des Tourismus. – In: Enzensberger, H. M.: Einzelheiten I. Bewusstseins-Industrie, 9. Aufl. Frankfurt a. M., 179–205 (edition suhrkamp; 63) (Nachdruck aus Merkur, 1958, 126).

Erhard, A. (1988): Die Erschließung des vergletscherten Hochgebirges. – In: Praxis Geogr., 10, 21–27.

Erhard, A. (2000): Der Mount Kenia. Alpintourismus und Mikroökonomie. – In: Die Erde, 131, 161–177.

Erhard, A. (2003): Tourismus und sozioökonomischer Wandel: das Beispiel der Insel Lamu (Kenia). – In: Geogr. Rdsch., 55/7–8, 18–23.

Ermlich, G. (1989): Es wandelt niemand ungestraft unter Palmen. Center Parcs holt die Tropen in die Lüneburger Heide. – In: Euler, C. (Hrsg.): „Eingeborene" –ausgebucht. Ökologische Zerstörung durch Tourismus, Gießen, 57–70.

Ernst, C. (2002): Auf ins Vergnügen! Das Freizeit-Einkaufs-Erlebnis-Center „Hallen am Borsigturm" in Berlin-Tegel. – In: Geogr. heute, 23/198, 16–19.

Ernst, E. (1991): Hessisches Freilichtmuseum. Der Beitrag des „Hessenparks" zur regionalen Identität. – In: Geogr. Rdsch., 43/5, 303–309.

Essl, J. (2002): Das innere Pitztal – die Folgen einer ungebremsten Tourismusentwicklung. – In: Oesterreichischer Alpenverein (Hrsg.): Die skitouristische Wachstumsmaschine. 3 Tiroler Täler: 3 Aufschaukelungen, Innsbruck, 26–42 (Fachbeitr. d. Oesterreich. Alpenvereins, Serie: Alpine Raumordnung; 23).

Europa-Park (Hrsg.; 2011): 36 Jahre Europa-Park. Eine Erfolgsgeschichte aus dem Hause Mack, Rust (Medieninformation).

Falch, R. (1988): Sachzwänge und Entscheidungskonflikte bei der touristischen Entwicklung – Ansatzpunkte und Strategien zu ihrer Korrektur. – In: Haimayer, P. (Hrsg.): Intelligenter Tourismus – eine Chance für die Zukunft, Innsbruck, 46–53 (Hypo-Bank Schriften.; 3).

F.A.Z.-Institut für Management-, Markt- und Medieninformationen GmbH (Hrsg.; 2003): Tourismus. Perspektivenwechsel für die Reisebranche, Frankfurt a. M.

Feige, M. (2007): Touristische Raumanalyse und Raumbewertung durch Monitoring. – In: Becker, C., H. Hopfinger & A. Steinecke, 486–501.

Feil, T., B. Oertel & S. L. Thio (2007): E-Business im öffentlichen Tourismussektor: Nutzung und Anwendung von Informations- und Kommunikationstechnologien im europäischen Vergleich. – In: Becker, C., H. Hopfinger & A. Steinecke, 428–440.

Fessmann, I. (1993): Das kulturelle Erbe in der Stadt. Möglichkeiten und Grenzen der touristischen Vermarktung. – In: Becker, C. & A. Steinecke, 14–25.

Fichtner, U. (2000): Freizeit- und Erlebnisparks. – In: Institut für Länderkunde, 80–83.

Förderverein Besucherbergwerk F60 (Hrsg.): Besucherstatistik, Lichterfeld 2011 (unveröffentl. Daten).

Fontanari, M. L. & K. Scherhag (Hrsg.; 2000): Wettbewerb der Destinationen. Erfahrungen – Konzepte – Visionen, Wiesbaden.

Fontanari, M. L., M. Treinen & M. Weid (Hrsg.; 1999): Industrietourismus im Wettbewerb der Regionen, Trier (ETI-Texte; 14).

Fontanari, M. L. & M. Weid (1999): Industrietourismus als Instrument zur Positionierung im Wettbewerb der Destinationen. – In: Fontanari, M. L. & M. Treinen & M. Weid, 11–26.

Forster, F. (1997): Wirtschaftsräumliche Gliederung Österreichs. – In: Praxis Geogr., 27/3, 4–11.

Framke, W. (1981): Landschaft und Freizeit. Landschaftsbewertung als Grundlage für die Freizeitplanung in ländlichen Gebieten. – In: Erdkunde, 35, 175–182.

Franck, J. (1999): Urban Entertainment Centers. Entwicklung nationaler und internationaler Freizeitmärkte. – In: Thomas-Morus-Akademie, 75–123.

Franck, J. (2000): Erlebnis- und Konsumwelten: Entertainment Center und kombinierte Freizeit-Einkaufs-Center. – In: Steinecke, A., 28–43.

Fraport AG (Hrsg.; 2003): FRA 2000 Plus. Fragen, Argumente, Kontroversen und Antworten zum Flughafen-Ausbau, Frankfurt am Main.

Freericks, R., R. Hartmann & B. Stecker (2010): Freizeitwissenschaft. Handbuch für Pädagogik, Management und nachhaltige Entwicklung, München.

Freitag, C. (2011): Urlaub aus dem Fernsehen. Eine Untersuchung über die Eignung und Zukunft des TV-Reiseshopping als touristischem Vertriebsmedium, Paderborn (Paderborner Geogr. Stud. z. Tourismusforsch. u. Destinationsmanagement; 24).

Freitag, E. (2003): Multiplex-Kinos in Deutschland: Marktsituation, Akzeptanz und Entwicklungsperspektiven. – In: Kagermeier, A. & A. Steinecke, 45–64.

Freitag, R. (2001): Marktpotenziale und Grenzen für den Tourismus in und aus Osteuropa. – In: Job, H. & M. Schwaiger (Hrsg.): Jahrbuch für Fremdenverkehr, 44, München, 41–53.

Frey Marti, C. (1995): Verkehrs- und Umweltproblematik in touristischen Gebieten. Analyse, Lösungsansätze, Auswirkungen. Untersucht am Beispiel Oberengadin, Bern/Stuttgart/Wien (St. Galler Beitr. z. Tourismus u. z. Verkehrswirtschaft, Reihe Tourismus; 28).

Freyer, W. (1998): Event-Management im Tourismus. Kulturveranstaltungen und Festivals als touristische Leistungsangebote. – In: Freyer, W., D. Meyer & K. Scherhag, 17–50.

Freyer, W. (2002): Expansionsstrategien von touristischen Dienstleistungsunternehmen. – In: Pompl, W. & M. G. Lieb, 41–68.

Freyer, W. (2002a): Globalisierung und Tourismus, 2. Aufl. Dresden.

Freyer, W. (2009): Tourismus-Marketing. Marktorientiertes Management im Mikro- und Makrobereich der Tourismuswirtschaft, 6., überarb. u. erg. Aufl. München.

*Freyer, W. (2011): Tourismus. Einführung in die Fremdenverkehrsökonomie, 10., überarb. u. aktual. Aufl., München.

Freyer, W. & S. Groß (2006): Gästebefragungen in der touristischen Marktforschung. Leitfaden für die Praxis, Dresden (Schriftenreihe Tourismuswirtschaft; o. Bd.).

Freyer, W., D. Meyer & K. Scherhag (Hrsg.; 1998): Events – Wachstumsmarkt im Tourismus? Dresden.

Freyer, W. & W. Pompl (Hrsg.; 2008): Reisebüro-Management. Gestaltung der Vertriebsstrukturen im Tourismus, 2., vollst. überarb. Aufl. München.

Freytag, T. (2009): Low Cost Airlines – Motoren für den europäischen Städtetourismus. – In: Geogr. Rdsch., 61/2, 20–26.

Freytag, T. & M. Hoyler (2002): Heidelberg und seine Besucher. Ergebnisse der Gästebefragung 2000/01, Heidelberg.

Freytag, T. & A. Kagermeier (Hrsg.; 2008): Städtetourismus zwischen Kultur und Kommerz, München/Wien 2008 (Stud. z. Freizeit- und Tourismusforsch.; 1).

Fricke, D. (2001): Das Fleesensee-Projekt in Mecklenburg-Vorpommern: Konzept, Partner, Perspektiven. – In: Kreilkamp, E., H. Pechlaner, & A. Steinecke, 75–87.

Fried, H., E. Kubetschka & B. Vollrodt (2003): Integriertes Fremdenverkehrskonzept für die Stadt Bad Harzburg. – In: Roth, P. & A. Schrand, 259–282.

Fritz, K. & M. Leuthold (2001): www.oekotourismus.com. Was bedeutet heute „Ökotourismus"? – In: Integra, 2, 8–10.

Frösch, R. (1995): Strategien für einen intelligenteren Tourismus im Alpenraum. Initiativen, Modelle und Konzepte aus der Schweiz. – In: Thomas-Morus-Akademie, 95–109.

Fuchs, H.-J. & H.-D. May (2000): Bioklimatische Eignung und Fremdenverkehr. – In: Institut für Länderkunde, 30–31.

*Fuchs, W., J. W. Mundt & H.-D. Zollondz (Hrsg.; 2008): Lexikon Tourismus. Destinationen, Gastronomie, Hotellerie, Reisemittler, Reiseveranstalter, Verkehrsträger, München.

Fugmann, R. (2009): Chinesische Touristen in Deutschland. Potentiale und Perspektiven des Quellmarktes China, München/Wien (Eichstätter Tourismuswiss. Beitr.; 12).

F. U. R. (Forschungsgemeinschaft Urlaub und Reisen) (Hrsg.; 2000a): Die Reiseanalyse im Westentaschenformat. Ausgewählte Zeitreihen und Ergebnisse aus den Reiseanalysen RA 70 bis RA 2000, Hamburg 2000.

F. U. R. (Forschungsgemeinschaft Urlaub und Reisen) (Hrsg.; 2000b): Urlaubsreisen von Familien, Senioren, Jugendlichen und Singles, Hamburg.

F. U. R. (Forschungsgemeinschaft Urlaub und Reisen) (Hrsg.; 2004): Urlaubsreisetrends 2015. Die RA-Trendstudie – Entwicklung der touristischen Nachfrage der Deutschen, Kiel.

F. U. R. (Forschungsgemeinschaft Urlaub und Reisen) (Hrsg.; 2008): Das Internet auf dem Weg zur wichtigsten Urlaubs-Informationsquelle, Kiel (www.fur.de/index.php?id=newsletter_informationsquelle0 vom 13.03.2011).

F. U. R. (Forschungsgemeinschaft Urlaub und Reisen) (Hrsg.; 2009): Urlaubsreisetrends 2020. Die RA-Trendstudie – Entwicklung der touristischen Nachfrage der Deutschen, Kiel.

F. U. R. (Forschungsgemeinschaft Urlaub und Reisen) (Hrsg.; 2010): Die Urlaubsreisen der Deutschen. Kurzfassung der Reiseanalyse 2010, Kiel.

F. U. R. (Forschungsgemeinschaft Urlaub und Reisen) (Hrsg., 2011): Die 41. Reiseanalyse RA 2011. Erste ausgewählte Ergebnisse, Kiel.

FVW (Fremdenverkehrswirtschaft International) (Hrsg.; 2010): Deutsche Veranstalter 2010, Hamburg (Beilage zur FVW International).

FVW (Fremdenverkehrswirtschaft International) (Hrsg.; 2010a): Ketten und Kooperationen, Hamburg (Beilage zur FVW International).

Gardini, M. A. (2011): Mit der Marke zum Erfolg. Markenmanagement in Hotellerie und Gastronomie, Stuttgart.

Geigant, F. (1972): Die Standorte des Fremdenverkehrs. Eine sozialökonomische Studie über die Bedingungen und Formen der räumlichen Entfaltung des Fremdenverkehrs, München (Schriftenr. d. Dtsch. Wirtschaftswiss. Inst. f. Fremdenverkehr an d. Univ. München; 17).

Gerken, G. & M.-A. Konitzer (1996): Trends 2015. Ideen, Fakten, Perspektiven, München (dtv; 30565).

Georg, W. (2002): Die Vorhersage touristischen Verhaltens auf der Grundlage von Lebensstil- und Schichtmodellen. – In: Ztschr. f. Fremdenverkehr, 57/3, 6–12.

Geuss, B. (2002): Die Kölnarena. Unangemessene Gigantonomie oder angemessenes Großprojekt? – In: Geogr. heute, 23/198, 24–27.

Glasze, G. & G. Meyer (2003): Bewachte Ferienwohnanlagen – neue Ziele des Binnentourismus in Ägypten und Libanon. – In: Geogr. Rdsch., 55/4, 58–63.

Göckeritz, H. (1996): Die Bundesbürger entdecken die Urlaubsreise. – In: Haus der Geschichte der Bundesrepublik Deutschland, 43–50.

Goronzy, F. (2003): Erleben in Erlebniswelten. Ergebnisse und weiterführende Forschungsfragen aus einer Inhaltsanalyse von Erlebniswelten. – In: Tourismus Journal, 7/2, 219–235.

Goronzy, F. (2004): Erlebniszoos: das Tier als Erlebnis. – In: Kagelmann, H. J., R. Bachleitner & M. Rieder, 29–38.

Gosar, A. (2007): Tourismus in Istrien. – In: Becker, C., H. Hopfinger & A. Steinecke, 617–628.

Graaf, M. (1997): Reittourismus in der Stadt Hamminkeln. – In: Institut für Geographie der Westfälischen Wilhelms-Universität Münster u. a., 70–76.

Gräf, H. Th. & R. Pröve (1997): Wege ins Ungewisse. Reisen in der Frühen Neuzeit 1500–1800, Frankfurt a. M.

Graue, O. (2011): Macht der Vielfalt. – In: Fremdenverkehrswirtschaft International, 15.04., 48–51.

Grauvogel, B. (2004): Leistungsprofil und Servicequalitäten im Besuchermanagement: Drehscheibe Tourist Information. – In: Brittner-Widmann, A., H.-D. Quack & H. Wachowiak, 317–329.

Greifenstein, F. & M. Weiss (2004): Geschäftsmodelle am europäischen Luftverkehrsmarkt – eine Untersuchung der Kundenstrukturen von Low Cost Airlines und Full Service Carriern. – In: Tourismus Journal, 8/1, 5–25.

Greischel, P. (2003): Vom Computer-Reservierungssystem zur internetbasierten Distribution. – In: Roth, P. & A. Schrand, 148–163.

Gross, H. (2004): Brand Lands: Erlebnis von Marken und neue Unternehmenskommunikation. – In: Kagelmann, H. J., R. Bachleitner & M. Rieder, 181–192.

Gross, S. & A. Schröder (Hrsg.; 2007): Handbook of Low Cost Airlines. Strategies, Business Processes and Market Environment, Berlin.

Günter, W. (1991): Der Nutzen des Reisens. Die frühneuzeitliche Apodemik als Theorie der Erfahrung. – In: Spode, H., 15–19.

Günter, W. (Hrsg.; 2003): Handbuch für Studienreiseleiter, 3., überarb. u. erg. Aufl. München/Wien.

Gustedt, E. (1997): Ökotourismus – die Zauberformel für Entwicklungsprozesse in Entwicklungsländern? – In: Tourismus Journal, 1/1, 71–89.

Haart, N. (2007): Weintourismus. – In: Becker, C., H. Hopfinger & A. Steinecke, 237–248.

Haart, N./Herrmann, P. (1997): Qualitätsmanagement im Landtourismus. – In: Pompl, W., M. G. Lieb, 359–374.

Haart, N. & A. Steinecke (1995): Erfolgsfaktoren des umweltfreundlichen Tourismus im ländlichen Raum. – In: Haart, N., A. Steinecke & M. Treinen, 47–64.

Haart, N., A. Steinecke & M. Treinen (Hrsg.; 1995): Qualitätsmanagement im Landtourismus in Europa – Erfahrungen, Beispiele, Herausforderungen, Trier (ETI-Texte; 6).

Haas, H.-D. & J. Scharrer (1997): Tourismus auf den Karibischen Inseln. Entwicklung, Struktur und Auswirkungen des internationalen Fremdenverkehrs. – In: Geogr. Rdsch., 49/11, 644–650.

Habermeyer, G. (1998): Zukunftschancen durch Spezialangebote. – In: DLG, 63–67.

Hachtmann, R. (2007): Tourismus-Geschichte, Göttingen (UTB; 2866).

Hackl, W. (2004): Von der Sehnsuchtslandschaft zur Erinnerungslandschaft. Die Alpen im literarischen Landschaftsdiskurs. – In: Tourismus Journal, 8/1, 133–146.

Haedrich, G. u. a. (Hrsg.; 1998): Tourismus-Management, Tourismus-Marketing und Fremdenverkehrsplanung, 3. Aufl. Berlin/New York.

Haehling von Lanzenauer, C. & K. Klemm (Hrsg.; 2007): Demographischer Wandel und Tourismus. Zukünftige Grundlagen und Chancen für touristische Märkte, Berlin (Schr. z. Tourismus u. Freizeit; 7).

Hänssler, K. H. (2004): Management in der Hotellerie und Gastronomie. Betriebswirtschaftliche Grundlagen, 6., überarb. u. erw. Aufl. München.

HÄUSLER, N. U. A. (Hrsg.; 1993): Unterwegs in Sachen Reisen. Tourismusprojekte und Projekttourismus in Afrika, Asien und Lateinamerika, Saarbrücken/Fort Lauderdale (ASA-Stud.; 26).

HAHN, B. (1996): Die Privatisierung des öffentlichen Raumes in nordamerikanischen Städten. – In: STEINECKE, A., 259–269.

HAHN, F. (2004): Künstliche Beschneiung im Alpenraum, Schaan (Lichtenstein).

HAHN, H. (1974): Urlaub 1974. Wissen Sie eigentlich, was für ein Urlaubstyp Sie sind? – In: Für Sie, 25. Januar.

HAHN, H. & H. J. KAGELMANN (Hrsg.; 1993): Tourismuspsychologie und Tourismussoziologie. Ein Handbuch zur Tourismuswissenschaft, München.

HAIMAYER, P. (1984): Tourismus im Alpenraum. – In: Geogr. Rdsch., 36/8, 417–423.

HAIMAYER, P. (1987): Rahmenbedingungen und Fragestellungen der geographischen Tourismus- und Freizeitforschung in Österreich. – In: Wirtschaftsgeogr. Stud., 14, 19–32.

HAMBURG TOURISMUS GMBH (Hrsg.; 2002): Marketingplan 2002–2005, Hamburg.

HAMMER, S. (2007): Touristische Auswirkungen von Naturkatastrophen: Hazardforschung – Tsunami, Saarbrücken.

HAMMER, T. (2003): Schutzgebiete als Instrumente der Regionalentwicklung im Alpenraum? – In: Ber. z. Dtsch. Landeskunde, 77/2–3, 187–208.

HAMMES, L. (1995): Landtourismus in der Eifel – Entwicklungschancen für eine Region im Umbruch. – In: HAART, N. & A. STEINECKE & M. TREINEN 16–21.

HARRER, B. (2007): Wirtschaftsfaktor Tourismus: Berechnungsmethodik und Bedeutung. – In: BECKER, C., H. HOPFINGER & A. STEINECKE, 149–158.

HARRER, B. & S. SCHERR (2010): Ausgaben der Übernachtungsgäste in Deutschland, München (Schriftenr. d. Wirtschaftswiss. Inst. f. Fremdenverkehr a. d. Univ. München; 53).

HARTMANN, R. (1984): Freizeit-Reisen und Tourismus in Deutschland und in den Vereinigten Staaten von Amerika, Trier (Mat. z. Fremdenverkehrsgeogr.; 12).

HARTMANN, R. (1984a): Ein „Touristentag" in der Stadt. Methodische Betrachtungen zum Städtetourismus – dargestellt am Beispiel der Europareisen junger nordamerikanischer Touristen. – In: Ztschr. f. Wirtschaftsgeogr., 28/3–4, 145–156.

HASSLACHER, P. (1990ff.): Bibliographie Sanfter Tourismus, Innsbruck (seit 1990 jährlich erscheinende Literaturzusammenstellung).

HASSLACHER, P. (2002): Vademecum Alpenkonvention, Innsbruck.

HASSLACHER, P. (2003): Die Alpenkonvention. Instrument einer nachhaltigen Regionalentwicklung? – In: Ber. z. Dtsch. Landeskunde, 77/2–3, 133–149.

HATZFELD, U. (1997): Die Produktion von Erlebnis, Vergnügen und Träumen. – In: Archiv f. Kommunalwiss., II, 282–308.

HATZFELD, U. (1998): Malls und Mega-Malls. Globale Investitionsstrategien und lokale Verträglichkeit. – In: HENNINGS, G. & S. MÜLLER, 32–50.

HAUCK, D. (1996): Trekkingtourismus in Nepal. Kulturgeographische Auswirkungen entlang der Trekkingrouten im vergleichenden Überblick, München (Eichstätter Geogr. Arb.; 8).

HAUS DER GESCHICHTE DER BUNDESREPUBLIK DEUTSCHLAND (Hrsg.; 1996): Endlich Urlaub! Die Deutschen reisen, Bonn/Köln.

HAUSER, S. (1999): Zur Musealisierung der Industriegeschichte: Der Fall Ironbridge. – In: Forum Industriedenkmalpflege u. Geschichtskultur, 1, 9–18.

HAUSER, S. (2001): Metamorphosen des Abfalls. Konzepte für alte Industrieareale, Frankfurt a. M./New York.

HAUSMANN, A. & L. MURZIK (Hrsg.; 2011): Neue Impulse im Kulturtourismus, Wiesbaden.

HAVERSATH, J.-B. & M. HEMMER (2007): Vom Reisebericht zur Reiseerziehung – das Thema „Reisen und Tourismus" im Geographieunterricht. – In: BECKER, C., H. HOPFINGER, H. & A. STEINECKE, 55–62.

HEINZE, Th. (Hrsg.; 1999): Kulturtourismus. Grundlagen, Trends und Fallstudien, München/Wien.

HELFER, M. (2001): Der Erhalt und die Interpretation der Relikte der industriellen Revolution im Shropshire Kohlenfeld. Das industriearchäologische Konzept des Ironbridge Gorge Museums. – In: Kulturlandschaftsforschung und Industriearchäologie. Hamburg/Stuttgart, 51–68 (Mitt. d. Geogr. Gesell. in Hamburg; 91).

HELFER, M. (2004): Das Ironbridge Gorge Museum. Ein Museum für die „Wiege der industriellen Revolution". – In: Geogr. heute, 25/220, 19–23.

HEMMER, I. (1997): Das Öko-Modell Hindelang. Eine Erfolgsstory. – In: Geogr. heute, 18/151, 12–15.

HEMMER, M. (1996): Reiseerziehung im Geographieunterricht. Konzept und empirische Untersuchungen zur Vermittlung eines umwelt- und sozialverträglichen Reisestils, Nürnberg (Geographiedidaktische Forsch.; 28).

HEMMER, M. (1998): Hollywood im Ruhrgebiet. Geographische Analyse von Warner Bros. Movie World. – In: Geogr. heute, 19/165, 14–17.

*HENNIG, Chr. (1997): Reiselust. Touristen, Tourismus und Urlaubskultur, Frankfurt a. M./Leipzig.

HENNINGS, G. (1998): Multiplex-Kinos. – In: HEN-
NINGS, G. & S. MÜLLER, 110–133.

HENNINGS, G. (2000): Erlebnis- und Konsumwelten: Steuerungsfaktoren – Akteure – Planung.
– In: STEINECKE, A., 55–75.

HENNINGS, G. & S. MÜLLER (Hrsg.; 1998): Kunstwelten. Künstliche Erlebniswelten und Planung,
Dortmund (Dortmunder Beitr. z. Raumpl.; 85).

HENSELING, E. (1995): Auswirkungen von Infrastrukturmaßnahmen auf die Entwicklung
eines sozial- und umweltverträglichen Tourismus – dargestellt an Beispielen aus dem südlichen Sauerland. – In: MOLL, P., 181–189.

HERBRAND, N. O. (Hrsg.; 2008): Schauplätze dreidimensionaler Markeninszenierung. Innovative
Strategien und Erfolgsmodelle erlebnisorien-
tierter Begegnungskommunikation, Stuttgart.

HEY, B. (1993): Der Weg ist das Ziel: Historische
Kulturrouten. – In: BECKER, C. & A. STEINECKE,
212–232.

HEY, B. (1998): Mehr als eine Geschichte des Reisens! Geschichtswissenschaft und Tourismus.
– In: Thomas-Morus-Akademie 1998a, 51–65.

HEYDEN, C. (2003): Pinguine stehen Spalier. Ein
kritischer Blick auf den Tourismus in der Antarktis. – In: Praxis Geogr., 33/10, 20–24.

HINTERHUBER, H. H. & H. PECHLANER & K. MATZLER,
(Hrsg.; 2001): IndustrieErlebnisWelten – vom
Standort zur Destination, Berlin.

HIRTENLEHNER, H., I. MÖRTH & G. C. STECKENBAUER
(2002): Reisemotivmessung. Überlegungen zu
und Erfahrungen mit der Operationalisierung
von Urlaubsmotiven. – In: Tourismus Journal,
6/1, 93–115.

HISCHER, M. (2002): Auswirkungen der Terroranschläge vom 11. September 2001 auf den
Tourismus. – In: Tourismus Jb., 4/1, 3–9.

HLAVAC, Chr. (2003): Industriekulturtourismus: Ein
europäischer Blick. – In: Integra, 4, 23–25.

HLAVAC, Chr. (2007): Klimawandel und Tourismus
– Strategien in der Tourismuspraxis und Land-
schaftsplanung. – In: SCHMUDE, J. & K. SCHAAR-
SCHMIDT, 39–49.

HÖHFELD, V. (1989): Türkischer Tourismus: Ausverkauf der Küsten. – In: Geogr. Rdsch., 41/4,
230–232.

HOFFMANN, U. (2004): Destination Disney: Die
japanischen Erfahrungen. – In: Institut für
Mobilitätsforschung, 153–166.

HOFMEISTER, B. & A. STEINECKE (Hrsg.; 1984): Geographie des Freizeit- und Fremdenverkehrs,
Darmstadt (Wege d. Forschung; 592).

HOLMES, C. (Hrsg.): Gartenkunst! Die schönsten Gärten der Welt. München/London/New York 2001.

HOOFF, A. VON (2000): Burgers' Zoo. – In: STEINECKE,
A., 279–288.

HOPFINGER, H. (2004): Theorien im Tourismus.
Anmerkungen zur theoriebezogenen
Anschlussfähigkeit der Freizeit- und Touris-
musgeographie. – In: BRITTNER-WIDMANN, A.,
H.-D. QUACK & H. WACHOWIAK, 29–48.

HOPFINGER, H. (2007): Geographie der Freizeit und
des Tourismus: Versuch einer Standortbestim-
mung. – In: BECKER, C., H. HOPFINGER & A. STEINECKE,
1–24.

HORNY, C. (2002): Touristische Großprojekte als
Allheilmittel für strukturschwache Räume? Die
Auswirkungen von Ferienparks in Ostdeutsch-
land. – In: BORGHARDT u. a., 199–212.

HORX, M. (2002): Die acht Sphären der Zukunft.
Ein Wegweiser in die Kultur des 21. Jahrhundert, 4. Aufl. Wien/München.

HORX, M., A. AL-ANI & W. GATTERMEYER (2003):
Accent on the Future. Die Zukunftsstudie von
Accenture und Matthias Horx, Wien.

HOWELL, S. (1974): The Seaside, London.

HÜCHERIG, R. (1999): Kulturtourismus im Ruhrgebiet. – In: HEINZE, T., 262–291.

IBRAHIM, F. N. (1996): Ägypten: Eine geographische
Landeskunde, Darmstadt (Wiss. Länderkunden;
42).

IFM (INSTITUT FÜR MUSEUMSFORSCHUNG) (Hrsg.;
2010): Statistische Gesamterhebung an den
Museen der Bundesrepublik Deutschland
für das Jahr 2009, Berlin (Mat. aus d. Inst. f.
Museumsforschung; 64).

ILS (INSTITUT FÜR LANDES- UND STADTENTWICKLUNGS-
FORSCHUNG DES LANDES NORDRHEIN-WESTFALEN)
(Hrsg.; 1993): Großflächige Freizeiteinrichtungen im Freiraum. Freizeitparks und Ferienzentren, Düsseldorf (ILS-Schriften; 75).

ILS (INSTITUT FÜR LANDES- UND STADTENTWICKLUNGS-
FORSCHUNG DES LANDES NORDRHEIN-WESTFALEN)
(Hrsg.; 1994): Kommerzielle Freizeitgroßanla-
gen. Planungshilfen und Arbeitshinweise für
Städte und Gemeinden, Düsseldorf.

ILS (INSTITUT FÜR LANDES- UND STADTENTWICKLUNGS-
FORSCHUNG DES LANDES NORDRHEIN-WESTFALEN)
(Hrsg.; 2009): Freizeiteinrichtungen im Fokus,
Düsseldorf (Trends; 3/09).

INSTITUT FÜR GEOGRAPHIE DER WESTFÄLISCHEN WIL-
HELMS-UNIVERSITÄT MÜNSTER U. A. (Hrsg.; 1997):
Neue Angebotssegmente für den Münster-
land-Tourismus – Chancen und Perspektiven,
Steinfurt (Regionales Tourismus Marketing; 1).

*INSTITUT FÜR LÄNDERKUNDE (Hrsg.; 2000): Natio-
nalatlas Bundesrepublik Deutschland. Bd. 10.
Freizeit und Tourismus, Leipzig.

INSTITUT FÜR MOBILITÄTSFORSCHUNG (Hrsg.; 2004): Erlebniswelten und Tourismus, Berlin u. a.

ISENBERG, W. (1987): Geographie ohne Geographen. Laienwissenschaftliche Erkundungen, Interpretationen und Analysen der räumlichen Umwelt in Jugendarbeit, Erwachsenenwelt und Tourismus, Osnabrück (Osnabrücker Stud. z. Geogr.; 9).

ISENBERG, W. (2002): Freizeitwelten: Markt, Hintergründe, Akzeptanz, Beispiele. – In: Institut für Mobilitätsforschung (Hrsg.): Motive und Handlungsansätze im Freizeitverkehr, Berlin/Heidelberg/New York, 101–121.

ISENBERG, W. (2004): Freizeit- und Erlebniswelten: Die nordamerikanischen Erfahrungen. – In: Institut für Mobilitätsforschung, 139–152.

IW (INSTITUT DER DEUTSCHEN WIRTSCHAFT) (Hrsg.; 2009): Urlaub per Tarifvertrag, Köln (www.iwkoeln.de/Publikationen/iwd/Archiv/tabid/122/articleid/24023/Default.aspx vom 12.03.2011).

JAGNOW, E. & WACHOWIAK, H. (2000): Städtetourismus zwischen Geschäftsreisen und Events. – In: Institut für Länderkunde, 108–112.

JASCHKE, D. (1985): Strukturelle Wandlungen in peripheren Räumen des Mittelmeergebietes unter dem Einfluss des Fremdenverkehrs am Beispiel der Balearen. – In: Die Erde, 116, 311–328.

JENTSCH, C. (Hrsg.; 1996): Städtetourismus Stuttgart. Ergebnisse eines Forschungsprojekts des Geographischen Instituts der Universität Mannheim, Mannheim (Südwestdtsch. Schr.; 18).

JOB, H. (1994): Naturschutz-Informationszentren in deutschen und europäischen Großschutzgebieten. – In: Geogr. Rdsch., 46/3, 167–172.

JOB, H. (1996): Modell zur Evaluation der Nachhaltigkeit im Tourismus. – In: Erdkunde, 50, 112–132.

JOB, H. (Hrsg.; 2008): Die Destination Nationalpark Bayerischer Wald als regionaler Wirtschaftsfaktor, Grafenau.

JOB, H. & D. METZLER (2003): Tourismusentwicklung und Tourismuspolitik in Ostafrika. – In: Geogr. Rdsch., 55/7–8, 10–17.

JOB, H. & M. THOMASER (1996): Conservation for Development – Nepal auf dem Weg zu einer integrierten Naturschutz- und Entwicklungspolitik? – In: Ztschr. f. Wirtschaftsgeogr., 40/3, 144–155.

JOB, H. & L. VOIGT (2007): Freizeit/Tourismus und Umwelt – Umweltbelastungen und Konfliktlösungsansätze. – In: BECKER, C., H. HOPFINGER & A. STEINECKE, 851–864.

JOB, H. & S. WEIZENEGGER (2007): Tourismus in Entwicklungsländern. – In: BECKER, C., H. HOPFINGER & A. Steinecke, 629–640.

JOHN, H. & I. MAZZONI (Hrsg.; 2005): Industrie- und Technikmuseen im Wandel. Standortbestimmungen und Perspektiven, Bielefeld (Landschaftsverband Rheinland – Publikationen d. Abt. Museumsberatung; 20).

JUCHELKA, R. (2000): Der Musicalmarkt in Deutschland. – In: Geogr. Rdsch., 52/2, 34–40.

JÜLG, F. (1999): Faszination Schnee. Der Wintertourismus im Gebirge. Historische Entwicklung. – In: Thomas-Morus-Akademie 1999a, 9–39.

JÜLG, F. (2007): Wintersporttourismus. – In: BECKER, C., H. HOPFINGER & A. STEINECKE, 249–258.

JURCZEK, P. (1981): Freizeit, Fremdenverkehr und Naherholung. Stand der Erforschung. – In: Praxis Geogr., 11/2, 45–49.

JURCZEK, P. (2007): Freizeit- und Tourismusplanung. – In: BECKER, C., H. HOPFINGER & A. STEINECKE, 730–740.

JURCZEK, P. (2007a): Geographie der Freizeit und des Tourismus: Disziplingeschichte und Perspektiven. – In: BECKER, C., H. HOPFINGER & A. STEINECKE, 25–34.

JURCZEK, P. u. a. (1986): Städtetourismus in Oberfranken. Stand und Entwicklungsmöglichkeiten des Fremdenverkehrs in Bamberg, Bayreuth, Coburg und Hof, München (Beitr. z. Kommunalwiss.; 21).

JURCZEK, P. u. a. (1990): Oy-Mittelberg/Landkreis Oberallgäu. Touristische Entwicklungsperspektiven und Fremdenverkehrsstrategien für das Jahr 2000, Kronach/München/Bonn (Kommunal- und Regionalstud.; 12).

KAGELMANN, H. J., R. BACHLEITNER & M. RIEDER (Hrsg.; 2004): ErlebnisWelten. Zum Erlebnisboom in der Postmoderne, München/Wien (Tourismuswiss. Manuskr.; 12).

KAGELMANN, H. J., S. FRIEDRICHS-SCHMIDT & R. SAUER (2004): Erlebnisgastronomie. – In: KAGELMANN, H. J., R. BACHLEITNER & M. RIEDER,193–210.

KAGELMANN, H. J. u. a. (2005): Trends und Entwicklungen auf dem Markt der Erlebnisbäder (Spaßbäder und Wellnessthermen) 2005, München/Wien.

KAGERMEIER, A. (2001): Auswirkungen des Urban Entertainment Center CentrO in Oberhausen auf das Freizeitverhalten. – In: POPP, H., 187–197.

KAGERMEIER, A. (2002): Folgen konsumorientierter Freizeiteinrichtungen für Freizeitmobilität und Freizeitverhalten. – In: GATHER, M. & A. KAGERMEIER (Hrsg.): Freizeitverkehr. Hintergründe, Probleme, Perspektiven, Mannheim, 119–140 (Stud. z. Mobilitäts- und Verkehrsforsch.; 1).

KAGERMEIER, A. (2007): Freizeit- und Urlaubsverkehr: Strukturen – Probleme – Lösungsansätze. – In: BECKER, C., H. HOPFINGER & A. STEINECKE, 259–272.

KAGERMEIER, A. & J. ARLETH (2009): Neue Wege im kulturorientierten Städtetourismus. – In: Geogr. Rdsch., 61/2, 12–18.

KAGERMEIER, A. & H. POPP (2000): Strukturen und Perspektiven der Tourismuswirtschaft im Mittelmeerraum. – In: Peterm. Geogr. Mitt., 144/6, 64–77.

KAGERMEIER, A. & F. RAAB (Hrsg.; 2010): Wettbewerbsvorteil Kulturtourismus. Innovative Strategien und Produkte, Berlin (Schr. z. Tourismus u. Freizeit; 9).

KAGERMEIER, A. & T. REEH (Hrsg.; 2011): Trends, Herausforderungen und Perspektiven für die tourismusgeographische Forschung, Mannheim (Stud. z. Freizeit- u. Tourismusforsch.; 4).

KAGERMEIER, A. & A. STEINECKE (Hrsg.; 2003): Tourismus- und Freizeitmärkte im Wandel. Fallstudien – Analysen – Prognosen, Paderborn (Paderborner Geogr. Stud. z. Tourismusforsch. u. Destinationsmanagement; 16).

KAGERMEIER, A. & A. STEINECKE (Hrsg.; 2011): Kultur als touristischer Standortfaktor. Potenziale – Nutzung – Management, Paderborn (Paderborner Geogr. Stud. z. Tourismusforsch. u. Destinationsmanagement; 23).

KAGERMEIER, A. & J. WILLMS(Hrsg.; 2010): Tourism Development in Low Mountain Ranges, Mannheim (Stud. z. Freizeit- u. Tourismusforsch.; 3).

KAISER, C. (2000): Reiseveranstalter und Reisemittler. – In: Institut für Länderkunde, 124–127.

KAISER, C. & K. FRIEDRICH (2002): Deutsche Senioren unter der Sonne Mallorcas. – In: Praxis Geogr., 32/2, 14–19.

KAMINSKE, V. (1977): Zur Anwendung eines Gravitationsansatzes im Naherholungsverkehr. – In: Ztschr. f. Wirtschaftsgeogr., 21/4, 104–107.

KARSTENS, K. (1998): Wo bleibt Berlin? – In: 150 Jahre Faszination Weltausstellung, 46.

*KASPAR, C. (1996): Die Tourismuslehre im Grundriss. 5., überarb. u. erg. Aufl., Bern/Stuttgart/Wien (St. Galler Beitr. z. Tourismus u. z. Verkehrswirtschaft, Reihe Tourismus; 1).

KATZ, M. (1995): Sun Parks. Konzepte, Angebote und Zielgruppen. – In: Thomas-Morus-Akademie, 47–50.

KEITZ, Chr. (1997): Reisen als Leitbild. Die Entstehung des modernen Massentourismus in Deutschland, München (dtv; 30626).

KEENLYSIDE, F. (1976): Berge und Pioniere. Eine Geschichte des Alpinismus, Zürich.

KELLER, P. (2010): Globale Finanz- und Wirtschaftskrise: Grundsätzliche Überlegungen zu den Auswirkungen auf die internationale touristische Nachfrage. – In: BIEGER, T., C. LAESSER & P. BERITELLI, 1–11.

KELLER, P. (2011): Neue weltwirtschaftliche Entwicklungen und Folgen für das Destinationsmarketing traditioneller Tourismusländer. – In: BIEGER, T., C. LAESSER & P. BERITELLI, 1–14.

KEMPER, F.-J. (1978): Probleme der Geographie der Freizeit. Ein Literaturbericht über raumorientierte Arbeiten aus dem Bereich Freizeit, Erholung und Fremdenverkehr, Bonn (Bonner Geogr. Abh.; 59).

KERSTIENS-KOEBERLE, E. (1979): Freizeitverhalten im Wohnumfeld. Innerstädtische Fallstudien. Beispiel München, Kallmünz/Regensburg (Münchner Stud. z. Sozial- u. Wirtschaftsgeogr.; 19).

KERSTING, R. (2002): Schöne, neue Stadt. Die Kunststadt Celebration in Florida. – In: Geogr. heute, 23/198, 28–32.

KEUL, A. G. & A. KÜHBERGER (1996): Die Straße der Ameisen. Beobachtungen und Interviews zum Salzburger Städtetourismus, München/Wien (Tourismuswiss. Manuskr.; 1).

KIRSTGES, T. (1999): Tourismus im Zeitalter der Globalisierung. – In: Tourismus Jb., 3/1, 139–143.

KLEINEFENN, A. (2003): Neue Konsum- und Erlebnislandschaften in Spanien. – In: Geogr. Rdsch., 55/5, 38–43.

KLEMM, K. (2000): Aus-, Fort- und Weiterbildung im Tourismus. – In: Institut für Länderkunde, 128–129.

KLINGENBERG, K.-H., M. TRENSKY & G. WINTER, (Hrsg.; 1991): Wende im Tourismus. Vom Umweltbewusstsein zu einer neuen Reisekultur, Stuttgart (Schriftenr. d. Evangelischen Arbeitskreises Freizeit –Erholung – Tourismus in der EKD; 2)

KLOHN, W. (1998): Willkommen im Heuhotel. Gästebeherbergung als Einkommensalternative für landwirtschaftliche Betriebe. – In: Praxis Geogr., 28/3, 20–23.

K. M. F. (KONZEPTION UND MARKETING IM FREIZEITSEKTOR GMBH) (Hrsg.; 1995): Trendanalyse der Tourismusbranche, Hamburg.

KNERR, B. (2007): Bergbahnunternehmen und Klimawandel – Handlungsbedarf und Anpassungsstrategien. – In: SCHMUDE, J. & K. SCHAARSCHMIDT, 50–63.

KNOLL, G. M. (2006): Kulturgeschichte des Reisen. Von der Pilgerfahrt zum Badeurlaub, Darmstadt.

KNORR, S. (2000): Los, Las Vegas! Oder Die Wüste lebt. – In: Centrum. Jb. Architektur u. Stadt, 2000–2001, 122–125.

KÖHLER, S. (2007): Künstliche Erlebniswelten: Eine kommentierte Bibliographie, Frankfurt a. M. u. a.

KÖHLER, S., D. SIEGRIST & N. WEIXLBAUMER (2003): Der Beitrag der Nichtregierungsorganisationen für die nachhaltige Entwicklung der Alpen. Am Beispiel der Alpenschutzkommission CIPRA. – In: Ber. z. Dtsch. Landeskunde, 77/2–3, 151–167.

KÖSTERKE, A. & D. VON LASSBERG (2005): Urlaubsreisen und Umwelt. Eine Untersuchung über die Ansprechbarkeit der Bundesbürger auf Natur- und Umweltaspekte in Zusammenhang mit Urlaubsreisen, Ammerland.

KONOPKA, H.-P. (2004): Tourismus in der Antarktis. Gefährdung des weißen Kontinents? – In: Geogr. heute, 25/226, 36–41.

KONRATH, A. (2000): Freizeitparks in Deutschland: Aktuelle Situation, Trends und Potenziale. – In: HAAS, H.-D. & A. MEYER (Hrsg.): Jb. f. Fremdenverkehr 1999, München, 91–128.

KORBUS, T. u. a. (Hrsg.; 1997): Jugendreisen: Vom Staat zum Markt. Analysen und Perspektiven, Bielefeld (Bielefelder Jugendreiseschr.; 1).

KORFF, C. (2005): Mit den Augen des Urlaubsgastes. Studien zur Natur- und Kulturlandschaftswahrnehmung am Beispiel regionskundlicher Themenwege, Leipzig (Forum IfL; 4).

KORTE, B. (1996): Der englische Reisebericht. Von der Pilgerfahrt bis zur Postmoderne, Darmstadt.

KORZAY, M. u. a. (Hrsg.; 1999): Heritage, Multicultural Attractions and Tourism, Istanbul.

KOST, S. (2002): Der Ferienhausmarkt auf Mallorca. Ergebnisse einer empirischen Untersuchung. – In: Tourismus Jb., 6/1, 171–191.

KRAJEWSKI, C. (2007): Der Berlin-Tourismus im Spiegel von Angebot und Nachfrage. –In: BECKER, C., H. HOPFINGER & A. STEINECKE, 767–779.

KRAJEWSKI, C., P. REUBER & G. WOLKERSDORFER (2006): Das Ruhrgebiet als postmoderner Freizeitraum. – In: Geogr. Rdsch., 58/1, 20–27.

KRAMER, D. (1983): Der sanfte Tourismus. Sozial- und umweltverträglicher Tourismus in den Alpen, Wien.

KRANZ, U. (1997): Kulturtourismus im Münsterland. – In: Institut für Geographie der Westfälischen Wilhelms-Universität Münster u. a., 37–44.

KREFT, M. (2000): Europa-Park – von der Unternehmervision zum Marktführer. – In: STEINECKE, A., 133–144.

KREFT, M. (2002): Europa-Park, Rust (Präsentation vor Studierenden der Univ. Paderborn am 30. September 2002).

KREILKAMP, E. (2002): Möglichkeiten und Perspektiven des Shoppingtourismus, Lüneburg (Präsentation vor d. Bund-Länder-Ausschuss Handel u. d. DIHK-Arbeitskreis Handel).

KREILKAMP, E., H. PECHLANER & A. STEINECKE (Hrsg.; 2001): Gemachter oder gelebter Tourismus?

Destinationsmanagement und Tourismuspolitik, Wien (Management u. Unternehmenskultur; 3).

KREISEL, W. (2007): Trends in der Entwicklung von Freizeit und Tourismus. – In: BECKER, C., H. HOPFINGER & A. STEINECKE, 74–85.

KREISEL, W., M. HOPPE & T. REEH (2000): Mega-Trends im Tourismus. Auswirkungen auf Natur und Umwelt, Berlin (Umweltbundesamt, Texte; 98/99).

KRIPPENDORF, J. (1975): Die Landschaftsfresser. Tourismus und Erholungslandschaft – Verderben oder Segen? Bern/Stuttgart.

KRIPPENDORF, J. (1986): Alpsegen Alptraum. Für eine Tourismus-Entwicklung im Einklang mit Mensch und Natur, Bern.

KRIPPENDORF, J. & R. KÜHN (1979): Tourismus im Jahr 2010. Eine Delphi-Umfrage über die zukünftige Entwicklung des Tourismus in der Schweiz, Bern/Freiburg.

KRIPPENDORF, J., P. ZIMMER & H. GLAUBER (Hrsg.; 1988): Für einen andern Tourismus: Probleme – Perspektiven – Ratschläge, Frankfurt a. M. (fischer alternativ; 4114).

KROSS, E. (1970): Fremdenverkehrsgeographische Untersuchungen in der Lüneburger Heide, Göttingen (Veröffentl. d. niedersächsischen Inst. f. Landeskunde u. Landesentwickl. an d. Univ. Göttingen, N. F., Reihe A; 94).

KRÜGER, R. (1995): Moderation als Verfahren regionaler Fremdenverkehrsentwicklung. Erfahrungen aus dem Emsland und Ostfriesland. – In: Geogr. Rdsch., 47/10, 572–578.

KRUŠNIK, K. (1980): Zur Situation des internationalen Fremdenverkehrs in Spanien. – In: Ztschr. f. Fremdenverkehr, 3, 23–26.

KÜBLBÖCK, S. (2001): Zwischen Erlebnisgesellschaft und Umweltbildung. Informationszentren in Nationalparken, Naturparken und Biosphärenreservaten, München/Wien (Eichstätter Tourismuswiss. Beitr.; 2).

KÜDDELSMANN, A. (2001): Brand Parks und Corporate Lands als Mittel der Unternehmenskommunikation: Konzeption, regionalwirtschaftliche Auswirkungen und Kommunikationseffekte, Aachen (unveröffentl. Magisterarb., RWTH Aachen).

KUHN, W. (1979): Geschäftsstraßen als Freizeitraum. Synchrone und diachrone Überlagerung von Versorgungs- und Freizeitfunktion, dargestellt an Beispielen aus Nürnberg, Kallmünz/Regensburg (Münchner Geogr. H.; 42).

KULINAT, K. (1969): Geographische Untersuchungen über den Fremdenverkehr an der niedersächsischen Küste, Göttingen (Veröffentl. d. niedersächsischen Inst. f. Landeskunde u. Landesentwickl. an d. Univ. Göttingen, N. F., Reihe A; 92).

KULINAT, K. (1986): Fremdenverkehr in Spanien. – In: Geogr. Rdsch., 38/1, 28–35.

KULINAT, K. (1991): Fremdenverkehr in den Mittelmeerländern: Konkurrenten mit gemeinsamen Umweltproblemen. – In: Geogr. Rdsch., 43/7–8, 430–436.

KULINAT, K. (1998): Touristischer Strukturwandel in Torremolinos. Der Tourismus-Lebenszyklus (TLZ) an der Costa del Sol (Provinz Málaga)/ Spanien. – In: BREUER, T., 29–50.

KULINAT, K. (2007): Tourismusnachfrage: Motive und Theorien. – In: BECKER, C., H. HOPFINGER & A. STEINECKE, 97–111.

*KULINAT, K. & A. STEINECKE (1984): Geographie des Freizeit- und Fremdenverkehrs, Darmstadt (Ertr. d. Forsch.; 212).

KUNTZ, T. (1999): Industrietourismus. Ein Pulsschlag aus Stahl für's Revier? – In: Kommunalverband Ruhrgebiet (Hrsg.): Regionalmarketing für das Ruhrgebiet: Internationale Erfahrungen und Bausteine für eine Region mit Zukunft, Ruhrgebiet, 155–178.

KUNZE, G. (1992): Das touristische Mallorca. – In: Thomas-Morus-Akademie, 105–110.

KUSCHEL, R. & A. SCHRÖDER (2002): Tourismus und Terrorismus. Interaktionen, Auswirkungen und Handlungsstrategien, Dresden.

KUTSCHERA, I. (1992): Neue Methoden der Fremdenverkehrsentwicklungsplanung. – In: Jb. f. Fremdenverkehr, 37, 91–130.

KVR (KOMMUNALVERBAND RUHRGEBIET) (Hrsg.; (2001): Reisen ins Revier. Route der Industriekultur (www.kvr.de/freizeit/marketing).

KVR (KOMMUNALVERBAND RUHRGEBIET) (Hrsg.; 2004) Image 2004 (www.metropoleruhr.de/fileadmin/user_upload/metropoleruhr.de/Bilder/Regionales_Management/Freizeitentwicklung/Freizeitmarketing/Projektliste/Kultur_und_Tourismus/RIK_2004.pdf vom 10.05.2011).

LANDGREBE, G. (Hrsg.; 2000): Internationaler Tourismus, München/Wien.

LANDGREBE, G. & P. SCHNELL (Hrsg.; 2005): Städtetourismus, München/Wien.

LANDESHAUPTSTADT MÜNCHEN (Hrsg.; 2001): Wiesn-Wirtschaft. Das Oktoberfest als Wirtschaftsfaktor, München (www.muenchen.de/cms/prod1/mde/_de/rubriken/Rathaus/65_raw/Tourismusamt/05_oktoberfest/w14_09_wirtschaftswert_graphisch.pdf vom 22.04.11).

LAUTERBACH, B. (Hrsg.; 2010): Auf den Spuren der Touristen. Perspektiven auf ein bedeutsames Handlungsfeld, Würzburg (Kulturtransfer – Alltagskulturelle Beiträge; 6).

LEDER, S. (2007): Neue Muße im Tourismus. Eine Untersuchung von Angeboten mit den Schwerpunkten Selbstfindung und Entschleunigung, Paderborn (Paderborner Geogr. Stud. z. Tourismusforsch. u. Destinationsmanagement; 21).

LEDER, S. (2007a): Wandertourismus. – In: BECKER, C., H. HOPFINGER & A. STEINECKE, 320-330.

LEDER, S. & A. STEINECKE (Hrsg.; 2006): Aktuelle Themen der Tourismusforschung. Märkte –Events – Methoden, Paderborn (Paderborner Geogr. Stud. z. Tourismusforsch. u. Destinationsmanagement; 19).

LEHMANN, M. & A. HEINEMANN (2009): Touristische Leitbilder. Der strategische Planungsprozess von Destinationen, Berlin (Heilbronner Reihe Tourismuswirtschaft; 6).

LEMKE, S. (2002): Marktanalyse Urlaub auf dem Bauernhof 2002. Ergebnisse der Direktbefragung, München (Schriftenr. d. Bayerischen Landesanstalt f. Landwirtschaft; o. B.).

LENG, G. (1973): Zur „Münchner" Konzeption der Sozialgeographie. – In: Geogr. Ztschr., 61/2, 121–134.

LENZ, R. & K. SALEIN (Hrsg.; 2009): Kulturtourismus. Ethnografische Recherchen im Reiseraum Europa, Frankfurt a. M. (Kulturanthropologie Notizen; 79).

LESER, H. (Hrsg.; 1988): Diercke-Wörterbuch Allgemeine Geographie, 10. Aufl. München/ Braunschweig (dtv; 3421).

LESSMEISTER, R. (2001): Die romantische Straße – Modellfall einer touristischen Route? – In: POPP, H. 2001a, 153–175.

LETTL-SCHRÖDER, M. (2011): Spendable Urlauber. – In: Fremdenverkehrswirtschaft International, 16.03., 36–38.

LIBUTZKI, O. (2007): Strukturen und Probleme des Tourismus in Thailand. – In: BECKER, C., H. HOPFINGER & A. STEINECKE, 679–690.

LIEB, M. G. (2000): Festivalmanagement – am Beispiel der Passionsspiele in Oberammergau. – In: DREYER, A., 267–286.

LIEBSCH, F. (2003): Praxis kompakt: Städtetourismus – Wellnesstourismus – Fahrradtourismus, Meßkirch.

LINDSTÄDT, B. (1994): Kulturtourismus als Vermarktungschance für ländliche Fremdenverkehrsregionen: Ein Marketingkonzept am Fallbeispiel Ostbayern, Trier (Mat. z. Fremdenverkehrsgeogr.; 29).

LIPPMANN, H.-C. (2002): Die Sommerfrische: Kulturbürgerliche Gegenwelt auf dem Lande. Inhaltliche Dimensionen zwischen 1900 und 1916. – In: BORGHARDT, J. u. a., 63–72.

LÖSCHBURG, W. (1997): Und Goethe war nie in Griechenland. Kleine Kulturgeschichte des Reisens, Leipzig.

Lohmann, M. (1988): Die neuen Alten und ihre alten Reisen. – In: Fromme, J. & M. Stoffers (Hrsg.): Freizeit im Lebensverlauf. Dokumentation der 5. Bielefelder Winterakademie, Bielefeld/Erkrath, 240–248.

Lohmann, M. (1989): Städtereisen und Städtereisende. Marktforschung im Städtetourismus. – In: Deutsches Seminar für Fremdenverkehr (Hrsg.): Im Städtetourismus erfolgreich inszenieren, Berlin, 2–21.

Lohmann, M. & J. Danielsson (2003): Urlaubsmotive, Kiel/Hamburg.

Lohmann, M. & U. Sonntag (2006): Die Reiseanalyse als Instrument der Marketingplanung. – In: Bachleitner R., R. Egger & T. Herdin, 7–89.

Ludwig, K., M. Has & M. Neuer (Hrsg.; 1990): Der neue Tourismus. Rücksicht auf Land und Leute, München (Beck'sche Reihe; 408).

Luft, H. (2007): Destination Management in Theorie und Praxis. Organisation und Vermarktung von Tourismusorten und Tourismusregionen, Meßkirch.

Luger, K. (1994): Salzburg als Bühne und Kulisse. Die Stadt als Schauplatz der internationalen Unterhaltungsindustrie. – In: Haas, H., R. Hoffmann & K. Luger (Hrsg.): Weltbühne und Naturkulisse. Zwei Jahrhunderte Salzburg-Tourismus, Salzburg, 176–187.

Luger, K. & K. Wöhler (Hrsg.; 2010): Kulturelles Erbe und Tourismus. Rituale, Traditionen, Inszenierungen, Innsbruck/Wien/Bozen (Tourismus: transkulturell & transdisziplinär; 10).

Macat, A. (2000): Das Aquarius Wassermuseum des RWW. – In: Steinecke, A., 264–278.

Machens, K.-M. (2000): Zoo Hannover – auf Erfolgskurs mit kundenorientierten Konzepten. – In: Steinecke, A., 289–307.

Magistrat der Stadt Potsdam (Hrsg.; o. J.): Tourismuskonzept Potsdam. Kurzfassung, Potsdam.

Mahmoud, H. (2005): Incentives. – In: Landgrebe, G. & P. Schnell, 67–80.

Maier, J. (1987): Tourismus als Objekt der Geographie, oder: von der regionalen Strukturbeschreibung zur praxisnahen Regionalforschung. – In: Ztschr. f. Wirtschaftsgeogr., 31/3–4, 129–132.

Maier, J. (Hrsg.; 1994): Touristische Straßen – Beispiele und Bewertung, Bayreuth (Arbeitsmat. z. Raumordnung u. Raumpl.; 137).

Maier, J. (1994a): Regionales Marketing als Resultat von industrietouristischem Potential und regionaler Entwicklungspolitik – die Fränkische Bierstraße und die Bayerische Porzellanstraße. – In: Maier, J., 35–50.

Mandel, B. (1996): Wunschbilder werden wahrgemacht. Aneignung von Urlaubswelt durch Foto-souvenirs am Beispiel deutscher Italientouristen der 50er und 60er Jahre, Frankfurt a. M. u. a.

Margreiter, J. (2001): Die Marke Tirol: Ziele – Strategien – Maßnahmen. – In: Bieger, T., H. Pechlaner & A. Steinecke, 29–34.

Margreiter, J. (2002): Der Neue Tiroler Weg. – In: Schmude, J. (Hrsg.): Tegernseer Tourismus Tage 2000. Proceedings, Regensburg, 29–53 (Beitr. z. Wirtschaftsgeogr. Regensburg; 2).

Margreiter, J. (2011): Innovationen im Wintersporttourismus. – In: Bieger, T., C. Laesser & P. Beritelli, 41–50.

Martinelli, C. (2001): Das „Urlaub auf dem Bauernhof"-Angebot in Bayern. Eine empirische Untersuchung im Landkreis Deggendorf, Regensburg (Arbeitsmat. Wirtschaftsgeogr. Regensburg; 3).

Martiny, J. (2010): Müll verbrennen statt vermeiden. – In: Mallorca Magazin, 512 (http://www.mallorcamagazin.net/thema. dba?512+1+8389 vom 25.04.2011).

Maschke, J. (2003): Ein Überblick über den Markt der Freizeitgroßprojekte in Deutschland. – In: Job, H. & Schwaiger, M. (Hrsg.): Jb. f. Fremdenverkehr, 45, München, 7–28.

Maschke, J. (2005): Tagesreisen der Deutschen, München (Schriftenr. d. Wirtschaftswiss. Inst. f. Fremdenverkehr a. d. Univ. München; 50).

Maschke, J. (2006): Tagesreisen der Deutschen. Teil 2 – Jahr 2005, München (Schriftenr. d. Wirtschaftswiss. Inst. f. Fremdenverkehr a. d. Univ. München; 51).

Maschke, J. (2007): Tagesreisen der Deutschen. Teil 3 – Jahr 2006, München (Schriftenr. d. Wirtschaftswiss. Inst. f. Fremdenverkehr a. d. Univ. München; 52).

Maurer, M. (1991): Italienreisen – Kunst und Konfession. – In: Bausinger, J., K. Beyrer & G. Korff, 221–229.

Maurer, M. u. a. (1992): Tourismus und Dritte Welt. Ein kritisches Lehrbuch mit Denkanstössen, Bern (Berner Stud. zu Freizeit u. Tourismus; 29).

Mayer, M. (2008): Tourismus und seine Auswirkungen. – In: Lozán, J. (Hrsg.): Warnsignale aus Polarregionen, Hamburg.

Megerle, A. u. a. (2000): Tagesbesucher in der Tübinger Altstadt, Tübingen (Kleinere Arb. aus d. Geogr. Inst. d. Univ. Tübingen; 23).

Meier, I. (1994): Städtetourismus, Trier (Trierer Tourismus Bibliogr.; 6).

Meier-Gresshoff, M. (1995): Qualitätsstandards im Landtourismus – eine europäische Herausforderung. – In: Haart, N., A. Steinecke & M. Treinen, 36–46.

MEIGHÖRNER, W. (2000): Zeppelin Museum Friedrichshafen – ein traditionelles Museum auf neuen Wegen. – In: STEINECKE, A., 251–263.

MEINICKE, B. (2000): Audi-Unternehmensauftritt am Standort Ingolstadt. – In: STEINECKE, A., 200–210.

MÉREY, Z. (1990): Ansätze des Dorftourismus in Ungarn und seine Bedeutung für die Kulturvermittlung. – In: VONDERACH, G. (Hrsg.): Ressourcenschonender und regionskundlicher Tourismus, Bamberg, 65–73.

MEURER, M. (1988): Vergleichende Analysen touristisch bedingter Belastungen des Naturhaushaltes im Südtiroler Grödner- und Villnöß-Tal. – In: Geogr. Rdsch., 40/10, 28–38.

MEURER, M. (1990): Der Wintersport im Spannungsfeld zwischen Ökologie und Ökonomie, Eichstätt (Eichstätter Hochschulreden; 76).

MEURER, M. & H.-N. MÜLLER (1996): Tourismus und Verkehrsbelastung in den Schweizer Alpen. – In: Geogr. Rdsch., 48/3, 136–144.

MEYER, G. (1996): Tourismus in Ägypten: Entwicklung und Perspektiven im Schatten der Nahostpolitik. – In: Geogr. Rdsch., 48/10, 582–588.

MEYER-CECH, K. (2003): Themenstraßen als regionale Kooperationen und Mittel zur touristischen Entwicklung – fünf österreichische Beispiele, Wien.

MIELKE, B., H. SANDER & H. KOCH (1993): Großflächige Ferienzentren. – In: ILS, 9–72.

MINNINGER, S. (2004): Tränen heilen die Wunden nicht. Kinderprostitution im Tourismus, Bonn.

MÖLLER, H.-G. (1998): Probleme touristischer Entwicklungspolitik in Frankreich (Languedoc-Roussillon, Südfrankreich). – In: BREUER, T., 75–98.

MOHR, B. (1992): Fremdenverkehr im Schwarzwald. Neuere Entwicklungen in einem traditionellen Erholungsraum. – In: Geogr. Rdsch., 44/5, 296–302.

MOLL, P. (Hrsg.; 1995): Umweltschonender Tourismus. Eine Entwicklungsalternative für den ländlichen Raum, Bonn (Mat. z. Angew. Geogr.; 24).

MONHEIM, R. (2001): Die Innenstadt als Urban Entertainment Center? – In: POPP, H., 129–152.

MONHEIM, R. (2007): Die Bedeutung von Freizeit und Tourismus für die Entwicklung von Innenstädten. – In: BECKER, C., H. HOPFINGER & A. STEINECKE, 815–826.

MOSE, I. (1998): Sanfter Tourismus, Amsterdam (Gesellschaft, Raum, Umwelt; 1).

MOSIMANN, T. (1986): Skitourismus und Umweltbelastung im Hochgebirge. – In: Geogr. Rdsch., 38/6, 303–311.

MÜLLENMEISTER, H. M. (1998): Zivilisation und Mobilität. Der Beitrag der Kulturanthropologie zur Tourismuswissenschaft. – In: Thomas-Morus-Akademie 1998a, 25–50.

MÜLLER, B. (2010): Glitzermetropole Dubai. Diversifizierung und Imagegestaltung einer auf Erdöleinnahmen aufgebauten Wirtschaft, Marburg.

*MÜLLER, H. (2002): Freizeit und Tourismus. Eine Einführung in Theorie und Praxis, 9. Aufl. Bern (Berner Stud. zu Freizeit und Tourismus; 41).

MÜLLER, H., C. KASPAR & H. SCHMIDHAUSER (1991): Tourismus 2010. Delphi-Umfrage 1991 zur Zukunft des Schweizer Tourismus, Bern/St. Gallen.

MÜLLER, S. (1998): Parks von Center Parcs. Designer-Landschaft für die schönsten Tage des Jahres. – In: HENNINGS, G. & S. MÜLLER, 176–192.

MÜLLER, Th. (2003): Das Fränkische Seenland. Touristische Entwicklung und Akzeptanz seitens der Urlaubsgäste. – In: POPP, H., 12–23.

MÜLLER-BÖKER, U. (1996): Erlebnis- und Ökotourismus in Nepal. Das Beispiel des Chitawan-Nationalparks. – In: Geogr. Rdsch., 48/3 174–179.

MUNDT, J. W. (2002): Internationale Expansionsstrategien von deutschen Reiseveranstaltern. – In: POMPL, W. & M. G. LIEB, 127–151.

MUNDT, J. W. (2004): Tourismusforschung vor neuen Herausforderungen: Der Fokus auf die „beste" Generation. – In: KAGELMANN, J. & W. RATZINGER (Hrsg.): Best-Ager im Tourismus – Tourismus mit Best-Agern, München, 9–16.

MUNDT, J. W. (Hrsg.; 2011): Reiseveranstaltung. Lehr- und Handbuch, 7., völlig überarb. u. erg. Aufl., München.

MUNDT, J. W. (2011a): Reiseveranstalter – Geschichte, Konzepte und Entwicklung. – In: MUNDT, J. W. 2011, S. 1–61.

*MUNDT, J. W. (2011b): Tourismus, 4. Aufl. München.

MWA (MINISTERIUM FÜR WIRTSCHAFT UND ARBEIT) (Hrsg.; 2002): Handbuch Straße der Romanik in Sachsen-Anhalt, Magdeburg/Wernigerode (Tourismus-Stud. Sachsen-Anhalt; 12).

MWMTV (MINISTERIUM FÜR WIRTSCHAFT UND MITTELSTAND, TECHNOLOGIE UND VERKEHR) (Hrsg.; 1997): Masterplan für Reisen ins Revier, Düsseldorf.

NAISBITT, J. (1982): Megatrends. Ten new Directions transforming our Lives, New York.

NEUMANN, M. U. (1998): Arenen – Projekte, Standortwahl, wirtschaftliche und planerische Aspekte kommerzieller Großveranstaltungshallen. – In: HENNINGS, G. & S. MÜLLER, 71–88.

NEWIG, J. (2007): Freizeitzentralität. – In: BECKER, C., H. HOPFINGER & A. STEINECKE, 541–554.

NIEL, A. (1981): Die k. u. k. Riviera. Von Abbazia bis Grado, Graz/Wien/Köln.

NIKITSIN, V. (2009): Tourismuspolitik und Tourismusplanung in Transformationsländern – untersucht am Beispiel von Belarus und Litauen (Paderborner Geogr. Stud. z. Tourismusforsch. u. Destinationsmanagement; 22).

NORTH, M. (2003): Genuss und Glück des Lebens. Kulturkonsum im Zeitalter der Aufklärung, Köln.

OBERWEGER, H. G. (2001): Tourismus in der Türkei: Goldgräberstimmung im östlichen Mittelmeer. – In: Geogr. heute, 22/188, 28–31.

OECHSLE, M. (2005): Erweiterung von Geschäftsfeldern im Non-Aviation-Bereich an europäischen Flughäfen unter besonderer Berücksichtigung des Standorts München, München (Wirtschaft u. Raum; 13).

ÖLHAFEN, M. (1999): Gletscherwinter. – In: Saison Tirol, 5, 11.

OESTREICH, H. (1977): Anmerkungen zu einer „Geographie des Freizeitverhaltens". – In: Geogr. Rdsch., 29/3, 80–83.

OESTREICH, H. & K. SCHLIEPHAKE (2005): Schwarzes Gold, weißes Pulver und künstliche Welten. – In: Geogr. heute; 26/227, 40–21.

O'GRADY, R. (1996): Kampf der Kinderprostitution. Die ECPAT-Kampagne, Unkel/Bad Honnef.

OPASCHOWSKI, H. W. (1996): Pädagogik der freien Lebenszeit, 3., völlig neu bearb. Aufl. Opladen (Freizeit- und Tourismusstud.; 1).

OPASCHOWSKI, H. W. (1997a): Events im Tourismus. Sport-, Kultur- und Städtereisen, Hamburg.

OPASCHOWSKI, H. W. (2000): Xtrem: Der kalkulierte Wahnsinn. Extremsport als Zeitphänomen, Hamburg.

*OPASCHOWSKI, H. W. (2002): Tourismus. Eine systematische Einführung. Analysen und Prognosen, 3., aktual.. u. erw. Auflage, Opladen (Freizeit- und Tourismusstud.; 3).

OPASCHOWSKI, H. W., M. PRIES & U. REINHARDT (Hrsg.; 2006): Freizeitwirtschaft. Die Leitökonomie der Zukunft, Hamburg (Zukunft. Bildung. Lebensqualität; 2).

OSGV (OSTDEUTSCHER SPARKASSEN- UND GIROVERBAND) (Hrsg; 2004): Sparkassen-Tourismusbarometer. Jahresbericht 2004, Berlin.

PAESLER, R. (2007): Touristisches Stadtmarketing – Ziele und Konzepte. – In: BECKER, C., H. HOPFINGER & A. STEINECKE, 780–791.

PAESLER, R. (2007a): Tourismus in den Transformationsländern. – In: BECKER, C., H. HOPFINGER & A. STEINECKE, 555–567.

PAGENSTECHER, C. (2003): Der bundesdeutsche Tourismus. Ansätze zu einer Visual History: Urlaubsprospekte, Reiseführer, Fotoalben 1950–1990, Hamburg (Stud. z. Zeitgeschichte; 34).

PARTH, A. (1999): Mega-Events und All-inclusive-Konzepte. – In: Thomas-Morus-Akademie 1999a, 67–73.

PÄSVENSKYTE, E. (2003): Landtourismus in Litauen: Struktur – Entwicklung –Perspektiven, Paderborn (unveröffentl. Magisterarb., Univ. Paderborn).

PECHLANER, H., E.-M. HAMMANN & E. FISCHER (Hrsg.; 2008): Industrie und Tourismus. Innovatives Standortmanagement für Produkte und Dienstleistungen, Berlin.

PECHLANER, H. & L. KOFINK (2009): Magie der Vielfalt? Südtirols Tourismusentwicklung. – In: Geogr. Rdsch., 61/3, 36–41.

PECHLANER, H. & S. SCHÖN (Hrsg.; 2010): Regionale Baukultur als Erfolgsfaktor im Tourismus. Nachhaltige Vermarktung von Destinationen, Berlin.

PECHLANER, H. & K. WEIERMAIR (Hrsg.; 1999): Destinations-Management. Führung und Vermarktung von touristischen Zielgebieten, Wien (Management u. Unternehmenskultur; 2).

PECHLANER, H. & A. ZEHRER (Hrsg.; 2005): Destination-Card-Systeme. Entwicklung – Management – Kundenbindung, Wien (Management u. Unternehmenskultur; 11).

PERLIK, M. (1996): Der Weitwanderweg „Grande Traversata delli Alpi": Sanftes Tourismusprojekt in den Alpen. – In: Geogr. heute, 17/143, 20–23.

PETERMANN, T. (1998): Folgen des Tourismus. Band 1: Gesellschaftliche, ökologische und technische Dimensionen, Berlin (Stud. d. Büros f. Technikfolgen-Abschätzung beim Dtsch. Bundestag; 5).

PETERMANN, T. (1999): Folgen des Tourismus. Band 2: Tourismuspolitik im Zeitalter der Globalisierung, Berlin (Stud. d. Büros f. Technikfolgen-Abschätzung beim Dtsch. Bundestag; 7).

PETERMANN, T., C. REVERMANN & C. SCHERZ (2006): Zukunftstrends im Tourismus, Berlin (Stud. d. Büros f. Technikfolgen-Abschätzung beim Dtsch. Bundestag; 19).

PETERS, M. & K. WEIERMAIR (2001): Stadtmanagement und -marketing: Perspektiven der touristischen Stadtentwicklung. – In: Tourismus Jb., 5/1, 105–124.

PFAFFENBACH, C. (2001): Neuere Trends der Tourismusentwicklung in Nordafrika. – In: Geogr. Rdsch., 53/6, 50–55.

PINAR, I. (1998): Binnentourismus in der Türkei: Traditionelle Formen und ihr Wandel durch den internationalen Tourismus, Trier (Mat. z. Fremdenverkehrsgeogr.; 43).

POMPL, W. (1997): Touristikmanagement. 1. Beschaffungsmanagement, 2., aktual. u. erw. Auflage Berlin u. a.

Pompl, W. (2002): Internationale Strategien von Luftverkehrsgesellschaften. – In: Pompl, W. & M. G. Lieb, 183–208.

Pompl, W. (2007): Luftverkehr. Eine ökonomische und politische Einführung, 5., überarb. Aufl. Berlin/Heidelberg.

Pompl, W. & M. G. Lieb (Hrsg.; 1997): Qualitätsmanagement im Landtourismus, München/Wien.

Pompl, W. & M. G. Lieb (Hrsg.; 2002): Internationales Tourismus-Management. Herausforderungen – Strategien –Instrumente, München.

Pompl, W., C. Möller & M. Schuckert (2008): Reisevertriebsmarkt: Begriffe und Strukturen. – In: Freyer, W. & W. Pompl, 3–34.

Popcorn, F. & L. Marigold (1996): Clicking. Der neue Popcorn-Report. Trends für unsere Zukunft, 2. Aufl. München.

Popp, D. (1998): Nicht nur Milch von glücklichen Kühen. Perspektiven der Zusammenarbeit von Landwirtschaft, Tourismus, Gastronomie und Naturschutz im Biosphärenreservat Rhön. – In: Thomas-Morus-Akademie, 85–93.

Popp, H. (Hrsg.; 1994): Das Bild der Mittelmeerländer in der Reiseführer-Literatur, Passau (Passauer Mittelmeerstud.; 5).

Popp, H. (1997): Reiseführer-Literatur und geographische Landeskunde. – In: Geogr. Rdsch., 49/3, 173–179.

Popp, H. (Hrsg.; 1999): Lokale Akteure im Tourismus der Maghrebländer. Resultate der Forschungen im Bayerischen Forschungsverbund FORAREA 1996–1998, Passau (Maghreb-Stud.; 12).

Popp, H. (Hrsg.; 2001): Neuere Trends in Tourismus und Freizeit, Passau (Bayreuther Kontaktstudium Geogr.; 1).

Popp, H. (2001a): Freizeit- und Tourismusforschung in der Geographie. Neuere Trends und Ansätze. – In: Popp, H. 2001, 19–25.

Popp, H. (Hrsg.; 2003): Auf der Suche nach kreativen Formen eines ländlichen Tourismus, Bamberg (Dok. 15. Heiligenstädter Gespräche).

Popp, H. (2003a): Neuere Tourismusentwicklung im ländlichen Raum am Beispiel der Maghrebländer. – In: Egner, H., 55–74.

Popp, H. (2004): Nachhaltiger Gebirgs- und Wüstentourismus in Südmarokko? – In: Erkunde, 58/2, 118–136.

Popp, K. (1995): Themenparks: Dienstleistungswelten der Zukunft? – In: Praxis Geogr., 25/12, 30–33.

Popp, M. (2009): Der touristische Blick im Städtetourismus der Postmoderne. Das Beispiel der italienischen Stadt Florenz. – In: Geogr. Rdsch., 61/2, 42–48.

Popp, M. & T. Freytag (2009): Der Erfolg des europäischen Städtetourismus. Grundlagen, Entwicklungen, Wirkungen. – In: Geogr. Rdsch., 61/2, 4–11.

Porwol, B. (2001): Qualität im Jugendtourismus. Die zentrale Bedeutung der Kundenzufriedenheit. Eine empirische Untersuchung, Bielefeld (Bielefelder Jugendreiseschr.; 3).

Poser, H. (1939): Geographische Studien über den Fremdenverkehr im Riesengebirge, Göttingen (Abhandl. d. Gesellschaft d. Wiss. zu Göttingen; 20).

Prahl, H.-W. (1991): Entwicklungsstadien des deutschen Tourismus seit 1945. – In: Spode, H., 95–108.

Prahl, H.-W. (2002): Soziologie der Freizeit, Paderborn (UTB; 8228).

Prahl, H.-W. & K. R. Schroeter (1996): Soziologie des Alterns. Eine Einführung, Paderborn u. a. (UTB; 1924).

*Prahl, H.-W. & A. Steinecke (1979): Der Millionen-Urlaub – von der Bildungsreise zur totalen Freizeit, Darmstadt/Neuwied (IFKA-Faksimile-Ausgabe Bielefeld 1989).

Prognos GmbH (Hrsg.; 2002): Mehr Wellness und Abenteuer in der Urlaubswelt. – In: Prognos Trendletter, 2, 7.

Prognos GmbH (Hrsg.; 2003): Zukunft des Tourismus in Europa bis 2010, Berlin (Medienmitteilung).

Probst, P. (2000): Freizeit- und Erlebniswelten: Entwicklung – Trends – Perspektiven. - In: Steinecke, A., 104–118.

Putsch, J. (2001): Vom Segen und vom Elend der Netzwerke. Das Beispiel Ekomuseum Bergslagen. – In: Industriekultur, 4, 34–35.

Quack, H.-D. (2001): Freizeit und Konsum im inszenierten Raum. Eine Untersuchung räumlicher Implikationen neuer Orte des Konsums, dargestellt am Beispiel des CentrO Oberhausen, Paderborn (Paderborner Geogr. Stud.; 14).

Quack, H.-D. & A. Steinecke (2003): Konzeption und Marketing kulturtouristischer Routen – dargestellt am Beispiel der „Route der Historischen Stadtkerne". – In: Schmude, J. 2003a, 77–90.

Quack, H.-D. & H. Wachowiak (Hrsg.; 1999): Die Neue Mitte Oberhausen/CentrO. Auswirkungen eines Urban Entertainment Centers auf städtische Versorgungs- und Freizeitstrukturen, Trier (Mat. z. Fremdenverkehrsgeogr.; 53).

Quasten, H. & J. M. Wagner (2000): Kulturlandschaftspflege in altindustrialisierten Räumen. – In: Ber. z. dtsch. Landeskunde, 74/3, 249–282.

Raich, F. (2006): Governance räumlicher Wettbewerbseinheiten. Ein Ansatz für die Tourismus-Destination, Wiesbaden.

Rauschelbach, B. (Hrsg.; 1998): (Öko-)Tourismus: Instrument für eine nachhaltige Entwicklung?

Tourismus und Entwicklungszusammenarbeit, Heidelberg.

REICHERT, M. (2000): Die Zukunft des Weltraumtourismus. – In: JOB, H. & M. SCHWAIGER (Hrsg.): Jb. f. Fremdenverkehr, 43, München, 109–122.

REUBER, P. (1994): Private und öffentliche Freizeitwohnanlagen am Biggesee. Ein Beispiel für unterschiedliche Entwicklungskonzepte und ihre wirtschaftliche Bedeutung. – In: Ztschr. f. Wirtschaftsgeogr., 38/4, 210–219.

REUBER, P. & P. SCHNELL (Hrsg.; 2006): Postmoderne Freizeitstile und Freizeiträume. Neue Angebote im Tourismus, Berlin (Schr. z. Tourismus u. Freizeit; 5).

REVERMANN, C. & T. PETERMANN (2003): Tourismus in Großschutzgebieten. Impulse für eine nachhaltige Regionalentwicklung, Berlin (Stud. d. Büros f. Technikfolgen-Abschätzung beim Dtsch. Bundestag; 13).

RICHARDS, G. (Hrsg.; 1996): Cultural Tourism in Europe, Wallingford Oxon (GB).

RICHARDS, G. (Hrsg.; 2001): Cultural Attractions and European Tourism, Wallingford Oxon (GB).

RICHTER, D. (1991): Die Angst des Reisenden, die Gefahren der Reise. – In: BAUSINGER, J., K. BEYRER & G. KORFF, 100–108.

RIECHERS, U. (2003): Die Incentive-Reise in Deutschland: Marktposition – Unternehmenspolitik – Perspektiven. – In: KAGERMEIER, A. & A. STEINECKE, 91–123.

RIEDER, M., R. BACHLEITNER & H. J. KAGELMANN (Hrsg.; 1998): ErlebnisWelten. Zur Kommerzialisierung der Emotionen in touristischen Räumen und Landschaften, München/Wien (Tourismuswiss. Manuskr.; 4).

RITTER, W. (2007): Globaler Tourismus und die Grenzen der Welt. – In: BECKER, C., H. HOPFINGER & A. STEINECKE, 86–96.

RITZER, G. (2006): Die McDonaldisierung der Gesellschaft, 4., völlig neue Aufl. Konstanz.

ROBINSON, M., N. EVANS & P. CALLAGHAN (Hrsg.; 1996): Managing Cultural Resources for the Tourist, Newcastle/Sunderland (GB).

ROCHLITZ, K.-H. (1988): Begriffsentwicklung und -diskussion des „sanften Tourismus". –In: Freizeitpädagogik, 10/3–4, 105–115.

RÖCK, S. (1996): Erlebniswelten und ihre regionale Einbettung. – In: Inform. z. Raumentwickl., 6, 377–383.

RÖCK, S. (1998): Freizeitgroßeinrichtungen im Zentrum der Stadt – Potential und Gefahr. –In: Inform. z. Raumentwickl., 2–3, 123–132.

RODRIAN, P. (2011): Heritage als Konstruktion touristischer Mediatoren: Die Darstellung des deutschen Kolonialerbes in Namibia durch

Print-Reiseführer und Reiseleiter. – In: Zeitschr. f. Tourismuswiss., 3/1, 25–42.

RÖSCH, S. (2003): Zerplatzte Träume, zerstörte Illusionen: Das Scheitern von Feriengroßprojekten. – In: SCHMUDE, J. 2003a, 125–133.

ROMEISS-STRACKE, F. (1998): Tourismus – gegen den Strich gebürstet. Essays, München/Wien (Tourismuswiss. Manuskr.; 2).

ROMEISS-STRACKE, F. (1998a): Vorwärts – zurück zur Natur? Trends im Tourismus und ihre Konsequenzen für den Urlaub auf dem Lande. – In: DLG, 17–28.

ROMEISS-STRACKE, F. (1999): Freizeit-Großprojekte und Urban Entertainment Center. Eine Bedrohung für die europäische Stadt? – In: Thomas-Morus-Akademie, 139–149.

ROMEISS-STRACKE, F. (2003): Abschied von der Spaßgesellschaft. Freizeit und Tourismus im 21. Jahrhundert, Amberg.

ROMEISS-STRACKE, F. (2004): Freizeit- und Erlebniswelten: Die europäischen Erfahrungen. – In: Institut für Mobilitätsforschung, 167–181.

ROMEISS-STRACKE, F. (Hrsg.; 2008): TourismusArchitektur. Baukultur als Erfolgsfaktor, Berlin.

ROOST, F. (2000): Die Disneyfizierung der Städte, Opladen (Stadt, Raum u. Gesellschaft; 13).

ROSENFELD, M. (1999): 42nd Street Development, New York. – In: MINISTERIUM FÜR ARBEIT, SOZIALES UND STADTENTWICKLUNG, KULTUR UND SPORT DES LANDES NORDRHEIN-WESTFALEN (Hrsg.): Stadtplanung als Deal? Urban Entertainment Center und private Stadtplanung, Düsseldorf, 50–72.

ROSTOCK, J. & ZADNIČEK, F. (1992): Paradiesruinen: Das KdF-Seebad der Zwanzigtausend auf Rügen, 2. Aufl. Berlin.

ROTH, E. (1999): Inszenierung von Special Events im Städtetourismus. – In: HEINZE, T., 146–180.

ROTH, P. (2003): Grundlagen des Touristikmarketing. – In: ROTH, P. & A. SCHRAND, 31–147.

ROTH, P. (2003a): Touristische Leitbilder – Das Beispiel Romantische Straße. – In: ROTH, P. & SCHRAND, A., 310–322.

ROTH, P. & A. SCHRAND (Hrsg.; 2003): Touristikmarketing. Das Marketing der Reiseveranstalter, Verkehrsträger und Tourismusdestinationen, 4., überarb. u. aktual. Aufl. München.

ROTHFUSS, E. (2004): Ethnotourismus – Wahrnehmungen und Handlungsstrategien der pastoralnomadischen Himba (Namibia). Ein hermeneutischer, handlungstheoretischer und methodischer Beitrag aus sozialgeographischer Perspektive, Passau (Passauer Schr. z. Geogr.; 20).

RUDINGER, G. & R. SCHMITZ-SCHERZER (1975): Motivation und Reisen. – In: SCHMITZ-SCHERZER,

R. (Hrsg.): Reisen und Tourismus, Darmstadt, 4–17 (Praxis d. Sozialpsychologie; 4).

RUDOLPHI, P. (2007): Studienreisen in der Erlebnisgesellschaft. Eine Untersuchung zu den Implikationen der Erlebnisorientierung in der Touristik, Paderborn (Paderborner Geogr. Stud. z. Tourismusforsch. u. Destinationsmanagement; 20).

RÜTTER-FISCHBACHER, U., H. MÜLLER & T. AMMANN, (2010): Ferienresorts: Nachhaltigkeit und Anforderungen an die Raumplanung. – In: BIEGER, T., C. LAESSER & P. BERITELLI, 89–97.

RUFFINI, F. V. (2009): Der Brenner-Basistunnel – eine geeignete Antwort auf den Transitverkehr? – In: Geogr., Rdsch., 61/4, 42–48.

RULLE, M. (2004): Der Gesundheitstourismus in Europa – Entwicklungstendenzen und Diversifikationsstrategien, München/Wien (Eichstätter Tourismuswiss. Beitr.; 4).

RUPPERT, K. (1982): Raumstrukturen der Alpen. Thesen zur Bevölkerungs- und Siedlungsentwicklung. – In: Geogr. Rdsch., 34/9, 386–388.

RUPPERT, K. & J. MAIER (Hrsg.; 1970): Zur Geographie des Freizeitverhaltens, Kallmünz/Regensburg (Münchner Stud. z. Sozial- und Wirtschaftsgeogr., 6).

RUPPERTI, T. (1995): Die Bauerndörfer in Kärnten. – In: Thomas-Morus-Akademie 1995a, 69–72.

RUST, H. (1995): Trends. Das Geschäft mit der Zukunft, Wien.

SÄFKEN, A. (1999): Der Event in Regionen und Städtekooperationen. Ein neuer Ansatz des Regionalmarketings? Augsburg (Schr. z. Raumordnung u. Landesplanung; 3).

SALZBURGERLAND TOURISMUS GESELLSCHAFT (Hrsg.; 2000): Der Berg ruft! Salzburg.

SALVÀ TOMÀS, P. (1998): Die Revitalisierung spanischer Küstenbadeorte. Ein Zwischenbericht. – In: BREUER, T., 9–28.

SCHAAL, F. & N. LICHTER (2010): Regionalmarken als strategisches Positionierungselement von Mittelgebirgsregionen – dargestellt am Beispiel der Regionalmarke Eifel. – In: KAGERMEIER, A. & J. WILLMS (Hrsg.): Tourism Development in Low Mountains Ranges, Mannheim, 91–112 (Stud. z. Freizeit- u. Tourismusforsch.; 3).

SCHÄFER, M. (2003): Der Weg zu einer Tourismuswissenschaft. Organisationsform und Paradigma. – In: Spektrum Freizeit, 25/1, 105–118.

SCHAFFNER, D. & J. STETTLER (2010): Markenstrategien von Schweizer Tourismusdestinationen: Eine explorative Studie auf Basis der Marketingkommunikation. – In: BIEGER, T., C. LAESSER & P. BERITELLI, 43–55.

SCHEMM, V. & K. UNGER (1997): Die Inszenierung von ländlichen Tourismusregionen: Erfahrungen aus touristischen Kampagnen in Ostbayern. – In: STEINECKE, A. & M. TREINEN, 30–46.

SCHENK, W. (2000): Freilichtmuseen – Besuchermagneten im Kulturtourismus. – In: INSTITUT FÜR LÄNDERKUNDE, 38–40.

SCHERLE, N. (2000): Gedruckte Urlaubswelten: Kulturdarstellungen in Reiseführern. Das Beispiel Marokko, München/Wien (Eichstätter Tourismuswiss. Beitr.; 1).

SCHERREIKS, S. (2005): Grüne Hölle oder schillerndes Paradies? Zur Geschichte und kulturellen Bedeutung von Erlebnisparks in Deutschland, Münster (Kieler Stud. z. Volkskunde u. Kulturgeschichte; 4).

SCHERRIEB, H. R. (1998): Freizeitparks und Freizeitzentren – Ziele und Aufgaben für touristische Leistungsträger. – In: HAEDRICH, G. u. a., 679–698.

SCHERRIEB, H. R. (1998a): Freizeit- und Erlebnisparks in Deutschland. Geschichte – Betriebsarten – Rahmendaten, 4. Aufl. Würzburg.

SCHEURER, R. (2003): Erlebnis-Setting. Touristische Angebotsgestaltung in der Erlebnisökonomie, Bern (Berner Stud. z. Freizeit u. Tourismus; 43).

SCHIVELBUSCH, W. (1979): Geschichte der Eisenbahnreise. Zur Industrialisierung von Raum und Zeit im 19. Jahrhundert, Frankfurt a. M./Berlin/Wien (Ullstein Buch; 35015).

SCHLIEPHAKE, K. (1978): Fremdenverkehr in der Gemeinde Ossiach. Strukturwandel in einer kleinen Gemeinde und die Frage ihrer Belastung und Belastbarkeit, Klagenfurt (Schriftenr. f. Raumforsch. u. Raumpl.; 16).

SCHLINKE, K. (1996): Die Reichstagsverhüllung in Berlin 1995. Auswirkungen einer kulturellen Großveranstaltung auf die touristische Nachfrage, Trier (Mat. z. Fremdenverkehrsgeogr.; 34).

SCHLOEMER, A. (1999): Nachhaltiger Tourismus? Ein Beitrag zur Evaluation aktueller Konzeptionen für ländliche Regionen Mitteleuropas, Sankt Augustin (Naturschutz u. Freizeitgesellschaft; 3).

SCHMID, H. (2009): Economy of Fascination. Dubai and Las Vegas as Themed Urban Landscapes, Berlin/Stuttgart (Urbanization of the Earth; 11).

SCHMIDT, H.-W. (2002): Die Urlaubsreisen der Europäer, Luxemburg (Statistik kurzgefasst; 15).

SCHMIDT, W. (1994): Tourismus in der Oberlausitz. – In: Geogr. Rdsch., 46/9, 525–532.

SCHMITT, M. (1982): Palast-Hotels. Architektur und Anspruch eines Bautyps 1870–1920, Berlin.

SCHMITT, T. (1993): Tourismus und Landschaftsschutz auf Mallorca. – In: Geogr. Rdsch., 45/7–8, 459–467.

SCHMITT, T. (2000): „Qualitätstourismus" – eine umweltverträgliche Alternative der touristischen Entwicklung auf Mallorca? – In: Geogr. Ztschr., 88/1, 53–65.

Schmitt, T. & M. Blázquez i Salom (2003): Der dritte Tourismusboom auf Mallorca (1991–2000) – zukunftsweisender Trend oder überschrittener Zenit? – In: Tourismus Journal, 7/4, 505–522.

Schmitt, T. (2007): Massentourismus auf Mallorca: „Ballermann" war besser". – In: RUBIN, 117, 20–27 (www.ruhr-uni-bochum.de/rubin/geowissenschaften/pdf/beitrag3.pdf vom 26.04.2001).

Schmude, J. (2000): Erlebniswelt Musical: Bilanz eines Booms unter besonderer Berücksichtigung des geplanten Musicals „König Ludwig II. – Sehnsucht nach dem Paradies". – In: Steinecke, A., 238–250.

Schmude, J. (2003): Musicals in Deutschland: Eine Marktanalyse anhand des Modells des Produktlebenszyklus. – In: Tourismus Journal, 7/1, 29–42.

Schmude, J. (Hrsg.; 2003a): Tegernseer Tourismus Tage 2002 – Proceedings, Regensburg (Beitr. z. Wirtschaftsgeogr. Regensburg; 6).

Schmude, J. & P. Namberger (2010): Tourismusgeographie, Darmstadt.

Schmude, J. & K. Schaarschmidt (Hrsg.; 2007): Tegernseer Tourismus Tage 2006 – Proceedings, Regensburg (Beitr. z. Wirtschaftsgeogr. Regensburg; 9).

Schmude, J. & A. Trono (Hrsg.; 2003): Routes for Tourism and Culture. Some Examples for creating thematic Routes from Italy, Greece, Portugal and Germany, Regensburg (Beitr. z. Wirtschaftsgeogr. Regensburg; 5).

Schnackers, B. (2002): Ski heil in Bottrop! Wenn die Berge zu den Menschen kommen. – In: Geogr. heute, 23/198, 12–15.

Schneider, H. (Hrsg.; 2006): Nachhaltigkeit als regulative Idee in der geographischen Stadt- und Tourismusforschung, Hamburg (Geographie: Forsch. u. Wiss.; 1).

Schneider, M. (2001): Destination Corporate Land/Brand Land – Nachfrageanalyse am Beispiel der Autostadt Wolfsburg, Paderborn (unveröffentl. Magisterarb., Univ. Paderborn).

Schneider, O. (2001): Die Ferien-Macher. Eine gründliche und grundsätzliche Betrachtung über das Jahrhundert des Tourismus, Hamburg.

Schneider, R. (Hrsg.; 1978): Berlin. Denkmäler einer Industrielandschaft, Berlin.

Schneider, W. (2002): ERIH – Die Europäische Route der Industriekultur. – In: Inform. z. Raumentwickl., 4, 267–270.

Schnell, P. (1980): Wohnen als Determinante des Freizeitverhaltens am Beispiel des Ruhrgebietes. – In: Schnell, P. & P. Weber, 61–71.

Schnell, P. (2007): Tagesausflugsverkehr. – In: Becker, C., H. Hopfinger & A. Steinecke, 273–284.

Schnell, P. & P. Weber (Hrsg.; 1980): Agglomeration und Freizeitraum, Münster (Münstersche Geogr. Arb.; 7).

Schoppen, W. (2000): Wachstumsindustrie Touristik. – In: Job, H. & M. Schwaiger (Hrsg.): Jb. f. Fremdenverkehr, 43, München, 91–108.

Schramm, R. (2000): Freizeit- und Erlebnisbäder. – In: Institut für Länderkunde, 76–77.

Schreiber, M.-T. (Hrsg.; 1999): Kongress- und Tagungsmanagement, München/Wien.

Schreiber, M.-T. (1999a): Kongress- und Tagungswesen als touristische Erscheinungsform. – In: Schreiber, M.-T. 1999, 3–9.

Schreiber, M.-T. (2007): Kongress- und Tagungstourismus. – In: Becker, C., H. Hopfinger & A. Steinecke, 204–212.

Schröder, A. (2007): Industrietourismus. – In: Becker, C., H. Hopfinger & A. Steinecke, 213–224.

Schröder, A. (2010): Das Phänomen der Low Cost Carrier und deren Beeinflussung raumzeitlicher Systeme im Tourismus, Trier (Mat. z. Fremdenverkehrsgeogr.; 68).

Schröder, A., T. Widmann & A. Brittner-Widmann, (2005): Tourismus und demographischer Wandel. Entwicklung, Prognosen und Folgen, Trier (Mat. z. Fremdenverkehrsgeogr.; 63).

Schröder, P. (1989): Die Almwirtschaft in Österreich nach den Ergebnissen der Almerhebung 1986. – In: Geogr. Rdsch., 41/10, 575–580.

Schrutka-Rechtenstamm, H. (1992): Beobachtungen und Überlegungen zu neuen Tendenzen des „Urlaubs am Bauernhof". – In: Kramer, D. & R. Lutz (Hrsg.): Reisen und Alltag. Beiträge zur kulturwissenschaftlichen Tourismusforschung, Frankfurt a. M., 131–145 (Kulturanthropologie-Notizen; 39).

Schultzendorff, P. von (1998): Visionen für den touristischen Vertrieb. – In: Tourismus Jb., 2/2, 67–70.

Schulz, A. (2009): Verkehrsträger im Tourismus. Luftverkehr – Bahnverkehr – Straßenverkehr – Schiffsverkehr, München.

Schwark, J. (Hrsg.; 2004): Tourismus und Industriekultur. Vermarktung von Technik und Arbeit, Berlin (Schr. z. Tourismus u. Freizeit; 2).

Seidl, Chr. (2003): Eastern Bavaria – Germany. – In: Schmude, J. & A. Trono, 135–153.

Seitz, G. (2002): Internationale Expansionsstrategien in der Hotelbranche. – In: Pompl, W. & M. G. Lieb, 209–235.

Seitz, E. & W. Meyer (2006): Tourismusmarktforschung. Ein praxisorientierter Leitfaden für Touristik und Fremdenverkehr, 2., vollst. überarb. Aufl. München.

Sevinç, H. (2010): Angepasster Tourismus im Südwesten der Türkei? Planungsperspektiven für die Region Kemer (Provinz Antalya). – In: Geogr. Rdsch., 62/1, 48–53.

SHOVAL, N. (2009): Das Phänomen der Flagship-Museen. Neuer Trend im internationalen Städtetourismus? – In: Geogr. Rdsch., 61/2, 28–33.

SIEGRIST, D. (1998): Extremtrends im Naturtourismus. Eine kulturwissenschaftliche Annäherung an den Risikosport. – In: Tourismus Journal, 2/2, 237–252.

SIERCK, A. & K. WINKLER (2006): Informationsquellen und Internetnutzung bei Urlaubsreisen, Kiel.

SMERAL, E. (1998): Tourismus als Job-Generator. – In: Tourismus Journal, 2/3, 335–347.

SMERAL, E. (2003): Die Zukunft des internationalen Tourismus. Entwicklungsperspektiven für das 21. Jahrhundert, Wien.

SOYEZ, D. (1986): Industrietourismus. – In: Erdkunde, 40/2, 105–111.

SOYEZ, D. (1986a) Industrietourismus im Saar-Lor-Lux-Raum. Eine Chance für Industriegemeinden. – In: DEUTSCHER VERBAND FÜR ANGEWANDTE GEOGRAPHIE (Hrsg.): Fremdenverkehr und Freizeit: Entwicklung ohne Expansion, Bochum, 71–88 (Mat. z. Angew. Geogr.; 13).

SOYEZ, D. (1993): Kulturtourismus in Industrielandschaften. Synopse und „Widerstandsanalyse". – In: BECKER, C. & A. STEINECKE, 40–63.

SOYEZ, D. (2006): Europäische Industriekultur als touristisches Destinationspotenzial. – In: Ztschr. f. Wirtschaftsgeogr., 50/2, 75–84.

SPERL, G. (2000): Die Europäische Eisenstraße. – In: Integra, 1, 8.

SPODE, H. (Hrsg.; 1991): Zur Sonne, zur Freiheit! Beiträge zur Tourismusgeschichte, Berlin (Freie Univ. Berlin, Inst. f. Tourismus, Ber. u. Mat.; 11).

SPODE, H. (1991a): Die NS-Gemeinschaft „Kraft durch Freude" - ein Volk auf Reisen? – In: SPODE, H., 79–93.

SPODE, H. (Hrsg.; 1996): Goldstrand und Teutonengrill. Kultur- und Sozialgeschichte des Tourismus in Deutschland 1945 bis 1989, Berlin (Freie Univ. Berlin, Inst. f. Tourismus, Ber. u. Mat.; 15).

SPODE, H. (2003): Wie die Deutschen „Reiseweltmeister" wurden. Eine Einführung in die Tourismusgeschichte, Erfurt.

SPÖREL, U. (1998): Die amtliche deutsche Tourismusstatistik – In: HAEDRICH, G. u. a., 127–144.

SPUTZ, K. (1919): Die geographischen Bedingungen und Wirkungen des Fremdenverkehrs in Tirol, Wien.

STADLER, G. (1975): Von der Kavalierstour zum Sozialtourismus. Kulturgeschichte des Salzburger Fremdenverkehrs, Salzburg.

STADT HEIDELBERG (Hrsg.; 1993): Tourismusleitbild Heidelberg, Heidelberg.

STÄNDIGES SEKRETARIAT DER ALPENKONVENTION (Hrsg.; 2007): Verkehr und Mobilität in den Alpen, Innsbruck (Alpensignale – Sonderserie; 1).

STANDL, H. (2007): Tourismus in Entwicklungsländern unter dem Einfluss politischer Konflikte – das Beispiel Ägypten. – In: BECKER, C., H. HOPFINGER & A. STEINECKE, 641–651.

STATISTISCHES AMT FÜR HAMBURG UND SCHLESWIG-HOLSTEIN (2010): Der Fremdenverkehr in den Gemeinden Schleswig-Holsteins 2009, Kiel/ Hamburg (www.statistik-nord.de/uploads/ tx_standocuments/G_IV_1_j09_S.pdf vom 16.03.2011).

STATISTISCHES BUNDESAMT (Hrsg.; 2003a): Tourismus in Zahlen, Wiesbaden 2003.

STATISTISCHES BUNDESAMT (Hrsg.; 2008): Datenreport 2008, Wiesbaden (www-ec.destatis.de/ csp/shop/sfg/bpm.html.cms.cBroker.cls?cm spath=struktur,vollanzeige.csp&ID=1022978 vom 13.03.2011).

STATISTISCHES BUNDESAMT (Hrsg.; 2010): Tourismus in Zahlen 2009. Teil A – Touristisches Angebot, Wiesbaden (www-ec.destatis. de/csp/shop/sfg/bpm.html.cms.cBroker. cls?cmspath=struktur,Warenkorb.csp vom 07.03.2011).

STATISTISCHES BUNDESAMT (Hrsg.; 2010a): Tourismus in Zahlen 2009. Teil B – Touristische Nachfrage, Wiesbaden (www-ec.destatis. de/csp/shop/sfg/bpm.html.cms.cBroker. cls?cmspath=struktur,Warenkorb.csp vom 07.03.2011).

STATISTISCHES BUNDESAMT (Hrsg.; 2010b): Statistisches Jahrbuch 2010 für die Bundesrepublik Deutschland mit „Internationalen Übersichten", Wiesbaden.

STEIGENBERGER CONSULTING GMBH (Hrsg.; 1998): Prognose zur Entwicklung des deutschen Urlaubs-Auslands-Reisemarktes für 2010, Frankfurt a. M.

STEINBACH, J. (2000): Städtetourismus und Erlebniseinkauf. – In: Tourismus Journal, 4/1, 51–70.

STEINECKE, A. (1980): Naherholung –Menschliches Grund(daseins)bedürfnis oder Produkt funktionalistischer Stadtplanung? Thesen zur Notwendigkeit einer problemorientierten geographischen Freizeitforschung. – In: SCHNELL, P. & WEBER, P. 21–28.

STEINECKE, A. (Hrsg.; 1981): Interdisziplinäre Bibliographie zur Fremdenverkehrs- und Naherholungsforschung. Beiträge zur allgemeinen Fremdenverkehrs- und Naherholungsforschung, Berlin (Berliner Geogr. Stud.; 8).

STEINECKE, A. (Hrsg.; 1981a): Interdisziplinäre Bibliographie zur Fremdenverkehrs- und Naherholungsforschung: Beiträge zur regionalen

Fremdenverkehrs- und Naherholungsforschung, Berlin (Berliner Geogr: Stud.; 9).

STEINECKE, A. (Hrsg.; 1984): Interdisziplinäre Bibliographie zur Fremdenverkehrs- und Naherholungsforschung. Beiträge zur allgemeinen und regionalen Fremdenverkehrs- und Naherholungsforschung. Fortsetzungsband: Berichtszeitraum 1979–1984, Berlin (Berliner Geogr. Stud.; Bd. 15).

STEINECKE, A. (1987): Die Delphi-Umfrage als Methode freizeit- und fremdenverkehrsgeographischer Forschung. – In: HÜTTEROTH, W.-D. & H. BECKER (Hrsg.): 45. Deutscher Geographentag Berlin. Tagungsbericht und wissenschaftliche Abhandlungen, Stuttgart, 222–229.

STEINECKE, A. (1988): Der bundesdeutsche Reiseführermarkt. Leseranalyse –Angebotsstruktur – Wachstumsperspektiven, Starnberg.

STEINECKE, A. (Hrsg.; 1994): Umweltorientiertes Management im Tourismus. Konzepte – Modelle – Erfahrungen, Trier (ETI-Texte; H. 5).

STEINECKE, A. (Hrsg.; 1995): Tourismus und nachhaltige Entwicklung. Strategien und Lösungsansätze, Trier (ETI-Texte; H. 7).

STEINECKE, A. (Hrsg.; 1996): Stadt und Wirtschaftsraum, Berlin (Berliner Geogr. Stud.; 44).

STEINECKE, A. (Hrsg.; 1996a): Der Tourismusmarkt von morgen – zwischen Preispolitik und Kultkonsum, Trier (ETI-Texte; H. 10).

STEINECKE, A. (1997): Inszenierung im Tourismus: Motor der künftigen touristischen Entwicklung. – In: STEINECKE, A. & M. TREINEN, 7–17.

STEINECKE, A. (1999): Perspektiven des Kulturtourismus: Wettbewerbsdruck – Profilierung – Inszenierung. – In: HEINZE, T., S. 17–51.

STEINECKE, A. (Hrsg.; 2000): Erlebnis- und Konsumwelten, München/Wien.

STEINECKE, A. (2000a): Tourismus und neue Konsumkultur: Orientierungen – Schauplätze – Werthaltungen. – In: STEINECKE, A., 11–27.

STEINECKE, A. (2001): Markenbildung von Destinationen: Erfahrungen – Herausforderungen – Perspektiven. – In: BIEGER, T., H. PECHLANER & A. STEINECKE, 9–27.

STEINECKE, A. (Hrsg.; 2002): Tourismusforschung in Nordrhein-Westfalen. Ergebnisse – Projekte – Perspektiven, Paderborn (Paderborner Geogr. Stud. zu Tourismusforsch. u. Destinationsmanagement; 15).

STEINECKE, A. (2002a): Industrieerlebniswelten zwischen Heritage und Markt: Konzepte – Modelle – Trends. – In: STEINECKE, A. 2002, 143–158.

STEINECKE, A. (2003): Erlebnis- und Konsumwelten – eine Strategie auch für den ländlichen Raum? – In: POPP, H., 2–11.

STEINECKE, A. (2004): Zur Phänomenologie von Marken-Erlebniswelten. – In: BRITTNER-WIDMANN, A., H.-D. QUACK & H. WACHOWIAK, 201–219.

STEINECKE, A. (2005): Wohin geht die Reise? Einstellungen der Bundesbürger zu Urlaubsreisen. – In: Forschungs-Forum Paderborn, 8, 6–9.

STEINECKE, A. (2006): Tourismus – eine geographische Einführung, Braunschweig (Das Geographische Seminar; o. Bd.).

STEINECKE, A. (2007): Kulturtourismus. Marktstrukturen – Fallstudien – Perspektiven, München/Wien.

STEINECKE, A. (2009): Themenwelten im Tourismus. Marktstrukturen – Marketing-Management – Trends, München/Wien.

STEINECKE, A. (2010): Populäre Irrtümer über Reisen und Tourismus, München.

STEINECKE, A. (2010a): Culture – a Tourist Attraction: Importance – Expectations – Potential. – In: CONRADY, R. & M. BUCK, 185–196.

STEINECKE, A. (2011): „Was besichtigen wir morgen?" – Trends und Herausforderungen im Kulturtourismus. – In: HAUSMANN, A. & L. MURZIK, 11–34.

STEINECKE, A., N. HAART & P. HERRMANN (1997): Urlaub auf Bauern- und Winzerhöfen: Vom Hobby zum Wirtschaftsfaktor. – In: MINISTERIUM FÜR WIRTSCHAFT, VERKEHR, LANDWIRTSCHAFT UND WEINBAU (Hrsg.): Reise aufs Land. Zu Gast auf Bauern- und Winzerhöfen in Rheinland-Pfalz, Mainz, 17–26.

STEINECKE, A., N. HAART & P. HERRMANN (1998): Destinationsmanagement im ländlichen Raum – das Beispiel Eifel (Deutschland). – In: Ztschr. f. Fremdenverkehr, 53/2, 9–16.

STEINECKE, A., P. HERRMANN & A. SCHUMANN (1994): Tourismus in der Eifel – Ökonomische und ökologische Wirkungen. – In: Geogr. u. Schule, 16/90, 3–6.

STEINECKE, A., H.-D. QUACK & P. HERRMANN (2004a): Zukunftstrends im Tourismus – eine Konzeptstudie, Paderborn/Goslar (unveröffentl. Gutachten im Auftrag des Dtsch. Bundestages).

STEINECKE, A. & M. TREINEN (Hrsg.; 1997): Inszenierung im Tourismus, Trier (ETI-Stud.; 3).

STEINECKE, A. & H. WACHOWIAK (1994): Kulturstraßen als innovative touristische Produkte. Das Beispiel der grenzübergreifenden Kulturstraße „Straße der Römer" am Mosel. – In: MAIER, J., 5–33.

STEINER, G. (2003): Erfahrungen mit der touristischen Vermarktung von Kulturevents im ländlichen Raum Oberbayerns. – In: POPP, H., 24–31.

STEINER, J. (1997): Die Nutzung historischer und kultureller Potentiale für den Tourismus im Münsterland. – In: STEINECKE, A. & M. TREINEN, 47–61.

STEINGRUBE, W. (2004): Land Fleesensee – ein neuer Destinationstyp? – In: BRITTNER-WIDMANN, A., H.-D. QUACK & H. WACHOWIAK, 221–234.

STEINGRUBE, W. (2007): Erhebungsmethoden in der Geographie der Freizeit und des Tourismus. – In: BECKER, C., H. HOPFINGER & A. STEINECKE, 138–148.

STEINGRUBE, W. (2007a): Freizeit- und Tourismusdestinationen: Management – Struktur – Politik – Planung. – In: BECKER, C., H. HOPFINGER & A. STEINECKE, 441–453.

STEINHAUSER, M. (1974): Das europäische Modebad des 19. Jahrhunderts. – In: GROTE, L. (Hrsg.): Die deutsche Stadt im 19. Jahrhundert, München, 95–128 (Stud. z. Kunst d. neunzehnten Jahrhunderts; 24).

STERZENBACH, R., R. CONRADY & F. FICHERT (2009): Luftverkehr. Betriebswirtschaftliches Lehr- und Handbuch, 4., grundl. überarb. u. erw. Aufl. München.

STIENS, G. (1996): Prognostik in der Geographie, Braunschweig (Das Geographische Seminar; o. Bd.).

STIENS, G. (2004): Entwicklungsalternativen des Freizeit- und Urlaubsraumes Deutschland. Raumentwicklungsszenarien aus dem BBR, ergänzt um fremdenverkehrsgeographische Aspekte. –In: BRITTNER-WIDMANN, A., H.-D. QUACK & H. WACHOWIAK, 49–74.

STOCK, C. (Hrsg.; 1997): Trouble in Paradise. Tourismus in die Dritte Welt, Freiburg/Düsseldorf.

STRADNER, J. (1905): Der Fremdenverkehr, Graz.

STRAUCH, A. P. (2003): Der deutsche Reiseführermarkt: Strukturen und Tendenzen. – In: KAGERMEIER, A. & A. STEINECKE, 125–166.

STRAUCH, A. P. (2007): Reiseinformation und Reiseführer. – In: BECKER, C., H. HOPFINGER & A. STEINECKE, 792–804.

STUDIENKREIS FÜR TOURISMUS (Hrsg.; 1990): Urlaubsreisen 1989. Kurzfassung der Reiseanalyse 1989, Starnberg.

SÜLBERG, W. (2008): Entwicklungsgeschichte und Marktstrukturen des Reisebürovertriebs in Deutschland. – In: FREYER, W. & W. POMPL, 35–79.

TEMMEN, B., U. HATZFELD & R. EBERT (1993): Märchenwelt und Achterbahn. Freizeitparks in Nordrhein-Westfalen. – In: ILS, 73–117.

TESCHLER, C. (1998): Paris 1900. Schlussfeier des 19. Jahrhunderts. – In: 150 Faszination Weltausstellung, 36–38.

THIESSEN, B. (1993): Tourismus in der Dritten Welt, Trier (Trierer Tourismus Bibliogr.; 3).

THOMAS-MORUS-AKADEMIE (Hrsg.; 1992): Tourismus auf Mallorca: Bilanz, Gefahren, Rettungsversuche, Perspektiven, Bergisch Gladbach (Bensberger Protokolle; 77).

THOMAS-MORUS-AKADEMIE (Hrsg.; 1995): Kathedralen der Freizeitgesellschaft. Kurzurlaub in Erlebniswelten. Trends, Hintergründe, Auswirkungen, Bergisch Gladbach (Bensberger Protokolle; 83).

THOMAS-MORUS-AKADEMIE (Hrsg.; 1995a): Tourismusentwicklung in den Alpen. Bilanz – Gefahren – Perspektiven, Bergisch Gladbach (Bensberger Protokolle; 75).

THOMAS-MORUS-AKADEMIE (Hrsg.; 1998): Tourismus – Gewinn oder Verlust von Identität? Die Wechselwirkungen von Kultur und Tourismus, Bergisch Gladbach (Bensberger Protokolle; 88).

THOMAS-MORUS-AKADEMIE (Hrsg.; 1998a): Phänomen Tourismus. Interdisziplinäre Beiträge zur Erforschung des Reisens, Bergisch Gladbach (Bensberger Protokolle; 98).

THOMAS-MORUS-AKADEMIE (Hrsg.; 1999): Musicals und urbane Entertainmentkonzepte. Markt, Erfolg und Zukunft. Zur Bedeutung multifunktionaler Freizeit- und Erlebniskomplexe, Bergisch Gladbach (Bensberger Protokolle; 90).

THOMAS-MORUS-AKADEMIE (Hrsg.; 1999a): Der Winter als Erlebnis. Zurück zur Natur oder Fun, Action und Mega-Events? Neue Orientierungen im Schnee-Tourismus, Bergisch Gladbach (Bensberger Protokolle; 94).

THUY, P. & H. WACHOWIAK (2008): Gutachten über die Beschäftigungseffekte einer Erweiterung der Phantasialand Schmidt-Löffelhardt GmbH & Co. KG, Bad Honnef.

TODT, H. (1965): Über die räumliche Ordnung von Reisezielen, Berlin (Beitr. z. Fremdenverkehrsforsch.; 9).

UITZ, M. (1995): Strategien für einen ökologisch vertretbaren Tourismus in den Alpen am Beispiel Salzburger Land. – In: Thomas-Morus-Akademie 1995a, 81–85.

ULBERT, H.-J. (2000): Multiplexkinos – moderne Freizeitgroßeinrichtungen. – In: Institut für Länderkunde, 78–79.

ULLMANN, S. (2000): Winter 2000. – In: Saison Tirol, 5, 10.

UMBACH-DANIEL, A., U. RÜTTER-FISCHBACHER & K.-D. SCHNELL (2004): Monitoring der Tourismusentwicklung im Alpenraum. Nachhaltigkeitscheck mittels Indikatorensystem. In: Jb. Schweizerische Tourismuswirtschaft 2003/2004, St. Gallen, 47–70.

UNDERBERG, B. (1998): Tourismus auf den Spuren der Vergangenheit. Die „Route der Industriekultur". – In: Geogr. heute, 19/165, 34–37.

UNGER, K. (1993): Festivals und Veranstaltungen als kulturtouristische Angebote. – In: BECKER, C. & A. STEINECKE, 112–121.

UNWTO (Hrsg.; 2011): International Tourism: Multi-Speed Recovery (85.62.13.114/media/news/en/press_det.php?id=7331&idioma=E vom 12.03.2011).

UTHOFF, D. (1970): Der Fremdenverkehr im Solling und seinen Randgebieten, Göttingen (Göttinger Geogr. Abhandl.; 52).

UTHOFF, D. (1988): Tourismus und Raum. Entwicklung, Stand und Aufgaben geographischer Tourismusforschung. – In: Geogr. u. Schule, 10/53, 2–11.

VDR (VERBAND DEUTSCHES REISEMANAGEMENT) (Hrsg.; 2010): VDR-Geschäftsreiseanalyse 2010, Frankfurt a. M.

VESTER, H.-G. (1999): Tourismustheorie. Soziologische Wegweiser zum Verständnis touristischer Phänomene, München/Wien.

VIEGAS, A. (1998): Ökomanagement im Tourismus, München/Wien.

VIELHABER, A. u. a. (1997): Fernreisen 2005. Delphi-Studie in Deutschland, Österreich und der Schweiz. Kurzfassung, Ammerland/Bern/Wien.

VIR (Verband Internet Reisevertrieb) (Hrsg.; 2011): Daten und Fakten zum Online-Reisemarkt 2011, 6. Ausgabe Oberhaching.

VÖLKL, H. (1987): Brauereiwirtschaft und Tourismus. Möglichkeiten und Chancen einer eigenständigen Regionalentwicklung in Oberfranken, Bayreuth (Arbeitsmat. z. Raumordnung u. Raumpl.; 48).

VOET, J. L. M. VAN DER & J. W. te KLOEZE, (1997): Tourismus auf dem Lande ist nicht nur Urlaub auf dem Bauernhof. – In: KÖHN, J. (Hrsg.): Tourismus und Umwelt, Berlin, 99–114.

VOIGT, C. (2002): Nutzung stillgelegter Bergwerke als multifunktionale Zentren – untersucht am Beispiel des Sondershäuser Erlebnisbergwerks, Paderborn (unveröffentl. Magisterarb.; Univ. Paderborn).

VOLLMAR, R. (1998): Anaheim – Utopia Americana. Vom Weinland zum Walt Disney-Land. Eine Stadtbiographie, Stuttgart (Erkundl. Wissen; 126).

VORLAUFER, K. (1983): Die Fremdenverkehrswirtschaft Sri Lankas. Entwicklung, Bedeutung, Probleme. – In: Geogr. Rdsch., 35/12, 627–636.

VORLAUFER, K. (1984): Die Fremdenverkehrsstandorte Sri Lankas als Zentren regionaler und sozialer Mobilitätsprozesse. – In: LENZ, K. & F. SCHOLZ (Hrsg.): Tagungsbericht und wissenschaftliche Abhandlungen. 44. Deutscher Geographentag, Stuttgart, 204–214.

VORLAUFER, K. (1993): Transnationale Reisekonzerne und die Globalisierung der Fremdenverkehrswirtschaft: Konzentrationsprozesse, Struktur- und Raummuster. – In: Erdkunde, 47/4, 267–281.

VORLAUFER, K. (1996): Tourismus in Entwicklungsländern. Möglichkeiten und Grenzen einer nachhaltigen Entwicklung durch Fremdenverkehr, Darmstadt.

VORLAUFER, K. (1999): Bali – Massentourismus und nachhaltige Entwicklung: die sozioökonomische Dimension. – In: Erdkunde, 53/4, 273–301.

VORLAUFER, K (2000): Die Internationalisierung der Hotellerie: Determinanten, Strukturen, Strategien. – In: LANDGREBE, G., 51–80.

VORLAUFER, K. (2003): Tourismus in Entwicklungsländern. Bedeutung, Auswirkungen, Tendenzen. – In: Geogr. Rdsch., 55/3, 4–13.

VORLAUFER, K. & H. BECKER-BAUMANN (2007): Massentourismus und Umweltbelastungen in Entwicklungsländern: Umweltbewertung und -verhalten der Thai-Bevölkerung in Tourismuszentren Südthailands. – In: BECKER, C., H. HOPFINGER & A. STEINECKE, 876–887.

VOSS-UHLENBROCK, H. (1998): Das Bundesligastadion: Von der Kampfbahn zur Erlebniswelt. Kommunale Strategien der Erneuerung von Stadien und ihre Standorte. – In: HENNINGS, G. & S. MÜLLER, 51–70.

VOSSEBÜRGER, P. & A. WEBER (2000): Vom Umgang mit Konflikten bei der Planung von Erlebnis- und Konsumwelten – ein Plädoyer für Kooperation statt Konfrontation. – In: STEINECKE, A., 84–103.

VOSSEN, J. (2001): Hollywood in Bottrop. Warner Bros. Movie World hinterfragt. – In: Praxis Geogr., 31/6, 16–20.

VOTH, A. (2003). Demographischer Wandel in Spanien. – In: Geogr. Rdsch., 55/5, 12–16.

WACHOWIAK, H. (2007): Geography of Leisure and Tourism: Überblick über Stand und Entwicklung der anglo-amerikanischen Freizeit- und Tourismusgeographie. – In: BECKER, C., H. HOPFINGER & A. STEINECKE, 35–44.

WACHOWIAK, H. (Hrsg.; 2009): German Tourists on Mallorca. Travellers Perspectives and Descriptive Consumer Profiles, Bad Honnef (Bad Honnefer Schr. z. Dienstleistungsmanagement; o. Bd.)

WALVIN, J. (1978): Beside the Seaside: A Social History of the Popular Seaside Holiday, London.

WEGENER, G. (1929): Der Fremdenverkehr in geographischer Betrachtung. – In: Industrie- und Handelskammer Berlin (Hrsg.): Fremdenverkehr, Berlin, 25–53.

WEHLING, H.-W. (2006): Aufbau, Wandel und Perspektiven der industriellen Kulturlandschaft des Ruhrgebiets. – In: Geogr. Rdsch., 58/1, 12–19.

WEINHÄUPL, H. & M. WOLFSBERGER (Hrsg.; 2007): Trauminseln? Tourismus und Alltag in „Urlaubsparadiesen", Berlin/Wien.

WEISHÄUPL, G. (2000): Stadtfeste – am Beispiel des Münchner Oktoberfestes. – In: DREYER, A., 287–297.

WEISS, M. (1998): Studienreisen nach Marokko. Angebote, Teilnehmerkreis, Reisemotive, Images, Passau (Maghreb-Stud.; 9).

WENZEL, E. (2003): Zukunftsmärkte 2004. Der Branchen-Monitor des Zukunftsinstituts, Kelkheim.

WIDMANN, T. (1999): Brauchtum und Tourismus: Die schwäbisch-alemannische Fastnacht in Villingen-Schwenningen, Trier (Mat. z. Fremdenverkehrsgeogr.; 48).

WIDMANN, T. (2006): Shoppingtourismus. Wachstumsimpulse für Tourismus und Einzelhandel in Deutschland, Trier (Mat. z. Fremdenverkehrsgeogr.; 64).

WIDMANN, T. (2007): Regionalwirtschaftliche Bedeutung des Tourismus – kleine Kreisläufe. – In: BECKER, C., H. HOPFINGER & A. STEINECKE, 403–414.

WIESE, B. (1999): Von der Fremdenverkehrsgeographie zur Geographie des Tourismus. – In: Praxis Geogr., 29/11, 4–9.

WILDE, A. (1996): Zwischen Zusammenbruch und Währungsreform. Fremdenverkehr in den westlichen Besatzungszonen. – In: SPODE, H., 87–103.

WILHELM, L. (2001): NEKTAR: Das Netzwerk zu Industriekultur und Tourismus in Europa. – In: BAUMGARTNER, C. & A. BIEDENKAPP, 35–52.

WÖHLER, K. (Hrsg.; 2005): Erlebniswelten. Herstellung und Nutzung touristischer Welten, Münster (Tourismus. Beiträge zu Wiss. u. Praxis; 5).

WOLBER, T. (2000): Kulturtourismus in einer Stadt – der Weg zu einem Konzept am Beispiel von Weimar. – In: DREYER, A., 325–344.

WOLBER, T. (1999): Die touristische Inwertsetzung des kulturellen Erbes in größeren Städten: Historic Highlights of Germany. – In: HEINZE, T., 105–145.

WOLF, A. (2005): Erfolgsfaktoren industrietouristischer Einrichtungen. Eine Untersuchung zu Erfolgsfaktoren unterschiedlicher Angebotstypen und ausgewählter Einrichtungen in Großbritannien und Deutschland, Paderborn (Paderborner Geogr. Stud. z. Tourismusforsch. u. Destinationsmanagement; 1).

WOLF, K. (1995): Der Flughafen Frankfurt am Main – Luft-Drehkreuz in Europa. Bestandsaufnahme und Dokumentation zu einem der größten Flughäfen der Welt. – In: Ztschr. f. d. Erdkundeunterricht, 47/12, 461–467.

*WOLF, K. & P. JURCZEK (1986): Geographie der Freizeit und des Tourismus, Stuttgart (UTB; 1381).

WTO (WORLD TOURISM ORGANIZATION) (Hrsg.; 1997): International Tourism: A Global Perspective, Madrid.

WTO (WORLD TOURISM ORGANIZATION) (Hrsg.; 1998): Tourism 2020 Vision. A new Forecast from the World Tourism Organization, 2., überarb. u. aktual. Aufl. Madrid.

WWF DEUTSCHLAND (Hrsg.; 2009): Der touristische Klima-Fußabdruck, Hamburg.

WWF ÖSTERREICH (Hrsg.; 2004): Die Schigebiete in den Alpen mit spezieller Berücksichtigung Österreichs, Innsbruck.

ZANDER, C. & B. ZINKE (2011): Wandertourismus. Der deutsche Markt, Berlin (Heilbronner Reihe Tourismuswirtschaft; 12).

ZEINER, M. & M. FEIGE (2011): Erste Ergebnisse Sparkassen-Tourismusbarometer 2011 Ostdeutschland, München (www.osv-online. de/der_verband/kommunale_angebote/ tourismusbarometer/aktuelle_veranstaltungen/ITB_2011_gesamt_Internet.pdf vom 21.06.2011).

ZELTNER, I. (1995): Urlaub am Bauernhof in Österreich: Der lange Weg vom Billigimage zum Qualitätsprodukt. – In: HAART, N., A. STEINECKE & M. TREINEN, 22–29.

ZIMMER, P. (1995): Strategien für einen intelligenten Tourismus im Alpenraum. Initiativen, Modelle und Konzepte aus Deutschland. – In: Thomas-Morus-Akademie 1995a, 111–118.

ZIMMERMANN, F. (1987): Aktuelle Tendenzen des Tourismus in den österreichischen Alpen. – In: Ztschr. f. Wirtschaftsgeogr., 31/2, 106–117.

ZIMMERMANN, F. (1989): Tourismus zur Jahrtausendwende. Eine Expertenbefragung zur Zukunft des Fremdenverkehrs in Österreich. – In: ZIMMERMANN, F., K. KLEMM & G. MIELITZ, 33–72.

ZIMMERMANN, F. (1992): Prognosen in der Tourismusforschung: Trends, Szenarien, Delphi-Umfragen am Beispiel der Tourismusentwicklung in Österreich. – In: BECKER, C., 9–69

ZIMMERMANN, F. (1993): Tourismusprognosen. – In: HAHN, H. & H. J. KAGELMANN, 567–573.

ZIMMERMANN, F. (1995): Tourismus in Österreich: Instabilität der Nachfrage und Innovationszwang des Angebots. – In: Geogr. Rdsch., 47/1, 30–37.

ZIMMERMANN, F., K. KLEMM & G. MIELITZ (Hrsg.; 1989): Tourismusforschung und Tourismuspraxis in Österreich, Berlin (Freie Universität Berlin, Inst. f. Tourismus, Ber. u. Mat.; 5).

Register

Fußnoten

Kapitel 1

1) Der Wandel des Begriffs „Tourismus" wird u. a. dargestellt in Kulinat, K. & A. Steinecke (1984, S. 18-19), Müller, H. (2002, S. 62–63), Freyer, W. (2011, S. 1–2).

2) Ausführliche Informationen zur Disziplingeschichte der Geographie der Freizeit und des Tourismus finden sich u. a. in Kulinat, K. & A. Steinecke (1984, S. 5–18), Hofmeister, B. & A. Steinecke (1984), Hopfinger, H. (2004, 2007) und Jurczek, P. (2007a).

3) Auf der Grundlage dieser Forschungsfragen wurden nach dem Zweiten Weltkrieg mehrere Studien in unterschiedlichen Untersuchungsräumen durchgeführt – vgl. Kulinat, K. (1969), Kross, E. (1970), Uthoff, D. (1970).

4) Standorttheoretische Überlegungen wurden auch von Todt, H. (1965), Geigant, F. (1972) und Kaminske, V. (1977) erarbeitet.

5) Zur Kritik an der funktionalistischen Sozialgeographie generell und speziell auch an der „Geographie des Freizeitverhaltens" vgl. Leng, G. (1973), Oestreich, H. (1977) und Steinecke, A. (1980).

6) Aus Platzgründen kann die Tourismusentwicklung in der ehemaligen Deutschen Demokratischen Republik (DDR) im Rahmen dieses Studienbuches nicht dargestellt werden. Detaillierte Informationen zu diesem Thema finden sich u. a. in Haus der Geschichte der Bundesrepublik Deutschland (1996, 65–111), Bode, V. (2000), Bähre, H. (2003). Zum Reiseverhalten der Bevölkerung in den Neuen Bundesländern führt das „Leipziger Institut für empirische Forschung" seit 1991 regelmäßig empirische Untersuchungen durch (vgl. www.gruppeleif.de).

7) Einen Überblick über die geographische Forschung zu Freizeit und Tourismus vermitteln u. a. auch Jurczek, P. (1981), Maier, J. (1987), Wiese, B. (1999), Becker, C. (2000, 2002), Popp, H. (2001a).

Kapitel 2

1) Der deutliche Anstieg der Kurzurlaubsreisen im Zeitraum 2008–2010 ist auf eine modifizierte Erhebungsmethodik zurückzuführen (F. U. R. 2010, 26).

2) Obwohl sich Auslandsreisen in den vergangenen Jahrzehnten aufgrund des relativ niedrigen Preisniveaus und der organisatorisch-logistischen Verbesserungen zu einem Standardkonsumgut entwickelt haben, bestehen auch in diesem Marktsegment hinsichtlich der aktuellen Teilhabe erhebliche demographische, soziale und regionale Unterschiede (F. U. R. 2010, 50–51):

- Höhere Einkommens- und Bildungsgruppen verzeichnen eine überdurchschnittliche hohe Auslandsreiseintensität; mit zunehmendem Alter sinkt hingegen der Auslandsreiseanteil.
- Familien mit kleinen Kindern unternehmen ihre Haupturlaubsreise überdurchschnittlich häufig in Deutschland, während junge Unverheiratete eine sehr hohe Auslandsorientierung aufweisen.
- Der Auslandsreiseanteil der Ostdeutschen liegt mit 60 % noch deutlich unter dem entsprechenden Wert der Westdeutschen (70 %).

3) Die Wahl des Reiseverkehrsmittels steht in engem Zusammenhang mit dem Reiseziel, mit der Zusammensetzung der Reisegruppe bzw. mit dem Stellenwert der Urlaubsreise (F. U. R. 2010, 67):

- Für Reisen innerhalb Deutschlands, aber auch in die europäischen Nachbarländer wird vor allem der Pkw genutzt. Bei diesen Regionen handelt es sich auch um die bevorzugten Zielgebiete von Familien mit Kindern.
- Bei Urlaubsreisen an das Mittelmeer dominiert das Flugzeug und Fernreisen finden aufgrund der großen Distanz fast ausschließlich mit dem Flugzeug statt.
- Bei den zusätzlichen Reisen (also Zweit- und Drittreisen) gewinnt der Pkw an Bedeutung; auch Bus und Bahn verzeichnen bei diesen Reisen höhere Anteile. Diese Unterschiede stehen in engem Zusammenhang mit dem Zielwahl: Zusätzliche Reisen werden häufiger in die deutschen Ferienregionen und in die europäischen Nachbarländer unternommen.

4) Die Organisationsform der Reise steht dabei in engem Zusammenhang mit dem Reiseziel, aber auch mit der Art der Reisebegleitung (F. U. R. 2004, S. 68–69):

- Reisen innerhalb Deutschlands und in die Ferienregionen der Alpen werden zu einem überwiegenden Anteil individuell organisiert, bei Reisen in die Tourismusdestinationen am Mittelmeer und bei Fernreisen dominieren hingegen die Veranstalterreise.

- Da Familien mit Kindern (unter 14 Jahren) ihre Urlaubsreise überwiegend in deutsche Zielgebiete und in europäische Nachbarländer unternehmen, organisiert der überwiegende Teil diese Reise selbst. Reisende ohne Kinder, die weiter entfernte Reiseziele bevorzugen, nutzen hingegen häufiger die Angebote von Reiseveranstaltern und die Vermittlungsfunktionen von Reisebüros.

5) Entsprechende Untersuchungen liegen auch für andere soziodemographische Gruppen vor – z. B. für Singles (F. U. R. 2000b; DANIELSSON, J. & U. SONNTAG 2003b) und Familien (BUCHINGER u. a. o. J.; F. U. R. 2000b; DANIELSSON, J., M. LOHMANN & U. SONNTAG 2003a).

6) Eine guten Überblick über die Entwicklung und den Stand der Kulturtourismus-Forschung geben die Sammelbände von BECKER, C. & STEINECKE, A. (1993, 1993a), ROBINSON, M., N. EVANS & CALLAGHAN, P. (1996), DREYER, A. (2000), DSF (1996), RICHARDS, G. (1996, 2001), HEINZE, T. (1999), KORZAY, M. u. a. (1999), AIEST (2000), LENZ, R. & K. SALEIN (2009), LAUTERBACH, B. (2010), KAGERMEIER, A. & F. RAAB (2010), LUGER, K. & K. WÖHLER (2010), HAUSMANN, A. & L. MURZIK (2011), KAGERMEIER, A. & A. STEINECKE (2011).

7) Innerhalb der Zielgruppe der Kulturtouristen gibt es noch die Teilgruppe der Studienreisenden; diese Urlauber nehmen an Gruppenreisen zu einem kulturbezogenen Thema teil, die von Spezialreiseveranstaltern organisiert werden (WEISS, M. 1998; RUDOLPHI, P. 2007; STEINECKE, A. 2007, 274–305).

Kapitel 3

1) Das Unternehmen bietet u. a. folgende Musikzusammenstellungen an: „Latin Flavours", „Feel Good Music" und „Relaxing Instrumentals" (www.tui.ddnetservice.net/fileadmin/downloads/2005-01_Musikkonzept.pdf vom 21.03.2011).

2) Generell hat sich die Tourismusforschung seit ihren Anfängen intensiv mit den Effekten des Tourismus beschäftigt. Lange Zeit lag der Schwerpunkt dabei auf volkswirtschaftlichen Fragestellungen; erst seit den 1980er-Jahren wurden die negativen Wirkungen auf Natur, Bevölkerung und Kultur intensiver untersucht. Im Mittelpunkt des wissenschaftlichen Interesses, aber auch einer breiten öffentlichen Diskussion stand dabei der Tourismus in Ländern der Dritten Welt, die sich von einer touristischen Erschließung ein rasches wirtschaftliches Wachstum und eine bessere Integration in die Weltwirtschaft erhofften. Allerdings sahen sie sich bald mit unerwarteten, negativen Begleiterscheinungen des Tourismus konfrontiert (Prostitution, Bettelei). Aufgrund der großen kulturellen Unterschiede zwischen den Quellgebieten und den Zielgebieten wurden außerdem gravierende Akkulturationsprozesse ausgelöst. Zu Darstellungen der Wirkungen des Tourismus in Ländern der sogenannten Dritten Welt vgl. MAURER, M. u. a. (1992), HÄUSLER, N. u. a. (1993), THIESSEN, B. (1993), VORLAUFER, K. (1996; 2003), STOCK, C. (1997), ERHARD, A. (2003), BAUMHACKL, H. u. a. (2006), ADERHOLD, P. u. a. (2006), JOB, H. & S. WEIZENEGGER (2007).

3) Da es sich bei den Urlaubern überwiegend um eine städtische (also naturferne) Klientel handelt, spielt eine zielgruppengerechte Informations-, Aufklärung- und Bildungsarbeit in den Schutzgebieten eine zentrale Rolle (JOB, H. 1994; KÜBLBÖCK, S. 2001; EILZER, C., B. EISENSTEIN, B. & W. G. ARLT 2008).

4) Für Urlaubsreisen in naturnahe Landschaften bzw. Schutzgebiete mit einer vielfältigen, beeindruckenden Fauna und Flora wird der (unpräzise) Oberbegriff „Ökotourismus" verwendet (GUSTEDT, E. 1997; RAUSCHELBACH, B. 1998; FRITZ, K. & M. LEUTHOLD 2001; ARNEGGER, J., M. WOLTERING & H. JOB 2010).

Kapitel 4

1) Zur weiterführenden Lektüre seien u. a. empfohlen STEINECKE, A., N. HAART & P. HERRMANN (1998), PECHLANER, H. & K. WEIERMAIR (1999), FONTANARI, M. L. & K. SCHERHAG (2000), KREILKAMP, E., H. PECHLANER & A. STEINECKE (2001), RAICH, F. (2006), LUFT, H. (2007), BECKER, C. & QUACK, H.-D. (2007).

2) K. KULINAT (1998) hat die Entwicklung des Tourismus an der spanischen Costa del Sol mithilfe des Modells des Produktlebenszyklus untersucht; von J. SCHMUDE (2003) wurde das Modell genutzt, um die Dynamik des Musicalmarktes in Deutschland zu analysieren.

Kapitel 4.1

1) Detaillierte Ergebnisse zum Tagesausflugsverkehr in Städten finden sich u. a. in MEIER, I. (1994, 47-51), JENTSCH, C. (1996, 168-210), DÖPP, N. (1999, 26), MEGERLE, A. u. a. 2000.

2) Beispiele für derartige Tourismusentwicklungspläne finden sich in JURCZEK, P. u. a. (1986, 1990), Magistrat der Stadt Potsdam (o. J.), Stadt Heidelberg (1993), Hamburg Tourismus GmbH (2002).

3) Zu ganzheitlichen Tourismuskonzepten vgl. u. a. KUTSCHERA, I. (1992), FRIED, H., E. KUBETSCHKA & B. VOLLRODT (2003), QUACK, H.-D. & A. STEINECKE, A. (2003).

Kapitel 4.2

1) Weiterführende Informationen finden sich u. a.
- zu Kenia: JOB, H. & D. METZLER (2003)
- zu Sri Lanka: VORLAUFER, K. (1984; 1984), DOMRÖS, M. (1997; 2003), BOHLE, H.-G. (2004),
- zu Thailand: LIBUTZKI, O. (2007),
- zur Dominikanischen Republik: HAAS, H.-D. & J. SCHARRER (1997).

2) Die Daten basieren auf einer bundesweiten Befragung von Reisebüromitarbeitern zum Profil deutscher Urlaubsregionen. Eine „profilstarke Region" wurde definiert als eine Region, „von der Sie ein klares Bild haben bzw. mit der Sie ganz konkrete Merkmale und Eigenschaften verbinden" (KERN, A. 2007, S. 746-747). Die Profilstärke entspricht der Summe der gewichteten Häufigkeiten der Nennungen auf den Plätzen eins bis fünf.

3) Generell hat die Landwirtschaft in Spanien den höchsten Anteil am Wasserverbrauch (68 %) –weit vor der städtischen Versorgung (einschließlich des Tourismus) mit einem Anteil von 13 % (CHATEL, T. 2006, 22).

4) Die Daten beziehen sich auf die Anzahl alternativer Warmwasserziele (mittel/nah) bei den Interessenten für die beliebtesten Mittelmeerdestinationen (Basis: Interesse für 22 Reiseziele an Mittelmeer, Atlantik, Rotem Meer, Schwarzem Meer und Persischem Golf).

Kapitel 4.3

1) Der Tourismus in außereuropäischen Hochgebirgen wird u. a. analysiert von ELSASSER, H./KÖNIG, U. (1996), HAUCK, D. (1996), JOB, H. & M. THOMASER (1996), MÜLLER-BÖKER, U. (1996), ERHARD, A. (2003).

2) Zu einer Bestandsaufnahme der Beschneiung in der Schweiz vgl. BIEGER, T., T. RIKLIN & C. BAUDENBACHER (2010).

3) Weiterführende Überlegungen finden sich u. a. in BECKER, C. (1995, 1997), STEINECKE, A. (1994, 1995), MOLL, P. (1995), JOB, H. (1996), BECKER, C., H. JOB & A. WITZEL (1996), MOSE, I. (1998), SCHNEIDER, H. (2006).

4) Zu den Inhalten und unterschiedlichen Positionen der Tourismuskritik vgl. auch KRIPPENDORF, J., P. ZIMMER & H. GLAUBER (1988), LUDWIG, K., M. HAS & M. NEUER (1990), BERNAU, S. (2007).

5) Andere aktuelle Beispiele für die Bildung regionaler Dachmarken sind Südtirol (PECHLANER, H. & KOFINK, L. 2009) sowie die Eifel (SCHAAL, F. & LICHTER, N. 2010); zur Markenbildung in der Schweiz vgl. SCHAFFNER, D. & J. STETTLER, J. (2010).

6) Neben der Kooperation auf betrieblicher Ebene gehört auch die Inszenierung des Bergpanoramas (z. B. durch Aussichtsplattformen) sowie die Bequemlichkeit der Angebote (Convenience) zu den künftigen Erfolgsfaktoren – speziell im Wintertourismus (MARGREITER, J. 2011).

7) Zur Entwicklung von All-Inclusive-Angeboten im alpinen Sommertourismus vgl. ANDEREGG, R. & JOOS, F. (2011).

Kapitel 4.4

1) Die Chancen und Risiken der touristischen Nutzung des Brauchtums sind z. B. von T. WIDMANN (1999) am Beispiel der schwäbisch-alemannischen Fastnacht untersucht worden.

2) Zur touristischen Bedeutung der Architektur und regionalen Baukultur vgl. ROMEISS-STRACKE, F. (2008) und PECHLANER, H. & S. SCHÖN (2010).

3) Nach dem Vorbild des Tourismusverbandes Ostbayern haben auch andere ländliche Regionen versucht, ihr kulturelles Potenzial in Form von touristischen Kampagnen zu nutzen; zu nennen sind z. B. das „Schleswig-Holstein Musik-Festival" (BITTNER, G. 1991) oder „Das Westfälische Jahrzehnt" im Münsterland (STEINER, J. 1997; KRANZ, U. 1997).

4) Der Anforderungskatalog wurde vom „Deutschen Fremdenverkehrsverband" formuliert (DFV 1981); später erfolgte eine Umbenennung dieser Organisation in „Deutscher Tourismusverband" (DTV).

5) Zur Konzeption und Organisation von Ferienstraßen bzw. Themenrouten sind mehrere Handbücher entwickelt worden – z. B. zur „Straße der Romanik" in Sachsen-Anhalt und zur „European Route of Brick Gothic" (MWA 2002; DV 2007).

Kapitel 4.5

1) Eine guten Überblick über den Stand der Forschung vermitteln auch die Sammelbände von HINTER-HUBER, H. H., H. PECHLANER & K. MATZLER (2001), SCHWARK, J. (2004) und PECHLANER, H., E.-M. HAMMANN & E. FISCHER (2008).

2) Schriftliche Mitteilung des „Aquarius Wassermuseum" (Mülheim a. d. Ruhr) vom 25. Mai 2011

Kapitel 4.6

1) Eine umfangreiche Bibliographie (KÖHLER, S. 2007), ein deutschsprachiges Lehrbuch (Steinecke, A. 2009) sowie zahlreiche Sammelbände und Aufsätze vermitteln einen umfassenden Überblick über bisher realisierte Projekte: ILS (1993, 1994), Thomas-Morus-Akademie (1995, 1999), HATZFELD, U. (1997, 1998), HATZFELD, U./TEMMEN, B. (1993, 1994), RÖCK, S. (1996, 1998), OPASCHOWSKI, H. W. (1998), HENNINGS, G./MÜLLER, S. (1998), SCHERRIEB, H. R. (1998), RIEDER, M./BACHLEITNER, R./KAGELMANN, H. J. (1998), STEINECKE, A. (2000), ISENBERG, W. (2002, 2004), Institut für Mobilitätsforschung (2004), ROMEISS-STRACKE, F. (1999, 2004), KAGELMANN, H. J./BACHLEITNER, R./RIEDER, M. (2004), WÖHLER, K. (2005). Über aktuelle Projekte und Planungen informiert der Branchendienst „Themata" (www.themata.com).

2) Zu weiterführenden Informationen zu den einzelnen Typen von Themenwelten vgl.:
- Freizeit- und Themenparks: SCHERRIEB, H. R. (1998a), EBERT; R. (1998), KREFT, M. (2000, 2002), FICHTNER (2000), DOGTEROM, R. J. (2000), HOFFMANN, U. (2004),
- Themenhotels/Ferienparks: KATZ, M. (1995), RIEMER, K. (1995), MÜLLER, S. (1998), FRICKE, D. (2001), BRITTNER, A. (2002), STEINGRUBE, W. (2004),
- Urban Entertainment Center: HATZFELD, U. (1998), FRANCK, J. (1999, 2000), QUACK, H.-D. & H. WACHOWIAK (1999), QUACK, H.-D. (2001),
- Themenrestaurants: KAGELMANN, H. J., S. FRIEDRICHS-SCHMIDT & R. SAUER (2004),
- Zoo/Aquarium: HOOFF, A. (2000), MACHENS, K.-M. (2000), GORONZY, F. (2004),
- Botanische Indoor-Erlebniswelten: SCHERREIKS, S. (2005),
- Erlebnisbäder/Thermen: BRITTNER-WIDMANN, A. (1999a), BRITTNER, A. (2000), SCHRAMM, R. (2000), BERN-REUTHER, A., A. KLEIN, A. & POPP, H. (2001), KAGELMANN, H. J. u. a. (2005),
- Indoor-Ski-/Sportanlagen: SCHNACKERS, B. (2002),
- Arenen: VOSS-UHLENBROCK, H. (1998), NEUMANN, M. U. (1998), GEUSS, B. (2002),
- Musical-Center: BEHNKE, M./MAISENHÄLDER, C. (1998), JUCHELKA, R. (2000), BRITTNER, A. (2000a), SCHMUDE, J. (2000, 2003),
- Multiplex-/IMAX-Kinos: HENNINGS, G. (1998), ULBERT, H.-J. (2000), KAGERMEIER, A. (2002), FREITAG, E. (2003),
- Markenerlebniswelten: BRAUN, A. (1996), MEINICKE, B. 2000), GROSS, H. (2004), STEINECKE, A. (2002a, 2004), HERBRAND, N. O. (2008).

3) Es gibt einige Beispiele von erfolglosen bzw. gescheiterten Projekten; zu den Ursachen vgl. RÖSCH , S. (2003), STEINECKE, A. (2009, 38–42).

Kapitel 5

1) Zu den Erscheinungsformen und Folgen der Globalisierung für den Tourismus vgl. auch KIRSTGES, T. (1999), PETERMANN, T. (1999), FREYER, W. (2002a).

2) Der überwiegende Teil des chinesischen Auslandstourismus findet allerdings gegenwärtig noch im asiatischen Raum statt (KELLER, P. 2011, 3).

3) Weiterführende Informationen zur touristischen Nutzung von Wüsten generell und speziell zum Ethnotourismus finden sich u. a. in BIERNERT, U. (1998), WEISS, M. (1998), POPP, H. (1999, 2004), AÏT HAMZA, M. & H. POPP (2000), EGNER, H. (2002, 2003a), ROTHFUSS, E. (2004), BARTHA, I. (2006), Geographische Rundschau – Themenheft „Maghrebländer" (2008, 60/7–8).

4) Andere hohe Gipfel verzeichnen sogar noch weitaus höhere Zahlen an Bergsteigern (www.bergsteigen.at/de/bericht.aspx?ID=810 vom 05.05.2011):
- Matterhorn (Schweiz): 150 Bergsteiger an Spitzentagen,
- Montblanc (Frankreich/Italien): 300 Bergsteiger an Spitzentagen,
- Mount McKinley (USA): 800 Bergsteiger/Jahr,
- Aconcagua (Argentinien): 4000 Bergsteiger/Jahr,
- Kilimandscharo (Tansania): 10000 Bergsteiger/Jahr.

Bildverzeichnis

Foto: Steinecke, Albrecht, Paderborn; Abb. 1/1 Anzeigetafel eines internationalen Flughafens (Foto: iStockphoto, Calgary (narvikk)); Abb. 1.1.1/1 Tourismusdefinition der UNWTO (eigene Darstellung nach Spörel, U. 1998, 128); Abb. 1.1.2/1 Gästeübernachtungen in der Bundesrepublik Deutschland 1995-2009 (eigene Darstellung nach www.destatis.de/jetspeed/portal/cms/Sites/destatis/ Internet/DE/Navigation/Statistiken/Binnenhandel/Tourismus/Tourismus.psml vom 07.03.2011); Abb. 1.1.3/1 Tourismus als multidisziplinäres Forschungsobjekt (eigene Darstellung nach Schäfer, M. 2003, 106); Abb. 1.2.2/1 Urbanisierung und Verkehrsaufkommen als Folgen der touristischen Erschließung (Foto: Picture-Alliance GmbH, Frankfurt/Main (Arco Images GmbH/ K. Wothe); Abb. 1.2.2/2 Steuerfaktoren des Tagesausflugsverkehr (eigene Darstellung nach Schnell, P. 1980, 62); Abb. 1.2.3/1 Befragungstechniken in der Geographie der Freizeit und des Tourismus (eigene Darstellung nach Steingrube, W. 2007, 143) Abb. 2/1 Strandurlaub (Foto: iStockphoto, Calgary (Squared-pixels)); Abb. 2.1/1 Entwicklung der Reiseintensität in der Bundesrepublik Deutschland 1954-2010 (eigene Darstellung nach diversen Daten der F. U. R.); Abb. 2.1/2 Entwicklung des bundesdeutschen Urlaubsreisemarktes 1992-2010 (eigene Darstellung nach diversen Daten der F. U. R.); Abb. 2.2.1/1 Inlands- und Auslandsreiseanteile der Urlaubsreisen der Deutschen 1954-2010 (eigene Darstellung nach diversen Daten der F. U. R.); Abb. 2.2.1/2 Außereuropäische Länder als Traumreiseziele (Foto: fotolia.com, New York (Worldwide Pictures)); Abb. 2.2.3/1 Reiseverkehrsmittel bei Urlaubsreisen 2010 (eigene Darstellung nach F. U. R. 2011, 4); Abb. 2.2.4/1 Organisationsform der Urlaubsreisen 1970-2010 (eigene Darstellung nach diversen Daten der F. U. R.); Abb. 2.2.5/1 Hotel „Le Meridien Al Aqah Beach Resort" , Fujairah, Vereinigte Arabische Emirate (Foto: Picture-Alliance GmbH, Frankfurt/Main (Bildagenturonline/G. Fischer); Abb. 2.2.6/1 Steuerfaktoren der touristischen Entwicklung (eigene Darstellung); Abb. 2.2.6/2 Urlaubs- und Feiertage in Europa 2008 (eigene Darstellung nach IW 2009); Abb. 2.2.6/3 Airbus A 380 (Foto: Hamburger Abendblatt, Hamburg (Andreas Laible); Abb. 2.3.1/1 „Ballermann"-Touristen auf Mallorca (Foto: Jochen Tack Fotografie, Essen); Abb. 2.3.2/1 Ausgewählte allgemeine Reisemotive der Deutschen 2009 (eigene Darstellung nach F. U. R. 2010, 89); Abb. 2.3.3/1 Einflussfaktoren der Reiseentscheidung (eigene Darstellung nach Kulinat, K. 2007, 108); Abb. 2.3.4/1 Logo St. Moritz (Foto: Tourismusorganisation Engadin St. Moritz, St. Moritz;); Abb. 2.3.4/2 Die neuen Touristen (eigene Darstellung nach Petermann, T. 1999, 55); Abb. 2.4.1/1 Jugendliche Touristen am Strand (Foto: Picture-Alliance GmbH, Frankfurt/Main (AAP Image Tony Phillips); Abb. 2.4.1/2 „Neue Senioren" als Urlauber (Foto: iStockphoto, Calgary (Silvia Jansen)); Abb. 2.4.2/1 Typen von Dritte-Welt-Touristen (eigene Darstellung nach Aderhold, P. 2000, 250); Abb. 2.4.2/2 Erinnerungen von Touristen an den letzten Besuch einer kulturellen Attraktion (eigene Darstellung nach Steinecke, A. 2011, 20); Abb. 2.4.3/1 Designhotel (Foto: plainpicture GmbH & Co. KG, Hamburg); Abb. 2.4.3/2 „Naturliebhaber" als Urlaubertyp (Foto: Panther Media GmbH, München (Alexander R.)); Abb. 2.4.3/3 Reisepläne der Urlaubertypen 2002-2004 (eigene Darstellung nach Lohmann, M. & J. Danielsson 2003, 27)

Abb. 3/1 Hotel „Adlon Kempinski", Berlin (Foto: A1PIX - Your Photo Today, Taufkirchen); Abb. 3.1/1 Tankstelle an Route 66 (Foto: iStockphoto, Calgary (Shaun Lowe); Abb. 3.1/2 Struktur der Tourismuswirtschaft (eigene Darstellung nach Freyer, W. 2011, 137); Abb. 3.2/1 Klassifizierung von Ferienhäusern/-wohnungen durch den DTV (Foto: Deutscher Tourismusverband Service GmbH, Berlin); Abb. 3.2.1/1 Entwicklung der Markenhotellerie in Deutschland 1986-2010 (eigene Darstellung nach diversen Daten des Deutschen Hotel- und Gaststättenverbandes DEHOGA); Abb. 3.2.2/1 Modell der Diffusion globaler Hotelketten (eigene Darstellung nach Vorlaufer, K. 2000, 58); Abb. 3.3.1/1 Wettbewerbssituation auf dem europäischen Luftverkehrsmarkt (eigene Darstellung nach Bleile, G. 1995, 99); Abb. 3.3.2/1 „HON Circle"-Kundenvorteile (Quelle: Lufthansa, Köln); Abb. 3.3.3/1 Luftbild Flughafen Frankfurt a. M. (Quelle: Fraport AG, Frankfurt/Main); Abb. 3.3.3/2 Dubai Duty Free (Foto: fotolia.com, New York (Nicolette Hoekstra); Abb. 3.4/1 Thomas Cook (Quelle: Picture-Alliance GmbH, Frankfurt/Main (Mary Evans Picture Library); Abb. 3.4.1/1 Umsatzanteile von Reiseveranstaltern am bundesdeutschen Pauschalreisemarkt (eigene Darstellung nach FVW 2010, 6)Abb. 3.5.1/1 Entwicklung der Zahl von Haupterwerbsreisebüros 2000-2010 (eigene Darstellung nach diversen Daten der Fremdenverkehrswirtschaft International); Abb. 3.6.2/1 Flächenbedarf von Hotels und Ferien-/Zweitwohnungen (eigene Darstellung nach KRIPPENDORF, J. 1986, 41); Abb. 3.6.2/2 Quantitative Wachstumsspirale des Tourismus (eigene Darstellung nach FALCH, R. 1988, 47); Abb. 3.6.3/1 Protest auf Mallorca gegen „Beton-Politik" 2007 (Foto: : Picture-Alliance GmbH, Frankfurt/Main (epa efe Montserrat T Diez); Abb. 4/1 Benidorm (Foto: fotolia.com, New York (Lledó); Abb. 4/2 Die touristische Angebotsseite (eigene Darstellung nach STEINGRUBE, W. 2007a, 446); Abb. 4/3 Lebenszyklus einer touristischen Destination (eigene Darstellung nach BIEGER, T. 2008, 105); Abb. 4/4 Phasen der touristischen Erschließung von Natur- und Kulturräumen (eigene, ergänzte Darstellung nach KULINAT, K. & A. STEINECKE 1984, 50); Abb. 4.1/1 Prag, Tschechien (Foto: fotolia.com, New York (Ivo Brezina); Abb. 4.1.1.1/1 Reisedauer in Frankreich 1780 (eigene Darstellung nach GRÄF, H. T. & R. PRÖVE 1997, 255); Abb. 4.1.1.1/2 „Ganz Europa in acht Tagen!" (Foto: bpk - Bildagentur für Kunst, Kultur und Geschichte, Berlin); Abb. 4.1.3.1/1 Städtische Attraktionsfaktoren (eigene Darstellung nach DTV 2006, 49); Abb. 4.1.3.2/1 Entwicklung der Messen und ihrer Besucherzahl in Deutschland 1980-2010 (eigene Darstellung nach www.auma.de); Abb. 4.1.4.1/1 Theater am Potsdamer Platz (Foto: : Picture-Alliance GmbH, Frankfurt/Main (Gero Breloer); Abb. 4.1.4.1/2 Anteil der unterschiedlichen Nachfragegruppen am touristischen Umsatz in Berlin 1998 (eigene Darstellung nach KRAJEWSKI, C. 2007, 774); Abb. 4.1.4.2/1 Aufgetretene Probleme im Städtetourismus von Klein- und Mittelstädten (Foto: Steinecke, Albrecht, Paderborn); Abb. 4.1.5.1/1 Spezialisierungsstrategien von Städten im Tourismus (eigene Darstellung nach JAGNOW, E. & H. WACHOWIAK 2000, 108); Abb. 4.1.5.1/2 „City Card" Wien (Foto: Wien Tourismus, Wien); Abb. 4.1.5.1/3 Essen – Europäische Kulturhauptstadt 2010 (Foto: RUHR.2010 GmbH, Essen); Abb. 4.1.5.2/1 Organisationsformen der Tourismusmarketingorganisationen in deutschen Städten 2005 (eigene Darstellung nach DTV 2006, 16); Abb. 4.1.5.2/2 Verbotstafel auf der Piazza San Marco in Venedig (Foto: Steinecke, Albrecht, Paderborn); Abb. 4.2/1 Heiligendamm (Foto: : Picture-Alliance GmbH, Frankfurt/Main (Klaus Grabowski); Abb. 4.2.1.1/1 Am englischen Strand (um 1900) (Foto: ullstein bild, Berlin (histopics)); Abb. 4.2.1.1/2 Pier in Brighton (Foto: iStockphoto, Calgary (Christopher Steer)); Abb. 4.2.1.2/1 Prora auf Rügen (Foto: akg-images GmbH, Berlin (R. Wulf)); Abb. 4.2.1.2/3 Ostseebad Damp (eigene Darstellung nach Diercke Weltatlas 1999, 61); Abb. 4.2.2.1/1 Die profiliertesten Urlaubsregionen Deutschlands und ihre Profilstärke (eigene Darstellung nach KERN, A. 2007, 746); Abb. 4.2.2.3/1 Ältere europäische Residenten (über 65 Jahre) in den spanischen Mittelmeerprovinzen und auf den Kanarischen Inseln – differenziert nach Herkunftsländern (eigene Darstellung nach BREUER, T. 2003, 45);Abb. 4.2.3.1/1 Standorte des Tourismus auf Mallorca (eigene Darstellung nach Quelle: Diercke Weltatlas 2 Bayern 2008, S. 71); Abb. 4.2.3.1/2 Beschäftigte auf Mallorca – differenziert nach Wirtschaftssektoren (eigene Darstellung nach Bardolet 1992, 38; Chamber of Commerce 2010, 5; die Daten für 2010 beziehen sich auf die Balearen); Abb. 4.2.3.3/1 Müllentsorgungsanlage in Palma de Mallorca (Foto: Blechschmidt, Kristin, Berlin); Abb. 4.2.4.3/1 Austauschbarkeit von Reisezielen am Mittelmeer (eigene Darstellung nach F. U. R. 2011, 1); Abb. 4.2.4.3/2 Standorte des Qualitätstourismus auf Mallorca 1992 (eigene Darstellung nach SCHMITT, T. 2000, 61); Abb. 4.2.4.3/3 Luxushotel „Atlantis" in Dubai (Foto: fotolia. com, New York (frawa); Abb. 4.3/1 alpine Landschaft (Foto: : iStockphoto, Calgary (marco texta); Abb. 4.3.1.2/1 Hotel „Palace", Gstaad (Foto: iStockphoto, Calgary (Phillip Minnis); A. Steinecke); Abb. 4.3.2.1/1 Nächtigungen in Tirol – differenziert nach Winter- und Sommersaison 1986-2010 (eigene Darstellung nach www.tirol.gv.at/themen/zahlen-und-fakten/statistik/tourismus/ vom 04.04.2011); Abb. 4.3.2.2/1 „Retorten-Station" in den französischen Alpen (Foto: iStockphoto, Calgary (Peter Kirillov); Abb. 4.3.3.1/1 Die Tourismusentwicklung im Grödnertal, ihre belastenden Auswirkungen auf den Naturhaushalt und den Erholungswert der Kulturlandschaft (eigene Darstellung nach MEURER, M. 1990, 41); Abb. 4.3.3.2/1 Zahl der Aufstiegshilfen in den Alpenstaaten mit Ausnahme von Slowenien 2002 (eigene Darstellung nach WWF Österreich 2004, 11 u. 13); Abb. 4.3.3.2/2 Pistenraupe im Einsatz; Abb. 4.3.3.3/1 Luftqualität im österreichischen Ski- und Kurort Bad Gastein und in der Großstadt Salzburg (eigene Darstellung nach JÜLG, F. 2007, 256); Abb. 4.3.3.5/1 Schneesicherheit der Schweizer Skigebiete (eigene Darstellung nach ELSASSER, H. & R. BÜRKI 2007, 870); Abb. 4.3.4.2/1 Skibus (Foto: Jahns, Rainer, Siegsdorf); Abb. 4.3.4.4/1 Pop-Event in Sölden (Foto: Tourismusverband Paznaun-Ischgl, Ischgl); Abb. 4.4/1 Wassermühle mit Gasthof (Foto: IFA-Bilderteam GmbH, München); Abb. 4.4.2/1 Erfolgsfaktoren des Landtourismus (eigene Darstellung nach Steinecke, A. 2003, 10); Abb. 4.4.3.1/1 Maislabyrinth in Salem (Foto: Exornamentis, Utting am Ammersee); Abb. 4.4.3.1/2 DLG-Gütezeichen (Foto: DLG e.V., Frankfurt/Main); Abb. 4.4.3.2/1 Wandervogelbewegung (Foto: ullstein bild, Berlin); Abb. 4.4.3.2/2 Wandermotive von Gruppenwanderern 2010 (eigene Darstellung nach Bundesministerium für Wirtschaft und Technologie: Forschungsbericht Grundlagenuntersuchung Freizeit- und Urlaubsmarkt Wandern 2010, 38); Abb. 4.4.4.1/1 Straße der Weserrenaissance (eigene Darstellung nach www.lemgo.net); Abb. 4.4.4.2/1 Innovationen bei Feriengroßprojekten 1935-2000 (eigene Darstellung nach Becker, C. 2000, 72); Abb. 4.4.4.2/2 Tropische Badelandschaft in einem Ferienpark (Foto: Visum Foto GmbH, Hamburg (Andia); Abb. 4.4.4.2/3 Argumentationsfelder am Beispiel des geplanten „Center Parcs Köselitz" in Sachsen-Anhalt (eigene Darstellung nach Vossebürger, P. & Weber, W. 2000, 88); Abb. 4.5/1 Zeche Zollverein in Essen (Foto: akg-images GmbH, Berlin); Abb. 4.5.1.1/1 Ausprägungen des Industrietourismus (eigene Darstellung nach Fontanari, M. L. & Weid 1999, 17); Abb. 4.5.2.1/1 Ursachen des Widerstandes gegen die Inwertsetzung des industrietouristischen Potenzials (eigene Darstellung nach Soyez, D. 1993, 51); Abb. 4.5.2.2/1 Reiseart der Besucher der Zeche Zollverein XII in Essen 2001 (eigene Darstellung nach Wolf, A. 2005, 120); Abb. 4.5.2.2/3 Ausstellungsbereiche des „Aquarius Wassermuseum" in Mülheim an der Ruhr (eigene Darstellung nach Macat, A. 2000, 272); Abb. 4.5.2.3/1 „Route der Industriekultur" (eigene Darstellung nach www.route-industriekultur.de/media/downloads/RouteAllgemein/routenkarte.pdf#wechsel); Abb. 4.5.2.4/1 „Ironbridge Gorge Museum" (GB) (eigene Darstellung nach Helfer, M. 2001, 57); Abb. 4.5.3.3/1 „Autostadt" der „Volkswagen AG" in Wolfsburg (Foto: Volkswagen AG, Wolfsburg); Abb. 4.5.4/1 Erfolgsfaktoren industrietouristischer Einrichtungen (eigene Darstellung nach Wolf, A. 2005, 135); Abb. 4.6/1 The Venetian in Las Vegas (Foto: vegas-online.de, Gersheim (Rabung); Abb. 4.6.1/1 Bausteine von Erlebnis- und Konsumwelten (eigene Darstellung nach Steinecke, A. 2009, 4); Abb. 4.6.2/1 Thematische Gliederung des „Disneyland" in Anaheim (Kalifornien) (eigene Darstellung nach Vollmar, R. 1998, 121); Abb. 4.6.2/2 Altersstruktur der Besucher des „Europa-Park" 2010 (eigene Darstellung nach schriftlicher Mitteilung des „Europa-Park" vom 13.05.2011); Abb. 4.6.3/1 Merkmale eines Urban Entertainment Center (eigene Darstellung nach Franck, J. 2000, 37); Abb. 4.6.3/2 „CentrO" in Oberhausen (Foto: Aerophoto, Freilassing); Abb. 4.6.3/3 Daseinsgrundfunktionen im „CentrO" (eigene Darstellung nach Quack, H.-D. 2001, 57); Abb. 4.6.4/1 Das „Mindscapes"-Modell (eigene Darstellung nach Steinecke, A. 2000a, 23); Abb. 4.6.4/2 „Nivea-Land" im „Europa-Park" in Rust (Foto: Visum Foto GmbH, Hamburg (Sven Picker)); Abb. 4.6.5/1 Celebration (Florida) (eigene Darstellung nach Kersting, R. 2002, 30); Abb. 4.6.5/2 Hotel „Burj Al Arab", Dubai.

Abb. 5/1 Weltraumhotel (Foto: Picture-Alliance GmbH, Frankfurt/Main (DB/iss). Abb. 5.1.1/1 Beispiel für eine Delphi-Umfrage: Einschätzung der Verkaufszahlen von Reiseführern in Deutschland bis zum Jahr 2010 (eigene Darstellung nach Strauch, A. P. 2003, 152); Abb. 5.1.2/1 Interesse an ausgewählten Urlaubsformen 2010-2012 (eigene Darstellung nach F. U. R. 2010, 102); Abb. 5.1.3/1 Entwicklung der Besucherzahlen „Touristischer Wetterstationen" (eigene Darstellung nach dwif, Ostdeutscher Sparkassen- und Giroverband, tertialbericht 3/2010, 6); Abb. 5.2/1 Diskrepanz zwischen Zeit-Wohlstand und Kaufkraft-Wohlstand (eigene Darstellung nach Horx, M., A. Al-Ani & W. Gattermeyer 2003, 7); Abb. 5.2/2 Einstellungen der Deutschen zu Urlaubsreisen 2002 (eigene Darstellung nach Steinecke, A. 2005, 6); Abb. 5.3/1 Steuerfaktoren der künftigen Entwicklung des Tourismus (eigene Darstellung nach Steinecke, A., H.-D. Quack & Herrmann, H. 2004, 14); Abb. 5.3.2/1 Buchungs-stellen von Urlaubsreisen 2005 vs. 2010 (eigene Darstellung nach Lettl-Schröder, M. 2011, 37); Abb. 5.3.3/1 Herbergen am Erg Chebbi (eigene Darstellung nach Popp, H. 2003a, 67).

Tabellenverzeichnis

Tab. 2.3.3/1 Informationsquellen für Urlaubsreisen: Auswahl; 2005 vs. 2008 (eigene Darstellung nach F. U. R. 2008, 1); Tab. 3.3.2/1Strategische Allianzen im internationalen Luftverkehrsgesellschaften (eigene Darstellung nach www.staralliance.com, www.oneworld.com, www.skyteam.com); Tab. 3.6/1 Effekte des Tourismus (eigene Darstellung nach Job, H. & S. Weizenegger 2007, 635); Tab. 4.1.1.2/1 Besucherzahlen von Weltausstellungen im 19. Jahrhundert (eigene Darstellung nach 150 Jahre Faszination Weltausstellung 1998, 44); Tab. 4.1.2./1 Übernachtungen in deutschen Großstädten 1998-20010 (eigene Darstellung nach Anton-Quack, C. & H.-D. Quack 2007, 198 sowie DTV 2011, 22 und diversen Daten des Statistischen Bundesamtes); Tab. 4.1.3/1 Arten des Städtetourismus (eigene Darstellung nach Meier, I. 1994, 8); Tab. 4.1.3.2/1 Grundtypen des beruflichen Veranstaltungsmarktes (eigene Darstellung nach Schreiber, M.-T. 1999, 7); Tab. 4.3.2.1/1 Merkmale der Winter- und Sommergäste in Tirol 2000 (eigene Darstellung nach Ullmann, S. 2000, 10); Tab. 4.3.4.1/1 Merkmale des „sanften" und des „harten" Tourismus (eigene Darstellung nach Rochlitz, K.-H. 1988, 106); Tab. 4.4.2/1 Touristische Stärken und Schwächen des ländlichen Raumes (eigene Darstellung nach Steinecke, A./Herrmann, P. & A. Schumann, A. 1994, 3); Tab. 4.4.4.1/1 Anforderungskatalog für Ferienstraßen (eigene Darstellung nach Quack, H.-D. & A. Steinecke 2003, 84); Tab. 4.5.1.2/1 Merkmale öffentlicher und privatwirtschaftlicher industrietouristischer Einrichtungen (eigene Darstellung nach Steinecke, A. 2002, 145 – geringfügig verändert); Tab. 4.5.2.2/1 Ausgewählte Beispiele von Industrierelikten und Industriemuseen (eigene Zusammenstellung); Tab. 4.5.3.2/1 Ausgewählte Beispiele privat betriebener Firmenmuseen (eigene Darstellung nach Berg, M. 2003); Tab. 4.5.3.3/1 Ausgewählte Beispiele von Markenerlebniswelten (eigene Darstellung nach Steinecke, A. 2004, 207); Tab. 4.6.1/1 Typen von Erlebnis- und Konsumwelten (Quelle: eigene Zusammenstellung); Tab. 5.3.1/1 Haupttrends der touristischen Nachfrage bis 2020 (eigene Darstellung nach F. U. R. 2009, 184); Tab. 5.3.3/1 Prognose der Ankünfte im internationalen Tourismus – differenziert nach Großregionen (eigene Darstellung nach WTO 2003, 7)